BEUTE

Beute

Ein Bildatlas zu Kunstraub und Kulturerbe

HERAUSGEGEBEN VON

MERTEN LAGATZ
BÉNÉDICTE SAVOY
PHILIPPA SISSIS

UNTER MITARBEIT VON

SIMON LINDNER

Inhalt

Einleitung

Unité Dignité Courage (Einheit Würde Mut) – drei Worte, die in den Kulturministerien und Museumsverwaltungen Europas im Sommer 2020 wohl für Nervosität gesorgt haben müssen. Sie vermitteln Dringlichkeit und bezeichnen eine von Mwazulu Diyabanza gegründete, auch als *Yanka Nku* bekannte, panafrikanische Bewegung. Zwischen Juni und August ging der politische Aktivist dreimal live auf Social Media, um direkt aus Museen in Paris, Marseille und Berg en Dal seine Follower mit wütenden und bestärkenden Worten anzusprechen: Er forderte ausgleichende Gerechtigkeit für die (in seinen Worten) Untaten des kolonialen Projekts. Und er »befreite« zu Zeiten des Kolonialismus in die Museumssammlungen gelangte Objekte im Namen Afrikas. → BILD 69

Frei zugänglich ist nur noch einer dieser Streams, archiviert auf seinem Facebook-Profil.[1] In verwackelten und oftmals schlecht fokussierten Bildern dokumentiert das 35-minütige Handyvideo die Aktion vom 30. Juli 2020 aus dem Musée d'Arts Africains, Océaniens et Amérindiens (MAAOA) in Marseille. Zu sehen ist Diyabanza mit einer schweren Kette aus Elfenbein und akkurat sitzendem Barett, seinen Markenzeichen, sowie zwei weitere Personen, die Szene mit ihren Smartphones filmend. Mit Bedacht und gebotener Vorsicht prüfen die drei, ob sich ein altägyptisches Türfragment aus Karnak unbeschadet aus der musealen Sicherungsverankerung lösen ließe, lassen dann von dem Objekt ab und laufen treppauf zur Dauerausstellung der afrikanischen Sammlungsbestände. Dort, in der in mystisches Dunkel getauchten Szenografie der Ausstellung, gelingt es Diyabanza schließlich – begleitet von aufgebrachten Rufen aus dem Off –, einen Elfenbein-Speer aus dem Display zu lösen und in den Innenhof der Vieille Charité, dem Standort des MAAOA, zu tragen. Im strahlenden Sonnenschein eines Sommertages im Süden Frankreichs sprechen sie zu einer stetig wachsenden Gruppe von Schaulustigen. Nur wenige Minuten später reißt der Stream abrupt ab: Das Sicherheitspersonal ist da.

Das Video katapultiert uns mitten hinein in die seit einigen Jahren hitzig geführte öffentliche Debatte über die Aufarbeitung der kolonial-imperialen Vergangenheit Europas. Museen und ihre Sammlungsobjekte stehen im Scheinwerferlicht dieses lange verschleppten Dekolonisierungsprozesses. Immer lauter tönen die Zwischenrufe, Anklagen und Forderungen zivilgesellschaftlicher Akteur*innen aus vielen Teilen der Welt. Dieser Bildatlas möchte ein Beitrag zu dieser Debatte sein. Er spricht → BILD 63, 67, 70 in vielen Stimmen und lädt Sie dazu ein, die Verlagerung von Kulturgütern weit vor den Beginn der Kolonialzeit Europas zurückzuverfolgen, Prozesse des Sammelns und Ausstellens kritisch zu hinterfragen und wiederkehrenden Argumentations- mustern und Bildtopoi nachzuspüren.

Beute Kunstraub Kulturerbe – drei Begriffe, die Neugier auf den Inhalt dieses Buches wecken sollen. Es sind große Worte, die vieles umfassen können und trotzdem nicht alle historischen Momente hinreichend beschreiben, auf die in den hier vorgestellten Bildquellen verwiesen wird. Vielleicht scheinen sie auf den ersten Blick manchmal sogar gänzlich unpassend. Zu Beginn der hier erzählten Geschichte(n) steht jedoch das lange für selbstverständlich erklärte Recht eines Siegers, vom Besiegten Beute zu nehmen. Und zu Beginn jedes Beitrags steht ein Bild. In diesen Bildern suchen wir nach den Graustufen im Zwischenraum der Kategorien. Wir fragen: Wer schreibt Geschichte? Und wie wurden die (Kunst-)Gegenstände in den Bildern zu Objekten der Begierde? → BILD 18, 19

Unser wissenschaftliches Zuhause ist die Kunstgeschichte. Unser Blick schweift jedoch beständig ab und reichert sich in wissenschaftlichen Nachbardisziplinen an (in denen einige von uns auch ausgebildet worden sind) – Archäologie, Ethnologie, Geschichts-, Literatur- und Kulturwissenschaft – und so sind Bilder für uns vor allem der Brennpunkt, in dem sich unser Denken bündelt.

Zur Bestimmung unseres gemeinsamen Forschungsinteresses haben wir einen Begriff aus der Humangenetik entlehnt: *Translokation*. Im medizinischen Sinn be- zeichnet er die Veränderung des Erbguts durch die Verlagerung von Chromosomen. *Kulturgut Kulturerbe Erbgut* – drei Worte so nah beieinander, dass wir behaupten: Die Verlagerung von materiellen Zeugnissen einer Kultur, ihre buchstäbliche Trans- Lokation, geht mit einer Transformation ihrer selbst und der mit ihr verbundenen sozialen Körper einher. Mit diesem Mantelbegriff fassen wir heterogene historische Momente zusammen, in denen Kulturobjekte unter asymmetrischen Machtverhält- nissen verlagert worden sind – die Expansionspolitiken antiker Reiche, mittelal- terlichen Reliquienraub, wissenschaftliche Expeditions- und Grabungskampagnen, koloniale Sammelwut oder den NS-Kunstraub.[2] Wir suchen dabei nicht den konkre- ten Vergleich, sondern versuchen unser Augenmerk darauf zu richten, welche Bild- logiken und visuellen Argumentationsmuster über Kulturräume und Zeitschichten hinweg Bestand hatten und haben. Wir fragen: Wie manifestieren sich Verlust, Aus- tausch und Verlagerung im kollektiven Gedächtnis von Gesellschaften?

Aby Warburgs *Bilderatlas Mnemosyne* half uns dabei, Bildgenealogien auch außerhalb altbekannter Stilschulen zu suchen, und stand Pate für das Format dieses Buches. Martin Warnke legte das Fundament für unsere Suche nach den Formularen, in denen sich Machtpolitiken und -hierarchien in Bildern ausdrücken. Mit Arjun Appadurai und Bruno Latour spürten wir der Agency und »Beseeltheit« von Objekten nach. Aleida und Jan Assmann lenkten unseren Blick auf das in unserem kollektiven Inneren Verborgene. Halt, Inspiration und Reibungsfläche fanden wir bei Autor*innen, die Kulturgut und Museen aus der Perspektive derjenigen Regionen beschreiben, die mit europäischen Aneignungspolitiken konfrontiert worden sind: bei Edhem Eldem, Sylvester Okwunodu Ogbechie und Zeynep Çelik, um nur einige zu nennen.

Der Nukleus unserer Forschung war und ist jedoch ein gemeinsamer Arbeitsraum an der Technischen Universität Berlin, in dem wir grübeln, schreiben, essen und ja, auch streiten. Bereits vor Projektbeginn im Herbst 2017 saßen viele von uns um den großen Tisch in der Mitte dieses Raumes, um über den Fortgang unserer Arbeit zu berichten oder um gemeinsam neue Ideen zu strukturieren. In diesem lichtdurchfluteten Gemeinschaftsbüro haben wir unsere Schwerpunkte in der kritischen Institutionsgeschichte und der Kunstraub-, Kunstmarkt- und Provenienzforschung zu *translocations* gebündelt – und zuallererst unsere sprichwörtlichen Karten auf den Tisch gelegt: In jahrelangen Forschungen gesammeltes Bildmaterial schoben wir, gleich einem Memoryspiel, auf dem Tisch hin und her, hefteten Hunderte von Bildern an wandfüllende Pinnwände und begannen vor und mit ihnen zu arbeiten. Am gleichen Tisch haben wir unsere Denkprozesse in intimen Laborsituationen erstmals (halb-)öffentlich mit unserer wissenschaftlichen Community diskutiert. Hier haben wir uns in das Abenteuer des Projektseminars »Kulturgutverlagerungen seit der Antike – ein kommentierter Bildatlas« gestürzt, um gemeinsam mit den Studierenden auf die Suche nach neuen, aufregenden, viel erzählenden Bildern zu gehen und die Früchte dieser gemeinsamen Forschungsreise in Form eines Blogs zu präsentieren.[3]

So haben sich Stück für Stück die Bildcluster herausgeformt, die den Grundstock unseres Verständnisses einer Ikonografie von Translokationen bilden. Ikonografie dient der Kunstgeschichte seit Erwin Panofsky als Methode, um über Jahrhunderte gewachsene Bildmotive zu deuten. Wir schlagen mit diesem Buch vor, die Geschichte der an Verbringungsprozesse von Kulturgütern geknüpften Bildmotive in

menschlichen Aktionen zu denken. Aus diesem Grund haben wir die Kapitel mit
Paaren aus Verben benannt. Einem angenommenen Verlagerungsprozess Stück für
Stück folgend, beginnen wir mit im Bild konstruierten Momenten der Begegnung
mit Objekten, kommentieren ihr Genommen-Werden und folgen ihrem Weg zu neu-
en Aufenthaltsorten. Dort schauen wir uns an, wie sie verortet, überformt und in
unterschiedlichen Settings inszeniert worden sind. Wir fragen, welche Forderungen an verbrachte Objekte gestellt wurden, wie Orte, an denen sie nicht mehr sind,
bildlich festgehalten wurden, und wie schließlich manche Objekte auf eine weitere
Reise geschickt worden sind – zurück zu ihrem Ursprungsort, aber auch zu gänzlich
anderen Orten, wo dann eine erneute (Wieder-)Aneignung beginnt. Das Eingrenzen
und Auswählen der vorgestellten Bilder ist ein langer, zutiefst subjektiver Prozess
gewesen. Auf viele uns lieb gewordene Bildquellen mussten wir im Zuge des Pub-
likationsprojektes verzichten und auch von einer ursprünglich geplanten chronologischen Bildfolge haben wir uns verabschiedet. Denn wir wollen Altbekanntes
neu lesen und mit frischen Bildentdeckungen kombinieren – vom assyrischen Relief
über Hollywood bis hin zu Social-Media-Posts.

Dabei sind wir immer wieder auch auf die blinden Flecken unseres eigenen Bli-
ckes gestoßen: Wir wuchsen mit Bildformularen auf, die im Konzept der europäischen Moderne wurzeln. An unsere Grenzen stießen wir mit Bildwelten, die davor
oder andernorts entstanden sind. Wir reiben uns an der Eurozentrik unserer So-
zialisation, sie gänzlich zu überwinden haben wir nicht vermocht. Entstanden ist
vielmehr eine Einladung zu einem hoffentlich fruchtbaren Dialog, der immer wieder versucht, auch die eigene Blickposition infrage zu stellen. Wir sind begierig, in
diesem Dialog die Bildwelten tieferer Zeitschichten und anderer Kulturräume zu
entdecken. Mit unserem heutigen Blick nähern wir uns den Bildern aus vergangenen
Zeiten. Dabei versuchen wir den Zeitschichten, in die sie uns transportieren, gerecht
zu werden.[4]

Das Denken und die Vermittlung von Bildern sind an Sprache gekoppelt. Unser Interesse beschränkt sich nicht auf bildliche Argumentationen, sondern begreift sie
stets in ihrer Verschränkung mit Textquellen. Jedem hier vorgestellten Bild wollten
wir einen eigenen Entfaltungsraum geben: offen für möglichst viele Sprachen und
ihre Schriftbilder, mit Platz für die Autor*innen, die uns halfen, die Bilder zu greifen,
angereichert mit Material aus entlegenen Archiven und Zeugnissen der Oral Histo- → BILD 34, 37, 51
ry. Dieser Raum ist durchlässig für Verweise: aus den Marginalspalten hinüber zu

ergänzenden Bildbeispielen und mit einem eigenständigen Fußnotenapparat hinaus aus dem Bildatlas und hinein in die kommentierten Quellen aus mehr als zweitausend Jahren, die im Parallelband *Beute – Eine Anthologie zu Kunstraub und Kulturerbe* versammelt sind.

Blättern Lesen Verknüpfen. Verfolgen Sie mit uns, wie das antike Bildmotiv des Triumphzugs in der Renaissance buchstäblich wiederbelebt worden ist, in welcher Art Napoleon es sich zu Nutzen machte und wie es auf heutige Rückgabezeremonien abgefärbt hat. Lassen Sie uns darüber nachdenken, welche Begehrlichkeiten an Objekte geknüpft werden, wenn sie als Subjekte im Bild positioniert werden, und wie sich Fortschritt als zivilisatorische Behauptung der europäischen Moderne auch in bildliche Verlagerungserzählungen eingeschrieben hat. Versuchen Sie mit uns zu verstehen, warum das Narrativ der Befreiung und der Rettung von dem Verderben geweihten Kunstschätzen aus undurchdringbaren Urwäldern, dunklen Höhlen und vermeintlich unsachkundigen Händen längst ausgedient haben müsste – und wo es trotzdem heute noch nachlebt. Lassen wir uns von klugen Bildkompositionen inspirieren, in denen Objekte zu Gefangenen in versagenden Systemen werden. Und lassen Sie uns gemeinsam feiern, dass wir in einer Zeit leben, in der kritische Stimmen aus der Zivilgesellschaft die Argumentationsmuster von Institutionen hinterfragen, sie im Lichte einer selbstbestimmten Öffentlichkeit herausfordern und nicht leise werden, eine fairere Zukunft einzufordern.

→ BILD 20, 21, 78
→ BILD 60, 64, 74
→ BILD 1, 9, 10
→ BILD 40, 58, 71
→ BILD 29, 62, 68

MERTEN LAGATZ, BÉNÉDICTE SAVOY UND PHILIPPA SISSIS
STELLVERTRETEND FÜR DIE GESAMTE *TRANSLOCATIONS*-GRUPPE

1 »En direct du musée colonial de Marseille MAAOA«, in: {https://fb.watch/3CrESUczIk/}, letzter Zugriff 12.2.2021. ▪ 2 Zur Setzung und Erläuterung des Begriffs: »Bénédicte Savoy im Gespräch mit Cristelle Terroni: The Recovered Memory of Stolen Works of Art«, in: **Books and Ideas**, 22.2.2016, {https://booksandideas.net/The-Recovered-Memory-of-Stolen-Works-of-Art.html}, letzter Zugriff 15.2.2021. ▪ 3 Viele der in diesem Buch versammelten Kommentare sind als Skizzen zuerst auf dem Forschungsblog *transliconog.hypotheses.org* veröffentlicht worden. ▪ 4 So haben wir uns zum Beispiel dazu entschieden, Akteursgruppen vor den 1960er-Jahren in einem auf das Binäre verengenden Modus anzusprechen – auch um deutlich zu machen, an welchen historischen Prozessen Frauen aktiv beteiligt gewesen sind.

I.
nehmen
transportieren

Begegnung mit der eigenen Vergangenheit
1849

Überrascht, erstaunt und voller Bewunderung begegnen zwei durch ihre Kleidung und Kopfbedeckung als Männer der lokalen Bevölkerung Gekennzeichnete der gerade ausgegrabenen kolossalen Büste eines geschmückten Bärtigen. Verteilt um die Skulptur liegen Grabungswerkzeuge. Sie befinden sich auf dem Grund einer engen Schlucht, von deren Rand oben weitere Personen der lokalen Bevölkerung herabblicken, neugierig herabgebeugt oder im Hintergrund, wie zufällig gerade mit ihrem Kamel vorbeigekommen. Die Entdeckung der historischen Skulptur ist hier als ein Moment aufregender Überraschung dargestellt, wie Austen Henry Layard (1817–1894) auch im begleitenden Text formuliert: »Beeil dich, Bey«, rufen die ihm entgegenreitenden Nomaden ihm zu, »komm schnell zu den Ausgräbern. Denn sie haben Nimrod selbst gefunden. Wallah! Es ist ein Wunder, aber es ist wahr! Wir haben ihn mit eigenen Augen gesehen. Es gibt keinen Gott außer den einen«.[1]

In der Publikation *Nineveh and Its Remains* von 1849 illustriert Georg Scharfs (1820–1895) Druck das von Austen Henry Layard geschilderte Ereignis. Dargestellt ist jedoch nicht das tatsächlich im Jahr 1846 durch Hilfsarbeiter aufgefundene Skulpturenpaar zweier Löwenkörper mit menschlichen Köpfen, sondern ein fiktives Motiv, das deutlich Layards Sicht auf die lokale Bevölkerung aufzeigt: Layard und Scharf transformieren so die Ausgrabung und Entdeckung der Objekte in eine spirituelle Begegnung mit entfernten Vorfahren.[2] Im Zentrum der Inszenierung steht die Reaktion der vermeintlich Unwissenden auf die Begegnung mit ihrer Geschichte. Während der Brite Layard die Skulpturen als Zeugnisse einer antiken Vergangenheit beanspruchte, die er als Wiege der europäischen – wenn nicht gar britischen – Zivilisation definierte, ging er gleichzeitig davon aus, dass die lokale Bevölkerung nur wenig historische Beziehung zu ihr hätte: »Über fünfundzwanzig Jahrhunderte waren sie vor den Augen der Menschheit verborgen, und jetzt zeigen sie sich erneut in all ihrer uralten Majestät. Doch wie verändert war die Welt um sie herum! Der Luxus und die Zivilisation einer mächtigen Nation waren dem Elend und dem Unwissen von halb-barbarischen Stämmen gewichen. Dem Reichtum der Tempel, den Schätzen der großen Städte folgten Ruinen und formlose Erdhaufen.«[3] Layard ist Vertreter eines linear gedachten europäischen Narrativs des Fortschritts, dessen Anbeginn in Mesopotamien und Ägypten gesehen wurde, um über das antike Griechenland und Rom nach Europa zu

1

Grabungshelfer begegnen in dieser Illustration von 1849 dem überdimensionalen Porträt
König Nimrods. In dieser fiktiven Szene ließ der britische Schriftsteller und Archäologe Austen
Henry Layard durch den Zeichner der Überraschung Ausdruck verleihen, die die Männer der
lokalen Bevölkerung im Angesicht ihrer eigenen Vergangenheit empfanden.

kommen. Die entdeckten Altertümer wurden so zu Zeugnissen dieser frühesten Zivilisationen. Im viktorianischen England ging die zeitgenössische Wissenschaft sogar so weit, das antike Mesopotamien als Metapher des British Empire zu stilisieren.[A] Um das auch greifbar zu machen, galt es, im Wettstreit mit anderen europäischen Großmächten eine bedeutende Sammlung von Altertümern aufzubauen. Layard war einer der ersten Europäer, die groß angelegte Ausgrabungen durchführten. Zu seinen wichtigsten Entdeckungen zählte das bereits erwähnte, im März 1846 ausgegrabene kolossale steinerne Löwenpaar mit Menschenköpfen, das den Eingangsbereich zum Thronsaal des assyrischen Königs Assurnasirpal II. (Aššur-nâṣir-apli II., reg. 883–859 v. Chr.) flankiert hatte. Während seiner zweiten Expedition ließ Layard die Objekte für das British Museum nach London verschiffen.[4]

Doch er handelte nicht nur als Wissenschaftler, sondern auch im Sinne der britischen Regierung, deren Zielsetzung es war, ihren politischen und ökonomischen Einfluss in Mesopotamien geltend zu machen und die unter der Erde verborgenen kulturellen und natürlichen Ressourcen zu kontrollieren. So wurden die antiken Objekte auch zu imperialen Trophäen.[5]

Bereits vor der Exkursion unterstrich Layard seine Intention, Objekte für das British Museum in London zu finden, wobei es nicht nur um ihre Qualität ging, sondern auch um den Wettkampf der Nationen, also wer sie als Erstes ausstellte. Layard agierte im Geheimen, ohne offizielle Erlaubnis aus Konstantinopel, erhielt jedoch finanzielle Unterstützung durch den dortigen britischen Botschafter, Stratford Cannings (1786–1880), dem daran gelegen war, Frankreich im Wettstreit um archäologische Errungenschaften zu schlagen: Denn der Franzose Paul-Émile Botta (1802–1870) hatte bereits im Jahr 1843 assyrische Altertümer für den Pariser Louvre geborgen. Drei Jahre darauf war es Zeit für London, mit Paris gleichzuziehen.[6]

Im Gegensatz zu anderen Darstellungen der Grabungsarbeiten im Buch ist Layard selbst auf diesem Druck nicht abgebildet. Dennoch stilisiert er sich im Text zum »Retter« der Skulpturen sowohl vor der Zerstörung durch die Zeit als auch vor dem Vergessen. Im Bild taucht die lokale Bevölkerung nur als Zeuge auf. Wäh- → BILD 10 rend der Ausgrabung haben die Arbeiter zwar physisch zur Freilegung und somit Rettung der Skulpturen beigetragen, doch besteht ihre Aufgabe vor allem in der Realisierung des britischen Anspruchs auf die Objekte. Die Ansässigen werden als → BILD 14 unbeteiligt dargestellt, überrascht im Angesicht des soeben freigelegten Kolosses. Neben ihrer Verwunderung thematisiert Scharf mittels des Speers in der Hand eines Zuschauers aber auch ihre technische Rückständigkeit, wie weitere Illustrationen des Textes verdeutlichen: Dort wird der technische Anspruch von Grabung und Transport immer wieder der Rückwärtsgewandtheit der lokalen Bevölkerung entgegengestellt, die sich etwa in einer technisch veralteten Waffe wie dem Speer zeigt. Layards Publikation traf in diesem Kontext den Zeitgeist, was ihm nach seinen kostspieligen Exkursionen und Ausgrabungen nicht nur ein willkommenes Auskommen verschaffte, sondern ihm auch zu Popularität verhalf: 1851 eröffnete am Londoner Leicester Square ein *Panorama of Nimroud*, das über 18 Monate lang auf der Basis auch seiner Skizzen entstandene Ansichten des landschaftlichen Panoramas um die Ausgrabungsstätte und die dabei sichtbar gewordenen Palastanlagen mit Skulpturen ausstellte. So wurden nicht nur die aus der Unwissenheit geretteten Objekte im British Museum ausgestellt, sondern auch die in der Ausgrabung und dem Transport deutlich greifbaren Errungenschaften der britischen Zivilisation vorgeführt.[7]

SEBASTIAN WILLERT

1 Layard, **Nineveh and Its Remains**, S. 65 (Ü. aller Zitate: Philippa Sissis). ■ **2** Malley, **From Archaeology to Spectacle in Victorian Britain**, S. 50. ■ **3** Layard, Nineveh and Its Remains, S. 70. ■ **4** Bahrani, »Untold Tales of Mesopotamian Discovery«, S. 128 f.; Malley, »The Layard Enterprise«, S. 99; Malley, **From Archaeology to Spectacle in Victorian Britain**, S. 50. ■ **5** Malley, »The Layard Enterprise«, S. 108 u. 110. ■ **6** Malley, »The Layard Enterprise«, S. 108; Bahrani, »Untold Tales of Mesopotamian Discovery«, S. 132 f. ■ **7** Bahrani, »Untold Tales of Mesopotamian Discovery«, S. 128; Bohrer, »The Printed Orient«, S. 91.

AUSTEN HENRY LAYARD, **Nineveh and Its Remains. With an Account of a Visit to the Chaldæan Christians of Kurdistan, and the Yezidis, or Devil-Worshippers; and an Enquiry into the Manners and Arts of the Ancient Assyrians**, Bd. 1, London 1849.
ZAINAB BAHRANI, »Untold Tales of Mesopotamian Discovery«, in: Zainab Bahrani, Zeynep Çelik, Edhem Eldem (Hg.), **Scramble for the Past. A Story of Archaeology in the Ottoman Empire, 1753–1914**, Istanbul 2011, S. 125–155.
FREDERICK N. BOHRER, »The Printed Orient: The Production of A. H. Layard's Earliest Works«, in: **Culture and History** 11 (1992), S. 85–105.
STANLEY LANE-POOLE, **The Life of the Right Honourable Stratford Canning Viscount Stratford de Redcliffe. From His Memoirs and Private and Official Papers**, Bd. 2, London 1888.
SHAWN MALLEY, **From Archaeology to Spectacle in Victorian Britain. The Case of Assyria, 1845–1854**, Farnham, Burlington 2012.
SHAWN MALLEY, »The Layard Enterprise. Victorian Archaeology and Informal Imperialism in Mesopotamia«, in: Zainab Bahrani, Zeynep Çelik, Edhem Eldem (Hg.), **Scramble for the Past. A Story of Archaeology in the Ottoman Empire, 1753–1914**, Istanbul 2011, S. 99–123.

ANTHOLOGIE ZU KUNSTRAUB UND KULTURERBE
A Baradère (1834): **Die Geburt der mexikanischen Archäologie.**

Sammeln, um zu bekehren

um 1900

Pater Camille Laagel (1880–1956) kniet neben einem kauernden Mann, sein linker Arm liegt freundschaftlich, vielleicht aber auch paternalistisch auf dessen Schulter, während er seine rechte Hand zur Faust geballt hat. Der in dieser Art vom Missionar Gerahmte, ja beinahe Präsentierte scheint seine Haltung nur gering an die fotografische Inszenierung angepasst zu haben. Er hockt auf dem Boden und neigt die Schale, die er mit beiden Händen hält, der Kamera zu. Mit angestrengt zusammengezogenen Augenbrauen und leicht nach unten geneigtem Gesicht blickt auch er in die Kamera. Neben dem Spiritaner-Missionar Laagel bleibt er namenlos. Vor ihm ausgebreitet befinden sich ein Leopardenfell, ein Beil sowie mehrere Rasseln, Pfeifen, Hörner, Kalebassen und eine Trommel. Auf den ersten Blick wirkt Laagels Geste persönlich. Bei näherem Hinsehen zeigt jedoch die sorgfältige Inszenierung – der Objekte, der Schale und des Schmuckes –, dass auch der Mann mit Federkopfschmuck in dieser Komposition nicht Individuum oder Person ist, sondern ethnografisches Beispiel des »Fetischpriesters«, wie die Bezeichnung im Ausstellungskatalog des Ordens lautet, wird er doch selbst wie ein Objekt präsentiert.[1]

Für die christliche Missionierung der lokalen afrikanischen Bevölkerung spielte das Sammeln von Kulturgütern eine bedeutende und vielschichtige Rolle. Als Beweis für die erfolgreich geleistete Arbeit, aber auch zum Zweck der Entwicklung wirksamerer Verfahren zur Missionierung, schickten Missionsbrüder und Nonnen im ausgehenden 19. und beginnenden 20. Jahrhundert Objekte in die in Europa und Nordamerika gegründeten Missionssammlungen.[A] Die Bildarchive derselben – in diesem Fall das der römisch-katholischen Ordensgemeinschaft der Spiritaner – verwahren fotografische Dokumentationen und Inszenierungen der missionarischen Sammeltätigkeit. Die vorliegende Aufnahme entstand nach 1908 in Angola, wo der in Frankreich im 18. Jahrhundert gegründete Orden seit Mitte des 19. Jahrhunderts missionierte.

Der von 1908 bis zu seinem Tod in verschiedenen Missionsstationen in Angola arbeitende Camille Laagel zeigt sich durch das Bild in der im Missionswesen populären Doppelrolle als Missionar und Wissenschaftler. Wie der Generalsuperior der Spiritaner, Alexandre Le Roy (1854–1938), 1906 in einem Beitrag über die »wissenschaftliche Rolle der Missionare« erklärte, sei es für den Erfolg einer Mission

2

Persönliche Nähe oder ethnografische Vorführung? Die Darstellung der Schwarz-Weiß-Fotografie, die den französischen Missionar Camille Laagel und einen unbekannten Mann mit Federkopfschmuck zeigt, vermischt paternalistische Ausstellung und vermeintliche Fürsorge und zeigt die Ambiguität missionarischer Tätigkeiten, hier in Angola.

»notwendig [...], das Land und seine Einwohner, die indigenen Sitten, die Gesetze, die Religionen, die Sprachen etc.« zu kennen. In Analogie zur wirtschaftlichen Nutzbarmachung der Kolonien sollten Geografie, Linguistik und auch die in der zweiten Hälfte des 19. Jahrhunderts als universitäres Fach etablierte Ethnografie den Missionaren helfen, effizientere Verfahren zur Verbreitung des christlichen Glaubens zu entwickeln.[2] In der Fotografie zeigt sich dieser Zusammenhang von Mission und Ethnografie in der Präsentation der Objekte. Die Zusammenstellung derselben zu Gruppen von Rasseln und von Pfeifen unterschiedlicher Größe entspricht dem Anfang des 20. Jahrhunderts noch praktizierten taxonomischen Sammlungsmuster: Es beruhte darauf, eine Vielzahl von Objekten einer Kategorie zusammenzutragen, um durch Formvergleiche zu Erkenntnissen über eine Kultur zu gelangen.[3·B]

An Pater Camille Laagel wird als Arzt und als Sammler von Heilpflanzen, nicht aber als Ethnograf erinnert.[4] Dass er seine Sammlungstätigkeit auch auf Gebrauchsgegenstände und Kunstwerke ausweitete, passt zu der Einschätzung Claude Prudhommes, dem zufolge Mitglieder katholischer Missionen – im Unterschied zu den protestantischen – in der Ethnografie weniger durch theoretische Beiträge als durch das Zusammentragen von Objekten in Erscheinung traten. Seit November 2018 präsentiert der Orden der Spiritaner im französischen Allex im neu gegründeten Musée spiritain des arts africains seine Missionssammlung, darunter auch einige Musikinstrumente aus Angola. Ob die hier fotografierten Objekte in diese Sammlung gelangten, ist nicht klar. Andere, vergleichbare Objekte und Fotografien wurden jedoch nachweislich nach Europa mitgebracht.[5]

Die Anwesenheit des Missionars in der Fotografie und seine den Einheimischen präsentierende Geste weisen – für die frühe ethnografische Fotografie keineswegs üblich – das Bild klar als eine Inszenierung aus. Das verweist auch auf den heute zu- → BILD 52 nehmend problematisierten grenzüberschreitenden Charakter der ethnografischen Fotografie. So häufen sich im 19. und frühen 20. Jahrhundert Berichte über Skepsis und Feindschaft der Bevölkerung gegenüber dem Fotografiertwerden durch europäische Reisende und Wissenschaftler. Zwar wird die These, dass die Abgelichteten durch die Fotografie eine Verletzung ihrer seelischen Unversehrtheit befürchteten, in der Zwischenzeit als »Stereotyp« ethnografischer Literatur kritisiert und als die Projektion eigener Vorstellungen von Aberglauben durch die Ethnografen bezeichnet.[6] Die Situation des Fotografierens kann jedoch trotzdem als unbehaglich angenommen werden, steht doch die porträtierte Person im Fokus der Beobachtung und muss entsprechend der Inszenierung des Bildes in einer Position ausharren.

Vor diesem Hintergrund werden die Artefakte genau in dem Sinnzusammenhang gezeigt, in dem sie auch in den Sammlungen in Europa stehen: Das Bild gruppiert den Missionar mit dem zu missionierenden Subjekt und den zugehörigen Objekten. Diese erscheinen als Studienobjekte, deren wissenschaftliche Untersuchung einen Beitrag zur Mission leistet. Schreibt man den Objekten – wie es die Identifikation des Mannes als »Fetischpriester« nahelegt – darüber hinaus eine rituelle Funktion zu, verschiebt sich die Bedeutung des Bildes. »Fetische«, also aus europäischer Perspektive »afrikanische Gegenstände, die in irgendeiner Weise mit magischen oder kultischen Vorstellungen und Praktiken in Verbindung zu stehen schienen«,[7] wurden von Missionsmitgliedern mitunter konfisziert und zerstört, weil sie für die Konvertierung der »Heiden« ein Hindernis darstellten. Als Trophäen des Glaubens nach Europa gesandt, dienten die Objekte zur Werbung für die Missionsarbeit und als Beweis für den Erfolg der Missionen bei der »Überwindung des Heidentums«.[8]

→ BILD 3

LUCA FREPOLI

---

1 Vieira, »Des campagnes françaises aux terres africaines«, S. 16. ■ 2 Laburthe-Tolra, »L'ethnologue Alexandre Le Roy«, S. 80. ■ 3 Baumann, »Vom Gebrauchsgegenstand zur Projektionsfläche«, S. 200. ■ 4 Fuchs, »Le P. Camille Laagel«. ■ 5 Ben Aïssa, »Constant Tastevin, un missionnaire anthropologue en Afrique centrale«, S. 100. ■ 6 Pinney, Photography and Anthropology, S. 70–76. ■ 7 Heintze, Ethnographische Aneignungen, S. 38. ■ 8 Hart, »Trophies of Grace?«, S. 19.

Beiträge von Gérard Vieira, Philippe Laburthe-Tolra, Gwenaël Ben Aïssa sowie der Abdruck des Zeitungsartikels von Alexandre Le Roy in: Nicolas Rolland (Hg.), Afrique, à l'ombre des dieux, Paris 2017.
CHRISTOPHER PINNEY, Photography and Anthropology, London 2011.
L. FUCHS, »Le P. Camille Laagel, décédé, à Cuinia (district de Nova-Lisboa), le 11 mars 1956«, {spiritains.forums.free.fr/defunts/laagelc.htm}, letzter Zugriff 24. 11. 2020.
BIANCA BAUMANN, »Vom Gebrauchsgegenstand zur Projektionsfläche. Das koloniale Sammeln und seine Folgen am Beispiel der Kamerun-Sammlung des Landesmuseums«, in: Alexis Themo von Poser, Bianca Baumann (Hg.), Heikles Erbe. Koloniale Spuren bis in die Gegenwart, Dresden 2016, S. 198–211.
BEATRIX HEINTZE, Ethnographische Aneignungen. Deutsche Forschungsreisende in Angola. Kurzbiographien mit Selbstzeugnissen und Textbeispielen, Frankfurt am Main 1999.
WILLIAM HART, »Trophies of Grace? The ›Art‹ Collecting Activities of United Brethren in Christ Missionaries in Nineteenth Century Sierra Leone«, in: African Arts 39, Nr. 2 (2006), S. 14-25.

ANTHOLOGIE ZU KUNSTRAUB UND KULTURERBE
A Gramatica (1924): Von Trägern und Forschungsbeiträgen. ■ B Einstein (1926): Der europäische Blick auf die eigenen ethnografischen Sammlungen.

Vom Vodún-Altar ins Museum
1892

Soldaten, denen man den Kampf nicht mehr ansieht und die interessiert, zum Teil auch belustigt afrikanische »Kriegsgötter« betrachten – das Titelbild der illustrierten Beilage des französischen *Petit Journal* vom 26. November 1892 zeigt eine Szene aus dem kolonialen Feldzug der französischen Truppen gegen das Königreich von Danhomè, im heutigen westafrikanischen Benin.[A] Historisch, während der französischen Kolonialzeit, »Dahomey« genannt, entspricht die Schreibweise »Danhomè« dem im 17. Jahrhundert gegründeten Königreich. Das Titelbild zeigt die Soldaten in Kana, der zweiten bedeutenden Residenzstadt, die am 4. November 1892 eingenommen wurde.[1] Am 17. November folgte die Eroberung des etwa 20 Kilometer entfernten Abomeys, der Hauptresidenz, mit der der französische Sieg über das westafrikanische Königreich und seinen König Béhanzin (um 1845–1906) besiegelt war.[2]

Das teilkolorierte Blatt präsentiert keine der für die Zeitschrift bis dahin üblichen Kampfszenen, vielmehr sieht man hier zwei Gruppen von Soldaten, die mehrere Skulpturen betrachten, von denen sich drei auf dem Wagen und weitere unter einem Vordach vor der Hütte befinden. Die Bildunterschrift verortet die Szene und betitelt die Ausgabe mit »Fetische in Kana – der Gott des Krieges«. Damit wird durch das Zusammenspiel von Bild und Text bereits auf dem Titelblatt die tendenziöse Richtung der Berichterstattung deutlich: Im Angesicht der siegreichen französischen Soldaten vor den »besiegten« afrikanischen Gottheiten konnten diese »Fetische« nur als unwirksame Götzen des allgegenwärtigen Aberglaubens dargestellt werden. So → BILD 2, 29 wird es denn auch im Text, sechs Seiten weiter hinten, formuliert: »In der Bevölkerung, die unter der wenig väterlichen Herrschaft des Königs Béhanzin lebt, wird der Aberglaube bis ins Extrem getrieben.«[3] Das wie eine Dokumentation des zeitgenössischen Geschehens in Danhomè erscheinende Bild wird so zum Träger der kolonialen Perspektive, wie sich auch in anderen Details der Darstellung zeigt, etwa in der reduzierten Farbigkeit der Druckgrafik. In dieser werden dem weißen Grund und den grünen Pflanzen nur rote und blaue Farbdetails entgegengesetzt, patriotisch die französische Tricolore zitierend: Blau in den Schärpen der in Weiß gekleideten Kolonialsoldaten und Rot für die ersten zwei Skulpturen auf dem hölzernen Gefährt – was auch die Kriegsthematik und die Opferpraxis der Vodún-Gottheiten aufzunehmen scheint.

3

Le Petit Journal

TOUS LES JOURS
Le Petit Journal
5 Centimes

SUPPLÉMENT ILLUSTRÉ
Huit pages : CINQ centimes

TOUS LES VENDREDIS
Le Supplément illustré
5 Centimes

Troisième Année · SAMEDI 26 NOVEMBRE 1892 · Numéro 105

Au Dahomey
(LES FÉTICHES DE KANA. – LE DIEU DE LA GUERRE)

Wie ein kolonialistischer Spaziergang wird am 26. November 1892 der französische Sieg über das Königreich Danhomè (auch: Dahomey) für das französische Publikum dargestellt. Auf einem Wagen – scheinbar bereit für ihre Verbringung nach Paris – stehen die Kriegsgötter des afrikanischen Volkes und werden von ihren Eroberern betrachtet.

Skulpturen wie die hier dargestellten wurden in der eng mit dem Königshaus verbunden Religion als sogenannte *Vodún*, Gottheiten, verehrt. In Zeiten von kriegerischen Auseinandersetzungen oder zur Anrufung heilender Kräfte begleiteten sie Prozessionen auf Wagen oder Tragen. Das geschah auch bei offiziellen Festzügen, die die Reichtümer des Königshauses vorführten. Der britische Zoologe J. Alfred Skertchly beschreibt in seinem Reisebericht 1874 eine solche Prozession und auch einen *Vodún*, der »Daguessou« genannt wurde und dessen Beschreibung zu der stierköpfigen Figur passen könnte.[4] Darüber hinaus sind die auf dem Bild dargestellten Plastiken weder zu benennen, noch ist zum aktuellen Zeitpunkt zu rekonstruieren, ob und wohin sie mitgenommen wurden.

Nicht immer wurden in Berichten über die Sammlung am Hof von Danhomè solche Objekte auf den Beweis eines unaufgeklärten Aberglaubens reduziert. Das Ausmaß der königlichen Schätze wurde von europäischen Reisenden auch als Zurschaustellung der internationalen Handelsverbindungen des Königreichs verstanden: Durch den Wert und die Herkunft der afrikanischen, aber auch portugiesischen, britischen, brasilianischen und anderen Objekte zeigte sich das Königreich auf Augenhöhe mit den europäischen Mächten, was in verschiedenen Berichten auch in Europa so benannt wurde.[5] Im Laufe des 19. Jahrhunderts führte das ökonomische Potenzial der Region dazu, dass mehrere europäische Länder Handels- und Kolonialstützpunkte einzurichten versuchten. Da sich die lokalen Königshäuser, gerade auch in der Person des Königs Béhanzin, dagegen wehrten, stellte die Frage der Entwicklungsstufe ein willkommenes Instrument für die Kolonialisierung dar:[B] »Um maximalen Profit aus einer Überseeregion zu ziehen, musste diese unter der Kontrolle von Personen stehen, die technologisch besser ausgestattet waren und das zu nutzen wussten. Die zukünftigen Kolonialherren bereiteten ihre Eroberungen vor, indem sie die von nun an Kolonisierten beobachteten, deutlich Kritik übten und den Hintergrund ihrer Mission öffentlich kommunizierten, indem sie sich zumeist eines humanitären Diskurses bedienten.«[6]

Das Titelblatt des *Petit Journal* schreibt sich deutlich in diese Argumentationslinie ein. Während König Béhanzin 1890 von einem französischen Konteradmiral noch als intelligent, scharfsinnig und mutig beschrieben worden war, veränderte sich mit dem Versuch der zunehmenden Einflussnahme durch Frankreich auch seine Darstellung in den französischen Medien.[7] Gerade die Berichterstattung des *Petit Journal* dokumentiert den zunehmend herablassenden Ton, der als Instrument der Lenkung der öffentlichen Meinung zugunsten der Besatzung diente. Nur eine Woche vor dem

Titelblatt zu den »Fetischen von Kana« erschien am 19. November 1892 auf der Rückseite der Zeitschrift eine Szene, in der die zahlenmäßig überlegenen und, zumindest
in der Darstellung, deutlich besser bewaffneten französischen Truppen einige da-
vonlaufende Danhomeer besiegen. Nach den Bildern sollten in der Folge des Sieges
nun auch Objekte des Triumphs nach Frankreich gelangen: »Unsere Soldaten, ohne
Angst, dass der Blitz sie erschlagen würde, haben die Fetische besucht und sich damit vergnügt, sie zu betrachten. […] Ich hoffe, sie bringen uns bei ihrer Rückkehr
einige dieser schlechten Beschützer Dahomeys mit. Die Dahomeer können sich neue
schnitzen, an Holz fehlt es ihnen ja nicht.« In der Begegnung der französischen Soldaten mit den afrikanischen Objekten werden diese nur mehr als Kunstwerke im   → BILD 31
europäischen Museum gesehen. Die Kriegsbeute wird als für Danhomè ersetzbar
dargestellt – ein Widerspruch zu den wiederholt formulierten Rückforderungen
durch die Nachfahren Béhanzins.

PHILIPPA SISSIS

Die Autorin dankt Gaëlle Beaujean für die weiterführenden Hinweise. ■ 1 Beaujean, L'Art de
la cour d'Abomey, S. 236. ■ 2 Garcia, Le royaume du Dahomey face à la pénétration coloniale, S. 206. ■ 3 Le Petit Journal, Supplément illustré, 26. 11. 1892, S. 383 (Ü. aller Zitate: Philippa Sissis). ■ 4 Beaujean, L'Art de la cour d'Abomey, S. 209. ■ 5 Beaujean, L'Art de la cour
d'Abomey, S. 148–168 u. 178–191. ■ 6 Beaujean, L'Art de la cour d'Abomey, S. 224. ■
7 Garcia, Le royaume du Dahomey face à la pénétration coloniale, S. 60; Loubet, »Le mythe
de la colonisation dans les images de la presse populaire«, S. 106.

GAËLLE BEAUJEAN, L'Art de la cour d'Abomey. Le sens des objets, Dijon 2019.
LUC GARCIA, Le royaume du Dahomey face à la pénétration coloniale (1875–1894), Paris 1988.
CHRISTIAN LOUBET, »Le mythe de la colonisation dans les images de la presse populaire
       (1890–1900)«, in: Cahiers de la Méditerranée 42 (1991), Nr. 1, S. 99–123.

ANTHOLOGIE ZU KUNSTRAUB UND KULTURERBE
A Stanley (1874): Die Plünderung von Mäqdäla. ■ B Césaire (1955): Kolonialismus und
Bewusstseinsbildung.

Das »Auge Napoleons« in der Rumpel-
kunstkammer des Berliner Schlosses
1807

Am 27. Oktober 1806 marschierten Napoleon I. (Bonaparte, 1769–1821) und seine
Armee siegreich in die preußische Hauptstadt Berlin ein. Mit dabei war der erste
Direktor des Louvre, Dominique-Vivant Denon (1747–1825), der in Napoleons Auftrag systematisch öffentliche und fürstliche Sammlungen in den eroberten Gebieten
nach Kunstschätzen durchsuchte – weshalb man ihn auch das »Auge Napoleons«
nannte. Er wählte vor Ort die besten Stücke aus und veranlasste deren Überführung
in das Musée Napoléon nach Paris.[A] Der Zeichner Benjamin Zix (1772–1811) begleitete ihn dabei beinahe fünf Jahre lang und hielt die Arbeit Denons in zahlreichen   → BILD 30
Zeichnungen fest.[1]

Innerhalb dieser beeindruckenden grafischen Dokumentation von Kunstraub
stellt das Bild aus der Kunstkammer des Berliner Schlosses eine Szene des aufmerk-
samen Studierens und Auswählens von Objekten dar: Wir sehen Denon mit einem
Sekretär der Armeeverwaltung namens Perne und dem Kastellan des Schlosses, Johann Gottfried Rhode, im Medaillenkabinett. Da der Direktor der Kunstkammer,
Jean Henry (1761–1831), mit einem Teil der Sammlung kurz vor Denons Eintreffen
geflohen war, wurde er von Rhode vertreten, obwohl es zumeist die Museumsleiter
selbst waren, die Denon Zugang zu den Räumen der Kunsthäuser gewährten und
später die Auswahl der zu beschlagnahmenden Werke quittierten.[2]

Der Begutachtung der Sammlungsbestände durch Denon stand jedoch nichts im
Weg: Zix zeigt die drei Protagonisten in dunklem Kontrast vor einem großen Fenster,
das viel Licht in den Raum fallen lässt. Denon hält einen Münzkasten in den Händen
und betrachtet die aufgereihten Münzen eingehend – er eignet sie sich an, nimmt
sie in Besitz und zeigt zugleich einen achtsamen Umgang mit den Kunstobjekten
der preußischen Sammlung. Mit Brille und konzentriertem Blick, umrahmt vom
Fensterlicht, wird das Profil Denons zum Gelehrtenporträt. Sein deutlich kleinerer
Berliner Kollege Rhode schaut ihm über die Schulter, damit auch er an der Inspek-
tion der Münzkassette teilnehmen kann, wirkt aber, im Schatten Denons stehend,
unbeteiligt am Geschehen. Der französische Sekretär Perne sitzt am Schreibtisch
vor dem Fenster und fertigt das Inventar oder Beschlagnahmungsprotokoll an, das
wenige Tage später von allen Beteiligten unterschrieben werden sollte.[3] Aufgezogene
Schubladen und scheinbar gerade studierte und dann beiseitegelegte Objekte ver-

4

Der Zeichner Benjamin Zix begleitete den französischen Generaldirektor der kaiserlichen Museen Dominique-Vivant Denon auf seinen Beutezügen durch ganz Europa, die unter Anweisung Napoleons stattfanden. Seine Federzeichnung **Herr Denon besucht die Kunstkammer in Berlin**, die während der Konfiszierungen in den Berliner Kunstsammlungen 1807 entstand, steht paradigmatisch für den Versuch, diese zu legitimieren.

stärken den Eindruck, es handele sich hier um eine Momentaufnahme. Um die drei Personen verteilt sich ein Sammelsurium verschiedener Kunstgegenstände: Statuen, Büsten, Antiken, Mumienmasken, Vasen und Medaillen bedecken den Boden und die Schränke. Reliefteile, Gemälde und Gemmen verzieren die Wände. Zix zeigt aber auch wiedererkennbare Sammlungsstücke: Auf dem linken Schrank steht eine Büste, die als Antinoos-Porträt identifiziert werden kann. Eine solche befand sich seit 1742 in der Sammlung von Friedrich dem Großen, die jedoch im Schloss Charlottenburg aufbewahrt wurde, bis Denon sie nach Paris bringen ließ. Links vorn liegen zwei altägyptische Objekte, an die Wand angelehnt und gestapelt. Eine Mumienmaske wurde 1806 nach Paris überführt, um im Musée Napoléon ihren neuen Platz zu finden. Vom rechten Bildrand überschnitten steht auf dem Boden eine von Bastiano Torrigiani (†1596) im 16. Jahrhundert angefertigte Bronzebüste von Papst Sixtus V. Ebenfalls am rechten Bildrand sieht man die hellenistische Skulptur von *Amor und Psyche*. Neben dieser beschlagnahmte Denon auch Darstellungen von Friedrich Wilhelm von Brandenburg, dem legendären »Großen Kurfürsten«. Eine davon fand, grimmig in Denons Richtung blickend, auf Zix' Zeichnung direkt hinter dem sitzenden Sekretär ihren Platz.[4]

Die willkürliche und ungeordnete Anhäufung der Kunstgegenstände in der Enge des in der Zeichnung dargestellten Raumes vermittelt den Eindruck, die französischen Experten brächten hier Ordnung in ein ungeordnetes Sammelsurium – ein Selbstverständnis, das dem Anspruch Denons sicher gerecht wurde. Die zeitgenössische Präsentation der preußischen Sammlung wird darin jedoch nicht wiedergegeben: Die Kunstkammer befand sich in insgesamt acht Gemächern des Berliner Schlosses, die je nach Gattung der Objekte ein charakteristisch auf sie angepasstes Interieur hatten, so zum Beispiel das Münzkabinett mit Schauschränken. Die Werke wurden also nicht, wie dargestellt, in einem kleinen Raum ähnlich einem Lager aufbewahrt, sondern prunkvoll inszeniert.

Gleichzeitig fand auch in Berlin um 1800 eine Neuausrichtung in der Nutzung der Kunstkammer statt: Die Sammlung sollte durch öffentliche Führungen für das Laienpublikum und zugleich für die Wissenschaft geöffnet werden. Jean Henry formulierte 1805 in seinem Kunstkammerführer *Allgemeines Verzeichniss des Königlichen Kunst, Naturhistorischen und Antiken-Museums* den Wunsch, ein Berliner Universalmuseum mit neuen Räumen zu verwirklichen, was jedoch durch Denons Beutezug durch die Berliner Kunstkammer verhindert wurde.[5]

In seiner Darstellung zeichnet Zix das Bild einer jenseits von kriegerischen

Handlungen stattfindenden Übernahme der preußischen Kulturgüter in französische Hand. Dabei stellt er vor allem die wissenschaftliche Betrachtung und die
protokollierte Ordnung des Vorgehens ins Zentrum des Bildes, durch die Anwesenheit Rhodes, aber auch die Kollaboration der Preußen. Die politische Dominanz der
Franzosen und ihr Sieg über Preußen wird in der Zeichnung durch die symbolische
Platzierung eines Hutes verdeutlicht: Auf drei großen, an den Schrank gelehnten
Büchern thront rechts ein französischer Zweispitz.

Denon, der in dieser Zeichnung Gelehrter und Kunstkenner ist, nimmt sich der
Objekte mit viel Zeit und Sorgfalt an. Zix vermittelt den Eindruck, dass die Inspek-
tion nicht nur rechtmäßig, sondern ordnend und zugunsten der Wissenschaft und
der Künste vonstattengeht.[B] Dass es sich hier um eine Plünderung der preußischen
Sammlung handelt, die bis zur Restitution 1815 große Lücken kulturhistorischer → BILD 73
Relevanz hinterlässt, bleibt in der Darstellung gänzlich unsichtbar.

SOPHIE ANGELOV UND MIRIAM JESSKE

1 Spiegel, Dominique-Vivant Denon et Benjamin Zix, S. 12. ■ 2 Savoy, Kunstraub, S. 124 u.
128; Gallo. ■ 3 Kaiser, Der glückliche Kunsträuber, S. 215. ■ 4 Wescher, Kunstraub unter
Napoleon, S. 100; Savoy, Kunstraub, Anhang Tafel 2; Gallo. ■ 5 Dolezel, »Der erste Berliner
Museumsstreit«, Abschn. 30.

EVA DOLEZEL, »Der erste Berliner Museumsstreit. Nutzungskonzepte im Umfeld der Berliner
	Kunstkammer«, in: Kulturgeschichte Preußens Colloquien 5 (2017), {www.perspectivia.
	net/servlets/MCRFileNodeServlet/ploneimport_derivate_00010447/dolezel_ort.docx.
	pdf}, letzter Zugriff 4. 11. 2020.
DANIELA GALLO, »Kat.-Nr. 124«, in: Marie-Anne Dupuy (Hg.), Dominique-Vivant Denon.
	L'œil de Napoléon (Ausst.-Kat. Musée du Louvre), Paris 1999.
REINHARD KAISER, Der glückliche Kunsträuber. Das Leben des Vivant Denon, München 2016.
RÉGIS SPIEGEL, Dominique-Vivant Denon et Benjamin Zix. Témoins et acteurs de l'épopée
	napoléonienne, Paris 2000.
BÉNÉDICTE SAVOY, Kunstraub. Napoleons Konfiszierungen in Deutschland und die euro-
	päischen Folgen, Wien u. a. 2011.
PAUL WESCHER, Kunstraub unter Napoleon, Berlin 1976.

ANTHOLOGIE ZU KUNSTRAUB UND KULTURERBE
A Vogel (1797): Debattenbeiträge und Kriegsereignisse. ■ B Barbier (1794): Die Entführung
von Kunstschätzen als zivilisatorischer Akt.

Die Moral plündernder Christen
1478–80

Beschützen und verschonen – das scheint das Bildthema zu sein, mit dem der Pariser Buchmaler Maître François, wahrscheinlich François Le Barbier (dokumentiert 1455–1472), die Ausführungen des Augustinus (354–430) in diesem prachtvollen Manuskript aufnimmt. Es handelt sich um eine reich bebilderte französische Übersetzung von Augustinus' *De civitate Dei* (*Vom Gottesstaat*), die auf 1478–1480 datiert ist. Die Miniatur auf Folio 9 leitet das vierte Kapitel aus Buch eins ein, in dem Augustinus unter Rückgriff auf vielerlei antike Autoren die Verwüstung der Stadt Troja durch die Griechen der Plünderung Roms durch die Westgoten im Jahr 410 n. Chr. gegenüberstellt.

Gegliedert ist die Miniatur in zwei Bildfelder: das obere zeigt eine von filigranen Säulen gestützte und mit Ziergiebeln versehene Tempelarchitektur. Während auf einem Tisch im Vordergrund christliche Kultgegenstände zu sehen sind, sind hinten goldene Statuetten um die antike Göttin Juno gruppiert. Außerhalb des Tempels ist links im Bild eine Gruppe von bärtigen Männern mit langen Gewändern, vermutlich Gelehrte, ins Gespräch vertieft. Im unteren Bildfeld herrscht große Unruhe: An die Stadtmauern gelehnte Leitern und zwei Tote im Hintergrund umrahmen die Szene der gewaltsamen Eroberung Roms. Offenbar genötigt vom Anführer der westgotischen Horden, erkennbar am Hut auf seinem Kopf, tragen mehrere Männer in Rüstung goldene Kelche und Hostiengefäße zum Eingang eines Gebäudes. Eine Nonne, die Hände zum Gebet gefaltet, nimmt sie auf einem Tisch entgegen.

Alarich I. (um 370–410) fiel am 24. August des Jahres 410 mit seinen Truppen in Rom ein. Die Plünderung dauerte drei Tage.[1] Das Entsetzen, das der Fall der Ewigen Stadt im Weströmischen Reich auslöste, wurde von vielen zeitgenössischen Autoren festgehalten, etwa von dem Kirchengelehrten Hieronymus (347–420) oder dem spätantiken Historiker Orosius (um 385–um 418). Denn mit der Stadt Rom fiel das über acht Jahrhunderte lang uneingenomme Zentrum des römischen Imperiums. Augustinus erfuhr von den Ereignissen im nordafrikanischen Hippo Regius (heutiges Algerien), wo er im Jahr 395 Bischof geworden war. Viele aus Rom Geflüchtete kamen hierher und berichteten vom Überfall und von den Plünderungen.[2] Diese Berichte und Klagen sind der Ausgangspunkt für Augustinus' komplexe Überlegungen über weltliche und göttliche Ordnungen, die er im Werk *De civitate Dei* festhielt. An der

5

Die Miniatur aus dem 15. Jahrhundert illustriert Augustinus' Werk **Vom Gottesstaat**, gezeigt werden soll die Plünderung Roms im 5. Jahrhundert: Während oben Gelehrte augenscheinlich noch die Vor- und Nachteile des antiken oder christlichen Kults gegeneinander abwägen, haben die plündernden Westgoten sich bereits entschieden. Sie verschonen christliche Kultgegenstände.

Schwelle zum Mittelalter stellt es ein Grundwerk der christlichen Auseinandersetzung mit der bisherigen antiken Welt und ihren Göttern dar. So sind auch die beiden Bildfelder der Miniatur zu deuten: Es geht um die Ablösung der antiken Götter
durch das Christentum und, damit verbunden, um eine neue, christliche Moral.

Die Gelehrten im oberen Bildfeld diskutieren vor einem Tempel, in dem Gefäße
der christlichen Liturgie einer antiken Göttin gegenüberstehen. Sie ist durch einen
Titulus als Juno identifiziert, was auf die unten auf dem gleichen Folio beginnende
Textpassage bezogen ist: die Anspielung gilt Troja, der »Mutter des römischen Vol-
kes«. Das antike Troja »vermochte [...] durch die geweihten Stätten seiner Götter
seine Bürger nicht zu decken gegen Feuer und Schwert der Griechen«.[3] Die antiken
Götter boten der Stadt und ihrer Bevölkerung keinen Schutz, während in Rom, laut
Augustinus, die Bevölkerung in den christlichen »Gedächtnisstätten der Apostel«
Zuflucht suchte und dort von den zerstörerischen Horden Alarichs verschont wurde.
Darüber hinaus vergleicht er das Verhalten der Westgoten in Rom mit der antiken
Beutetradition der Griechen bei der Einnahme Trojas,[A] die nach Augustinus keinerlei Tabus kannten. Die Westgoten hingegen waren selbst schon Christen und
verschonten die Kirchenschätze: »Vergleiche nun dies Asyl [...] der Königin aller
Götter [Juno] mit den Gedächtnisstätten unserer Apostel. Dorthin trug man die den
brennenden Heiligtümern und den Göttern entrissenen Beutestücke, nicht um sie
den Besiegten zu schenken, sondern um sie unter die Sieger zu verteilen, hierher
brachte man alles, was zu jenen Stätten gehörte, auch wenn es sich anderswo befand,
ehrerbietig und in frommem Gehorsam zurück.«[4·B] Die Verschonung christlicher
Kultobjekte durch Alarich und seine Truppen stellte für Augustinus den deutlichen
Beweis der Stärke und Überlegenheit des christlichen Glaubens dar.[C]

Der spätantike Autor war aufgrund seiner zahlreichen Zitate antiker Quellen
auch für das in ganz Europa aufkommende humanistische Studium von großem
Interesse: Er wurde von Petrarca gelesen,[D] dem oft am Beginn der *studia humanitatis* gesehenen Gelehrten, und bereits 1468 wurden erste Druckversionen seiner
Schriften hergestellt, die zu einer noch größeren Verbreitung führten. Gerade die
italienischen Humanisten wollten in ihrem Studium nicht nur das historische und
literarische Wissen der Antike neu beleben, sondern auch die lateinische Sprache.
In Frankreich ging man jedoch einen anderen Weg: Hier sollte der moderne Zugang
zu antiken Quellen durch deren Übersetzung ins Französische unterstützt werden.
Im Jahr 1371 hatte deshalb der französische König Karl V., genannt der Weise (1338–
1380), seinen Berater, den humanistischen Gelehrten Raoul de Presles (1316–1382),

damit beauftragt, das umfangreiche Werk des Kirchenvaters Augustinus ins Französische zu übersetzen. Die Illustrationen, die Maître François im 15. Jahrhundert in Paris in dieser prachtvollen Manuskriptausgabe des übersetzten Augustinus neben den Text stellte, fügen der spätantiken Quelle eine weitere Lesart hinzu. Denn statt hier das historische Ambiente durch antikisierende Kostüme oder Szenerie herzustellen, wird die Handlung in ganz und gar zeitgenössischer Ausstattung gezeigt. Der Pariser Künstler folgt hier Indikationen, wie sie etwa von Jean Lebègue (1368–1457), einem weiteren Humanisten, 1417 niedergeschrieben wurden.[5] Damit wird klar, wie beispielhaft die Szene ist: Sie soll nicht als historisch und abgeschlossen gelesen werden, sondern als Anleitung für tugendhaftes und moralisches Verhalten in der Zeit ihrer Rezeption. Durch die Möglichkeit der Wiedererkennung von Kleidung, Hüten, Stoffen, kirchlichen Gefäßen und nicht zuletzt den Architekturelementen der französischen Gotik wird die zeitliche Distanz überwunden und die christliche Moral, die Augustinus hier sogar in der Situation der kriegerischen Auseinandersetzung hervorhebt, auch auf die Realität des 15. Jahrhunderts übertragen.

PHILIPPA SISSIS

1 Deuchler, **Beute und Triumph**, S. 63. ■ 2 Meier/Patzold, **August 410**, S. 42. ■
3 Augustinus, **Vom Gottesstaat**, Buch I, Abschn. 4, S. 9. ■ 4 Augustinus, **Vom Gottesstaat**,
Buch I, Abschn. 4, S. 9. ■ 5 Hedeman, »Jean Lebègue et la traduction visuelle«, S. 61.

AUGUSTINUS, **Vom Gottesstaat (De civitate Dei)**, herausgegeben von Carl Andresen,
    München ²2011.
FLORENS DEUCHLER, **Beute und Triumph. Zum kulturgeschichtlichen Umfeld antiker und
    mittelalterlicher Kriegstrophäen. Ein Nachtrag zur ›Burgunderbeute‹**, Berlin, Boston 2015.
ANNE HEDEMAN, »Jean Lebègue et la traduction visuelle de Salluste et de Leonardo Bruni
    au XVe siècle«, in: Sandrine Hériché-Pradeau, Maud Pérez-Simon (Hg.), **Quand l'image
    relit le texte. Regards croisés sur les manuscrits médiévaux**, Paris 2013, S. 59–70.
MISCHA MEIER, STEFFEN PATZOLD, **August 410. Ein Kampf um Rom**, Stuttgart 2010.

ANTHOLOGIE ZU KUNSTRAUB UND KULTURERBE
A Polybios (um 150 v. Chr.): **Eine Handreichung des Besiegten für den Sieger.** ■
B Kastilisches Rechtsbuch (um 1265): **Beuteteilung unter König Alfons X. von Kastilien.** ■
C Halberstädter Bischofschronik (um 1209): **Wie Heiligenreliquien aus Byzanz nach
Halberstadt kamen; De Vattel (1758): »Der Menschheit zur Ehre gereichen«.** ■ D Petrarca
(1366): **Vom tugendhaften Triumphieren.**

Beutehändler in Delhi
1859

Die Szene spielt sich in einem engen Raum ab, der nicht nur durch die weiß gekalkten Wände, sondern auch durch ein sehr flaches Holzdach bedrückend um die vielen Figuren geschlossen ist. Deren ausladende Gestik und Mimik füllen den schmalen Raum vollständig aus und verstärken die Dramatik des Dargestellten. Zwei Männer in Weiß werden von einem ausgehobenen Loch im Vordergrund ferngehalten: Der Mann links blickt mit vor Angst verzerrtem Gesicht auf die Pistole, die ihm ein Bärtiger in europäischer Kleidung entgegenstreckt. Der andere scheint rechts im Hintergrund zurückzubleiben, er bedeckt seine Augen, anscheinend um nicht Zeuge der Szene zu werden, wie die vier Soldaten und drei sogenannte Beuteagenten den Boden aufgraben und Stoffsäcke voller nicht erkennbarer »Schätze« bergen. Die aufgerissenen Augen und die sich ergebende Geste des Mannes zur Linken tauchen die ganze Darstellung in eine groteske Stimmung, was durch den leicht amüsierten Blick des links von hinten schauenden Soldaten verstärkt wird. Ertappt und verängstigt reagiert er auf das Ausheben jenes Verstecks, das vermutlich angelegt wurde, um die Wertstücke vor der Plünderung zu bewahren, die sich nun abspielt. Sie findet im September 1857 statt, während der in britischen und anderen zeitgenössischen Quellen als »Indian Mutiny« (Indischer Aufstand) bezeichneten Auseinandersetzung. In anderen Quellen wird auch von der »Großen Rebellion«, der »Indischen Revolte« oder dem »Aufstand von 1857« gesprochen – verschiedene Bezeichnungen, die die unterschiedlichen politischen Perspektiven und damit die Legitimität der Handlungen von einerseits Kolonialherren und andererseits der lokalen Bevölkerung implizit mit vermitteln.[1]

Der Ingenieur und Zeichner George Francklin Atkinson (1822–1859) war ein scharfer Beobachter des sozialen Lebens und arbeitete mitten im Konflikt. Er dokumentierte tägliche Szenen, wie Soldaten, die im Zelt Kleidung wuschen oder sich im Lager ausruhten. Andere Bilder zeigen neben sozialen Situationen der Unterwerfung auch Momente des Miteinanders zwischen den verschiedenen soziokulturellen Gruppen. Solche Darstellungen hatte er auch vor der 1857 erlebten Konfliktsituation gezeichnet und in einem Buch mit dem sehr bildhaften Titel »Curry and Rice on Forty Plates, Or, The Ingredients of Social Life at ›Our Station‹ in India« im Jahr 1859 veröffentlicht. Während also die Bildthemen nicht neu sind, so ist es der Einblick

6

Capt. G. F. Atkinson, delt.   London, Day & Son, Lithographers to the Queen, 6, Gate Street, Lincoln's Inn Fields.   E. Walker, lith.

Unter Gewaltandrohung graben britische Beutehändler vergrabene Schätze aus. Die bewegte Szene zeigt die bedrohliche Dynamik, die in Delhi herrschte, als inmitten der Kämpfe zwischen britischen Truppen und Soldaten aus der lokalen Bevölkerung 1857 die Beute für die kolonialen Truppen gesammelt worden ist.

in die kämpferischen Auseinandersetzungen zwischen den sogenannten *mutinous Sepoys* (rebellischen Sepoys) und den britischen Truppen.

Die Hindu Sepoys waren Soldaten, die aus den höchsten Rängen der indischen Gesellschaft, den Kasten der Brahmanen und Raijput, für das bengalische Regiment der British East India Company rekrutiert wurden. Als solche wurden sie in diesem Regiment, einer militärischen, bewaffneten Gruppe, zuerst selbst als kommandierende Offiziere eingesetzt. In den Jahren vor 1857 zog das britische Militär ihnen jedoch immer öfter jüngere und weniger erfahrene britische Soldaten als Offiziere vor, was zum Aufstand führte. Atkinson war selbst Teil des Bengalischen Regiments und erlebte die Ereignisse aus nächster Nähe. Er schuf einen visuellen Bericht, der die Kämpfe in den engen Straßen der Altstadt zeigte, aber auch Bilder der Akteure – neben den Sepoys britische Soldaten und Teile der Madras- und Bombay-Truppen der British East India Company, die nicht rebellierten und aus Sikhs, Muslimen aus dem Punjab und Gurkha-Sepoys aus Nepal bestanden. Auch die vier die europäischen Beutesammler unterstützenden Soldaten im Bild des Beutenehmens sind Sikhs.

Während Atkinsons Repräsentation der Beutenehmer den leicht plakativen Pinselstrich mit seinen anderen Zeichnungen teilt, erstaunt doch vor allem der kritische Unterton, der in der überspitzten Darstellung und Brutalität des Vorgehens der Europäer gezeigt wird. Diese *prize agents* waren um 1857 eine zunehmend umstrittene Gruppe, die von vielen Offizieren dafür kritisiert wurde, die Beute, die sie gesammelt hatte, nicht gerecht zu verteilen. Sowohl in Indien als auch in Großbritannien wurden die Rechtmäßigkeit und das Vorgehen bei der Beutenahme infrage gestellt. Dadurch erhielt die Praxis einen zwielichtigen Status zwischen offiziellem und autorisiertem Vorgehen und ungeregelten Formen, also Plünderungen beziehungsweise »looting«.[A] Die Evolution der Benutzung dieses Begriffes ist sehr aussagekräftig für → BILD 46 die Zusammenhänge und die Konzepte von Beutenahme: Denn der englische Begriff »to loot« wurde vom Hindu-Wort *lut* abgeleitet, das seine Wurzeln im Sanskrit *lotra* hat und »stehlen« oder »plündern« bedeutet.[2] Es wurde Ende des 18. Jahrhunderts in direktem Zusammenhang mit den Kriegen der British East India Company gegen indische Herrscher ins Englische übernommen und entsprechend zuerst von denjenigen benutzt, die im Kontext der imperialen Handlungen enteignet wurden.[3] Dieser ursprüngliche Kontext, der die Opferperspektive ausdrückte, wurde jedoch im Laufe der Zeit abgelöst durch die verallgemeinerte Bedeutung als »stehlen«. Die grundsätzlich in ihm mitgedachte Gesetzeswidrigkeit wurde oftmals nicht gewürdigt, da er im 19. Jahrhundert und in Erweiterung der indischen Ereignisse in engem Zusammenhang mit »offiziellen Plünderungen« stand: Zahlreiche Beuteagenten wurden mit dem offiziellen Sammeln von »Beute« beauftragt, sie waren »lizensierte Plünderer, deren Aufgabe es war, Häuser und Grundstücke nach der Eroberung einer Stadt zu durchsuchen und alle Wertsachen zu beschlagnahmen«.[4] Aber auch andere Angehörige des Militärs behielten Wertobjekte und Schätze als persönliche Beute: Während diese Vorgänge in der Theorie unterschieden wurden, gehörten sie in der Praxis zusammen.[5] Das derart eingenommene Geld wurde an die jeweiligen Regimenter verteilt, entsprechend dem Rang der Soldaten und ihrem Anteil an den Auseinandersetzungen. Bevor der Angriff auf Delhi am 14. September 1857 begann, wurden genaue Instruktionen zur Beutenahme gegeben, obwohl man Exzesse nicht ausschließen konnte. Das Bild kann als lebendige Illustration, mit einer zumindest in Ansätzen kritischen Haltung, dieses Vorgehens gelesen werden – einer Praxis, die selbst von den auf der britischen Seite am Konflikt Beteiligten als problematisch angesehen wurde. Die Arbeit der Beutesammler wurde im November 1857 nach Meldungen von Missbrauch eingestellt.

FELICITY BODENSTEIN

Aus dem Englischen von Philippa Sissis. ■ 1 Taylor, A Companion to the ›Indian Mutiny‹ of 1857, S. 7. ■ 2 Llewellyn-Jones, The Great Uprising in India, S. 129. ■ 3 Davis, »Three Styles in Looting India«, S. 293. ■ 4 Llewellyn-Jones, The Great Uprising in India, S. 129. ■ 5 Llewellyn-Jones, The Great Uprising in India, S. 139.

GEORGE FRANCKLIN ATKINSON, Curry and Rice on Forty Plates, Or, The Ingredients of Social Life at ›Our Station‹ in India, London 1859, {archive.org/details/curryriceonforty00 atkiuoft}, letzter Zugriff 24. 11. 2020.
GEORGE FRANCKLIN ATKINSON, The Campaign in India 1857–58. From Drawings Made during the Eventful Period of the Great Mutiny, by G. F. Atkinson Illustrating the Military Operations before Delhi, and Its Neighbourhood. With Descriptive Letter-Press, London 1859.
RICHARD H. DAVIS, »Three Styles in Looting India«, in: History and Anthropology 6 (1994), S. 293–317, {doi.org/10.1080/02757206.1994.9960832}, letzter Zugriff 24. 11. 2020.
ROSIE LLEWELLYN-JONES, The Great Uprising in India, 1857–58. Untold Stories, Indian and British, Woodbridge 2007.
P. J. O. TAYLOR, A Companion to the ›Indian Mutiny‹ of 1857, Delhi, New York 1996.

ANTHOLOGIE ZU KUNSTRAUB UND KULTURERBE
A Hugo (1861): Wie die Zivilisation der Barberei verfällt; Rukupō u. a. (1867): Te Hau ki Tūranga – ein Symbol des Kampfes der Māori für Gerechtigkeit; Hooker (1910): »Plünderung ist ausdrücklich untersagt«.

NS-Kunstraub in Paris – kindgerecht vermittelt
2009

Mit drohend erhobener Hand schreit der schwarz gekleidete Offizier. Der noch im Morgenmantel gekleidete ältere Herr schreckt vor ihm zurück. Man kann die lauten Kommandos des deutschen Militärs in dunkler Uniform fast aus dem Bild heraushören. Während er droht, weint die Dame des Hauses, auch sie noch im Morgengewand. Um sie herum packen weitere Soldaten und ein Arbeiter verschiedene Kunstobjekte, vor allem Gemälde, in große Holzkisten. Die Menora, der siebenarmige Kerzenleuchter im Hintergrund, kennzeichnet den Haushalt als jüdisch und fungiert als Markierung dafür, wer hier enteignet wird.[A]

Das Bild entstammt einem 2009 erschienenen Kinderbuch. Es ist von einem Text flankiert: Hier wird der deutsche Botschafter, Otto Abetz (1903–1958), als Leiter der Enteignungsaktionen bekannter jüdischer Familien in Frankreich vorgestellt und der historische Kontext vermittelt. Drei Sätze gehen auf die Illustration ein: »Soldaten dringen brutal in die Wohnungen der betroffenen Besitzer ein. Unter ihren entsetzten Blicken konfiszieren sie Dokumente, Werke, Kunstobjekte und stapeln diese in Kisten. Inmitten der Befehle, die wie Schüsse fallen, wird die Beute der Razzien zur deutschen Botschaft oder in die drei zu diesem Zweck beschlagnahmten Säle des Musée du Louvre gebracht.«[1] Die Zeichnung wird in ihrer eingängigen Bildsprache zum Vermittler der Brutalität der Enteignung jüdischen Besitzes während der NS-Besatzung in Frankreich. Die Unterdrückung und das Leid der Betroffenen bestimmen das emotionalisierte Storytelling des Bildes. Damit soll das Bilderbuch, das die Geschichte der französischen Kunsthistorikerin und Widerstandskämpferin Rose Valland (1898–1980) erzählt, vor allem auch ein jüngeres Publikum ansprechen und trotzdem der Ernsthaftigkeit der Bedrohung gerecht werden.

Nachdem seit dem 22. Juni 1940 Frankreich unter deutscher Besatzung stand, ließ Hitler bereits am 30. Juni 1940 anordnen, dass Kunstschätze in jüdischem Besitz mit namentlichem Provenienz-Vermerk beschlagnahmt werden sollten. Der deutsche Botschafter Otto Abetz ließ daraufhin Listen der wichtigsten Sammlungen anfertigen, von jüdischem Besitz und »Widerständigen« – vorgeblich, um Kunstwerke zurückzugewinnen, die während der napoleonischen Kriege in Deutschland erbeutet worden waren.[2] Im September 1940 erging ein »Führerbefehl«, der festhielt, dass – entgegen der regulären Bestimmungen der Haager Landkriegsordnung von 1907[B] –

7

Mit militärischer Autorität gegen Privatleute – die Bedrohlichkeit der in Haushalte einfallenden Soldaten, die Wert- und Kunstgegenstände sammeln sollten, wird in der Illustration von Emmanuel Cerisier deutlich greifbar. Das deutsche Militär enteignete die jüdische Bevölkerung von Paris und überführte die Beute nach Deutschland. Das Bilderbuch **Rose Valland. L'espionne du musée du Jeu de Paume** (Rose Valland. Die Spionin aus dem Museum Jeu de Paume) von Emanuelle Polack setzt diesem Unrecht ein Mahnmal.

der Abtransport der verfolgungsbedingt entzogenen Kulturgüter nach Deutschland ausdrücklich erwünscht war. Die Kontrolle der Aktionen wurde daraufhin dem nach Alfred Rosenberg (1893–1946) benannten »Einsatzstab Reichsleiter Rosenberg« (kurz: ERR) unterstellt,[c] der in den gesamten besetzten Gebieten die Enteignungen und das Sammeln jüdischen Besitzes kontrollierte. Die bereits beschlagnahmten und hinzukommenden Objekte wurden zuerst im Louvre und später in den Räumen des Musée de Jeu de Paume gesammelt. In diesem Museum im Tuileriengarten nahe dem Louvre wurde die Kuratorin Rose Valland zur Beobachterin und Schlüsselzeugin der versammelten und nach Deutschland verschickten Kunst: Ihre Aufzeichnungen dokumentieren die ankommenden und abtransportierten Kunstwerke ab März 1941.[3]

Die Ausbeute der Enteignungen ist erheblich: »Insgesamt wurden dem Reich durch den ERR zwischen März 1941 und Juli 1944 203 Sammlungen von mehr als 20 000 Objekten, darunter 11 000 Bilder, zugeführt. Hitler erhielt aus diesen Beständen 53 Objekte, die in seine Sammlung integriert wurden und kein Tauschgut bildeten. Göring suchte sich 634 Werke aus [...].«[4] Eines der Ziele dieser systematischen Beschlagnahmungen war unter dem Titel »Sonderauftrag Linz« die Ausstattung des seit 1939 geplanten Linzer »Führermuseums«.[5] Die Gemäldegalerie sollte Alte Meister und Werke des 19. Jahrhunderts zeigen, die Hitler selbst seit 1938 zu sammeln begonnen hatte. Darüber hinaus stammten sie aber vor allem aus Beschlagnahmungen und Ankäufen auf dem europäischen Kunstmarkt. Dieser wiederum wurde durch die Enteignungen infolge der Judenverfolgung und des Holocaust gespeist.

Dabei stellten wohlhabende Sammlungen wie die hier dargestellte, die hauptsächlich aus Skulpturen und Gemälden besteht, nur einen Teil des Beuteguts aus der Plünderung jüdischer Haushalte dar. In sogenannten M-Aktionen (Möbel-Aktionen) wurden auch vollständige Wohnausstattungen aus Wohnungen beschlagnahmt.[6] Allein in Paris wurden circa 38 000 Wohnungen so geplündert.

Die fiktive Szene, die in der Zeichnung dargestellt wird, projiziert die Bedrohlichkeit der Gesamtsituation in den Moment der Beschlagnahmung, obwohl solche meist in bereits verlassenen Wohnungen stattfanden.[7] Aus diesem Grund fehlt hier die historische Dokumentation – eine Lücke, die durch die Zeichnung geschlossen wird. Die künstlerische Freiheit der Zeichnung wird als Möglichkeit genutzt, uns direkt in die Geschichte und damit den historischen Moment zu involvieren: So, wie Jüdinnen und Juden aus der Gesellschaft gedrängt wurden, drängt der Militär sie hier aus der Bilderbuchseite. Beim Lesen kann man die emotionale Tragweite der Enteignungen unmittelbar erfahren. Der begehrliche Blick des uniformierten Mannes im

Vordergrund auf eine nackte weibliche Statuette in seinen Händen transportiert die Motivation der Aktionen. Sein Desinteresse an der Bedrängnis des Ehepaars hinter ihm zeigt die Rücksichtslosigkeit und die im Machtgefälle enthaltene Rohheit, mit der die Kunstwerke in den Besitz der Besatzungsmacht gebracht wurden. Die Illustration ist als emotionalisierte Inszenierung von Geschichte zu lesen, stellvertretend für zahlreiche Enteignungen. Gleichzeitig stellt das Bilderbuch Rose Valland als Akteurin der Résistance dar, deren Handeln neben der wichtigen Dokumentation der Ereignisse gezielte Boykotte der Transporte und später auch konkrete Rückforderungen ermöglichte. Das Medium der comicähnlichen Zeichnung erweist sich als facettenreiches Instrument zur Konstruktion von Heldenfiguren und Erinnerungsbildern.

TABEA HARTIG UND PHILIPPA SISSIS

1 Polack, Rose Valland, S. 36 (Ü: Philippa Sissis). ■ 2 Rosebrock, Kurt Martin und das Musée des Beaux-Arts de Strasbourg, S. 118 f. ■ 3 Polack, Dagen, Les carnets de Rose Valland, S. 6. ■ 4 Tisa Francini u. a., Fluchtgut – Raubgut, S. 283. ■ 5 Schwarz, Hitlers Museum, S. 11. ■ 6 Ho, »Mobilisation of Moveable Assets«, S. 1. ■ 7 Kurz, Kunstraub in Europa, S. 132.

GITTA HO, »Mobilisation of Moveable Assets: Objects Designated for the Art Trade from the National Socialist Plundering of the ›M-Aktion‹«, in: Journal for Art Market Studies 2 (2018), {https://doi.org/10.23690/jams.v2i2.36}, letzter Zugriff 13. 1. 2021.
JAKOB KURZ, Kunstraub in Europa 1938–1945, Hamburg 1989.
EMMANUELLE POLACK, Rose Valland. L'espionne du musée du Jeu de Paume, Lyon 2009.
EMMANUELLE POLACK, PHILIPPE DAGEN, Les carnets de Rose Valland. Le pillage des collections privées d'œuvres d'art en France durant la Seconde Guerre mondiale, Lyon 2011.
TESSA FRIEDERIKE ROSEBROCK, Kurt Martin und das Musée des Beaux-Arts de Strasbourg. Museums- und Ausstellungspolitik am Oberrhein im ›Dritten Reich‹ und in der unmittelbaren Nachkriegszeit, Berlin 2012.
BIRGIT SCHWARZ, Hitlers Museum. Die Fotoalben ›Gemäldegalerie Linz‹, Dokumente zum ›Führermuseum‹, Wien u. a. 2004.
ESTHER TISA FRANCINI, ANJA HEUSS, GEORG KREIS, Fluchtgut – Raubgut. Der Transfer von Kulturgütern in und über die Schweiz 1933–1945 und die Frage der Restitution, Zürich 2001.

ANTHOLOGIE ZU KUNSTRAUB UND KULTURERBE
A Erstes Makkabäerbuch (130–100 v. Chr.): Tempelraub, Aufstand und Herrscherinszenierung. ■ B Haager Landkriegsordnung (1907): Ein erster völkerrechtlicher Konsens zum Schutz von Kulturgütern. ■ c Rosenberg (1940–41): Ideologie und Exzess – Die Kulturgut-Raubzüge der Nationalsozialisten.

Der Pferdedieb von Berlin
um 1813

Napoleon I. (Bonaparte, 1769–1821) höchstpersönlich bemächtigt sich der Berliner Quadriga vom Brandenburger Tor. Gerade tritt er von der letzten Sprosse der Leiter, die er für den Klau an das Bauwerk gelehnt hat. Wiedererkennbar ist der selbstgekrönte Kaiser der Franzosen an der Kombination aus Zweispitz, Uniformrock, weißem Beinkleid und kniehohen Stiefeln. Die Größenverhältnisse der Szene scheinen ironisch verkehrt: Napoleon und seine Leiter sind übergroß dargestellt. Das Tor und der dahinterliegende Tiergarten wirken dagegen wie ein farb- und detailreduziertes Bühnenbild. Zu ihrem verkleinerten Maßstab passt wiederum die rot unterlegte Miniatur der Quadriga, die der Dieb ungestört entwendet. Im Unterschied zum Originalwerk hat die lenkende Siegesgöttin Victoria hier sowohl ihre Flügel als auch die Kontrolle über die Pferde verloren. Die schreiten zwar stolz, aber in zwei verschiedene Richtungen voran. Grinsend schaut der übergroße Napoleon auf das Diebesgut in seinen Händen. Fast schon scheint er es dem Fluchtpunkt des Bildes zu überreichen, der aus Berlin hinaus und Richtung Frankreich weist.

Nur dreizehn Jahre hatte die Quadriga des Hofbildhauers Johann Gottfried Schadow (1764–1850) das Brandenburger Tor bekrönt, bevor Napoleon sie im Jahr 1806 als Trophäe seines Sieges über die preußische Armee konfiszierte. In dieser turbulenten Zeit durchlief die Quadriga einen erheblichen Deutungswandel.[1] Mit ihrer Aufstellung wollte der damalige preußische König Friedrich Wilhelm II. ein politisches Zeichen setzen: Seinen Untertanen sollte der Triumphwagen einen Zeitenwechsel verkünden. Nach den unzähligen Kriegen, die Preußen über das letzte Jahrhundert hinweg geführt hatte, würde jetzt eine Ära des Friedens beginnen. Eine Vielzahl von Künstlern und Handwerkern wurden engagiert. Dennoch stellten die monumentale Größe und der erhöhte Aufstellungsort auf dem Triumphtor große Herausforderungen dar und kosteten vier Jahre Arbeit. Auf diesen symbolischen Kraftakt folgte allerdings keine Friedenszeit, sondern die Niederlage gegen Napoleon. Umso schmachvoller war für die Berlinerinnen und Berliner dann die Beschlagnahmung der Figurengruppe.

Im Unterschied zu Tausenden von Kunstwerken, die Napoleon in preußischen Galerien und Museen konfiszieren ließ, hatten weder Ästhetik noch kunsthistori- → BILD 4
sche Bedeutung den Ausschlag für die Wegnahme der Berliner Quadriga gegeben.[2]

8

Die Radierung mit dem humoristischen Titel **Der Pferdedieb von Berlin** dürfte im Jahr 1813 entstanden, vervielfältigt und vertrieben worden sein. Unschwer zu erkennen, zeigt sie einen ganz besonderen Pferdedieb, dessen Beute nur wenige Jahre in Paris verblieb. Bemerkenswert sind hier vor allem auch die Größenverhältnisse.

Geplant wurde aber, das Siegeszeichen auf einem neu zu errichtenden Triumphbogen in Paris aufzustellen – umgedeutet zu einem Zeichen des napoleonischen Sieges. → BILD 38 In Berlin wurde Emanuel Jury, der die Quadriga vor nicht allzu langer Zeit in Kupfer geschmiedet hatte, angewiesen, abermals Hand an sein Werk zu legen und es zu demontieren. Auf zwölf Kisten verteilt gelangte das Viergespann auf dem Wasserweg über Hamburg nach Paris. Während des Transports nahm es jedoch schweren Schaden und musste restauriert werden.[3] Letztlich kam es entgegen aller ehrgeizigen Pläne nie zu einer öffentlichen Zurschaustellung der Trophäe im Stadtraum von Paris.[A]

Doch blieb die Siegesgöttin auch Napoleon nicht lange treu. 1813 unterlag er bei Leipzig einem breiten Bündnis aus Russen, Preußen, Österreichern und Schweden. Die im Deutschen so genannte Völkerschlacht drängte das napoleonische Heer hinter den Rhein zurück. Mit dieser Wendung blühte in Preußen der Markt für Karikaturen des endlich bezwungenen Kaisers der Franzosen auf.[4] Strenge Zensurgesetze → BILD 75 hatten die Produktion lange Zeit kleingehalten. Doch während der sogenannten Befreiungskriege, die schon vor der Völkerschlacht ihren Lauf genommen hatten, ließ die Zensur nach. Zumindest vorübergehend konnten die Karikaturisten des Landes auf die steigende Nachfrage reagieren, ohne Repressalien fürchten zu müssen. So stellt etwa der *Pferdedieb von Berlin* eine mehrdeutige Szene dar, in der sich das politische Hin und Her zwischen Sieg und Niederlage, Überlegenheit und Unterlegenheit spiegelt: Zwar überragt der Franzose den preußischen Staatsbau und hat mit einer simplen Leiter scheinbar leichtes Spiel beim »Diebeszug«. Doch gleichzeitig droht er mit der Beute in Händen im letzten Moment noch das Gleichgewicht zu verlieren. So riskant wie dreist erscheint sein Handeln, dass es als Bubenstreich bezeichnet werden könnte. Für eine solche Karikatur des einst gefürchteten Feldherrn und seiner Gier nach fremden Kulturgütern dürften seine Gegner nicht nur im preußischen Raum, sondern auch darüber hinaus empfänglich gewesen sein.[B]

Als die Quadriga 1814 schließlich über Land aus Paris zurückkehrte, geriet der Transport hinter der preußischen Grenze zu einem Triumphzug. Vor Berlin jubelten Menschenmengen dem Siegeswagen zu. Einmal mehr wurde Emanuel Jury bestellt, um die Figurengruppe abermals zu restaurieren.[C] Im Zuge dessen ließ der neue preußische König, Friedrich Wilhelm III. (1770–1840), auch das Siegeszeichen neu gestalten, das die Victoria an einer Stange in den Himmel streckt. Die ursprüngliche Kombination aus einem Kreuz im Kranz mit dem preußischen Adler darauf wurde zwar beibehalten, das Kreuz jedoch durch das Eiserne Kreuz ersetzt. Dieses Abzeichen hatte der König im Vorjahr zur Auszeichnung von militärischen Verdiensten im

Krieg gegen Napoleon gestiftet. Mit dieser Modifikation erfuhr die Quadriga einen weiteren Bedeutungswandel: Als Monument des Friedens, als das sie unter dem vorigen König aufgestellt worden war, konnte das Gespann nach seiner Translokation nach Paris nicht mehr gelten. Jetzt sollte es für den Triumph über Napoleon stehen und zugleich das »Band« zwischen dem König und seinem Militär erneuern. Wie zum Ausdruck seiner wiedererlangten Souveränität, ließ es sich der Herrscher nicht nehmen, den zurückgekehrten Siegeswagen anlässlich seiner eigenen Rückkehr nach Berlin persönlich zu enthüllen.

→ BILD 80, 81

Diese öffentliche Geste des Triumphs geht mit derjenigen der Karikatur von Napoleon als Pferdedieb Hand in Hand. Mit beiden eignet sich die preußische Öffentlichkeit wieder die Quadriga von Schadow an und vergewissert sich der Überwindung der napoleonischen Herrschaft. Während die Anbringung des Eisernen Kreuzes explizit den militärischen Sieg feiert, veranlasst die Karikatur zum Lachen über den schwindenden napoleonischen Schrecken.

SIMON LINDNER

1 Krenzlin, **Johann Gottfried Schadow.** ■ 2 Savoy, **Kunstraub,** S. 138 u. 375. ■ 3 Krenzlin, **Johann Gottfried Schadow,** S. 2; Savoy, **Kunstraub,** S. 330. ■ 4 Scheffler / Scheffler, **So zerstieben geträumte Weltreiche,** S. 14 f.; Vetter-Liebenow (Hg.), **Napoleon – Genie und Despot,** S. 10 f.

ULRIKE KRENZLIN, **Johann Gottfried Schadow. Die Quadriga. Vom preußischen Symbol zum Denkmal der Nation,** Frankfurt am Main 1991.
BÉNÉDICTE SAVOY, **Kunstraub. Napoleons Konfiszierungen in Deutschland und die europäischen Folgen,** Wien u. a. 2011.
SABINE SCHEFFLER, ERNST SCHEFFLER, **So zerstieben geträumte Weltreiche. Napoleon I. in der deutschen Karikatur,** Stuttgart 1995.
GISELA VETTER-LIEBENOW (HG.), **Napoleon – Genie und Despot. Ideal und Kritik in der Kunst um 1800** (Ausst.-Kat., Stiftung Brandenburger Tor, Wilhelm-Busch-Museum Hannover u. a.), Hannover 2006.

ANTHOLOGIE ZU KUNSTRAUB UND KULTURERBE
A Petrarca (1366): **Vom tugendhaften Triumphieren.** ■ B Heydenreich (1798): **Kulturgutraub als Entwicklungshemmnis für Kunst und Wissenschaft.** ■ C Goethe (1816): **Verloren – Erworben – Verdorben?**

Geburtsmoment der osmanischen Archäologie
1892

Sichtbare Holzschienen und Seile führen unseren Blick in die Mitte des Drucks. Von Tunnelwänden eingerahmt, erblicken wir einen antiken marmornen Sarkophag, der aus dem Dunkel der Erde gezogen wird. Die Inszenierung der technischen Transportmittel deutet auf eine baldige Nahsicht des Objekts voraus: Ein Seilzug liegt bereit, um den auf einen Schlitten gespannten Sarkophag auf Holzschienen aus der Tiefe dem Fokus unserer Betrachtung zuzuführen. Es handelt sich um den auf Türkisch so genannten *İskender-Sarkophag*, der außerhalb der Türkei auch *Alexander-Sarkophag* genannt wird.

Die Druckgrafik ist Teil des aufwendigen Werks *Une nécropole royale à Sidon*, das den Ausgrabungsprozess in einer Nekropole in der Nähe der Stadt Sidon (auch Ṣaydā) im Vilâyet Beirut (im heutigen Libanon) beschreibt. Es gliedert sich in drei Teile: Zunächst erwähnt Osman Hamdi Bey (1842–1910) die Ausgrabung, insbesondere einiger Sarkophage, im Detail und schildert den Transport der Fundobjekte nach Konstantinopel. Hieran schließt sich ein archäologischer Kommentar mit Fallstudien zu den Funden von Théodore Reinach (1860–1928). Im Anhang folgen anthropologische Beobachtungen.

Zahlreiche Bilder in der Publikation illustrieren die Lage der Funde in der Nekropole sowie ihren Grabungszusammenhang und Zustand. Technische Zeichnungen vermitteln die Art und Weise, wie die Extraktion geplant und durchgeführt wurde. Insbesondere drei Illustrationen zeigen die Funde in Bewegung: Neben dem hier besprochenen Bild veranschaulicht ein weiteres die Entnahme eines ägyptischen Sarkophags. Ein Druck zeigt den Moment der Verschiffung der Fundobjekte. Die Bilder → BILD 15 dokumentieren den hohen Aufwand, der notwendig war, um die Funde zu bergen: Mithilfe von etwa 25 Mann wurde ein beinahe 1,60 Meter hoher Tunnel in die Nekropole gegraben. Mit Schlitten, Holzschienen und Flaschenzug hoben die Arbeiter dann die Sarkophage, die jeder ein Gewicht von circa 5 Tonnen haben. Die Bergung eines der größeren Sarkophage erforderte den Einsatz von 50 bis 60 Personen.[1] Die Steinsärge wurden auf das Schiff Asır verbracht und nach Istanbul transportiert. → BILD 11

Es war die zufällige Entdeckung eines Steinbruchbesitzers, die zu den Ausgrabungen in Sidon führte: Im Frühjahr 1887 stieß er auf einen mit Kammern verbundenen Schacht. In den sieben Grabkammern befanden sich ungewöhnlich große und de-

9

Diese Druckgrafik schuf der französische Künstler Jules Devillard für die archäologische Publikation **Une nécropole royale à Sidon. Fouilles de Hamdy Bey** von Osman Hamdi Bey und Théodore Reinach, die 1892 in Paris erschien. Sie basiert auf einer Fotografie. Das Rückübersetzen von Fotografien in Zeichnungen zur Zirkulation in Printmedien war im späten 19. und frühen 20. Jahrhundert noch geläufig. Zur Vervielfältigung war es üblich, Fotografien als vereinfachte Grafiken wiederzugeben.

korierte Sarkophage aus dem vierten Jahrhundert vor Christus. Als die Entdeckung nach Konstantinopel gemeldet wurde, reiste der Direktor des Müze-i Hümayun, Osman Hamdi Bey, zusammen mit Yervant Oskan (1855–1914) nach Sidon, um die Funde auszuheben und zu sichern. Es gelang ihnen, in sehr kurzer Zeit – in nur drei Monaten von der Ankunft im April 1887 bis zur Abreise im Juni desselben Jahres – alle Funde, insgesamt 16 Sarkophage und verschiedene Altertümer, in die osmanische Hauptstadt zu bringen. In seiner Funktion als Museumsdirektor nutzte Osman Hamdi Schlüsselobjekte wie den İskender-Sarkophag und den Sarkophag der Trauernden Frauen aus Sidon, um die Erweiterung des Imperialen Museums zu rechtfertigen. Der Bau wurde 1891 abgeschlossen. In der Zwischenzeit, von 1887 bis 1891, verhinderte Osman Hamdi, dass ausländische Archäologen die Sarkophage von Sidon untersuchten. Er ließ von Zeit zu Zeit kleine Einblicke in Funde zu und verbreitete kontrolliert Informationen, um Neugierde zu wecken.[2] Sogar das äußere Erscheinungsbild des neuen Museumsgebäudes verdeutlicht die Bedeutung der Entdeckungen in Sidon, denn die Architektur nimmt die Gestalt des Sarkophags der Trauernden Frauen auf.[3]

Die Sidon-Grabung hatte das Ziel, die Sarkophage so schnell wie möglich in die osmanische Hauptstadt zu bringen. Mithilfe invasiver Methoden ließ Osman Hamdi den Stollen für die Extraktion in die Nekropole treiben. Der osmanische Museumsdirektor konkurrierte zu jener Zeit mit europäischen und US-amerikanischen → BILD 12 Museen um die Aneignung antiker Kulturgüter und erkannte die Strahlkraft der Sidon-Funde. Die Etablierung der Archäologie als wissenschaftliche Disziplin im 19. Jahrhundert führte zu zahlreichen Expeditionen und umfassenden, häufig illegalen und zerstörerischen Ausgrabungen im Osmanischen Reich, die Privatsammlungen oder die Ausstellungen europäischer Museen erweitern sollten. Das Müze-i Hümayun versuchte, die Ausbeutung der Altertümer durch eine Antikengesetzgebung und die Professionalisierung der eigenen Institution zu minimieren. Mit der Ratifizierung des Antikengesetzes 1874 und seiner Änderung 1884 durch Osman Hamdi sollte die Ausfuhr von antiken Objekten verhindert werden.[A] Im Jahr 1881 war Osman Hamdi zum ersten Direktor des Müze-i Hümayun ernannt worden und entwickelte sich zu einer Schlüsselfigur hinsichtlich der Genese eines osmanischen Bewusstseins für die kulturelle und politische Bedeutung von Altertümern. Zusammen mit seinem Bruder, Halil Edhem Eldem (1861–1938) – beide in Europa ausgebildet und Teil eines umfangreichen Netzwerks von europäischen und amerikanischen Archäologinnen und Archäologen –, förderte er die Professionalisierung des Müze-i Hümayun sowie der osmanischen Archäologie.[4]

In der internationalen Rivalität um Ausgrabungsstätten und in der Suche nach spektakulären Großfunden kam der Aneignung von Altertümern eine besondere Rolle zu. Museen stilisierten antike Objekte zu nationalen Symbolen. Durch die Musealisierung der Sarkophage von Sidon im Müze-i Hümayun hatte das Osmanische Reich die Möglichkeit, sich mit den europäischen Mächten zu messen. Osman Hamdi versuchte, die hellenistischen und ägyptischen Sarkophage im Imperialen Museum in Konstantinopel als Embleme einer osmanischen Vergangenheit auszustellen.[5]

Zur Eröffnung des neuen Museumsgebäudes, das die Sarkophage von Sidon bis heute zeigt, veröffentlichte Osman Hamdi dann *Une nécropole royale à Sidon*. Darin hob er auch die Abwesenheit solcher Funde in europäischen Museen hervor – und damit die einzigartige Stellung des Imperialen Museums. Die aufwendige und kostspielige Publikation mit zahlreichen Illustrationen trug dazu bei, dass sich die osmanische Archäologie etablierte. Der hier diskutierte Druck stellt in diesem Kontext den Geburtsmoment der osmanischen Archäologie dar. Die Veröffentlichung der sensationellen Funde und ihre prominente Ausstellung als Herzstück des Museums demonstrierte die technischen Fähigkeiten der osmanischen Archäologen und verwies auf den wissenschaftlichen Beitrag des Osmanischen Reichs.

SEBASTIAN WILLERT

1 Çelik, **About Antiquities**, S. 146. ■ 2 Makdisi, »The ›Rediscovery‹ of Baalbek«, S. 272; Çelik, **About Antiquities**, S. 51. ■ 3 Shaw, **Possessors and Possessed**, S. 157; Çelik, **About Antiquities**, S. 7. ■ 4 Makdisi, »The ›Rediscovery‹ of Baalbek«, S. 272. ■ 5 Eldem, »From Blissful Indifference to Anguished Concern«, S. 281.

ZEYNEP ÇELIK, **About Antiquities. Politics of Archaeology in the Ottoman Empire**, Austin 2016.
EDHEM ELDEM, »From Blissful Indifference to Anguished Concern«, in: Bahrani, Çelik, Eldem (Hg.), **Scramble for the Past**, Istanbul 2011, S. 281–329.
USSAMA MAKDISI, »The ›Rediscovery‹ of Baalbek«, in: Zainab Bahrani, Zeynep Çelik, Edhem Eldem (Hg.), **Scramble for the Past. A Story of Archeology in the Ottoman Empire, 1753–1914**, Istanbul 2011, S. 257–279.
WENDY M. K. SHAW, »From Mausoleum to Museum. Resurrecting Antiquity for Ottoman Modernity«, in: Bahrani, Çelik, Eldem (Hg.), **Scramble for the Past**, Istanbul 2011, S. 423–441.
WENDY M. K. SHAW, **Possessors and Possessed. Museums, Archaeology, and the Visualization of History in the Late Ottoman Empire**, Berkeley u. a. 2003.

ANTHOLOGIE ZU KUNSTRAUB UND KULTURERBE
A Ali Pascha (1835): **Kulturgutschutz nach europäischem Modell – zum Schutz vor Europäern.**

Flößen für Frankreich
1880

Seine vom Tropenhelm geschützten Augen beobachten die Szene genau; kerzengerade steht er da, die linke Hand in die Hüfte gestemmt, die rechte am Kolben seines Gewehrs. Ihm entgegen tragen mehrere Männer eine Buddhafigur. Der helle Stein setzt sich ab von den dunkel gezeichneten, kaum bekleideten Körpern, die ihn schultern. Ein Träger tritt bereits auf die Rampe, die auf ein Floß im ruhigen Gewässer führt. Zwei Skulpturen treiben schon auf Flößen, bewacht durch zwei Personen in einem kleinen Paddelboot. An den Ufern wachsen knorrige Bäume empor. Palmenblätter füllen den Wald zu einem Dickicht, das die gesamte obere Bildhälfte einnimmt. Unten links platziert der Zeichner drei weitere Beobachter. An einen geschwungenen Baumstamm gelehnt blickt ein bekleideter Mann von leicht erhöhter Position auf den Transport. Weniger genau scheinen die beiden im Vordergrund Sitzenden zu verfolgen, was sich so offensichtlich vor ihren Augen abspielt: die Verladung antiker Skulpturen auf Flöße in Preah Khan.

Auf Seite dreizehn seiner fast 500 Seiten starken Veröffentlichung platzierte der Franzose Louis Delaporte (1842–1925) diese Szene. In *Voyage au Cambodge. L'Architecture khmer* aus dem Jahr 1880 schildert der Marine-Leutnant, Zeichner und Autor über die Kunst der Khmer seine zweite Expedition in das heutige Kambodscha, die er im Sommer und Herbst 1873 unternommen hatte. Argumentierte Delaporte zunächst für das wirtschaftliche Potenzial seines Unterfangens – die Befahrung des Roten Flusses verspräche wertvolle Rohstoffe und die Erschließung neuer Handelsrouten –, so ließ er bereits vor seiner Abreise im Mai 1873 einen weiteren Beweggrund verlauten: den Abtransport originaler Skulpturen zur Ergänzung der Sammlung des Louvre. Diese gedachte er jedoch nicht an den Ufern des nordvietnamesischen Flusses einzusammeln, sondern in Kambodscha. Ziel seiner Reise war der Tempelkomplex rund um Angkor Wat, dem weltweit größten religiösen Steingebäude, das 1873 noch auf dem Territorium von Siam lag, außerhalb des 1863 etablierten französischen Protektorats in Kambodscha.[1]

Angkor und die in der Provinz liegenden Tempel dienten dem kolonialen Apparat Frankreichs als Grundstein seiner Eroberungsargumentation. Schon seit den 1860er-Jahren wurden die Tempelanlagen immer wieder als Beweis für die »zivilisatorische Leistung« der Khmer, der mit Abstand zahlreichsten Bevölkerungsgrup-

10

EMBARQUEMENT DES SCULPTURES SUR LES RADEAUX À PRÉA-KHAN

Der Kupferstich »Embarquement des sculptures sur les radeaux à Préa-Khan« (Einschiffung der Skulpturen auf Flöße in Preah Khan) aus dem Reisebericht von Louis Delaporte inszeniert die Erbeutung steinerner Skulpturen der Khmer als lichtbringende Rettung. Auf eigene Faust und doch, ohne einen Finger zu krümmen, verbrachte der französische Marine-Leutnant antike Schätze aus Angkor nach Paris.

pe Kambodschas, beschrieben. Den Zustand Angkor Wats und der angrenzenden Anlagen jedoch führten sie zugleich als Beleg für den »Verfall« dieser einst »großen Zivilisation« an: Sie lägen in Ruinen, wären überwachsen, überwuchert. Gemäß der *mission civilisatrice* argumentierte Delaporte weiter – wie vor und nach ihm andere –,[A] dass es Pflicht und Aufgabe der französischen »Zivilisation« sei, sich dieses kulturellen »Menschheitserbes« anzunehmen. »Liegt es«, so fragt der Autor von   → BILD 1 *Voyage au Cambodge*, »nicht [...] an uns, die wunderbare Vergangenheit dieses Volkes wiederzubeleben, die bewundernswerten Werke, die sein Genie hervorgebracht hat, zu rekonstruieren; mit einem Wort, die Kunstgeschichte und die Annalen der Menschheit mit einer neuen Seite zu bereichern?«[2]

Die Ergebnisse der Mission von 1873 stellte Louis Delaporte seinen Hauptförderern am 1. und 2. April 1874 im *Journal Officiel de la République Française* vor. Am Ende des Berichts an das Kolonial- und Kultusministerium listete er säuberlich auf, welche Objekte er von welchen Orten mit zurückgebracht hatte. Doch Preah Khan fehlt in dieser Aufzählung. Aus Angkor, so schreibt Delaporte im *Journal Officiel*, hätte er lediglich Abgüsse mitgebracht und damit das Ausgrabungsverbot des Königs von Siam befolgt. In einem »zusätzlichen Vermerk«, wie der Autor ihn bezeichnet, an die Leitung des Kulturministeriums legte er jedoch offen, dass sein Team durchaus mehrere »interessante Stücke« ausgeführt hätte, unter anderem aus den »herrlichen Ruinen« von Preah Khan.[3] Nur sechs Jahre später kommunizierte Delaporte diesen Verstoß nicht mehr nur in inoffiziellen Schreiben an auserwählte Adressaten; mit der Druckgrafik der Verschiffung publizierte er ihn auf den ersten Seiten seines Buches. Finanziert worden war die Publikation durch das Kultusministerium.

Keinen Schritt könne man tun, so berichtete Delaporte darin über die Ankunft in Preah Khan, ohne sich mit dem »großen kambodschanischen Messer« die Bahn durchs Dickicht zu schlagen.[B] Was die Erkundung der Tempelanlagen beschwerlich machte, wurde beim Abtransport der steinernen »Löwen, Drachen [und] Elefanten« zur Herausforderung: An die fünfzehn Holzfäller gingen der insgesamt hundert Mann starken Gruppe Indigener voraus, um mit ihren Macheten und Äxten eine Trasse zum Wasser frei zu schlagen. Dort angekommen »mussten noch starke Bambusflöße gebaut werden, [...] denn die kleinen heimischen Einbäume waren kaum fähig, das Gewicht von drei oder vier Männern zu tragen«[4]. Mit seiner Verladungsszene in Preah Khan liefert Delaporte dafür den Bildbeweis. Die französischen Flöße tragen ihre Fracht problemlos, sie haben kaum Tiefgang. Der Einbaum im Schatten hingegen bietet gerade mal Platz für zwei Personen. Gemeinsam mit dieser technischen illustriert das Bild auch militärische Überlegenheit. Ein Gewehr allein versetzt die französische Figur in die Lage, den Abtransport zu delegieren. Das dargestellte Einvernehmen der lokalen Bevölkerung vereinfacht jedoch die historischen Begebenheiten. Die Mönche, die in Angkor lebten und praktizierten, waren nicht einverstanden mit Delaportes Tun, wie Auguste Filoz, ein Marinekapitän der Expedition, berichtete.[c] Den ihm von den Mönchen zugetragenen Zorn machte Filoz 1889 publik.[5]

Von Lianen befreit und augenscheinlich unbeschadet befinden sich die Steinobjekte auf dem Weg aus dem Dickicht. Einzeln stehen sie auf den hellen Flößen, gleich Museumsexponaten auf ihren ausgeleuchteten Sockeln. Am Anfang der Rampe, zwischen den Tragenden und dem Kolonialisten, fällt ebenfalls Licht auf den Boden – bald wird auch die Buddhafigur so hell erstrahlen wie die bereits verladenen. Tatsächlich gingen die Objekte jedoch aufgrund von Platzmangel nicht in die Sammlung des Louvre ein. Stattdessen kuratierte Delaporte die Sammlung zunächst im Schloss *Compiègne* nördlich der Hauptstadt. Heute befindet sie sich im Pariser Musée Guimet.

ANTONIA KÖLBL

1 Falser, »The First Plaster Casts of Angkor for the French Métropole«, S. 49 u. 63 f. ■
2 Delaporte, **Voyage au Cambodge**, S. 378 (Ü. aller Zitate: Antonia Kölbl). ■ **3** Falser, »The First Plaster Casts of Angkor for the French Métropole«, S. 65 f. ■ **4** Delaporte, **Voyage au Cambodge**, S. 64, 86 u. 89. ■ **5** Falser, »The First Plaster Casts of Angkor for the French Métropole«, S. 67 f.

LOUIS DELAPORTE, **Voyage au Cambodge. L'Architecture khmer**, Paris 1880.
PENNY EDWARDS, **Cambodge. The Cultivation of a Nation, 1860–1945**, Honolulu 2007.
MICHAEL FALSER, »The First Plaster Casts of Angkor for the French Métropole. From the Mekong Mission 1866–1868, and the Universal Exhibition of 1867, to the Musée Khmer of 1874«, in: **Bulletin de l'École française d'Extrême-Orient** 99 (2012/13), S. 49–92.
MICHAEL FALSER, »Epilogue. Clearing the Path towards Civilization. 150 Years of ›Saving Angkor‹«, in: Michael Falser (Hg.), **Cultural Heritage as Civilizing Mission. From Decay to Recovery**, Cham u. a. 2015, S. 279–346.

ANTHOLOGIE ZU KUNSTRAUB UND KULTURERBE
A Baradère (1834): Die Geburt der mexikanischen Archäologie. ■ **B** Gramatica (1924): Von Trägern und Forschungsbeiträgen. ■ **C** Rukupō u. a. (1867): Te hau ki Turanga – ein Symbol des Kampfes der Maori für Gerechtigkeit.

Obelisk auf hoher See
1877

Ein wütender Sturm setzt dem kleinen Boot im Zentrum des Bildes zu. In seinem Inneren steckt ein riesiger Obelisk, wie der Querschnitt der Schiffskonstruktion oben rechts offenbart. Die Druckgrafik zeigt die verschiedenen Stationen der knapp ein Jahr andauernden abenteuerlichen Reise der sogenannten Nadel der Kleopatra von ihrem ursprünglichen Standort in Alexandria nach London, noch bevor sie überhaupt stattgefunden hat. Beim Erscheinen des Zeitungsberichts befand sich der Obelisk noch liegend nahe dem Hafen der ägyptischen Stadt, aber die Vorbereitungen zum Abtransport liefen auf Hochtouren.

Der britische Ingenieur Waynman Dixon (1844–1900) entwarf ein Spezialschiff namens *Cleopatra* eigens für den Transport der Nadel der Kleopatra. Es bestand aus Schmiedeeisen und war in zehn wasserdichte Luftkammern unterteilt. Der Obelisk wurde in Alexandria mit den in England produzierten Bauteilen ummantelt und zur *Cleopatra* zusammengebaut. Diese Schiffwerdung des antiken Monolithen ist auf der Tafel unten links wiedergegeben. Auf dem Schiffsdeck wurde zusätzlich eine Kabine mit Mast und Segel errichtet. Selbst manövrierunfähig, musste die *Cleopatra* mit einem Dampfer nach England geschleppt werden. Dieser ist am Horizont des zentralen Sturmbildes zu erkennen. Wegen des Wetters hat er seine Segel eingeholt – nur der dichte Qualm steht vor dem wolkenverhangenen Himmel. Diese spektakuläre Szene weist auf die wohl schwierigste Stelle der gesamten Reise voraus: den Golf von Biskaya, der weithin für schwere Stürme und hohen Seegang bekannt ist. Und tatsächlich geriet das Transportunternehmen auf dem Weg nach England im Herbst 1877 in einen Sturm. Die *Cleopatra* ging dank der gut verschlossenen Luftkammern nicht unter, musste aber zunächst ihrem Schicksal überlassen werden. Einige Seeleute kamen bei dem Versuch, den Ponton zu erreichen, ums Leben. Den schwimmenden Obelisken sammelte schließlich ein schottischer Dampfer ein und schleppte ihn in einen spanischen Hafen. Die *Cleopatra* konnte ihre Reise bald fortsetzen und kam am 21. Januar 1878, nach vier Monaten auf See, an der englischen Küste an. Der Aufstellungsort war beim Erscheinen des Zeitungsartikels noch umstritten. Der untere rechte Bildrand verweist auf eine Option. Zu den favorisierten Plätzen zählten der Parliament Square, der Hof vor dem British Museum, der St. James Park, Kensington Gardens und das Ufer der Themse. Der finale Standort befindet sich am

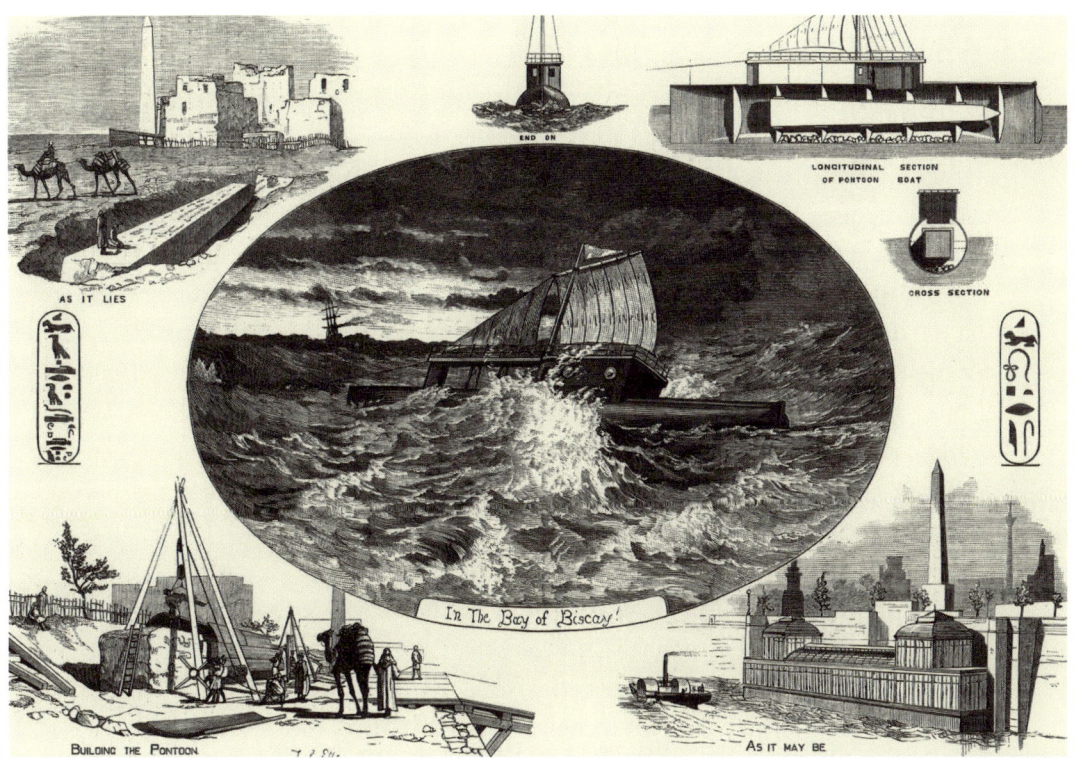

11

Das Beuteobjekt wird fast schon nebensächlich im Abenteuer seiner Überfahrt: Die technischen Vorbereitungen und die Naturgewalten auf hoher See machen den Transport der sogenannten **Nadel der Kleopatra** in der Druckgrafik mit der Bildunterschrift »Proposed Method for the Removal of Cleopatra's Needle from Alexandria« für die **Illustrated London News** 1877 zu einer Bildgeschichte in sich.

Victoria Embankment, also am Themseufer, und markiert damit die nachwirkende Verbindung des Obelisken mit dem Seeweg und der Ausdehnung des Empires. Auf der Bronzetafel am modernen Sockel des Obelisken sind nicht nur die Beteiligten des Unternehmens vermerkt, sondern auch Aufstellungsjahr und Historie des Obelisken sowie die Namen der im Golf von Biskaya umgekommenen Seeleute.

Der enorme technische Aufwand und die weitreichende Planung, derer es bedurfte, um den rund zweihundert Tonnen schweren Obelisken zu bewegen, wird durch die *Illustrated London News* vorgestellt. Der dazugehörige Text schildert nicht nur die Konstruktionsweise des Spezialschiffs *Cleopatra* im Detail, sondern schlägt auch den Bogen zu den überragenden technischen Leistungen der alten Ägypter: »Es muss ein Volk gewesen sein, das nicht nur über eine wunderbare Industrie verfügte, sondern auch über einen Einfallsreichtum und wissenschaftliche Kenntnisse, die nur in der heutigen Zeit erreicht werden können.«[1] Mit dieser Bewunderung für die Konstruktions- und Bautätigkeit der alten Ägypter stellt sich England mit seiner modernen Ingenieursleistung auf eine Stufe mit dem Leistungsvermögen der antiken Kultur. Besonders die ägyptischen Monumente stellten für die modernen Europäer eine Kraftprobe dar. Antike Kunst und Technologie hatte nicht nur die Konstruktion solch überragender Objekte ermöglicht, sondern sie auch bewegt und präzise platziert. Wem es in der Gegenwart gelang, den nötigen »Einfallsreichtum« und die notwendige Technik aufzuwenden, der konnte, so die Vorstellung, gleichziehen mit den größten menschlichen Errungenschaften der Weltgeschichte. Die Briten → BILD 15, 2 meisterten den schwierigen Transport der Nadel der Kleopatra allerdings nicht mit antiker, sondern mit modernster Technik: ihrer innovativen Schiffsbaukunst. Auf diesem Weg konnten sie sich ihrer technologischen und auch militärischen Vormachtstellung auf See vergewissern und sie unter Beweis stellen. Im 19. Jahrhundert fußte die Weltmacht des British Empire auf seiner Seemacht. Denn mit Unterstützung der Royal Navy konnte es den weltweiten Handel mit seinen Kolonien erfolgreich vorantreiben und ausbauen.[2]

Dieser Zuspruch zur altägyptischen Kunst hatte sich in England erst im Laufe des 19. Jahrhunderts langsam entwickelt. Trotz der 1808 im British Museum eröffneten Townley Gallery, mit erstmals eigenen Räumen für die Aegyptiaca, spielten Antiken → BILD 25 aus Ägypten im Museum eher eine untergeordnete Rolle. Der Ankauf neuer Objekte wurde häufig mit der Begründung abgelehnt, dass kein Budget zur Verfügung stand und andere Objekte aus Griechenland oder dem Vorderen Orient bevorzugt wurden. So dauerte es auch knapp 60 Jahre, bis der Obelisk von Ägypten nach London transportiert werden konnte. Bereits 1819 hatte Mehmed Ali Pascha (Muḥammad ʿAlī Pašā, um 1770–1849) ihn dem Vereinigten Königreich zum Gedenken an die Siege über Napoleons Truppen geschenkt.[A] Die Briten konnten das Geschenk jedoch nicht direkt entgegennehmen, da Transport und Kosten eine enorme Herausforderung darstellten. Selbst als der Pascha sich 1831 bereit erklärte, die Kosten für den Transport per Schiff zu übernehmen, kam kein positives Signal aus London. Frankreich, dem großen Rivalen des Vereinigten Königreichs, gelang zwischenzeitlich der Transport eines Obelisken aus dem Luxor-Tempel nach Paris. Er wurde im Oktober 1834 feierlich auf der Place de la Concorde errichtet.[3] Die Nadel der Kleopatra erreichte London schließlich erst durch das Engagement von General James Edward Alexander (1803–1885) und mit finanzieller Unterstützung des reichen Chirurgen und Dermatologen Erasmus Wilson (1809–1884). Das gesamte Unternehmen stellt ein Ausnahmeereignis dar, welches von der *Illustrated London News* publikumswirksam und patriotisch aufbereitet wurde[B] – deutlich kostengünstiger wäre der britische Transport mittels des einfallsreichen Spezialschiffs im Vergleich zum französischen verlaufen. Dass die Schiffsbaukunst noch die größte Probe im gefährlichen Golf von Biskaya bestand, demonstriert nicht nur die britische Vormachtstellung und Souveränität auf See, sondern auch im politisch umkämpften Ägypten.

MARIANA JUNG

---

1 »Cleopatra's Needle«, S. 222 (Ü. Mariana Jung). ■ 2 Zur britischen Seemachtstellung vgl. Taylor (Hg.), **The Victorian Empire and Britain's Maritime World**. ■ 3 Habachi, Vogel, **Die unsterblichen Obelisken Ägyptens**, S. 90–95.

»Cleopatra's Needle«, in: **Illustrated London News**, 10. März 1877, S. 222
BOB BRIER, **Cleopatra's Needles. The Lost Obelisks of Egypt**, London 2016.
LABIB HABACHI, CAROLA VOGEL, **Die unsterblichen Obelisken Ägyptens**, Mainz 2000.
MILES TAYLOR (HG.), **The Victorian Empire and Britain's Maritime World 1837–1901. The Sea and Global History**, Basingstoke 2013.

ANTHOLOGIE ZU KUNSTRAUB UND KULTURERBE
A Ali Pascha (1835): **Kulturgutschutz nach europäischem Modell – zum Schutz vor Europäern.**
■ B De Maillet (1735): **(K)eine Ehrensäule für den König.**

Mschatta – ein Plan fürs Wegnehmen
1903

»Mschetta Quaderplan« steht unterstrichen und in Großbuchstaben über den Aufrisszeichnungen zweier Mauern mit Ornament und Rosetten. Die Fassade des umaiyadischen Wüstenschlosses Qaṣr al-Mušattā kam 1903 als ein aufwendig verhandeltes Geschenk des osmanischen Sultans Abdülhamid II. (ʿAbd al-Ḥamīd, 1842–1918) aus dem heutigen Jordanien nach Berlin. Im Maßstab 1:50 bildet der Plan genau jene Teile der Fassade ab, die seit 1904 als eines der Prunkstücke der Museumsinsel zu bewundern sind: Der obere und der untere Teil der Zeichnung stehen in Realität nebeneinander, getrennt durch ein Eingangstor. Zur Linken und Rechten des »Thors« springen zwei Türme aus der Fassade hervor, deren Ecken im Plan durch vertikale Linien markiert sind. Neben dem unteren Aufriss vom »rechtseitige[n] Thurm« folgt noch ein Höhenschnitt aus der oben stehenden, also linken, Fassadenhälfte. Außerdem finden sich in der rechten unteren Ecke Hinweise auf Skulpturen und Architekturfragmente aus dem Schloss, die während der Abbauarbeiten geborgen und ebenfalls nach Berlin gebracht wurden.

Angefertigt wurde der komplexe Plan von Gottlieb Schumacher (1857–1925). Die Biografie des in den USA geborenen Bauingenieurs mit deutschen Eltern ist bemerkenswert. Als er elf Jahre alt war, zog seine Familie in eine deutsche Siedlerkolonie in Haifa (im damaligen Osmanischen Reich), denn die Eltern hatten sich der christlichen Tempelgesellschaft angeschlossen. Für ein Ingenieursstudium wurde Gottlieb nach Stuttgart geschickt. Ab 1881 war er in Palästina am Ausbau der Infrastruktur beteiligt. Für den Eisenbahnbau legte er präzise Landkarten an. Dabei dokumentierte er unter anderem archäologische Objekte und machte den Deutschen Palästina-Verein oder den britischen Palestine Exploration Fund darauf aufmerksam – zwei Organisationen zur kulturhistorischen und kartografischen Erforschung der Region. Sein ingenieurstechnisches Können brachte er auch in die Translokation der Mschatta-Fassade ein: Sein Plan verzeichnet die Position jedes einzelnen Steines. Jede Quaderreihe erhielt einen Buchstaben: A bis L, von oben nach unten. Dann nummerierte er die zur Mitnahme bestimmten Blöcke jeweils von links nach rechts und über beide Fassadenteile hinweg durch. Von dem kunstvollen ornamentalen Relief der Fassade mit Rankenwerk und Tierfiguren findet sich jedoch keine Spur in dem Plan. Lediglich das strukturierende Zickzackmuster der Fassade ist angedeu-

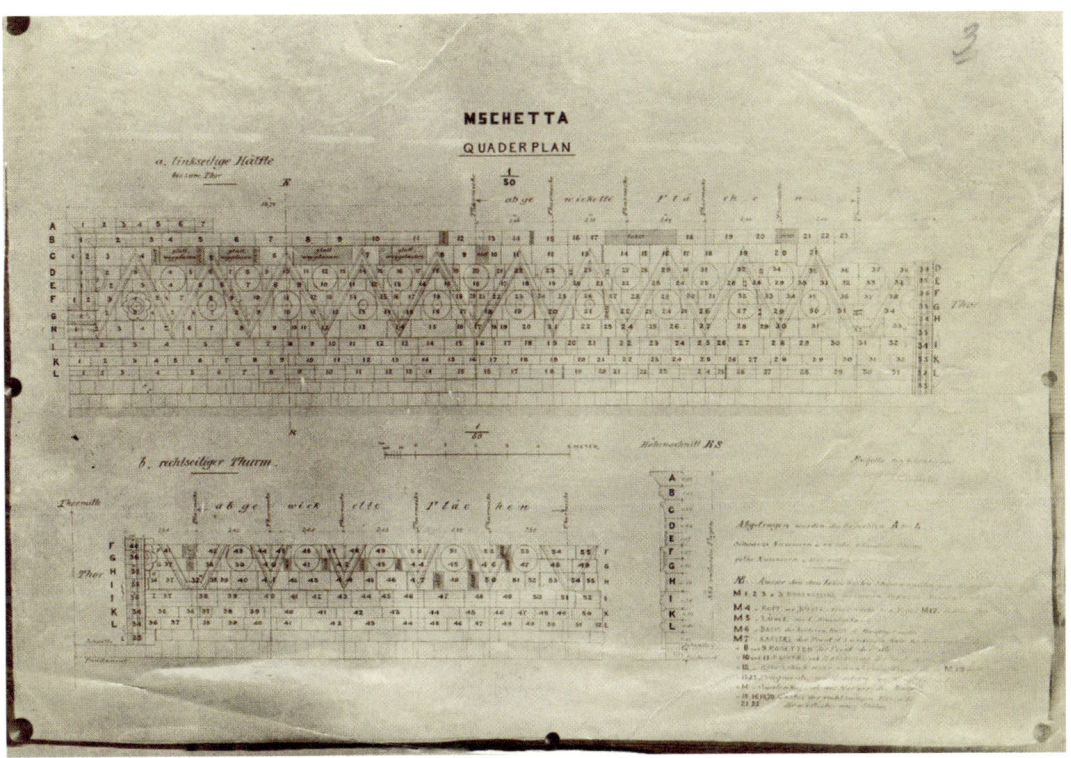

12

Die Komplexität der Aufrisszeichnung lässt den technischen Aufwand, die Vorbereitungen und die Planung rund um die Wegnahme von solch riesigen Monumenten wie der Fassade des Wüstenschlosses Mschatta erkennen. Um diese später in Berlin wieder aufbauen zu können, bedurfte es 1903 einer architektonischen Bestandsaufnahme, die hier fein säuberlich verzeichnet ist.

tet. Die sachliche und maßstabsgerechte Abbildungsweise nach strengen Darstellungskonventionen macht aus der Zeichnung ein bautechnisches Instrument, das im Prozess der Translokation und speziell bei der Rekonstruktion des Bauwerks im Museum eine unerlässliche Rolle spielt.

Im Bauwesen dient die Zeichnung in erster Linie dem Entwurfs- und Konstruktionsprozess. Die drei Projektionsformen – Plan, Aufriss und Schnitt – ermöglichen die Umsetzung von räumlichen Strukturen in die Fläche eines Bildes und umgekehrt. Jedes Bauwerk lässt sich durch eine Bauaufnahme auf Papier übertragen – andersherum legt die Zeichnung aber auch den planerischen Grundstein jeder Bautätigkeit. In der Anwendung auf historische Bauten – wie etwa im Fall von Mschatta – vermischen sich die Bauaufnahme und die Bauplanung, das rekonstruktive und das konstruktive Zeichnen auf drastische Weise.[1] Denn seit dem 18. Jahrhundert verwandelten Architekten mithilfe ihrer Zeichentechniken die Bauten vergangener Jahrhunderte in potenzielle Vorbilder für ihre Bauaufgaben. Dafür rekonstruierten und vervollständigten sie die vorgefundenen Ruinen im Bild. Der Wille zur Aneignung und Weiterverwertung ließ dabei den eingetretenen Verfall und die Verstreuung der Relikte oft nicht gelten. Schumacher imaginierte seinerseits mit seinem Quaderplan zwar keine Vollendung der Fassade, in der beispielsweise der Abschluss des Tordurchgangs fehlt. Doch wirkte die bevorstehende Aufgabe der musealen Aufstellung auf seine Darstellung zurück: »Zerstreut umherliegende Steine« fügte er an den von ihm angenommenen korrekten Platz im Quaderplan ein, so erläutert es die Legende in der rechten unteren Blattecke. Mit Blick auf die Mitnahme nach Berlin selektierte Schumacher die Steine und ließ manches durch sein Raster fallen: Stücke, die entweder nicht auffindbar oder unbearbeitet waren, bekamen erst gar keine Nummer zugewiesen. Die unbearbeiteten Flächen bewertete er offensichtlich als uninteressant, sie tragen auf dem Plan die Beschriftung »glatt. weggelassen«. Und auch das Fundament sollte vor Ort bleiben. → BILD 53

Über seine praktische Funktion für eine gelingende Translokation der Mschatta-Fassade hinaus manifestiert der Plan die koloniale Infrastruktur, ohne die eine derartige Aktion nicht realisierbar gewesen wäre. Die Abbrucharbeiten gelangen in nur 30 Tagen, nachdem zuvor mindestens 30 bis 35 Tage dafür anberaumt worden waren.[2] Angeworbene Steinmetze spalteten die ornamentierten Flächen von den Steinquadern mit Meißeln ab – in einer Stärke von nur 15 Zentimetern –, um insgesamt 438 transportfähige Platten zu gewinnen.[3] »Unter Zuhilfenahme aller Kräfte«, wie Schumacher am 3. Oktober an den Berliner Museumsdirektor Richard Schöne

(1840–1922) schrieb, wurden die Steinplatten vor Ort in Transportkisten verpackt. Dann ließ Schumacher die Kisten zur nahen, im Bau befindlichen Eisenbahnstrecke bringen. Die Hedschasbahn war ein osmanisches Prestigeprojekt unter der Leitung des Deutschen Eisenbahningenieurs Heinrich August Meißner (1862–1940) und sollte Damaskus mit Medina verbinden. Nahe Mschatta sollte die Station Dschise (al-Ǧīza) liegen – doch der Zeitplan war eng. Schumacher rechnete damit, eine Wache bei den wertvollen Steinen aufzustellen, bis der Bahnausbau angekommen wäre. Er bedauerte in diesem Moment, nicht den simpleren Kameltransport zur fertigen Strecke gewählt zu haben.[4] Schließlich führte der Transport mit der Bahn über Damaskus in die Hafenstadt Beirut, von dort mit einem Schiff der Deutschen Levante-Linie nach Hamburg und abschließend per Eisenbahn nach Berlin, auf die Museumsinsel.

Durch eine Verschaltung verschiedener moderner Techniken zu einer transnationalen Maschinerie gelang also der Entzug eines monumentalen Bauwerkes wie der Mschatta-Fassade, ihrer genuinen Unbeweglichkeit und Abgelegenheit in der jordanischen Wüste zum Trotz.[A] Schumachers technischer Zeichnung kam in dieser Translokation eine Schlüsselrolle zu: Ohne einen exakten Quaderplan wäre der Abbruch des Fassadenabschnitts einer reinen Zerstörung gleichgekommen und seine Rekonstruktion im Museum aussichtslos gewesen.

ISABELLE DOLEZALEK UND SIMON LINDNER

1 Klamm, **Bilder des Vergangenen**, S. 194–220. ■ 2 SMB-ZA, I/M 7. ■ 3 Troelenberg, **Mschatta in Berlin**, S. 75. ■ 4 Brief von Schumacher an Schöne, 20. September 1903. SMB-ZA I/IM 7.

Zentralarchiv, Staatliche Museen zu Berlin, ZA I/IM 6.
Zentralarchiv, Staatliche Museen zu Berlin, ZA I/IM 7.
FRANK DAUBNER, »Gottlieb Schumacher. Ein Pionier der historisch-geographischen Erforschung Syriens«, in: **Orbis Terrarum** 11 (2013), S. 73–89.
VOLKMAR ENDERLEIN, »Die Erwerbung der Palastfassade von Mschatta«, in: Charlotte Tümpler (Hg.), **Das große Spiel. Archäologie und Politik zur Zeit des Kolonialismus (1860–1940)**, Essen, Köln 2008, S. 410–419.
STEFANIE KLAMM, **Bilder des Vergangenen. Visualisierung in der Archäologie im 19. Jahrhundert. Fotografie, Zeichnung und Abguss**, Berlin 2017.
EVA-MARIA TROELENBERG, **Mschatta in Berlin. Grundsteine islamischer Kunst**, Dortmund 2014.

ANTHOLOGIE ZU KUNSTRAUB UND KULTURERBE
A De Gorsse (1927): **Der »Mangel an Weitsicht«.**

Kunstschätzender Botschafter auf Abwegen
um 1801

1801 erhielt Thomas Bruce, 7th Earl of Elgin (1766–1841) und britischer Botschafter an der Hohen Pforte, die Erlaubnis der osmanischen Regierung, Überreste athenischer Bauwerke zu vermessen, zu zeichnen und von ihnen Gipsabgüsse zu nehmen. Ihm war es zudem erlaubt, auf dem Boden liegende Stücke von besonderem Interesse entfernen zu lassen. Unter der Leitung des italienischen Künstlers Giovanni Battista Lusieri (1755–1821) und Lord Elgins Kaplan, Reverend Philip Hunt (1772–1838), nahmen ein Figurenmaler, zwei Architekturzeichner sowie zwei Gipsformer im Juli 1801 ihre Arbeit vor Ort auf. Am 31. Juli begannen sie dann, Teile der skulpturalen Dekoration des Parthenon abzunehmen, obwohl die Entfernung von architektonischen Teilen im *firman* des Sultans nicht gestattet wurde. Sie konzentrierten sich zuerst auf die besser erhaltenen südlichen Metopen. Das Aquarell imaginiert den Moment des Abseilens des ersten vom Tempel abgenommenen Reliefs.[1]

Edward Dodwell (1777/78–1832) war im Juli 1801 ebenfalls in Athen und erhielt durch die Fürsprache von Hunt uneingeschränkten Zutritt zur Akropolis. Als außenstehender Beobachter überlieferte er die Tätigkeiten der Männer Elgins. »Ich fühlte eine unausdrückliche Starre dabei, anwesend zu sein, als der Parthenon seiner wertvollsten Skulpturen beraubt wurde«, schrieb Dodwell in seinen 1819 publizierten Reiseerinnerungen.[2] Er lässt keinen Zweifel an seiner Haltung zu Elgins Tun, das vielfach, etwa vom berühmten Dichter Lord Byron, als Vandalismus und Diebstahl bezeichnet wurde.[A]

Eine derart deutliche Verurteilung lässt sich in der nüchternen visuellen Darstellung des Aquarells nur schwer erkennen. Es gehört zu einem etwa tausend Blätter umfassenden Corpus an Zeichnungen, die Edward Dodwell während seiner Reisen nach Griechenland 1801 und 1805/06 in Begleitung des italienischen Malers Simone Pomardi (1757–1830) anfertigte. Dodwell und Pomardi zeichneten die Landschaft, architektonische Überbleibsel und Szenen des modernen Lebens im osmanischen Griechenland. Beide Reisende arbeiteten häufig gemeinsam an einer Zeichnung. Durch die fehlende Signatur lässt sich heute nicht mehr sicher feststellen, aus wessen Hand *Descending the marbles at the south-east corner of the Parthenon* stammt. Laut eines Katalogbeitrages des Archäologen John McKesson Camp von 2013 ist es unwahrscheinlich, dass das Aquarell vor Ort entstand. Er vermutet, Pomardi, Dodwell

13

Sowohl das Entstehungsjahr als auch die Autorschaft dieses Aquarells mit dem sprechenden Titel **Descending the marbles at the south-east corner of the Parthenon** sind unsicher, eindeutig ist nur, was es zeigt: den Abbau umfangreicher Fassadenteile des Parthenons, deren Rückgabe bis heute ein Streitfall ist.

oder beide gemeinsam fertigten es 1805 auf der Basis von Zeichnungen ihres Besuchs im Jahr 1801 an.

Wir blicken auf die Südseite des Tempels vor einem dramatisch bewölkten Himmel. Links erhebt ein Mann in europäischer Kleidung einen Stock in zeigender oder anweisender Geste. Er scheint die Aufsicht über den Arbeitsvorgang zu haben. Rechts neben ihm halten drei Männer in lokalem Gewand das Seil, an welchem das abgenommene Marmorfragment aus dem Gebälk des Tempels behutsam herabgelassen wird. Auf selbigem stehend, halten drei weitere das obere Ende des Seils. Unter ihnen sind, durch ihre europäische Kleidung gekennzeichnet, auch zwei von Elgins Männern. Dodwell und Pomardi entschieden sich, den Augenblick zu verewigen, in dem das Relief den Boden erreicht, statt es mitten im riskanten Prozess des Abseilens darzustellen. Reverend Hunt schrieb über seine Angst während der Arbeiten: »Als ich diese wunderschönen Skulpturen mitten in der Luft hängen sah, ihr Erhalt vom Ragusan-Seil abhängig, wurde ich von Zittern und Herzklopfen erfasst, das erst nachließ, als das Relief sicher den Boden erreichte.«[3]

Auf der nördlichen Seite des Tempels, im Bildhintergrund, steht ein weiterer Mann Pfeife rauchend auf dem Tempelgebälk. Vielleicht wartet er auf die eine steile Leiter zu seinen Füßen hinaufsteigende Person. Im Inneren der dachlosen Tempelruine ist eine kleine Moschee zu sehen, die zu Beginn des 18. Jahrhunderts erbaut wurde und bis 1842 bezeugt ist. Die weiteren dargestellten kleinen Bauten dienten wohl als Unterkünfte der osmanischen Armee, die die Akropolis zum damaligen Zeitpunkt als Militärstützpunkt nutzte.

Rund um die tragenden Säulen des Parthenon befinden sich herabgefallene Gesteinsquader und Marmorblöcke. Zwischen den im Bildvordergrund dargestellten Personen sind auch Säulenfragmente und ein reliefverzierter Brocken auszumachen. Verbirgt sich in der Bildkomposition eine Andeutung darauf, dass es auch auf dem Boden interessante Stücke gab, und stellt sie somit invasive Eingriffe in noch intakte Bauteile infrage? Dies wäre eine bildliche Umsetzung der Kritik aus Dodwells Reisebericht, in dem er die archäologische Grundlage der Expedition anzweifelte und das Vorgehen Lusieris deutlich kritisierte.[4]

Laut Hunt wurden die sechs Mitglieder von Elgins Team am 30. Juli von zwanzig Griechen unterstützt.[5] Die hier dargestellte Szene zeigt deutlich weniger Personen, integriert aber auch wichtige Angehörige der lokalen osmanischen Autorität. Aus dem mittleren und rechten Bildvordergrund beobachten zwei rauchende osmanische Repräsentanten sitzend die Arbeiten. Die Figur im Zentrum ist durch ihren hohen

Pelzhut und das lange Gewand als Archon erkennbar – ein gewählter Offizieller der lokalen Administration und Steuerbeamter, zumeist aus wohlhabenden griechischen Familien stammend. Vielleicht ist es der britische Konsularagent Logothetis, der in den Verhandlungen mit Lord Elgin eine bedeutende Rolle spielte und in Abwesenheit von Lusieri die Aufsicht über das Ausgrabungsteam übernahm. Rechts von ihm könnte der Disdar von Athen, militärischer Kommandant der Zitadelle, dargestellt sein. Dodwell zeichnete ihn mehrfach.[6] An ihn musste Lusieri Beträge für die abgenommenen Bildwerke entrichten. Die beiden scheinen in ihre Gedanken vertieft zu sein. Nichts in ihrer Haltung deutet auf Missbilligung, Unbehagen oder Widerstand gegen die voranschreitende Abnahme hin. Dabei wies Dodwell in seiner schriftlichen Schilderung der Ereignisse auf die Empörung der Athener über die Wegnahme der Skulpturen hin. Er notierte mitfühlend in seinem Bericht, die Griechen und Türken betrauerten »nicht nur die Zerstörung, die hier stattfand«, sondern »kritisierten öffentlich und lautstark ihren Herrscher dafür, die Erlaubnis gegeben zu haben«.[7]

ELEONORA VRATSKIDOU

Aus dem Englischen von Philippa Sissis. ■ 1 Williams, »Lord Elgin's Firman«, S. 68 f. ■ 2 Dodwell, A Classical and Topographical Tour through Greece, Bd. 1, S. 322 (Ü. aller Zitate: Eleonora Vratskidou). ■ 3 Hunt zit. n. Williams, »Lord Elgin's Firman«, S. 69. ■ 4 Dodwell, A Classical and Topographical Tour through Greece, S. 323. ■ 6 McKesson Camp II (Hg.), In Search of Greece, S. 158 f.; Dodwell, Views in Greece from Drawings, »Bazar of Athens«. ■ 7 Dodwell, A Classical and Topographical Tour through Greece, Bd. 1, S. 323.

EDWARD DODWELL, A Classical and Topographical Tour through Greece, during the Years 1801, 1805, and 1806, London 1819.
EDWARD DODWELL, Views in Greece from Drawings, London 1821.
EDHEM ELDEM, »From Blissful Indifference to Anguished Concern. Ottoman Perceptions of Antiquities, 1799–1869«, in: Zainab Bahrani, Zeynep Çelik, Edhem Eldem (Hg.), Scramble for the Past. A Story of Archaeology in the Ottoman Empire, 1753–1914, Istanbul 2011, S. 281–329.
JOHN MCKESSON CAMP II (HG.), In Search of Greece. Catalogue of an Exhibit of Drawings at the British Museum by Edward Dodwell and Simone Pomardi from the Collection of the Packard Humanities Institutes, Los Altos 2013.
DYFRI WILLIAMS, »Lord Elgin's Firman«, in: Journal of the History of Collections (2009), S. 49–76.

ANTHOLOGIE ZU KUNSTRAUB UND KULTURERBE
A Byron (1812): Schande statt Stolz – Empathische Projektionen auf die Elgin Marbles.

Eine trügerische Hafenansicht Konstantinopels
1789

Als *Vue de la Mosquée Validée sur le Port de Constantinople* (Blick auf die Neue Moschee über dem Hafen Konstantinopels) handschriftlich betitelt, scheint das Aquarell von Jean-Baptiste Hilaire (1751–1828) eine naturgetreue Wiedergabe des Stadtpanoramas von Konstantinopel im ausgehenden 18. Jahrhundert zu sein. Genüsslich kann unser Blick von Galata über das Ufer des Goldenen Horns im Zentrum auf die imposante Silhouette der Stadt schweifen. In der Blattmitte dominiert die monumentale Neue Moschee (türk. Yeni Cami oder auch Valide Sultan Camii), eingerahmt von der Süley-maniye-Moschee zur Rechten und der Beyazıt-Moschee zur Linken. Die zeittypische Wohnbebauung vermittelt vom Stadtpanorama zur Hafenszene. Hier wimmelt es nur so von kleinen Booten, doch das links in den Hafen einlaufende Schiff und der rechts aus dem Zentrum gerückte, sicher ankernde Dreimaster geben unseren Augen genügend Halt, um sich im Treiben nicht zu verlieren. Die geschickte Positionie-rung beider Schiffe eröffnet den Staffagefiguren im Bildvordergrund eine Bühne, auf der der Abtransport antiker Kulturgüter vom Zeichner inszeniert wird. Pfeife rauchend oder in ein Gespräch vertieft, sind Teile der lokalen Bevölkerung am Bild-rand Zeugen des körperlichen Einsatzes, den es zwei griechisch gewandete Arbeiter kostet, antike Skulpturenfragmente auf ein Boot zu verladen, während im Boot ein europäisch gekleideter Mann einem dritten Arbeiter Instruktionen zum Verladen der Altertümer zu geben scheint. Nachträglich in goldenen Lettern auf den Rahmen graviert, beleuchtet ein erläuternder Titel die dargestellte Staffageszene »Embarque-ment des Fragmens Antiques Envoyés en France, recueillis en Grèce par M. le Cte de Choiseul-Gouffier / Ambassadeur du Roi, près la Porte-Ottomane, en 1789« (Verla-dung antiker Fragmente zur Verschiffung nach Frankreich, gesammelt in Griechen-land vom königlichen Botschafter M. le Cte de Choiseul-Gouffier, nahe der Hohen Pforte, 1789). An einem sicher verpackten Stück lehnt unter den verstreuten Antiken die zehnte Metope des südlichen Frieses vom Athener Parthenontempel. Dargestellt → BILD 13 wird auf ihr die Entführung eines Lapithen durch einen Kentauren. Knapp drei-ßig Jahre wird sie im Privatbesitz des Botschafters Marie-Gabriel-Florent-Auguste Comte de Choiseul-Gouffier (1752–1817) bleiben, gefunden hatte sie ein Abgesandter des Diplomaten im Februar 1788 auf der Akropolis.[1] Im Jahr 1818 wurde die Metope gemeinsam mit den zwei zur Verladung bereiten sogenannten Marathon-Vasen, dem

14

EMBARQUEMENT DES FRAGMENS ANTIQUES ENVOYES EN FRANCE, RECUEILLIS EN GRECE PAR M. LE C.te DE CHOISEUL-GOUFFIER
Ambassadeur du Roi, près la Porte-Ottomane, en 1780.

Das 1789 entstandene Aquarell mit dem Titel **Vue de la Mosquée Validée sur le Port de Constanti-nople** des Franzosen Jean-Baptiste Hilaire wirkt friedlich und erst beim zweiten Hinsehen zeigt sich im Bildvordergrund das, was die goldene Bildlegende auf dem Rahmen beschreibt: die Verladung antiker Fragmente, die nach Frankreich verschifft werden sollen.

am äußeren linken Bildrand stehenden Altar und der liegenden Bildstele vom Musée du Louvre aus dem Nachlass Choiseul-Gouffiers angekauft.[2] Sie bilden einen wichtigen Teil der Sammlung Choiseul-Gouffiers im Moment ihrer Entstehung ab. Obwohl sie vermutlich nicht zeitgleich verschifft wurden, imaginiert das Aquarell den gemeinsamen Abtransport der Stücke aus dem Osmanischen Reich in Richtung Frankreich. Jean-Baptiste Hilaire versteht es, in die Staffage seines Blattes ein ebenso reiches Sammlungspanorama einzubetten, wie er die Stadtsilhouette im Bildhintergrund in Szene setzt.[3]

1776 begleitete der Künstler den französischen Diplomaten und Wissenschaftler Comte de Choiseul-Gouffier auf einer Reise in die Ägäis und nach Kleinasien, auf der Zeichnungen entstanden, die als Vorlagen für die Illustration des sechs Jahre später erschienenen Reiseberichts *Voyage pittoresque de la Grèce* dienten. Das Buch ist Teil des sich zu dieser Zeit gerade entwickelnden Genres der Reiseliteratur. Berichte, in denen europäische Reisende aus ihrer Perspektive die bereisten Orte beschrieben und darstellten.[A] Dieser europäische Blick auf die vermeintlich »exotischen« Weltteile wurde mit dem Begriff malerisch, oder im Französischen *pittoresque*, konnotiert. Ursprünglich verwendet für Darstellungen von Paris und seiner unmittelbaren Umgebung, wurde der Terminus in Frankreich nicht exklusiv für die Beschreibung fern liegender Orte wie der Levante oder Konstantinopel verwandt.[4] Choiseul-Gouffier erweiterte die malerische Reiseliteratur seiner Zeit um Schilderungen von Orten aus dem Osmanischen Reich, nachdem sich seine Vorgänger auf die französischen Provinzen, die Schweiz und bald auch fernere Ziele wie Neapel und Sizilien konzentriert hatten.[5]

Die in *Voyage pittoresque de la Grèce* dokumentierte Reise nutzte Choiseul-Gouffier, um seine Sammlung von Antiken zusammenzustellen. Er war nicht nur Amateur des Altertumsstudiums sowie der Archäologie, sondern auch begieriger Sammler. Seiner Ansicht nach war für ein Verständnis des Klassizismus ein praktisches Wissen über die Objekte unerlässlich. Während seiner Amtszeit als Botschafter in Konstantinopel professionalisierte Choiseul-Gouffier seine Sammeltätigkeiten. Er überzeugte Sultan Abdülhamid I. ('Abd al-Ḥamīd, 1725–1789), ihm ein *firman* auszustellen, das die Ausfuhr von Fragmenten der Akropolis erlaubte. Mittels der Ausfuhrgenehmigung gelang es ihm, seine beeindruckende Sammlung von Antiken mit einem Zwischenstopp in Konstantinopel, wo sie katalogisiert wurden, nach Frankreich zu verbringen. Auch *Vue de la Mosquée Validée sur le Port de Constantinople* entstand vermutlich für den Reisebericht, wurde jedoch nicht für die Veröffentlichung berücksichtigt.

Dabei ist das Blatt extrem spannend, vor allem im Hinblick auf die dargestellte Aufteilung von Partizipation und Passivität im Kontext der Verlagerung von Kulturgütern: Griechisch gekleidete Arbeiter verladen unter Aufsicht des sie instruierenden Europäers die Altertümer in ein Boot. Die Szene scheinen Personen aus der lokalen Bevölkerung, Pfeife rauchend beziehungsweise auf ihre Einschiffung wartend, kommentarlos hinzunehmen. Der imposante, mit Galionsfigur und Kanonen geschmückte, unter königsblauem Banner fahrende Dreimaster ist für die Aufnahme der kostbaren Fracht bereit und ebenso groß ins Bild gesetzt wie die Neue Moschee – ein Trick, um geschickt den politischen Einfluss des Diplomaten zu zeigen.

Hilaire schuf einen meisterlich konstruierten Bildmoment, in dem er seine Staffagefiguren als historischen Kommentar gängiger Praxis positioniert. Er spiegelt die Ausfuhrgenehmigung für antike Kunstwerke des örtlichen Machthabers in der unbeteiligten Lokalbevölkerung und zeigt den im Bild abwesenden französischen Diplomaten so beim störungsfreien Abtransportieren der im Osmanischen Reich zusammengetragenen steinernen Zeugen vergangener Tage gen Frankreich.

SEBASTIAN WILLERT

1 Astier, Œuvre; Queyrel, »Un nouveau document sur la collection Choiseul-Gouffier«, S. 1148 f. ■ 2 Dubois, Catalogue d'antiquités égyptiennes, grecques, romaines et celtiques, 24 ff. u. 45 f.; Queyrel, »Un nouveau document sur la collection Choiseul-Gouffier«, S. 1149 ff. ■ 3 Queyrel, »Un nouveau document sur la collection Choiseul-Gouffier«, S. 1158 f. ■ 4 Schnapp, Die Entdeckung der Vergangenheit, S. 283. ■ 5 Eldem, Consuming the Orient, S. 17.

MARIE-BÉNÉDICTE ASTIER, Œuvre. Dixième métope sud du Parthénon, {www.louvre.fr/oeuvre-notices/dixieme-metope-sud-du-parthenon}, letzter Zugriff 5. 11. 2020.
L. J. J. DUBOIS, Catalogue d'antiquités égyptiennes, grecques, romaines et celtiques. Copies d'antiquités, modèles d'édifices anciens, sculptures modernes, tableaux, dessins, cartes, plans, colonnes, tables et meubles précieux, formant la collection de feu M. le Cᵗᵉ de Choiseul-Gouffier, Paris 1818.
EDHEM ELDEM, Consuming the Orient, Istanbul 2007.
FRANÇOIS QUEYREL, »Un nouveau document sur la collection Choiseul-Gouffier«, in: Comptes rendus des séances de l'Académie des Inscriptions et Belles-Lettres 151 (2007), S. 1143–1159.
ALAIN SCHNAPP, Die Entdeckung der Vergangenheit. Ursprünge und Abenteuer der Archäologie, Stuttgart 2009.

ANTHOLOGIE ZU KUNSTRAUB UND KULTURERBE
A De Maillet (1735): (K)eine Ehrensäule für den König.

Belzonis Triumph über die sieben Tonnen des Ramses

1822

Eine Vielzahl von Arbeitern legt ihr vereintes Körpergewicht in die Zugseile einer simplen mechanischen Konstruktion – ein Holzwagen, der auf vier Stämmen rollend eine kolossale Büste fortzubewegen versucht. Auf Grundlage einer Zeichnung von Giovanni Battista Belzoni (1778–1823) hält die Lithografie »Mode in Which the Young Memnon's Head (Now in the British Museum) Was Removed by G. Belzoni« den Abtransport der Kolossalbüste Ramses II., auch *Younger Memnon* genannt, aus dem Ramesseum auf der Westseite Thebens fest. Ihr Ziel ist das einige Kilometer entfernte Ufer des Nil. Dort wurde der Koloss auf ein Schiff verladen und kam am 15. Dezember 1816 in Kairo an. Ab Januar 1817 wurde die Büste in Alexandria in einem Magazin bis zu ihrer Überfahrt nach England gelagert.[1]

Schon seit der Antike war das Ramesseum ein beliebtes Reiseziel. Im 18. und 19. Jahrhundert kamen vermehrt europäische Reisende: etwa der englische Bischof Richard Pococke (1704–1765) und der dänische Marineoffizier Frederick Ludwig Norden (1708–1742), später dann Dominique-Vivant Denon (1747–1825) und weitere → BILD 4, 30 Mitglieder der Napoleon-Expedition, die die Tempelanlagen und ihre Statuen besichtigten, beschrieben und dokumentierten. Die älteste Beschreibung der Büste stammt von Diodorus Siculus aus dem 1. Jahrhundert vor Christus.[2] Doch keiner von ihnen wagte es, den liegenden, mehr als sieben Tonnen schweren Koloss aus Granodiorit zu bewegen. Der Konkurrenzkampf der Kolonialmächte Frankreich und England, der zu Beginn des 19. Jahrhunderts vor allem zwischen den Konsuln Bernardino Michele Maria Drovetti (1776–1852) und Henry Salt (1780–1827) ausgetragen wurde, machte das scheinbar Unmögliche möglich. Der britische Konsul Salt beauftragte den Italiener Belzoni, die Büste für England und das British Museum zu bergen. Belzoni hatte in London aufgrund seiner Körpergröße von über zwei Metern als Gewichtheber und *Strong Man* im Sadler's Wells Theatre gearbeitet, bevor er 1815 auf Einladung von Mehmed Ali Pascha (Muḥammad ʿAlī Paša, um 1770–1849) nach Ägypten kam. Der Pascha hatte von den hydraulischen Kenntnissen Belzonis gehört und stellte ihn ein, um bei der Entwicklung eines neuen Wasserrades zu helfen. Allerdings führten Belzonis Ideen nicht zum gewünschten Erfolg, und er begann ab 1816 für Salt zu arbeiten. Dieser konnte, dank Belzonis Hilfe, gleich drei umfangreiche ägyptische Sammlungen zusammenstellen, die er dem British Museum und dem Louvre verkaufte.[4]

15

Die Farblithografie **Mode in Which the Young Memnon's Head (Now in the British Museum) Was Removed by G. Belzoni** wurde 1822 als Ergänzung der bereits 1820 erschienenen Reisebeschreibung des Motivgebers Giovanni Battista Belzoni veröffentlicht und zeigt die schier unvorstellbare körperliche Kraft, die trotz der mechanischen Hilfskonstruktion nötig war, um Translokationen voranzutreiben.

Die Bergung und der Transport der Büste Ramses II. stellten Belzoni zunächst jedoch vor eine Herausforderung: Im Juli 1816 bat er den Gouverneur (*Kaschef*) der Stadt Armant um 80 Arbeiter aus Gurna, die ihm bei dem Transport helfen sollten. Obwohl Belzoni mit einem *firman* – einer offiziellen Genehmigung – ausgestattet war und die Arbeiter weit über dem üblichen Tageslohn bezahlen wollte, fanden sich zunächst kaum Männer für diese Aufgabe, weil keiner daran glaubte, dass der Koloss zu bewegen sei.[4] »Als sie schließlich vom Gegenteil überzeugt wurden, brachen sie in lautes Geschrei aus. Obwohl dies durch ihre eigene Arbeitskraft bewerkstelligt worden war, schrieben sie die Wundertat dem Teufel zu [...]. Mein Verfahren die Büste [wegzuschaffen] war ein sehr schlichtes, denn die Arbeitsmethoden, derer die Fellachen fähig waren, erschöpften sich darin, ein Seil zu ziehen oder als Gegenge- wichte auf dem Ende eines Hebels zu sitzen.«[5] Die von Belzoni beschriebenen Fella- chen waren in der Regel einfache Bauern, die für ein geringes Entgelt auf Grabungen arbeiteten oder bei der Bergung von Objekten halfen. Sie sind in dem Bild in ihrer typischen Kleidung dargestellt, mit einem kurzen Gewand oder in kurzen Hosen sowie mit einer Kopfbedeckung.

→ BILD 1

Das Bild vom Abtransport der Büste, mit der Verlagerung des Objektes und der Verpflanzung in einen anderen Kontext, fügt sich ikonografisch in eine Reihe von Darstellungen ein, die in dieser Zeit häufiger publiziert wurden und oft die Ins- tallationen von ägyptischen Großobjekten im Museum behandelten. Die Präsenz dieser Darstellungen in Büchern und in der Tagespresse führte die europäische Aneignungspolitik archäologischer Funde der nationalen Öffentlichkeit bildreich vor Augen. Die wichtigste Quelle zu den Ereignissen rund um den Transport Ram- ses II. stellt der ausführliche Bericht *Narrative of the Operations and Recent Discoveries within the Pyramids Temples, Tombs and Excavations in Egypt and Nubia* aus dem Jahr 1820 von Belzoni dar. In dieser anschaulich geschriebenen Darstellung scheinen die Denkmäler selbst ihre Entfernung aus dem ursprünglichen Kontext zu begrü- ßen: »Sowohl Rumpf als auch der Thron lagen dicht neben dem Kopf; das Antlitz war himmelwärts gerichtet und schien mich anzulächeln, wie in Vorfreude darauf, nach England gebracht zu werden.«[6] Der Gedanke an solche Befreiungstaten und die Sicherung der Altertümer für Europa schwang in nahezu jedem Reisebericht und auch in anderen Formen der Berichterstattung im gesamten 19. Jahrhundert mit.[A] Zusätzlich zum Textband erschien bereits im selben Jahr ein Tafelband mit 44 Lithografien. Die Lithografie mit der Büste Ramses II. wurde erst 1822 in einem Ergänzungsband mit fünf weiteren Lithografien veröffentlicht. Es ist das einzige

→ BILD 24, ‹

Bild, das zugleich den Abtransport eines Objektes zeigt und den eigens von Belzoni entwickelten Rollwagen dokumentiert.

Napoleons Ägyptenfeldzug und die von Denon ab 1809 veröffentlichte *Description de l'Égypte* leiteten nicht nur die Geburtsstunde der Ägyptologie ein, sondern beförderten auch das europäische Interesse an der Erschließung der altägyptischen Denkmäler. In den nächsten Jahrzehnten steigerte sich dieses Interesse zu einer regelrechten Jagd nach Antiken, die sich zunächst durch wetteifernde Konsuln und private Sammlungsgier äußerte und schließlich in wissenschaftlichen Expeditionen und der Gründung der Ägyptischen Museen mündete. Die Inbesitznahme von Objekten geschah vor allem in dem Verständnis, dass nur in Europa die Möglichkeiten und Fähigkeiten vorhanden waren, um die Objekte richtig zu deuten, zu entziffern und auszustellen.[B] Die Jagd nach Antiken wurde mit der Etablierung der Ägyptologie gerechtfertigt. Im November 1818 nahm das British Museum dann den Koloss als Geschenk von Henry Salt entgegen.

MARIANA JUNG

1 Belzoni, Entdeckungsreisen in Ägypten, S. 50–54 u. 80 f. ▪ **2** Garnett, The colossal statue of Ramesses II, S. 36 f. ▪ **3** Bierbrier, Who Was Who in Egyptology, S. 52 f.; Moser, Wondrous Curiosities, S. 94–105 u. 138–141. ▪ **4** Colla, Conflicted Antiquities, S. 35 f. ▪ **5** Belzoni, Entdeckungsreisen in Ägypten, S. 53. ▪ **6** Belzoni, Entdeckungsreisen in Ägypten, S. 50.

GIOVANNI BELZONI, Entdeckungsreisen in Ägypten 1815–1819. In den Pyramiden, Tempeln und Gräbern am Nil. Mit einer Geschichte der Ägyptenreisen seit dem 16. Jahrhundert, Köln ⁴1990.
MORRIS L. BIERBRIER, Who Was Who in Egyptology, London ⁴2012.
ELLIOTT COLLA, Conflicted Antiquities. Egyptology, Egyptomania, Egyptian Modernity, London 2007.
ANNA GARNETT, The Colossal Statue of Ramesses II, London 2015.
STEPHANIE MOSER, Wondrous Curiosities. Ancient Egypt at the British Museum, Chicago 2006.

ANTHOLOGIE ZU KUNSTRAUB UND KULTURERBE
A Barbier (1794): Rede vor dem Nationalkonvent. ▪ **B** Turner (1810): Transnationale Forschung und nationales Prestigedenken.

Vom Fort-Schreiten der Tendaguru-Fundstücke
um 1909/10

Ein undatiertes, koloriertes Glasdiapositiv. Zu sehen ist eine Gruppe afrikanischer Männer. Alle tragen Lasten auf ihren Schultern oder dem Kopf, allein oder zu mehreren, teils mithilfe von Tragevorrichtungen. Sie laufen barfuß und sind leicht bekleidet, viele haben einen nackten Oberkörper. Die dem Diapositiv zugrundeliegende Schwarz-Weiß-Fotografie wurde 1909 oder 1910 aufgenommen. Sie stammt von Werner Janensch (1878–1969), einem deutschen Paläontologen, der im Auftrag des Museums für Naturkunde Berlin die sogenannte Tendaguru-Expedition (1909–1913) geleitet hat – eine paläontologische Großgrabung in der damaligen Kolonie Deutsch-Ostafrika, dem heutigen Tansania. Unter den Funden der kolonialen Expedition waren auch jene fossilen Saurierknochen, die in Berlin zu dem *Brachiosaurus brancai*-Skelett (heute *Giraffatitan brancai*) zusammengesetzt worden sind, das noch heute → BILD 27
zahlreiche Menschen in das Berliner Museum für Naturkunde lockt.

Der Transport der ausgegrabenen Objekte zum Verschiffungshafen war ein wichtiger Arbeitsschritt der Expedition. Ohne Träger vermochten ihre Teilnehmer in der damaligen Kolonie Deutsch-Ostafrika ohnehin keinen einzigen Schritt zu tun, denn die Fundplätze der Saurierknochen lagen gute vier Tagesmärsche von der Küstenstadt Lindi entfernt im Landesinnern. Den Trägern der Tendaguru-Expedition kam gleich in zweifacher Hinsicht eine tragende Rolle zu: Während sie in Ostafrika Fossilien in Bewegung setzten, begannen zugleich fotografische Abbildungen von dieser Arbeit zu zirkulieren. Die Träger verrichteten die physische Arbeit vor Ort und wurden durch die Aufnahmen, die davon verbreitet wurden, zugleich zu Bedeutungsträgern in einer wissenschaftlichen, nationalen und kolonialen Erfolgserzählung.[A] Was heute in den Historischen Bild- und Schriftgutsammlungen des Museums für Naturkunde Berlin lagert, war in der zeitgenössischen Berichterstattung über die Grabung in den 1910er-Jahren eines der zentralen Bildmotive. Was vermochte schließlich den Fortschritt der Arbeiten besser zu veranschaulichen als das Fort-Schreiten von Trägern mit Lasten?

Der dynamische Schritt und die Blicke der abgebildeten Träger sind geradeaus gerichtet, auf ein Ziel, das außerhalb des Bildes liegt. Das ist entscheidend, denn für die Expedition war gerade nicht der Weg das Ziel. Die Beförderung der Funde zur Küste markiert einen wichtigen Schritt auf ihrem Weg vom Feld in die europäische

16

Dieses kolorierte Diapositiv, das sich heute in den Historischen Bild- und Schriftgutsammlungen des Museums für Naturkunde Berlin befindet, zeigt eine Momentaufnahme vom Weg bedeutender Sammlungsstücke nach Berlin, die bis heute Publikumsmagneten sind.

Sammlung. Die Sichtbarmachung dieser Arbeit war Teil der visuellen Rhetorik der Expedition. Entsprechend wurden häufiger Aufnahmen von Trägern auf dem Rückweg vom Tendaguru, einem zur damaligen Zeit schwer zugänglichen Hügel nordwestlich Lindis, in Richtung Küste publiziert als solche in umgekehrter Richtung. Im Marsch zur Küste kristallisierte sich der Abtransport der Dinge in das Berliner Museum.

Mehr noch: Nach Abschluss der Grabungen illustrierten die von einem Museumsmitarbeiter per Hand kolorierten Glasdiapositive die Lichtbildvorträge der Expeditionsleiter Werner Janensch und Edwin Hennig. So wurde aus Janenschs Negativ ein farbenprächtiges Diapositiv. Die Kolorierung gibt jedoch die Verhältnisse vor Ort nicht unbedingt authentisch wieder, da sie erst in Berlin nachträglich erfolgte, ohne das Zutun jener, die vor Ort gewesen waren. Dennoch geben die Motive Einblicke in die Arbeiten. Bei der Repräsentation der Träger ging es dabei gerade nicht um einzelne Individuen, sondern um die Träger als Gruppe. Die scheinbar endlose Reihe von Trägern verweist vor allem auf die Anzahl der mobilisierten Objekte, sprich: auf schier endloses Material. Visuelle Überzeugungskraft gewann dieses Motiv erst in der Kollektivaufnahme – und schloss damit, wie auch die Bildunterschrift des Dias *Trägerkolonne auf dem Marsch zur Küste*, an das Motiv der »Trägerkarawane« an, welches zur Zeit der Tendaguru-Expedition bereits fest in der kolonialen Ikonografie verankert war. Durch die Sammelbezeichnung wurden die Träger als (Berufs-)Gruppe adressiert, sie wurden über ihre Tätigkeit – das Tragen – definiert und auf sie reduziert. Bild und Bildbeschriftung waren Teil einer visuellen Stereotypisierung der Figur des Trägers und der kolonialen Arbeit: Leicht bekleidete Afrikaner tragen die Lasten der Europäer.[B] Die Sichtbarmachung der Träger und ihrer Arbeit im Bild bedeutete also keineswegs eine Sichtbarmachung ihrer Geschichte und Geschichten. Im Gegenteil, um als visuelles (Erfolgs-)Argument zu funktionieren, mussten die Träger im Bild zum anonymen Kollektiv vereinheitlicht und zusammengefasst auftreten.

Zwar ist bemerkenswert, dass keiner der Expeditionsleiter hier in seiner Funktion als (Macht-)Instanz im Bild erscheint – durchaus ein Unterschied zu den Aufnahmen anderer Grabungsexpeditionen der Zeit, wo die Leiter häufig für die Kamera posierten oder bei diversen Arbeiten gezeigt wurden. Gerade weil aber in der Aufnahme vom Tendaguru wie auch in den meisten anderen Fotografien der Expedition kein Europäer zu sehen ist, zeigt sich hier ein Blickregime, in dem sich koloniale Arbeits- und Machtverhältnisse spiegeln.

Hinweise liefert hier die Aufnahme selbst, genauer gesagt Bildaufbau und Kameraeinstellung: Der dynamische, beinahe leichtfüßige Schritt der Männer und die diagonale, das Bild dominierende Bewegungsachse vermitteln einen unbehinderten Fortschritt und ein Bild effizienter und zugleich konfliktfreier Arbeit. Der Standort des Aufnahmeapparates mit seiner seitlichen Perspektive auf die Szene positioniert dabei den Fotografierenden und uns Betrachter*innen nah am Geschehen, aber gleichzeitig in gewissem Abstand dazu; als Teil derselben Umgebung wie die Träger, nicht jedoch als Teil ihrer Gruppe. In der Kameraeinstellung spiegelt sich exakt jene Arbeitsteilung, die die Aufnahmen implizierten: Der physischen Arbeit von Hunderten Trägern als Kollektivkörper stand die geistige (die wissenschaftliche und dokumentarische) Arbeit individueller, namentlich zweier Wissenschaftler gegenüber, ausgestattet mit dem Fotoapparat als Signum des technischen Fortschritts.

Den Trägern wurde eine Bildwürdigkeit nur als Angeblickte, als Arbeiterkollektiv zugestanden, nicht aber in Form einer souveränen Blickposition. Die Kameraeinstellung dokumentiert somit zweierlei: die Arbeit der Träger und die (fotografische) Arbeit der Expeditionsleiter. Obwohl die Träger, die die Dinge in Bewegung setzten, prominent ins Bild gesetzt waren, wurden ihnen die Leistungen der Expedition nicht zugeschrieben. Diejenigen, die die Dinge in Bewegung setzten, blieben anonyme Figuren in einem Kollektiv. Als Individuen und als zentrale Handlungsträger der Expedition blieben die Träger unsichtbar.

MAREIKE VENNEN

MAREIKE VENNEN, »Träger-Arbeiten. Die Zirkulation kolonialer Dinge und Bilder der Tendaguru-Expedition (1909–1913)«, in: Sonja Malzner, Anne D. Peiter (Hg.), Der Träger. Zu einer ›tragenden‹ Figur der Kolonialgeschichte, Bielefeld 2018, S. 157–180.
MAREIKE VENNEN, »Arbeitsbilder – Bilderarbeit. Die Herstellung und Zirkulation von Fotografien der Tendaguru-Expedition«, in: Ina Heumann, Holger Stoecker, Marco Tamborini, Mareike Vennen, Dinosaurierfragmente. Zur Geschichte der Tendaguru-Expedition und ihrer Objekte, 1906–2017, Göttingen 2018, S. 56–75.
MAREIKE VENNEN, DANIELA SCHWARZ, »The Bamboo Box from the Tendaguru Expedition«, in: Museum für Naturkunde Berlin (Hg.), Collectors Collected. The Material Culture of Fieldwork, Berlin 2018, S. 15 f.

ANTHOLOGIE ZU KUNSTRAUB UND KULTURERBE
A Gramatica (1924): Von Trägern und Forschungsbeiträgen. ■ B Césaire (1955): Kolonialismus und Bewusstseinsbildung.

Buckeln für einen japanischen Archäologen
1928–31

Mit wachen Blicken schauen uns drei männliche Arbeiter an. Ihre traditionellen koreanischen Sprossentragen (Chige, 지게) geschultert und mit Gehstöcken ausgerüstet,
scheinen sie nur kurz für den Moment des Fotografiertwerdens innezuhalten. Sie
transportieren an der Grabungsstätte des Wonwonsa-Tempels im südkoreanischen
Kyŏngju gefundene Teile einer Vajra-Wächterstatue. Vermutlich entstand die Fotografie während der vom japanischen Architekten und Laienarchäologen Nose Ushizō
(能勢丑三, 1889–1954) geleiteten Grabung rund um die zwei Pagoden des buddhisti-
schen Tempels, der im siebten Jahrhundert in der Hauptstadt des Silla-Königreichs
(新羅 57 v. Chr. – 935 n. Chr.) errichtet wurde. Ihre Kleidung zeichnet die Abgelichteten
als einfache koreanische Arbeiter aus – die Strohschuhe, Wickelgamaschen, baum-
wollenen Kniebundhosen und Kopftücher sind die traditionelle Arbeiterkleidung der
späten Chosŏn-Dynastie (1392–1897). Die Fotografie gehört zu einem Konvolut von
700 Aufnahmen, die Nose Ushizō während Grabungen in der Region machte. Sie
dokumentieren auch die Arbeitshierarchien vor Ort – sind die im Bild abwesenden
japanischen Archäologen doch stets in Anzug, Lederstiefeln und mit Fedora-Hut abgebildet, während Koreaner die körperlich schweren Hilfsarbeiten verrichteten.

Nose kam 1889 als Sohn einer wohlhabenden Familie Kyōtos zur Welt. Er studierte Design an der höheren Gewerbeschule (京都高等工芸学校), dem heutigen Kyoto
Institute of Technology, und trat danach, mit ausgeprägtem Interesse für antike asiatische Architektur, eine Assistentenstelle in der Architekturfakultät der Kaiserlichen
Universität Kyōtos an (京都帝國大學).[1] Die koreanische Halbinsel besuchte er erstmals
1926 gemeinsam mit dem schwedischen Thronfolger Gustav VI. Adolf (1882–1973).
Es folgten neun weitere Aufenthalte an verschiedenen Orten, um historische Kulturstätten auszugraben, zu restaurieren und zu studieren. Nose trug den Spitznamen
»Mr. Impressed (感激先生)«, da, so wurde kolportiert, ihn die materiellen Hinterlas-
senschaften der Silla-Kultur stets verzückten. Fast sein gesamtes Erbe investierte
er in private Expeditionen auf die koreanische Halbinsel, die Ausgrabung und Restaurierung des Wonwonsa-Tempels zählt zu seinen zentralen Wirkstätten. Die von
einem japanischen Jäger 1921 zufällig entdeckte Tempelruine konnte erst durch die
Forschungen, Grabungen und Zuschreibungen Noses sicher identifiziert werden. Er
hinterließ über 2 400 Glasplattenfotografien, die im Rahmen seiner Expeditionen

17

Zwischen 1928 und 1931 entstand diese Schwarz-Weiß-Fotografie, die drei koreanische Hilfsarbeiter
an der Ausgrabungsstätte des Wonwonsa-Tempels in Kyŏngju, Südkorea, zeigt. Das Bild stammt
aus dem Nachlass des japanischen Archäologen Nose Ushizō (能勢丑三), der einen Großteil seines
privaten Erbes in die Erkundung der koreanischen Halbinsel investierte.

auf der koreanischen Halbinsel entstanden – darunter etwa 700 aus der Region um Kyŏngju.[2]

Obwohl die Reisen und Expeditionen Noses rein privater Natur gewesen sind, müssen sie auch als Teil des kolonialen Projektes Japans im koreanischen Kulturraum (1910–1945) gelesen werden.[A] Japanische Archäologen schätzten die koreanische Halbinsel als ein Land der unbegrenzten Möglichkeiten. Galten für Grabungen auf den japanischen Inseln strenge Regeln, so konnte sich der wissenschaftliche Nachwuchs auf der Halbinsel »austoben«. Hier sammelten sie ungestört Daten, um die Hypothese des kontinentalen Ursprungs der japanischen Kultur zu untermauern – einem wichtigen ideologischen Pfeiler der kolonialen Expansion des Inselstaats im späten 19. und frühen 20. Jahrhundert. Viele der privaten Unternehmungen wurden von den kolonialen Autoritäten Japans unterstützt.[3] Auch der Laienarchäologe Nose profitierte vom kolonialen Apparat.[4]

In der Fotografie spiegelt sich das koloniale Projekt doppelt. Sie dokumentiert → BILD 16, 2 zum einen die »zivilisatorischen Großtaten« der Imperialisten – nur dank ihrer Hilfe konnten koreanische Kulturstätten umfassend erforscht werden. Zum anderen ist sie mit ihrem romantisierenden Blick auf das einfache Leben der Kolonisierten auch Argument des kolonialen Machtanspruches über die »zurückgebliebene« Kultur. Ein Anspruch, der durch in Japan zirkulierende Fotografien wie dieser auch diskursiv zementiert worden ist.[5]

Nach der Kapitulation Japans 1945 änderte sich die Situation der dortigen Archäologie schlagartig. Durch den Verlust der ökonomischen Vormachtstellung gerieten auch viele wissenschaftliche Strukturen ins Wanken. Das fotografische Archiv von Nose wäre beinahe an eine Glaserei verkauft worden, die die Glasplatten zur Materialgewinnung eingeschmolzen hätte. Ogawa Seiyou (小川晴暘, 1894–1960) – Gründer des Asuka-en Studios im japanischen Nara und als Fotograf auf das Ablichten von buddhistischem Kulturerbe spezialisiert – kaufte nach Kriegsende das gesamte Archiv, trotz der eigenen ökonomischen Schieflage. Ogawa selbst bereiste zwischen den 1920er- und 1940er-Jahren weite Teile des nord- und südostasiatischen Raums, wo er die materielle Kultur und ihre Überreste in mehr als einer Million Fotos festhielt. Noch heute sind die Bestände des Studios Asuka-en zur fotografischen Bestandsaufnahme des Kulturerbes Asiens während der japanischen Kolonialzeit kaum erforscht.[6]

In Südkorea selbst erwachte erst Ende der 1980er-Jahre wieder Interesse an den Ausgrabungsfotografien von Nose. Im Jahrbuch des Historischen Museums der

Dōshisha-Universität publizierte Ga Jongsu, ein koreanischer Student, der auch in Japan studierte, 1989 einen kurzen Bericht zu dem Archiv. Mehr als zwanzig Jahre später zirkulierte 2010 eine Auswahl der Fotografien in der archäologischen Fachpresse Südkoreas.[7] Im Jahr 2017 schließlich wurde die Fotografie, die die koreanischen Hilfsarbeiter zeigt, gemeinsam mit 86 weiteren historischen Aufnahmen aus der Region bei der Kyŏngju Culture EXPO ausgestellt. Die öffentliche Rezirkulation der Bilder mehrte nicht nur das Wissen um Stätten koreanischen Kulturerbes zu Zeiten des japanischen Kolonialismus. Sie half auch bei der korrekten Zuordnung der Vajra-Wächterstatue, deren Provenienz selbst der besitzenden Institution, dem Kyŏngju-Nationalmuseum, zuvor nicht bekannt gewesen ist.

JI YOUNG PARK

Aus dem Englischen von Merten Lagatz. ▪ 1 Tsunoda, Kurze Biografie von Nose Ushizō. ▪ 2 Han'guk Kugoe Munhwajae yŏn'guwon, Kyŏngjuhak yŏn'guwon (Hg.), Unser Kulturerbe in 90 Jahre alten Schwarz-Weiß-Fotografien, S. 346–353. ▪ 3 Zur Geschichte japanischer kolonialer Archäologie auf der koreanischen Halbinsel siehe Pai, Heritage Management in Korea and Japan, Kapitel 5. ▪ 4 Han'guk Kugoe Munhwajae yŏn'guwon, Kyŏngjuhak yŏn'guwon (Hg.), Unser Kulturerbe in 90 Jahre alten Schwarz-Weiß-Fotografien, S. 354–357. ▪ 5 Pai, »Tracing Japan's Antiquity«. ▪ 6 Han'guk Kugoe Munhwajae yŏn'guwon, Kyŏngjuhak yŏn'guwon (Hg.), Unser Kulturerbe in 90 Jahre alten Schwarz-Weiß-Fotografien, S. 352. ▪ 7 Ga, »Die Ausgrabung und Restaurierung der Pagoden der Wonwonsa Tempel Ruinen«.

Han'guk Kugoe Munhwajae yŏn'guwon 한국 국외 문화재 연구원, Kyŏngjuhak yŏn'guwon 경주학 연구 (Hg.), 90-yŏn chŏn hŭkpaek sajin e tamgin uri munhwajae 년 전 흑백사진 에 담긴 우리 문화재 : 일본 아스카엔 노세 우시조 유리건판 사진 조사보고서 (Unser Kulturerbe in 90 Jahre alten Schwarz-Weiß-Fotografien. Forschungsbericht über Nose Ushizōs Fotografien im trockenen Gelatineverfahren in Asukaen, Japan), Gumi, Kyŏngju 2017.
GA JONSU 가종수, »Wonwonsaji sŏkt'ap ŭi palgul kwa pogwŏn 원원사지 석탑의 발굴과 복원 (Die Ausgrabung und Restaurierung der Pagoden der Wonwonsa-Tempelruinen)«, in: Kyegan Han'guk ŭi Kogohak 계간 한국의 고고학 (Korean Archaeology Quarterly) 15 (2010).
PAI HYUNG-IL, Heritage Management in Korea and Japan, Seattle 2013.
PAI HYUNG-IL, »Tracing Japan's Antiquity. Photography, Archaeology and Representations of Kyŏngju«, in: Inaga Shigemi (Hg.), Oriental Aesthetics and Thinking. Conflicting Visions of ›Asia‹ under the Colonial Empires, Kyoto 2011, S. 289–316.
TSUNODA BUN'EI 角田文衞, Nose Ushizō ryakuden 能勢丑三略伝 (Kurze Biografie von Nose Ushizō), Tokyo 1994.

ANTHOLOGIE ZU KUNSTRAUB UND KULTURERBE
A Kuki (1894): Ein antizivilisatorischer Leitfaden für eine zivilisierte Nation.

Godnapping – Bildpropaganda im Neuassyrischen Reich

745–737 v. Chr.

1845 begann Austen Henry Layard (1817–1894) seine archäologischen Untersuchun-   → BILD 1
gen in der assyrischen Königsstadt Kalhu, dem heutigen Nimrud in Nordirak. Dabei
entdeckte er auch diese Reliefplatte. Er fand sie im südwestlichen Teil der Palastanlage
des Königs Asarhaddon (Aššur-aḫḫe-iddina), der von 680 bis 669 v. Chr. regierte. Bei
dem Fundort handelte es sich allerdings nicht um den originalen Aufstellungsort der
Kalksteinplatte. Sie gehörte ursprünglich zum Dekorationsprogramm der königlichen
Residenz von Tiglat-Pileser III. (Tukulti-apil-Ešarra), dessen Regentschaft von 745 bis
727 v. Chr. andauerte. Asarhaddon und Tiglat-Pileser III. waren Könige des Neuassyrischen Großreiches (911–605 v. Chr.). Überlieferte Keilschriftquellen beschreiben
den Palast Tiglat-Pilesers III. als mit Edelhölzern, Metallen, Steinen und Skulpturen
von mythischen Figuren ausgeschmückt. Erhalten haben sich jedoch nur wenige Artefakte aus der Anlage.[1] Die archäologischen Funde seiner Expedition, die ihn nach
Mossul und Nimrud führte, verschiffte Layard 1849 gen London. Auf der Schiffsreise
nahmen einige Objekte erheblichen Schaden, weshalb sich eine Rekonstruktion des
Bild- und Textprogramms der Reliefplatten heute vor allem auf die Handkopien – vor
Ort erstellte Detailzeichnungen der Fundstücke – stützen muss, die Layard anfertigte.[2]

Das Relief ist Teil eines Ensembles von Orthostaten – aufrecht stehenden Steinblöcken beziehungsweise Steinplatten in antiken Grab-, Tempel- oder Repräsenta-
tionsbauten –, die einige Episoden der Taten von Tiglat-Pileser III. aus den Jahren
zwischen 745 und 737 v. Chr. in Bild und Text festhalten.[3] Die bildliche Narration
des Flachreliefs gibt zwei Kriegsepisoden wieder. Sie verteilt sich auf zwei Register,
getrennt durch ein zwölfzeiliges Keilschriftpanel im Zentrum der Platte. Die heute
besser erhaltene Szene der Götterentführung wurde in das untere Register einge-
meißelt. Das obere Register zeigt die Belagerung einer durch drei Stadtmauern mit
viereckigen Türmen befestigten Stadt. In den Befestigungsanlagen lassen sich neben
Bogenschützen auch flehende weibliche Figuren ausmachen. Vor der Stadtmauer
sind Soldaten dargestellt, die im Begriff sind, Kriegsbeute fortzutragen. Zwei im
Verhältnis zu den anderen dargestellten Figuren überdimensionierte assyrische Lan-
zenträger scheinen aus der rechten Ecke auf die Stadtbefestigung zuzustürmen. Im
unteren Register sind neun in Prozession schreitende Paare assyrischer Soldaten
abgebildet, die auf ihren Schultern lebensgroße Götterfiguren samt ihrer Podeste

18

Dieses im British Museum verwahrte Kalksteinrelief aus dem Palast des Königs Tiglat-Pileser III.,
der in seiner Hauptstadt Kalhu stand, dem heutigen Nimrud in Nordirak, zeigt kriegerische Episoden,
deren Resultate auch in der Antike schon häufig Beutenahmen waren.

forttragen. Die Szenen waren vermutlich Teil eines kontinuierlichen Narrativs, das sich auf mindestens zwei weiteren Orthostaten fortgesetzt haben muss. Unter den verschleppten Götterstatuen lässt sich einzig der stehend repräsentierte mittels seines Blitzbündels als eine Wettergottheit identifizieren. Die drei thronenden Göttinnen sind zu stark verschlissen, um sicher zugeordnet zu werden. Die begleitende, zwölfzeilige Inschrift berichtet über den ersten Feldzug des Königs nach Babylonien im Jahr 745 v. Chr., die Ikonografie der Belagerungsszene verweist hingegen auf die königlichen Feldzüge nach Westen. Text und Bild sind in neuassyrischen Palastnarrativen nicht zwangsweise miteinander verbunden.

Mehrere Episoden in den königlichen Annalen erwähnen Eroberungen, in deren Zusammenhang Götterstatuen entführt worden sind. Neuere Forschungen deuten darauf hin, dass auf dem Relief die Eroberung von Gaza dargestellt ist.[4] Die Annalen behaupten, der assyrische König habe nach der Eroberung der Stadt auch die lokalen Gottheiten geraubt, um sie gegen Bilder von sich und seinen eigenen Gottheiten auszutauschen.

Die im Relief festgehaltene kriegerische Entführung von Götterfiguren der Besiegten wird in der assyriologischen Fachliteratur als *godnapping* bezeichnet, im Deutschen wird zumeist der Fachterminus *Götterdeportation* verwandt. *Godnapping* spielt in den Feldzugsberichten der assyrischen Tradition oft eine zentrale Rolle.[5.A] Bereits im 11. Jahrhundert vor Christus, zu Zeiten des Mittelassyrischen Reichs (1380–912 v. Chr.), benennen schriftliche Quellen solche Götterdeportationen als ein wiederkehrendes Mittel der assyrischen Kriegsführung. In Bildquellen aus den assyrischen Reichen wurden sie nicht häufig dargestellt, doch in den Palastdekorationen aus Kalhu findet sich ein Vergleichsbeispiel aus dem Regnum von Sanherib (705–680 v. Chr.).[6] *Godnapping* ging häufig mit der Massendeportation von Mitgliedern der besiegten Bevölkerung einher und muss als beliebtes Mittel imperialer Machtdemonstration Assyriens gelesen werden. Überlieferungen belegen mehrere Fälle der Entführung von Götterbildern des Feindes nach Assur, um sie dort der gleichnamigen Staatsgottheit zu opfern. In der Verehrung Assurs als Staatsgottheit vermengen sich politische und religiöse Elemente der imperialen Ideologie Assyriens. Die Praxis zielte implizit sowohl auf eine kulturelle Erniedrigung des Feindes als auch auf eine kulturelle Assimilation der eroberten Provinzen. Diese machtpolitische Praktik setzt sich bisweilen in der schmachvollen Eingliederung der fremden Gottheiten in das staatliche Pantheon Assurs fort. Zumeist wurden die geraubten Götterstatuen zu einem späteren Zeitpunkt jedoch restituiert und nur sehr selten zerstört.

Die Reliefplatte bezeugt als mobiles Objekt heute sehr unterschiedliche Verlagerungsgeschichten. Die auf ihr abgebildeten Szenen sind einer der wichtigsten Belege der historischen Praktik des *Godnappings*, dem bewussten An-sich-Nehmen von Kulturgütern, um hegemonialen Machtansprüchen über Besiegte Ausdruck zu verleihen. Die Verlagerung und Eingliederung der Platte in das Palastprogramm Asarhaddons aber muss auch als Ausdruck eines Transfers im kollektiven assyrischen Gedächtnis gelesen werden. Die repräsentative Wiederverwendung des Reliefs, drei Generationen nach seiner Entstehung, schreibt das dargestellte Ereignis bewusst in die historiografische Tradition des Assyrischen Reiches ein. Der neuzeitliche Abtransport der Platte durch Layard nach London, wo sie noch heute Teil der Sammlung des British Museum ist, lässt sich schließlich nur als Ausdruck der kolonialistischen Erforschung des Großraums Mittlerer Osten begreifen.

CINZIA PAPPI

1 Barnett / Falkner; The Sculptures of Ashur-nasir-apli II, S. 29 f., Tafeln LXXXVIII–XCIII; Tadmor / Yamada, The Royal Inscriptions of Tiglath-pileser III. ■ **2** Layard, Blätter 113–115, Figur 2. ■ **3** Tadmor, The Inscriptions of Tiglath-pileser III, 240–249. ■ **4** Uehlinger, »Hanun von Gaza und seine Gottheiten auf Orthostatenreliefs Tiglatpilesers III«, S. 92–125. ■ **5** Holloway, Aššur is King!, S. 123–150. ■ **6** Barnett / Bleibtreu / Turner, Sculptures from the Southwest Palace of Sennacherib at Nineveh, Tafel 451 u. 453.

RICHARD D. BARNETT, ERIKA BLEIBTREU, GEOFFREY TURNER, Sculptures from the Southwest Palace of Sennacherib at Nineveh, Bd. 2 (Tafeln), London 1998.

RICHARD D. BARNETT, MARGARETHE FALKNER, The Sculptures of Ashur-nasir-apli II (883–859 B.C), Tiglath-pilesar (745–727 B.C), Esarhaddon (681–669 B.C) from the Central and South-West Palaces at Nimrud, London 1962.

STEVEN HOLLOWAY, Aššur is King! Aššur is King! Religion in the Exercise of Power in the Neo-Assyrian Empire, Leiden u. a. 2002.

AUSTEN HENRY LAYARD, MS A, Unpublished Manuscript, British Museum, London.

HAYIM TADMOR, SHIGEO YAMADA, The Royal Inscriptions of Tiglath-pileser III (744–727 BC) and Shalmaneser V (726–722 BC), Kings of Assyria, Winona Lake, 2011.

HAYIM TADMOR, The Inscriptions of Tiglath-pileser III, King of Assyria, Jerusalem 1994.

CHRISTOPH UEHLINGER, »Hanun von Gaza und seine Gottheiten auf Orthostatenreliefs Tiglatpilesers III.«, in: Ulrich Hübner, Ernst Axel Knauf (Hg.), Kein Land für sich allein. Studien zum Kulturkontakt in Kanaan, Israel/Palästina und Ebirnâri für Manfred Weippert zum 65. Geburtstag, Fribourg, Göttingen 2002, S. 92–125.

ANTHOLOGIE ZU KUNSTRAUB UND KULTURERBE

A Assurbanipal (um 646 v. Chr.): Heimkehr nach siebzehn Jahrhunderten – Die Rückführung der Göttin Nanaja nach Uruk.

II.
ankommen
aneignen

Schwergewichtige Symbolik
81 n. Chr.

Eine Gruppe lorbeerbekränzter Männer schreitet auf ein schräg gestelltes, mit gestaffelten Pferden bekröntes Bogenmonument zu. Zu je acht tragen sie die auf Bahren präsentierten Attraktionen: zwei lange Posaunen, einen großen Tisch und einen aus dem sonst karg gestalteten Hintergrund deutlich hervortretenden, tief ausgearbeiteten siebenarmigen Leuchter, die Menora. Vor jeder Trägergruppe hält ein junger Mann eine an einer Stange angebrachte Tafel in die Höhe, deren ursprüngliche Beschriftung die mitgeführte Beute bezeichnet. Eine dritte, am linken Bildrand in die Höhe gehaltene Tafel kündigt ein noch folgendes Beutestück an und zeigt, dass nur ein Ausschnitt aus einer langen Prozession dargestellt wird.

Anders als der Abtransport assyrischer Götter, der die Wegnahme von Objekten zum Bildthema macht, entwickelt der römische Triumphzug eine viele Jahrhunderte → BILD 18
überdauernde Ikonografie der Präsentation des Sieges in der Heimat des Siegenden.[A]
Der überlegene Feldherr und sein Heer zogen durch Rom und inszenierten den militärischen Erfolg als Schauspiel für die Öffentlichkeit. Dabei spielte das Vorführen der Beute in Form von Kunstobjekten und Reichtümern, aber auch unterworfenen Soldaten und Adligen eine Schlüsselrolle.[1] Der Titusbogen ist nur eines von vielen Bogenmonumenten, das an einen Triumph erinnert und eine ephemere Prozession die Zeit überdauern lässt.

Im Jahr 70 nach Christus eroberte der spätere Kaiser Titus (39–81) die Stadt Jerusalem. Zur Vergeltung des vier Jahre zuvor in der Provinz von Judäa ausgebrochenen Aufstands wurde die Bevölkerung durch die römischen Soldaten niedergemetzelt und versklavt und der Tempel – das symbolische Zentrum des politischen und religiösen Widerstandes – niedergebrannt. Titus kehrte nach Rom zurück und feierte ein Jahr später gemeinsam mit seinem Vater, dem damaligen Kaiser Vespasian (9–79), den Triumph über Judäa.

Im Durchgang des zehn Jahre später errichteten Titusbogens erinnern zwei gegenüberliegende Reliefs an die bedeutendsten Momente der Siegesfeier: Auf dem Triumphatoren-Relief an der Nordseite erscheint der Protagonist Titus in einem Streitwagen und auf dem hier besprochenen Beute-Relief an der Südseite tragen römische Soldaten die Tempelgeräte aus Jerusalem vorbei. Der Titusbogen ist dabei so ausgerichtet, dass der im Relief dargestellte Triumphzug – ganz wie eine tatsächlich

19

Das zwei Meter hohe, fast vier Meter breite und ursprünglich vielfarbige Relief im Durchgang des Titusbogens auf dem Forum Romanum zeigt Männer, die schwere Lasten tragen. Es handelt sich um Beutestücke aus Jerusalem. Errichtet wurde dieser Triumphbogen im Jahr 81 nach Christus, um nach dessen Tod an den Kaiser Titus zu erinnern, und zwar durch dessen Bruder und Nachfolger Domitian.

durch das Bogenmonument ziehende Prozession – auf das Kapitol zuschreitet, den traditionellen Endpunkt römischer Triumphzüge.

Überliefert ist die Prozession durch den jüdisch-hellenischen Historiker Flavius Josephus (um 37–100), der 67 nach Christus während der jüdischen Aufstände in römische Gefangenschaft kam und schließlich das römische Bürgerrecht erhielt. In seinem zeitgleich mit dem Bau des Titusbogens fertiggestellten Werk *Bellum Iudaicum* schildert er für die römische Oberschicht die Jüdischen Kriege und gibt im siebten Buch des Werks eine detaillierte Beschreibung des Triumphzugs.[2] Nach dem Vorbeitragen von großen Mengen an Gold und Elfenbein und der Präsentation von Tieren und Gefangenen folgen schließlich die spektakulärsten Beuteobjekte des Triumphes:

»Unter allem zeichnete sich das am meisten aus, was man im Tempel von Jerusalem genommen hatte: ein viele Talente schwerer goldener Tisch und ein ebenfalls aus Gold gefertigter Leuchter, in seiner Ausführung aber ganz verschieden von der Art, wie sie bei uns gewohnt ist. Mitten aus dem Sockel ragte nämlich ein Schaft empor, der nach Art des Dreizacks in dünne, nebeneinanderstehende Äste verlief; jeder dieser Äste trug an seiner Spitze eine aus Erz getriebene Lampe. Es waren deren sieben, um die von den Juden der Siebenzahl entgegengebrachte Hochschätzung zu veranschaulichen. Als Abschluss der Beutestücke wurde das Gesetz der Juden vorbeigetragen.«[3]

Die an der linken Seite des Reliefs in die Höhe gehaltene Tafel könnte demnach den zuletzt erwähnten Gegenstand, die Thorarolle, ankündigen. Diese nur indirekte Darstellung der heiligen Schriftrolle rührt wohl daher, dass die Thora – wenn auch religiös bedeutsamer als die Menora und der Schaubrottisch – durch ihren geringeren materiellen Wert deutlich weniger Eindruck macht als die beiden anderen Objekte.[4] Eine Schriftrolle konnte nicht mit dem gleichen spektakulären Effekt in das Tragemotiv der acht Männer integriert werden, die ihre goldene Last nur unter großer körperlicher Anstrengung tragen können. Die Tempelschätze werden schlicht als schwere Goldgegenstände inszeniert. In dieser Hinsicht unterscheidet sie nichts von profanen Beutestücken.

Dennoch spielt ihr symbolischer Wert eine wichtige Rolle: Durch ihre Herkunft aus dem politischen und religiösen Zentrum Jerusalems sind die Gegenstände aus dem Tempel hervorragend dafür geeignet, die Niederschlagung des Aufstands in Judäa zu symbolisieren. Vier Jahre nach dem Triumph, 75 nach Christus, wurden die Beutestücke in Vespasians neu erbautem Friedenstempel ausgestellt, neben »Meisterwerken der Malerei und Bildhauerei [...], für deren Anblick Menschen einst die ganze Welt durchquert haben«⁵. Die Tempelgeräte dienten dabei zur Legitimation der noch jungen flavischen Dynastie, in der Titus und Domitian die Nachfolge ihres Vaters antraten. Beide sind in Josephus' Darstellung des Triumphzuges vertreten und auch in der kleinen, auf der Bogendarstellung im Relief platzierten Figurengruppe zu sehen.⁶ Das Zitat des Triumphs über Judäa in diesem Kontext ist in politischer Hinsicht brisant: Triumphe wurden im antiken Rom nur bei Eroberung einer neuen Provinz abgehalten, Titus jedoch hatte nur einen Aufstand in einer bereits bestehenden Provinz niedergeschlagen. Mit ihrem Triumphzug verstellten die Flavier bewusst den Blick darauf, dass sie durch einen blutigen Bürgerkrieg an die Macht gekommen waren, in dem Vespasian 69 nach Christus über seinen Gegner Vitellius gesiegt hatten.⁷ Die prominente Positionierung der Menora in der Bildmitte des Beute-Reliefs und die Darstellung ihrer triumphalen Ankunft spiegelt diese Transformation der Tempelgeräte in ein Werkzeug politischer Propaganda.

LUCA FREPOLI

1 Östenberg, **Staging the World**, S. 1. ■ 2 Flavius Josephus, **Bellum Iudaicum**, Buch 7, §§ 132–152; Mason, »Josephus' Portrait of the Flavian Triumph in Historical and Literary Context«, S. 130. ■ 3 Flavius Josephus, **Bellum Iudaicum**, Buch 7, §§ 148–150. ■ 4 Östenberg, **Staging the World**, S. 116. ■ 5 Flavius Josephus, **Bellum Iudaicum**, Buch 7, §§ 159–161; Panzram, »Der Jerusalemer Tempel und das Rom der Flavier«, S. 173–178. ■ 6 Pfanner, **Der Titusbogen**, S. 72. ■ 7 Mason, »Josephus' Portrait of the Flavian Triumph in Historical and Literary Context«, S. 131; Schwier, **Tempel und Tempelzerstörung**, S. 317.

STEVE MASON, »Josephus' Portrait of the Flavian Triumph in Historical and Literary Context. Der römische Triumph in Prinzipat und Spätantike«, in: Fabian Goldbeck, Johannes Wienand (Hg.), **Der römische Triumph in Prinzipat und Spätantike**, Berlin, Boston 2017, S. 125–175.
IDA ÖSTENBERG, **Staging the World. Spoils, Captives, and Representations in the Roman Triumphal Procession**, Oxford 2009.
SABINE PANZRAM, »Der Jerusalemer Tempel und das Rom der Flavier«, in: Johannes Hahn (Hg.), **Zerstörungen des Jerusalemer Tempels. Geschehen – Wahrnehmung – Bewältigung**, Tübingen 2002, S. 166–182.
MICHAEL PFANNER, **Der Titusbogen**, Mainz 1983.
HELMUT SCHWIER, **Tempel und Tempelzerstörung. Untersuchung zu den theologischen und ideologischen Faktoren im ersten jüdisch-römischen Krieg (66–74 n. Chr.)**, Freiburg, Schweiz 1989.

ANTHOLOGIE ZU KUNSTRAUB UND KULTURERBE
A Erstes Makkabäerbuch (130–100 v. Chr.): Tempelraub, Aufstand und Herrscherinszenierung.

Caesar triumphiert in der Renaissance
1486–1506

Dicht gedrängt bewegen sich Wagen, Reiter, Träger und die von ihnen transportierten Kunstwerke von rechts nach links durch das Bild. Übergroß ragt die stehende Götterfigur auf dem reich verzierten Wagen. Die Dichte des Triumphzugs, bei dem auf dieser zweiten von neun Leinwänden Skulpturen und Büsten, goldene Figuren und gestapelte Kriegswerkzeuge – etwa ein Rammbock mit Widderkopf zentral am oberen Bildrand – zu sehen sind, wirkt in dem engen Bildfeld überwältigend. Die auf Untersicht komponierten Bilder mussten den Mantuaner Hof, an welchem sie zu bewundern waren, tief beeindrucken. Denn der Künstler Andrea Mantegna (1431–1506) ließ in dieser Bildfolge seit 1486 die Triumphzüge Caesars lebendig werden. Er schuf dieses Werk mit überlebensgroßen Figuren für Francesco II. Gonzaga (1466–1519). Bis zu seinem Tod arbeitete er an den Gemälden, die Francesco als »fast lebend« und »noch atmend« bezeichnete.[1]

Die in goldenen Lettern ausgeführte Inschrift auf der Tafel im Bild benennt die Szene als den Sieg über die Gallier. Mit dem Triumph zelebrierte Caesar (100–44 v. Chr.) im Jahr 46 vor Christus in den Straßen Roms seine Macht, nachdem er den Gallier Vercingetorix (ca. 82 v. Chr. –46 n. Chr.) besiegt hatte. Mehreren literarischen Quellen folgend, bezieht Mantegna sich in seinem Werk vor allem auf die antike Beschreibung Plutarchs und die humanistische Schilderung durch Flavio Biondo (1392–1463) in seinem Werk *Triumphans Roma* (»Das triumphierende Rom«, 1459).[2] Mit seinem Werk wollte Biondo eine verständliche und umfassende Geschichte der römischen Zivilisation vorlegen. Er verfolgte dabei die Idee der Schilderung des Römischen Reichs als eine Hochkultur, wie sie seitdem nicht mehr erreicht wurde. Die militärischen Eroberungen wurden bei ihm zum zivilisatorischen Werkzeug, das die Eroberten unter dem Schutz der ethischen, bürgerlichen und politischen Werte Roms vereinte.[3]

Francesco II. Gonzaga und seine Frau, Isabella d'Este (1474–1539), ließen sich mit Mantegnas Werk einerseits ein Denkmal ihrer politischen Legitimation schaffen, sahen sie sich doch in direkter Nachfolge der mit Caesar beginnenden Geschichte des Römischen Reichs: Durch Friedrich III. von Habsburg (1415–1493), Kaiser des Heiligen Römischen Reichs, wurde ihnen die Lehnsherrschaft über Mantua übertragen.[4] Gleichzeitig zelebrierten sie mit dem Werk das Interesse an humanistischen

→ BILD 19

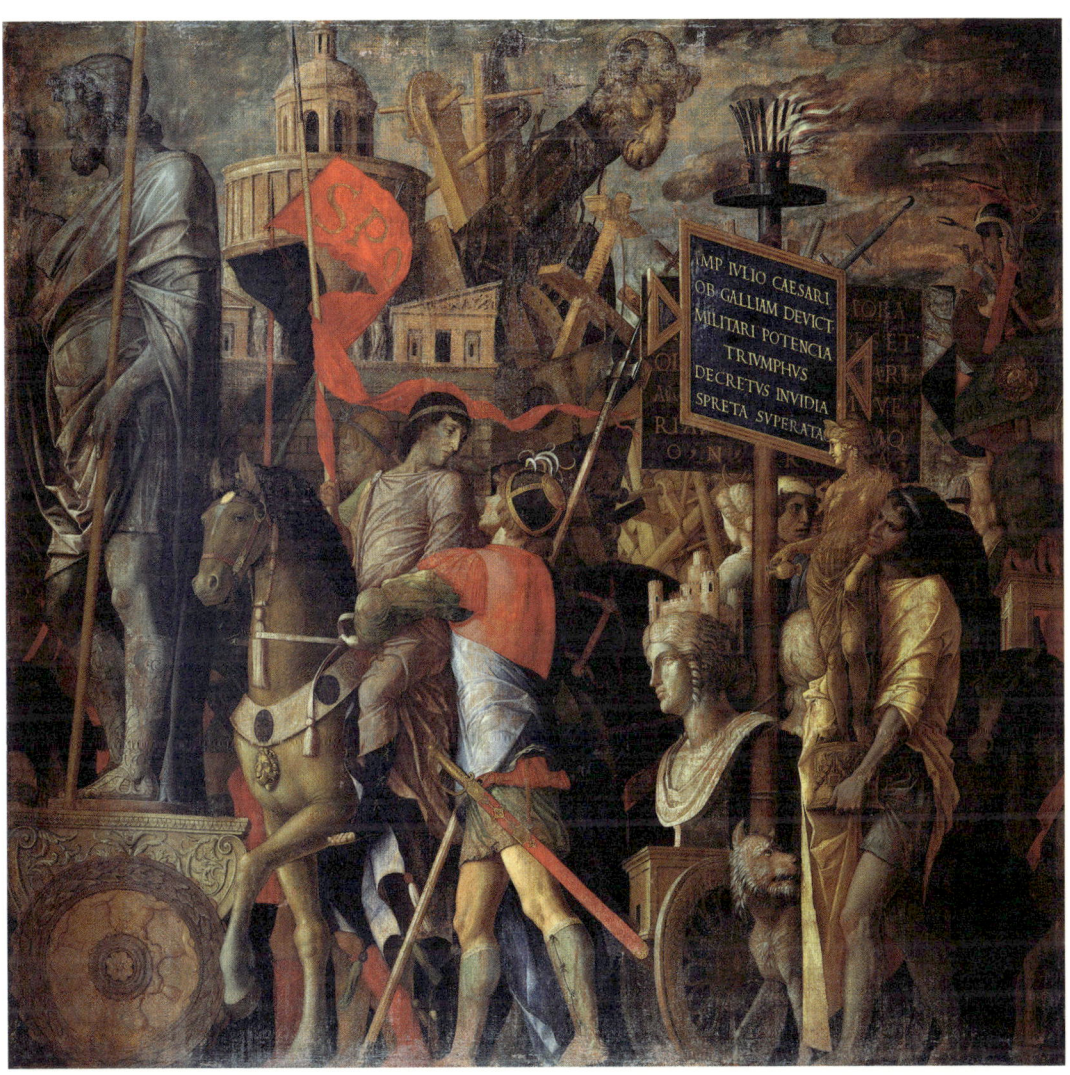

20

Zehn große Leinwände sollte der Bildzyklus zu Caesars Triumph umfassen, neun davon wurden ausgeführt. Andrea Mantegna arbeitete ab 1486 am Hof von Mantua an diesem Werk, das bei seinem Tod unvollendet blieb. Diese zweite Leinwand zeigt Triumphwagen mit Belagerungswaffen und erbeuteten Statuen so lebensecht und voller Details, dass man sich beinahe in der Menge wähnt.

Studien an ihrem Hof. Francesco erfuhr schon früh eine humanistische Bildung. Seine Gemahlin war eine sehr bekannte Sammlerin von Antiquitäten und durch die Antike inspirierten Kunstwerken, die sie oft selbst mit vorgegebener Thematik in Auftrag gab. Der Mantuaner Hof und seine Gäste fanden so in der Betrachtung der Szene die Ansicht der Antike, auf der sie ihre politische Macht und kulturelle Identität aufbauten.

Dabei waren die Kenntnisse der Antike durch literarische Werke, Artefakte wie Inschriften und Münzen, aber vor allem auch Kunstwerke – kurz, der *studia humanitatis* – nicht allein Inhalt der historischen Ausbildung junger Leute. Vielmehr sollten die antiken Figuren als Vorbilder für tugendhaftes Handeln fungieren. Der Triumphzug, der in der Antike vor allem ritualisierte Machtdemonstration war,[A] wurde in der Renaissance zu einer Feier, die zugleich der Präsentation von historischer Kontinuität und der Inszenierung politischer Allegorik diente. Er hatte sich als Tradition christlicher Prozessionen überliefert und nahm seit dem Aufleben der *studia humanitatis* wieder zunehmend antike Züge an. Zuerst in der Literatur, wie in den *Trionfi* (1351) des Petrarca, der Sammlung antiker Quellen von Giovanni Marcanova (1465) oder eben jener Darstellung Flavio Biondos, die Mantegna hier nutzte.[B] In triumphalen Einzügen zum Beispiel Federico da Montefeltros in Florenz (1471), Eleonores von Aragon in Rom (1473) oder Lorenzo de' Medicis (1491) wurden die literarischen Bilder lebendig. Gleichzeitig entstanden Bildwerke, die die Prozession zumeist ins Allegorische übersetzten. Dabei wurde mit großer Freiheit an solche »Triumphe« herangegangen: Weder musste der Anlass für die Umzüge und Feiern unbedingt ein militärischer Sieg sein, noch bezogen sich die künstlerischen Darstellungen immer auf reale Triumphzüge.[5]

Im Wechselspiel der realen Triumphzüge und der gemalten Prozession feiert Mantegna hier seine Kunstfertigkeit, die Geschichte lebendig werden lässt. Dieses Oszillieren zwischen Bild und Realität wurde noch verstärkt, als die Leinwände als Festdekoration genutzt wurden und dafür ihren Platz an der Wand verließen.[6] Zugleich werden die antiken Objekte, die sich zum Beispiel in der Sammlung Isabella d'Estes befanden, zu Spiegelbildern der im Bild als Beute nach Rom gebrachten Werke. Dass auch bei den zumeist zwischen italienischen Stadtrepubliken und Herrschaften ausgetragenen Kriegen Beute genommen wurde, wird an den *Littera Fiorentina* greifbar: Nachdem Florenz 1406 Pisa besiegt hatte, feierte die florentinische Bevölkerung ihren Triumph mit einem Umzug, der unter anderem ein großformatiges Manuskript nach Florenz brachte. Diese in Byzanz im 6. Jahrhundert entstandene

Handschrift enthält das Gesetzbuch des oströmischen Kaisers Justinian I. Erbeutet wurde hier also nicht nur ein wertvolles Buch, sondern gleichzeitig ein Stück antiker Geschichte. Es wurde nach seinem Raub in Florenz im Palazzo della Signoria aufbewahrt und war nur für ausgewähltes Publikum einsehbar.

Im Fall des *Triumph Caesars* handelt es sich wiederum um eine ideelle Aneignung, die antike Objekte abbildet und sie gleichzeitig in den Sammlungen in die zeitgenössische Praxis überführt, nachdem sie bei Ausgrabungen als Artefakte der römischen Vorfahren geborgen wurden. Diese Objekte, die als Zeugen der römischen Vergangenheit neben den literarischen Überlieferungen stehen, werden in den Sammlungen der Renaissance zu Verbindungen zur Geschichte und die Zeit überdauernden Zeugen der militärischen Erfolge der römischen Vorfahren. Der Triumphzug Mantegnas ist ein Zeugnis des wiedererweckten Interesses an der Zurschaustellung des militärischen und politischen Erfolgs, der jedoch mit Vorstellungen von tugendhaftem Handeln und gerechter Herrschaft einhergeht.

PHILIPPA SISSIS

1 Arlt, **Andrea Mantegna**, S. 33. ■ **2** Halliday, »The Literary Sources of Mantegna's ›Triumphs of Caesar««, S. 342. ■ **3** Biondo, **Rome in Triumph**, S. ix. ■ **4** Arlt, **Andrea Mantegna**, S. 14. ■ **5** Pochat, **Theater und Bildende Kunst**, S. 168. ■ **6** Arlt, **Andrea Mantegna**, S. 34.

THOMAS ARLT, **Andrea Mantegna – Triumph Caesars. Ein Meisterwerk der Renaissance in neuem Licht**, Wien u. a. 2005.
FLAVIO BIONDO, **Rome in Triumph**, Bd. 1, Cambridge, Mass., London 2016.
ANTHONY HALLIDAY, »The Literary Sources of Mantegna's ›Triumphs of Caesar««, in: **Annali della Scuola Normale Superiore di Pisa. Classe di Lettere e Filosofia** 24 (1994), S. 337–396.
GÖTZ POCHAT, **Theater und Bildende Kunst im Mittelalter und in der Renaissance in Italien**, Graz 1990.
SARAH VOWLES, CAROLINE CAMPBELL, »Mantegna, Bellini und die Antike«, in: Caroline Campbell, Dagmar Korbacher, Neville Rowley, Sarah Vowles (Hg.), **Mantegna und Bellini. Meister der Renaissance** (Ausst.-Kat. London, National Gallery, Berlin, Gemäldegalerie), München 2019, S. 232–248.

ANTHOLOGIE ZU KUNSTRAUB UND KULTURERBE
A Polybios (um 150 v. Chr.): **Eine Handreichung des Besiegten für den Sieger.** ■ **B** Petrarca (1366): **Vom tugendhaften Triumphieren.**

Kunstraub auf Vasenbauch

1813

Auf den Bauch einer Vase gemalt, scheint sich der Triumphzug, den Antoine Béranger (1785–1867) hier geschaffen hat, unendlich fortzusetzen: Junge Männer in zeitgenössischer Kleidung, Soldaten in der blauen Uniform der französischen Truppen
und französische Husaren mit den typischen hohen Fellmützen tragen und ziehen
Kunstwerke, führen die Pferde, die ihrerseits Skulpturen und Manuskripte transportieren. Schnell werden inmitten des Triumphzuges einige der bekanntesten Werke
aus den italienischen Sammlungen erkennbar: Vor allem antike Skulpturen – der mit
Schlangen ringende *Laokoon*, der *Apoll vom Belvedere* oder die *Venus Medici*. Das Ziel
des Umzugs ist das Museum, wie aus dem kleinen Schriftzug an der Mauer deutlich
wird. Der Künstler stellt hier den Triumphzug konfiszierter Kulturgüter dar, der 1798
in Paris als feierliche Prozession durch die Stadt stattfand. Dabei wird die Vase zu
einem Objekt, in dem gleich mehrere Momente der Geschichte des französischen
Kunstraubs zwischen 1794 und 1815 greifbar werden.

   Die Vase wurde 1810 von Napoleon I. (Bonaparte, 1769–1821) in Auftrag gegeben – als Darstellung seiner militärischen Erfolge, mit denen er sich zum Förderer
der Künste machen lassen wollte. Zu diesem Zweck wurde als Thema der triumphale
Einzug 1798 in Paris gewählt. Nach ersten Beschlagnahmungen in besetzten flämischen und deutschen Gebieten im Jahr 1794[1] wurden schnell weitere Objekte als für   → BILD 4
die Pariser Sammlung interessant hervorgehoben. Natürlich stellten die Antiken in
Italien, die dort bereits seit der Renaissance das Ziel vieler Reisender und Künstler
waren, besonders begehrenswerte Werke dar. Durch die *Grand Tour* – eine Bildungs-
reise junger, meist männlicher Adliger zu bedeutenden Kulturstätten Europas – und
eine zunehmende Zahl von Reiseberichten waren diese Werke weit bekannt und
für die künstlerische Ausbildung grundlegend. Es verwundert nicht, dass der Priester und Revolutionspolitiker Henri Grégoire (1750–1831) schon im Dezember 1794
die antiken Werke in Rom für das Pariser Museum ins Auge fasste: »Sobald unsere siegreichen Truppen in Italien einmarschieren, wären die Mitnahme des *Apoll
vom Belvedere* und des Herkules Farnese die herausragendste Eroberung.«[2·A] In den
Jahren 1796 und 1797 gelang es Bonaparte als Oberbefehlshaber des französischen
Italienfeldzugs, diesen Wunsch in die Tat umzusetzen. Der Vertrag von Tolentino,
den er am 19. Februar 1797 mit der römischen Kurie unterschrieb, gewährte dem

21

Diese 120 Zentimeter hohe, zum Teil vergoldete Vase aus Hartporzellan, deren Form sich an etruskischen Vorbildern orientiert, versah Antoine Béranger im Jahr 1813 mit einer überaus detaillierten Malerei. Sie erinnert an den Triumphzug konfiszierter Kulturgüter aus Italien, der 1798 in Paris abgehalten wurde.

General und seiner sogenannten Kunstkommission freie Hand bei der Auswahl und Wegnahme von Kunstschätzen aus dem Vatikan. Er ergänzte damit die bereits im restlichen Italien mitgenommenen Werke, die überwiegend aus Renaissance und Barock stammten, wie die ebenfalls auf der Vase abgebildete *Transfiguration* von Raffael.[B] In Rom wartete die herausragende Antikensammlung im Skulpturenhof, → BILD 85 dem sogenannten Cortile del Belvedere. Zu den beschlagnahmten Statuen gehörten der *Apoll vom Belvedere* und die *Laokoon*-Gruppe, der *Torso vom Belvedere*, die *Schla-* → BILD 22 *fende Ariadne* und die *Venus Colonna* – Werke der römischen Antike, die bei Ausgrabungen der späten Renaissance im Umkreis von Rom gefunden worden und seit dem 16. Jahrhundert im Hof des Belvedere ausgestellt waren.[3] Seitdem versuchten Künstlerinnen und Künstler sowie Amateure durch sie ihre Verwurzelung in der Antike zu verbildlichen: Als Medien künstlerischer und kultureller Verbundenheit mit der Antike wurden sie zu europäischem Kulturgut gemacht. Daran anknüpfend bedienten sich die französischen Revolutionäre in den Jahren 1794 bis 1798 einer antikisch inspirierten Freiheitsidee, um die Legitimität der Übernahme des Besitzes bisher in Italien aufbewahrter Kunstwerke zu belegen, wie sich in dem Triumphzug ausdrückte, der als ein »Fest der Befreiung der Künste« gefeiert wurde.[C]

Diese Logik änderte sich jedoch fünfzehn Jahre nach den ersten Beschlagnahmungskampagnen der Französischen Revolution zugunsten einer öffentlichkeitswirksameren, institutionellen Form der Legitimation: Das öffentliche Universalmuseum nahm Gestalt an. Der eklatante und internationale Erfolg des Musée Napoléon im Louvre, das im ersten Jahrzehnt des 19. Jahrhunderts sowohl Gelehrte als auch ein breites europäisches Publikum überzeugte, sorgte dafür, dass selbst die erbittertsten Gegner der französischen Aneignungspolitik sich besänftigten: Es war der Triumph des Museums der Aufklärung, wie sich auch in der Dreiteilung des Triumphzugs zeigte, in dem auf Objekte der Naturgeschichte Manuskripte und Bücher folgten und zuletzt die Kunstwerke.[4]

Die Prunkvase veranschaulicht den bildsemantischen Wandel deutlich. Sie erinnert an die Ankunft der Meisterwerke aus Italien – die Ikonen der Antikenrezeption ziehen auf niedrigen offenen Wagen an sichtlich bewegten, bürgerlich gekleideten Schaulustigen vorbei. Gleichzeitig ist die bildliche Anlehnung an das Beuterelief des Titusbogens unverkennbar, bis auf ein wesentliches Detail: Während der anti- → BILD 19 ke Zug durch einen von Pferden bekrönten Triumphbogen führte, durchschreiten die modernen Kunstentführer das mit der Inschrift »Musée« gekennzeichnete Tor. Deutlicher lässt sich der Sieg der jungen Institution nicht schildern. Die *translatio imperii* – eine von Napoleon geschickt zur Legitimation der eigenen Macht genutzte Geschichtspraxis, der zufolge sich der Machtanspruch eines Reiches auf das folgende überträgt – erfolgte zugunsten der allgemeinen bürgerlichen Öffentlichkeit, nicht nur politisch, sondern auch künstlerisch und kulturell.[5]

Dabei konnte die Vase ihre bildpolitische Wirkung nie wie von Napoleon gewünscht entfalten: Sie wurde erst 1814 fertiggestellt und war im Umbruch, der mit der Niederlage Napoleons einherging, von Zerstörung bedroht. Aufgrund ihrer Qualität und der Ästhetik der Ausführung der an etruskischen Vorbildern orientierten Vase akzeptierte Ludwig XVIII. (1755–1824) jedoch die vom Direktor der Porzellanmanufaktur vorgeschlagenen Anpassungen: Das »Musée Napoléon« des Entwurfs wurde zum »Musée«. Das Porträt Napoleons I. auf dem Henkel wurde durch das Profil Franz' I. (1494–1547) ersetzt, eines französischen Königs, der die Künste und Wissenschaft in der Renaissance gefördert hatte.

PHILIPPA SISSIS

1 Bresc-Bautier / Mardus, »L'accroissement des collections«, S. 604 f.; Savoy, »Kunstraub«, S. 74 f. ■ 2 Grégoire, **Rapport sur les destructions opérées par le vandalisme**, S. 27 (Ü: Philippa Sissis). ■ 3 Bresc-Bautier / Mardus, »L'accroissement des collections«, S. 609. ■ 4 Mainardi, »Assuring the Empire of the Future«, S. 156. ■ 5 Savoy, »Kunstraub«; Mainardi, »Assuring the Empire of the Future«, S. 155.

GENEVIÈVE BRESC-BAUTIER, FRANÇOISE MARDUS, »L'accroissement des collections. Les saisies des armées de la République à l'étranger«, in: Geneviève Bresc-Bautier, Guillaume Fonkenell (Hg.). **Histoire du Louvre**, Bd. 1, Paris 2016, S. 604–610.
NICOLAS COURTIN, »Le trésor des conquêtes impériales«, in: **Histoire par l'image**, {www. histoire-image.org/de/etudes/tresor-conquetes-imperiales}, letzter Zugriff 10. 11. 2020.
HENRI GRÉGOIRE, **Rapport sur les destructions opérées par le vandalisme, et sur les moyens de le réprimer. Séance du 14 fructidor, l'an second de la République une et indivisible**, Paris 1794.
PATRICIA MAINARDI, »Assuring the Empire of the Future. The 1798 Fête de la Liberté«, in: **Art Journal** 48 (1989), S. 155–163.
BÉNÉDICTE SAVOY, »Kunstraub«. In: Uwe Fleckner, Martin Warnke, Hendrik Ziegler (Hg.), **Handbuch der politischen Ikonographie**, Bd. 2, München 2011, S. 73–78.

ANTHOLOGIE ZU KUNSTRAUB UND KULTURERBE
A Barbier (1794): **Die Entführung von Kunstschätzen als zivilisatorischer Akt.** ■ B Vogel (1797): **Debattenbeiträge und Kriegsereignisse.** ■ C Heydenreich (1798): **Kulturgutraub als Entwicklungshemmnis für Kunst und Wissenschaft.**

Der *Torso* zwischen Kunst und Politik
1799

Nicht als Triumphzug zeigt Charles Norry (1756–1832) in seiner Architekturvedute der Cour Carrée die historische Verlagerung des *Torso vom Belvedere* ins Musée Central des Arts, so der offizielle Name des heutigen Musée du Louvre bis zu seiner Umbenennung in Musée Napoléon 1803.[A] In der perspektivischen Darstellung zweier Flügel des Louvre mit detailreicher Wiedergabe der architektonischen Gestaltung erkennen wir bei konzentrierterem Hinsehen die in der Staffage versteckte Szene vorne links: Auf einfachen Rollen wird der *Torso* von fünf Personen gezogen beziehungsweise geschoben. Beobachtet werden sie dabei von zwei weiteren Staffagefiguren. Die Ankunft des Torsos wird Teil einer komplexen Bildargumentation: Einerseits wird mit dem Eintreffen des antiken Kunstwerks aus Rom die Idee der *translatio imperii* angesprochen, dem vom politischen Apparat Napoleons geschickt argumentierten Übergang der Vorherrschaft in Europa von Rom nach Paris. Dabei verkörperte »die Kunst eine doppelte Autorität [...]; durch die Wirkmacht dieser Objekte wurden beide Roms symbolisch nach Paris verlagert«.[1] Für Napoleon I. (Bonaparte, 1769–1821) wird der *Torso* zur Trophäe und zum Wirkobjekt des Imperiums. In der Darstellung von Telegrafenmasten auf den Dächern des Louvre wird zudem der technische Fortschritt dieses neuen Machtzentrums am Beginn des 19. Jahrhunderts thematisiert.

Der gelernte Architekt und Zeichner Charles Norry hat bereits den üblichen Studienaufenthalt in Rom absolviert, als er 1798 die Truppen Bonapartes auf ihrem Ägyptenfeldzug begleitet. 1799 muss er die Reise aufgrund gesundheitlicher Probleme abbrechen und kehrt nach Paris zurück. In *Relation de l'expédition d'Égypte* (1798/99) berichtet er von seinen Erfahrungen während der Expedition, die er auch in zahlreichen, vor Ort gefertigten Zeichnungen visuell verarbeitet. Seine Beteiligung an der jährlich stattfindenden Ausstellung des Pariser Salon, zu der er zwei Architekturentwürfe einreicht, greift den Ägyptenaufenthalt erneut auf: Sein Vorschlag, die von den Römern gefertigte Pompeiussäule (297/98 n. Chr.) in Alexandria in ein Siegesmal der Eroberung durch Napoleon umzugestalten, zeigt die Verschränkung von künstlerischen und politischen Elementen in seiner Arbeit.

Auch die Zeichnung der Cour Carrée bezeugt Norrys Vermögen, sein Interesse für Kunst und Architektur und politische Ideen geschickt zu verweben. Das Blatt

22

Die von Charles Norry im Jahr 1799 mit Bleistift, Tusche und Aquarell gefertigte kreisrunde Zeichnung **Vue de L'intérieur du Louvre d'après nature l'an 4eme** (Blick auf das Innere des Louvre nach der Wirklichkeit im vierten Jahr [Anm.: des französichen Revolutionskalenders]) geriert sich, ihrem Titel folgend, als maßstabsgetreue Architekturwiedergabe. Doch in der Staffage des Blattes können wir die imaginierte Ankunft des **Torso vom Belvedere** in der Cour Carrée des Musée Napoléon beobachten.

steht exemplarisch für die im 18. Jahrhundert zunehmend beliebtere Bildgattung von detaillierten Architekturbildern. Es muss darüber hinaus als allegorische Darstellung der politischen Neuordnung Frankreichs in der Ersten Französischen Republik gelesen werden. Der Louvre, in dem 1793 das erste öffentliche Museum eröffnet wurde, löst hier als Ausstellungsort der ankommenden Kunstwerke den Triumphzug als künstlerischen und politischen Repräsentationsraum ab.

Die Dauerausstellung des Antikensaals im Musée Central des Arts im Louvre eröffnete erst am 9. November 1800, doch bereits vorher wurden regelmäßig die neu ankommenden Werke ausgestellt: 1798 zum Beispiel Werke aus der Lombardei, Venedig und Rom, und im Laufe des Jahres 1800 Werke aus Florenz und Turin.[2] Der Innenhof des Museums zeigt in der Zeichnung Norrys ein ebenso neues – und noch nicht vollständig realisiertes, vom Künstler hier also nur imaginiertes – Gesicht wie die Sammlungen des Museums durch die Integration der europäischen Beute. Denn der etappenweise Ausbau des Palastes und die Entfernung von älteren Bauwerken in der Cour Carrée, die den hier so beeindruckend dargestellten Platz erst entstehen ließen, war im Jahr 1799 noch nicht abgeschlossen.[3] Die Arbeiten schritten mit der Veränderung der Natur des Bauensembles selbst voran, das von einer königlichen Residenz zum »Louvre des Arts«, einem künstlerischen und kulturellen Zentrum wurde. Diese Pläne wurden bereits seit der Herrschaft Heinrichs IV. (1553–1610) verfolgt, der den Palast zunehmend zum Zentrum der Sammlungen machen wollte, genauso wie zum Standort der Akademien und der zeitgenössischen Kunstproduktion – zum Beispiel durch Künstlerateliers und Ausstellungen zeitgenössischer Kunst im Salon Carré. Die Ateliers wurden ausgewählten Künstlern im Dienst des Hofes, später der Nation, zur Verfügung gestellt. Mit dem Blick aus dem Fenster des Louvre macht Norry hier also auch die Position und daraus resultierend die Perspektive des Künstlers deutlich. Gleichzeitig funktioniert diese Perspektive gerade in der Entstehungszeit der Zeichnung nicht ohne politische Komponente. Denn die Cour Carrée wird durch ihre geplante, aber erst 1801 und damit bereits unter der Herrschaft Napoleons vollständig realisierte Weite zum Platz des Volkes, zu einem Ort dieser neuen Ordnung. Diese wiederum bedient sich nicht nur künstlerisch neuester Technologien und führt so zum Erfolg der militärischen Unternehmungen. Entsprechend ist die Erfindung des Flügeltelegrafen durch Claude Chappe (1763–1805) untrennbar mit der Französischen Revolution verbunden. Um die Einheit der Republik zu gewährleisten, bedurfte es eines schnellen Informationssystems:[4] Der Telegrafenmast auf dem Dach des Louvre wird so zum Sinnbild des technischen Fortschritts und repräsentiert die Aufbruchsstimmung der Wende zum 19. Jahrhundert. Im rechten Bildhintergrund thront ein Freiheitsbaum mit Phrygischer Mütze auf dem Dach, ein ursprünglich römisches Symbol der Befreiung aus der Versklavung, das als Sinnbild der Befreiung in der Französischen Revolution galt.

Der durch den Künstler bereinigte Blick auf eine bis ins Detail genau dargestellte Fassade, die den weiten und nur mit Rasenflächen gestalteten Hof rahmt, die Installationen auf dem Dach, von den Figuren im Hof bewundert, und die fast beiläufige Ankunft des *Torso vom Belvedere* werden hier zur Allegorie eines Aufbruchs. In seinen Dienst treten auch Kunst und Technik: Der gigantische Telegraf versinnbildlicht die strategische Überlegenheit, der Friedensbaum repräsentiert die einende politische Macht, und der *Torso* steht für den kulturellen Reichtum und die wissenschaftliche Vormachtstellung der Republik. Das kreisrunde Format bündelt diese Elemente dabei einerseits und unterstreicht zugleich das Selbstverständnis des napoleonischen Frankreichs als universelle Supermacht.

ALEXANDER OSTOJSKI UND PHILIPPA SISSIS

1 Mainardi, »Assuring the Empire of the Future«, S. 155 (Ü: Philippa Sissis). ▪ 2 Mainardi, »Assuring the Empire of the Future«, S. 159. ▪ 3 Babelon, »La Cour Carrée du Louvre«, S. 50. ▪ 4 Charbon, »Die Entstehung des Telegrafennetzes in Frankreich«.

JEAN-PIERRE BABELON, »La Cour Carrée du Louvre. Les tentatives des siècles pour maîtriser un espace urbain mal défini«, in: Bulletin Monumental 142 (1984), S. 41–81, {doi.org/10.3406/bulmo.1984.6312}, letzter Zugriff 11. 11. 2020.

PAUL CHARBON, »Die Entstehung des Telegrafennetzes in Frankreich«, in: Klaus Beyrer, Birgit-Susann Mathis (Hg.), So weit das Auge reicht. Die Geschichte der optischen Telegrafie, Karlsruhe 1995, S. 29–54.

PATRICIA MAINARDI, »Assuring the Empire of the Future. The 1798 Fête de la Liberté«, in: Art Journal 48 (1989), S. 155–163.

CHRISTIANE SALGE, »Von der Perspektivstudie zum Architekturbild. Friedrich Gilly und die Architekturzeichnung um 1800«, in: Monika Melters, Christoph Wagner (Hg.), Die Quadratur des Raumes. Bildmedien der Architektur in Neuzeit und Moderne, Berlin 2017, S. 130–157.

ANTHOLOGIE ZU KUNSTRAUB UND KULTURERBE
A Vogel (1797): Debattenbeiträge und Kriegsereignisse.

Versetzung in ein neues Zeitalter
1586

Gleich fünffach ist der vatikanische Obelisk in diesem Bild dargestellt, das nicht die tonnenschwere Steinnadel selbst, sondern deren Niederlegung, Transport und Wiederaufrichtung zum Gegenstand hat. Anschaulich wird das Verfahren präsentiert, durch das der Ingenieur Domenico Fontana (1543–1607) zwischen April und September 1586 das erste Mal seit der Antike einen Obelisken in Rom aufrichtete. Mit der hier festgehaltenen Feier dieser technischen Meisterleistung weist das Bild der Ortsbewegung eine zentrale Rolle in der neuzeitlichen Aneignung des antiken Monuments zu.[1]

Der Anwesenheit des Obelisken in Rom war schon in der Antike ein Verlagerungs- und Aneignungsprozess vorangegangen. Nachdem infolge der Schlacht bei Actium im Jahr 31 vor Christus Ägypten als Provinz unter römische Herrschaft gefallen war, ließen verschiedene römische Kaiser insgesamt acht altägyptische Obelisken unterschiedlicher Größe nach Rom verschiffen. Während die Obelisken in Ägypten dem Sonnengott und dem herrschenden Pharao geweiht waren, dienten sie in Rom zum Teil als Grabmonumente, meistens aber als Dekorationselement auf öffentlichen Plätzen oder in den *Circus* genannten Arenen der jeweiligen Kaiser, die Austragungsorte für Wagenrennen und Gladiatorenkämpfe waren. Im Falle des vatikanischen Obelisken war das der *Circus* des Caligula (12–41 n. Chr.) und Nero (37 n. Chr. – 68 n. Chr.) auf dem Vatikanischen Feld.

Als Caligula den vatikanischen Obelisken 38 nach Christus von Alexandria nach Rom brachte, entfernte er ihn bereits aus einem römischen Kontext. Denn Octavian, der spätere Kaiser Augustus (63 v. Chr. – 13 n. Chr.), hatte ihn 70 Jahre zuvor durch einen Statthalter ebendort aufstellen lassen. Auf diesen römischen Ursprung geht die Besonderheit des vatikanischen Obelisken zurück: Im Vergleich zu den anderen altägyptischen Monumenten hat er eine glatte Oberfläche und weist keine Hieroglyphen auf. Als einziger unter den römischen Obelisken überdauerte der vatikanische Obelisk stehend den Zerfall des Römischen Reiches und das Mittelalter und befand sich zum Ende des 16. Jahrhunderts an der Südflanke des im Umbau befindlichen Petersdoms.

Überlegungen zur Versetzung des Obelisken aus diesem städtebaulichen Abseits an eine prominente Stelle gab es schon seit der Mitte des 15. Jahrhunderts.[2] Realisiert wurde der Plan aber erst unter Papst Sixtus V. (1521–1590), der 1585 einen

23

Der dreiteilige Stich zeigt die Niederlegung, den Transport und die Wiederaufrichtung des vatikanischen Obelisken. Er wurde 1586 nach einer Zeichnung von Giovanni Guerra gestochen und auf drei zusammengesetzten Einzelblättern von Natale Bonifacio gedruckt. Technisches Verständnis war häufig eine Grundvoraussetzung von Translokationen – der hier bewegte Obelisk wog immerhin 345 Tonnen.

Wettbewerb ausschrieb, um den Obelisken auf den neu zu gestaltenden Petersplatz zu bringen. Der Sieger des Wettbewerbs, Domenico Fontana, schlug – im Gegensatz zu vielen seiner Mitbewerber – statt eines stehenden einen liegenden Transport vor. Für die Durchführung konstruierte Fontana ein gewaltiges Holzgerüst, an dem die fast 345 Tonnen wiegende Steinsäule mittels Seilzügen durch 140 Pferde und 800 Männer niedergelegt und wiederaufgerichtet wurde. Der Transport erfolgte mit einem Schlitten über einen dafür aufgeschütteten Damm, der den Höhenunterschied zwischen den beiden Aufstellungsorten ausglich.[3]

→ BILD 15

Noch vor der Wiederaufrichtung des Obelisken publizierte Bartolomeo Grassi (um 1553– nach 1595) 1586 diesen von Natale Bonifacio (1537–1592) nach einer Zeichnung von Giovanni Guerra (1544–1618) angefertigten Stich.[4] Das Format richtet sich dabei nicht nach der Höhe des Obelisken, sondern bringt die bei dem Transport zurückgelegte Strecke zur Geltung. Der Transportschlitten rückt als Symbol der Ortsveränderung in den Vordergrund. Neben den drei Darstellungen des Gerüsts – zentral ist dessen kreuzförmiger Grundriss eingefügt – befinden sich Texttafeln, von denen die äußeren beiden technische Angaben enthalten und die mittlere die antike Geschichte des Obelisken erzählt. Der zweifach dargestellte, am Ursprungs- und Zielort stehende Obelisk rahmt den Bewegungsprozess und verweist damit auf die Zeiträume, in denen der Obelisk scheinbar unverrückbar an seinem Platz stand beziehungsweise stehen wird. Die Bewegung des Obelisken wird zu einer Zäsur, aber auch zu einem Verbindungsglied zwischen der heidnischen Antike und der christlichen Neuzeit.

Das Gerüst erwies sich nicht nur als zielführend, sondern auch als wiederverwendbar, sodass Fontana damit bis 1589 drei weitere Obelisken in Rom für Sixtus V. aufrichtete. In technikgeschichtlicher Hinsicht kann das Ereignis damit als Ausdruck der Ebenbürtigkeit mit der Antike verstanden werden, war doch das erste Mal seit damals eine derartig schwere Last bewegt worden. Allein der Akt der Aufrichtung stellt den Papst, dessen Wappen in der Mitte des Stiches über den Bewegungsvorgang wacht, als Herrscher Roms in die Tradition der römischen Kaiser. Ein aufgerichteter Obelisk bezeugt schon *per se* die physische Kraft, die der Herrscher zu mobilisieren imstande war, und verweist damit auf die dafür vorausgesetzte politische Macht.

→ BILD 11

Während der technikgeschichtliche und politische Aspekt noch als Referenz und gelungenes Aneinandermessen gedacht werden kann, triumphiert die Neuzeit in religiöser Hinsicht klar über die Antike. An der linken Seite des Blattes ist der Obelisk noch mit einer dornenbekrönten Bronzekugel dargestellt, die einer bis ins 16. Jahrhundert verbreiteten Legende zufolge die Asche Julius Caesars (100 v. Chr. –

44 v. Chr.) enthalten haben soll. Nach archäologischen Erkenntnissen war die Kugel aber der Verwendung der Obelisken als Zeiger monumentaler Sonnenuhren geschuldet.[5] Auch aufgrund einer anderen Überlieferung war der vatikanische Obelisk wesentlich mit dem Heidentum verbunden: So soll der Apostel Petrus im Jahr 64 oder 67 n. Chr. im *Circus* des Caligula und Nero unmittelbar unter dem Obelisken hingerichtet worden sein. Wie an der rechten Bildseite zu sehen, wurde die Kugel jedoch bei der Wiederaufrichtung durch ein Kreuz ersetzt.[A] Bevor der Obelisk, wie Domenico Fontana in seinem 1590 erschienenen Buch *Della trasportatione dell'Obelisco Vaticano* erklärt, zu einem »Sockel für das Kreuz« werden konnte, wurde er einem komplexen exorzistischen Ritual unterzogen, in dem das heidnische Monument geweiht, beweihräuchert und mit Weihwasser besprenkelt wurde. Auf dem Sockel des Obelisken zeugen davon die auf zwei Seiten angebrachten exorzistischen Formeln. Der vorliegende Stich macht die technisch gemeisterte Bewegung des Obelisken zur Voraussetzung für diese christliche Aneignung.[6]

LUCA FREPOLI

1 Biermann, »Ortswechsel«, 135 f. ■ **2** D'Onofrio, Gli obelischi di Roma, S. 137–141. ■ **3** Biermann, »Ortswechsel«, S. 124–131. ■ **4** Parma Armani, »Trasporto dell'Obelisco di Piazza San Pietro«. ■ **5** D'Onofrio, Gli obelischi di Roma, S. 99 f. ■ **6** Biermann, »Ortswechsel«, S. 152; Stephan, »»Ecce signum crucis««; D'Onofrio, Gli obelischi di Roma, S. 178–184.

VERONICA BIERMANN, »Ortswechsel. Überlegungen zur Bedeutung der Bewegung schwerer Lasten für die Wirkung und Rezeption monumentaler Architektur am Beispiel des Vatikanischen Obelisken«, in: Stefan Altekamp, Carmen Marcks-Jacobs, Peter Seiler (Hg.), **Spoliierung und Transposition**, Berlin, Boston 2013, S. 123–156.
DOMENICO FONTANA, **Della trasportatione dell'Obelisco Vaticano et delle fabbriche di nostro Signore Papa Pio V.**, Rom 1590.
CESARE D'ONOFRIO, **Gli obelischi di Roma. Storia e urbanistica di una città dall'età antica al XX secolo**, Rom 1992.
ELENA PARMA ARMANI, »Trasporto dell'Obelisco di Piazza San Pietro«, in: Enrichetta Cecchi Gattolin (Hg.), **Libri di immagini, disegni e incisioni di Giovanni Guerra (Modena 1544 – Roma 1618)**, Modena 1978, S. 85 f.
PETER STEPHAN, »»Ecce signum crucis‹. Die Versetzung des Vatikanischen Obelisken als Exorzismus«, in: Daria Dittmeyer-Hössl, Jeanette Hommers, Sonja Windmüller (Hg.), **Verrückt, Verrutscht, Versetzt. Zur Verschiebung von Gegenständen, Körpern und Orten**, Berlin 2015, S. 248–274.

ANTHOLOGIE ZU KUNSTRAUB UND KULTURERBE
A De Maillet (1735): (K)eine Ehrensäule für den König.

Die Schwelle zum British Museum meistern
1852

Am Samstag, den 28. Februar 1852 veröffentlichte das britische Magazin *The Illustrated London News* eine Abbildung, die den Moment der Ankunft eines geflügelten Löwen am British Museum in London zeigt. Der Holzstich greift die letzte Hürde des Löwen vor der endgültigen Aufstellung im Museum auf: eine 14-stufige Treppe. Um diese zu überwinden und später nicht noch einmal gewendet werden zu müssen, wird die Skulptur nach ihrer Ankunft im Vorhof des Museums rückwärts auf ein Holzpodest verladen. In dieser Position ziehen schließlich Arbeiter vor den Augen von Museumsoffiziellen mittels eines Flaschenzugs den geflügelten Löwen über eine auf die Treppe gelegte schiefe Ebene und durch das Eingangsportal ins Museum.

Der Artikel zur Abbildung verweist auf den Wert des antiken Objekts für die Sammlung des British Museum: »Unter den jüngst eingetroffenen Stücken aus Nimrud ist das beeindruckendste und wichtigste der monumentale Löwe, dessen Gewicht mehr als zehn Tonnen beträgt. Er war einst der Hüter eines Seitentors und wird im British Museum, im den Skulpturen aus Ninive gewidmeten Saal, dieselbe Position einnehmen.«[1] Neben der Bedeutung des Löwen als eines der »beeindruckendsten und wichtigsten« Objekte aus Nimrud, das dessen Entdecker Austen Henry Layard (1817–1894) zunächst für Ninive hielt, verweist das Magazin auch auf seine – vergangene und künftige – Funktion. Der Löwe war Teil eines Skulpturenpaars, das den Eingangsbereich des Thronsaals des assyrischen Königs Assurnasirpal II. (Aššur-nâṣir-apli II., reg. 883–859 v. Chr.) bewachte, und sollte in ähnlicher Art zur Aufstellung im Museum kommen.

Die Ankunft des Löwen ist Teil einer Reihe von Transporten, die durch den britischen Abenteurer Layard von Nimrud nach London organisiert wurden. Verbreitung → BILD 1, 18 fanden die Verschiffungen und Ankünfte der antiken Objekte, Skulpturen und architektonischen Fragmente nicht nur durch zahlreiche Artikel in der Presse, sondern auch durch Bücher, Dioramen, Panoramen und sogar Theateraufführungen wie etwa der Inszenierung von Lord Byrons (1788–1824) *Sardanapalus* durch Charles Kean (1811–1868) im Jahr 1853.[2] Die Ausgrabungen Layards wurden also medial detailliert verfolgt und der britischen Öffentlichkeit präsentiert. Insbesondere die *Illustrated London News* griff das Schicksal der Funde von ihrer Entdeckung bis zur Aufstellung im British Museum in zahlreichen Artikeln auf.

24

Im Februar 1852 erreicht die antike Skulptur eines geflügelten Löwen das British Museum in London.
Zur Veranschaulichung des schwierigen Transports von der Ausgrabungsstätte in Mesopotamien
bis ins Museum nach London druckte das Magazin **The Illustrated London News** am 28. Februar 1852
diese Abbildung über die Ankunft des Löwen am Museum, die nichts weniger als einen Triumph
durch Technik illustrieren soll.

Zwei Jahre vor der Ankunft in London hatte Layard am Abend des 28. Januar 1850 den Fundplatz des geflügelten Löwen in Nimrud aufgesucht. Über die letzte Nacht des Löwen in Mesopotamien berichtete er: »Die Nacht war wolkenlos und der Mond war voll. Tiefe Schatten wurden von den Seiten der Gräben auf den Unterteil der Statuen geworfen, die im dämmerigen Licht verschwanden. Ihre Köpfe waren vollständig in das Licht des Mondes getaucht. Nach Jahrhunderten der Ruhe war dies die letzte Nacht, die das Paar zusammen an seinem angestammten Platz verbringen würde.«[3] Nachdem Layard bereits am 9. November 1845 seine Ausgrabungen begonnen und seine Arbeiter im März 1846 die Skulpturen entdeckt hatten, schien er den Abschied der Skulpturen von ihrem ursprünglichen Fundplatz zu zelebrieren. Der Abtransport verzögerte sich wegen finanzieller und logistischer Schwierigkeiten. Am 21. April 1846 schrieb Layard seinem Finanzier, dem britischen Botschafter in Istanbul, Stratford Canning (1786–1880): »Ihre Exzellenz wird sich an das große Interesse erinnern, das durch Nimrud geweckt wurde. Deshalb wäre es in der Tat ein großer Verlust, würde die britische Regierung ablehnen, alles Nötige zu unternehmen, um zusätzliches Material in die gelehrten Hände Europas zu bringen. Dieses würde sicher zu vielen wichtigen Entdeckungen in der assyrischen Geschichte führen.«[4] Mithilfe der regelmäßig von Layard gesandten Grabungsberichte überzeugte Canning die Trustees des British Museum, die von nun an einen Teil der Ausgrabungen finanzierten. Layard erhielt die Anweisung, Objekte für London zu sammeln, und versuchte, trotz geringer finanzieller Unterstützung, möglichst umfassend für das Museum auszugraben: »damit die Nation eine so umfangreiche Sammlung assyrischer Altertümer besitzen könnte, wie es angesichts der geringen Mittel möglich war«.[5]

Im Zuge der zweiten Grabungskampagne in Nimrud von Oktober 1849 bis April 1851 gelang Layard schließlich die endgültige Ausgrabung der geflügelten Löwen. Nun ging es an die Überfahrt: Einige Ausgrabungsobjekte waren bereits durch die British East India Company nach London transportiert worden. Die Verschiffung der Löwen bereitete jedoch logistische Schwierigkeiten, da die vorhandenen Schiffe nicht für den Transport von solch großen und schweren Objekten ausgelegt waren. In Southampton war die *Apprentice* mit speziellen Lastenzügen und vergrößerten Öffnungen der Luken ausgestattet worden. Die *Apprentice* nahm die Skulptur zusammen mit weiteren Ausgrabungsobjekten auf der dritten Fahrt für das Museum in Basra an Bord und transportierte sie nach London. Im Februar 1852 erreichte das Schiff den Hafen von London, wo der Löwe zunächst auf einen speziell angefertigten

Lastenwagen verladen und schließlich in den Vorhof des Museums gezogen wurde.[6] Detailliert berichtete die *Illustrated London News* über den technisch aufwendigen Transport des Löwen in das Museum. So vermittelte die Zeitung nicht nur die An-strengungen, die mit der Aneignung »des größten Monolithen, der England von den vergrabenen Städten des Ostens erreicht hat«, einhergingen, sondern demonstrierte auch den Anspruch Londons auf die Altertümer Mesopotamiens.[A] Die Aneignung dieser Altertümer machte das British Museum zum führenden Ort der Ausstellung als biblisch interpretierter Kunstwerke: »Die Bibel, Reliquien, historische Geografie, Museumsarchitektur und die populäre Presse wurden alle zum Zweck der neuen imperialen Ansprüche eingespannt. Als wesentlicher Hauptort der biblischen Ge-schichte wurde das britische Museum ein Symbol imperialer Macht und imperialen Ansehens.«[7] Die Darstellung der Ankunft des geflügelten Löwen in der Tagespresse war Teil der Aneignung der Objekte durch Großbritannien. Die erfolgreiche Über-windung der technischen Hindernisse ist quasi einem Triumph gleichzusetzen.

→ BILD 15

SEBASTIAN WILLERT

1 »Reception of Niniveh Sculptures at the British Museum« (Ü. aller Zitate: Philippa Sissis). ■
2 Hvattum, »Heteronomic Historicism«, S. 1 f. ■ 3 Layards Tagebuch vom 28. Januar 1850 zit. n. Waterfield, **Layard of Niniveh**, S. 205 f. ■ 4 Brief von Layard an Stratford Canning, zit. n. Malley, »Layard Enterprise«, S. 635. ■ 5 Layard, **Nineveh and Its Remains**, Bd. 1, S. 327. ■ 6 »Reception of Niniveh Sculptures at the British Museum«. ■ 7 Cuéllar, **Empire, the British Museum, and the Making of the Biblical Scholar**, S. 36.

»Reception of Niniveh Sculptures at the British Museum«. In: **The Illustrated London News** 20, (28. Februar 1852), Nr. 547, S. 184.
GREGORY L. CUÉLLAR, **Empire, the British Museum, and the Making of the Biblical Scholar in the Nineteenth Century. Archival Criticism**, London 2019.
MARI HVATTUM, »Heteronomic Historicism«, in: **Architectural Histories** 5 (2017), S. 1–11.
AUSTEN HENRY LAYARD, **Nineveh and Its Remains**, London 1849.
SHAWN MALLEY, »Layard Enterprise. Victorian Archaeology and Informal Imperialism in Mesopotamia«, in: **International Journal of Middle East Studies**, Vol. 40, No. 4 (Nov. 2008), S. 623–646.
GORDON WATERFIELD, **Layard of Niniveh**, London 1963.

ANTHOLOGIE ZU KUNSTRAUB UND KULTURERBE
A Erklärung zu Universalmuseen (2002): **Das universelle Weltkulturerbe unter westlichen Museumsdächern.**

Kopfüber ins Museum
um 1824

Den bekannten Museumsbildern, die fertige Ausstellungräume und wohl inszenierte, erhabene Objekte zeigen, widerspricht die Zeichnung von John Thomas Smith (1766–1833). Sie präsentiert einen Moment des Aufbaus, der aktiven körperlichen Arbeit und der technischen Herausforderung. Der überlebensgroße Kopf des ägyptischen Pharaos Amenophis III., der von etwa 1388–1351 vor Christus regierte, wird durch eine Flaschenzug-Konstruktion mit Stützen und Seilzügen durch das Fenster in den schon mit anderen ägyptischen Skulpturen ausgestatteten großen Saal der Townley Gallery des British Museum gezogen. Eine Vielzahl von in der schnellen Zeichnung nicht identifizierbaren Männern beobachtet und führt den Transport aus. Hacken und Schaufeln zeigen, dass spontane Anpassungen für die Aufstellungen vorgenommen werden müssen. Als der kolossale Kopf Amenophis' aufgestellt wurde, verlangten seine imposante Höhe von 2,90 Meter und das immense Gewicht des Kopfes von circa 3600 Kilogramm spezielle Maßnahmen für die Installation. Wie in vielen in diesem Zeitraum veröffentlichten Zeichnungen, die die Aufstellung von Museumsobjekten dokumentieren, erkannten die zeitgenössischen Betrachterinnen und Betrachter der Zeichnung die technischen Hilfsmittel aus ihrem Alltag wieder. Innerhalb solcher Dokumentationen ist das Aufstellen einer aus Ägypten eintreffenden kolossalen Statue zugleich aufsehenerregende Berichterstattung – wie auch bei der Ankunft des Löwen aus Ninive oder der Büste Ramses II. – und ein wichtiger → BILD 15, Schritt ihrer Aneignung in Großbritannien. Sie wird im Bild Teil der Stadt. Die Ikonografie der Aufstellung bekommt dabei die Funktion, die Unantastbarkeit und Unnahbarkeit des aufgestellten und in die Sammlung integrierten Museumsobjektes zu überwinden.

Tatsächlich stellt diese Aneignung durch Aufstellung den Endpunkt einer langen Reise dar: Der aus Rosengranit gefertigte Kopf Amenophis III. wurde von Giovanni Battista Belzoni (1778–1823) zusammen mit Henry William Beechey (1788/89–1862) während Belzonis zweiter Ägyptenreise in der Tempelanlage von Karnak gefunden. Sie benötigten insgesamt acht Tage, um ihn vom Tempel zum nur 1,6 Kilometer entfernten Ufer des Nil zu transportieren.[1] Es war der zweite kolossale Kopf, der unter Mitarbeit von Belzoni London erreichte und in der Townley Gallery aufgestellt wurde: Auch die Reise, Ankunft und letztlich die Aufstellung des Memnon-Kopfes

25

Die in Stift und Tusche ausgeführte Zeichnung **Die Installation der kolossalen Büste Amenophis III. in der Townley Gallery** wurde circa 1824 von John Thomas Smith angefertigt. Sie befindet sich heute im Archiv des British Museum und kann als ein weiteres Beispiel des Bildmotivs »Triumph durch Technik« gelesen werden.

im Januar 1819 wurde durch Zeichnungen dokumentiert und mit der Öffentlichkeit geteilt.[2] Trotz dieser außergewöhnlichen Objekte war die ägyptische Sammlung des British Museum bis 1844 Teil der allgemeinen Antiken-Abteilung, die von Taylor Combe (1774–1826), einem Numismatiker, als Keeper of the Department of Antiquities verwaltet wurde. Zu diesem Zeitpunkt gab es noch keinen eigenen Kurator für die ägyptischen Objekte, was an der noch etwas zurückhaltenden Einstellung des Museums zum Erwerb von größeren Sammlungen ägyptischer Objekte lag. Einerseits wollte man sich der Flut der neuen Objekte öffnen, andererseits fiel es zunächst schwer, die Aegyptiaca im Vergleich zu der gewohnten griechischen und römischen Kunst und Skulptur zu akzeptieren und dafür entsprechend zu bezahlen.[3] Diese Erfahrung machte auch Henry Salt (1780–1827), dessen Sekretär William Beechey war, als er 1823 für seine Sammlung vom British Museum 4 000 Pfund Sterling verlangte und nach langen Verhandlungen lediglich 2 000 Pfund erhielt. Erst im Laufe des 19. Jahrhunderts veränderte sich der Stellenwert der altägyptischen Objekte und damit auch die Bereitschaft, hohe Summen zu zahlen.

Die gleichzeitigen Bemühungen um Altertümer der klassischen Antike spielten dabei auch eine wichtige Rolle. Die parallelen Erwerbungen der *Elgin Marbles* für 35 000 Pfund Sterling[A] und den *Phigalia Marbles* für 19 000 Pfund erschöpften das Budget des Museums schlichtweg und verstärkten das Problem, den Platz für die sich ständig vergrößernden Sammlungen zu finden.

Nach ihrem Ankauf wurde die ägyptische Sammlung von Salt in der Townley Gallery untergebracht, die 1808 als Erweiterungsbau zum Montagu House des Museums eröffnet worden war. Die Aegyptiaca erhielten hier erstmals ihre eigenen Räumlichkeiten, ein Hinweis darauf, dass sie nicht mehr nur als Kuriositäten verstanden wurden, sondern als eigenständige antike Objekte. Sie standen jedoch weiterhin in enger Verbindung zu den klassischen Antiken, da sie im Rundgang unmittelbar vor den Meisterwerken der griechischen und römischen Kunst gezeigt wurden, im größten Saal der Townley Gallery. Die Exponate waren symmetrisch angeordnet und teilweise in zwei Reihen aufgestellt, mit ausreichend Platz in der Mitte des Raumes. Man bevorzugte eine ästhetische Präsentation der Objekte anstelle einer chronologischen und systematischen Aufstellung.[B] Damit standen jene herausragenden und großformatigen Objekte im Vordergrund, die auch für die Besucher die größte Anziehungskraft ausstrahlten.[4] Mit der Aufstellung der kolossalen Büste Ramses II. (auch *Memnon-Büste*) hatte sich die komplette Raumaufteilung der ägyptischen Skulpturen in der Galerie verändert. Erst mit dem Kauf der Sammlung

Salt 1823 und damit dem hier gezeigten Kopf Amenophis III. wurde die Symmetrie des Raumes wiederhergestellt, da der Büste Ramses II. nun ein entsprechendes Pendant gegenüberstand. Zu den besonderen Objekten zählt auch die auf dem Bild am Boden im linken Vordergrund liegende vierseitige Skulptur, die Thutmosis III. mit verschiedenen Göttern zeigt.[5]

Die Vermarktungsstrategie der altägyptischen Objekte in der englischen Presse durch die Berichterstattung über Transport und Installation von Großobjekten hatte Erfolg. Der Wert der Objekte, vor allem im öffentlichen Bewusstsein, veränderte sich. Aufgrund der wachsenden Sammlungsbestände zogen die ägyptischen Objekte 1834 in den neu errichteten Westflügel des British Museum um. In der nach ihrem Architekten benannten Smirke Gallery gab es zunächst zwei neue Räume für die Aegyptiaca. In der großen Galerie wurden die Skulpturen aufgestellt. Der hohe und lange Saal hob die beengten Verhältnisse aus der Townley Gallery auf. Und auch dieser Umzug der kolossalen Büsten Ramses II. und Amenophis III. wurde in mehreren Grafiken festgehalten, was die Tradition der medienwirksamen Berichterstattung fortsetzte. Die Objekte wurden nun als historische Dokumente angesehen.[6] Die bildliche Kommunikation in der Öffentlichkeit war dazu ein unverzichtbarer Baustein.

MARIANA JUNG

1 Strudwick, **The British Museum**, S. 160. ▪ 2 Colla, **Conflicted Antiquities**, S. 24–26. ▪ 3 Moser, **Wondrous Curiosities**, S. 96–105. ▪ 4 Moser, **Wondrous Curiosities**, S. 80–82. ▪ 5 Strudwick, **The British Museum**, S. 132. ▪ 6 Moser, **Wondrous Curiosities**, S. 151.

ELLIOTT COLLA, **Conflicted Antiquities. Egyptology, Egyptomania, Egyptian Modernity,** Durham, London 2007.
STEPHANIE MOSER, **Wondrous Curiosities. Ancient Egypt at the British Museum,** Chicago 2006.
NIGEL STRUDWICK, **The British Museum. Masterpieces of Ancient Egypt,** London 2006.

ANTHOLOGIE ZU KUNSTRAUB UND KULTURERBE
A Hamilton-Gordon (1816): **Die Parthenon-Skulpturen als Staatsinvestition.** ▪ B Al-'Adl (1887): **Ägypten in Berlin – ein Museumsbesuch.**

Kunsthändler als Großwildjäger
1897–1900

Als Jäger, der frisches Wild erlegt hat, posiert William Downing Webster (1868–1913) in dieser Fotografie. Es ist eine der wenigen Aufnahmen, die von einem der bekanntesten Händler ethnografischer Objekte existiert. Seine Tätigkeit fiel mit der Blütezeit der kolonialen Expansion zusammen, die die rasche Entwicklung sowohl der öffentlichen als auch der privaten ethnografischen Sammlungen ermöglichte. Ganz besonders wurde Webster mit der Beute der sogenannten Strafexpedition in Verbindung gebracht, die von britischen Seestreitkräften im Februar 1897 in Benin City durchgeführt wurde. Der kolonial geprägte Euphemismus »Strafexpedition« wurde als Sammelbegriff für oftmals höchst brutale Militäraktionen gegen Kolonisierte gebraucht.[A] Schnell spezialisierte Webster sich auf den Ankauf solcher Beutestücke, sodass man davon ausgehen kann, dass die meisten Objekte aus Benin, die zwischen 1897 und 1904 von Großbritannien aus auf den europäischen Markt gelangten, durch seine Hände gingen.[1·B]   → BILD 34

    Das Foto nimmt die Typologie des kolonialen Jägers auf, »eine[r] der markantesten Figuren der viktorianischen und edwardianischen imperialen Landschaft«[2]. In heller Jacke, mit Hut und hohen Lederstiefeln steht Webster zwischen zwei Paaren von vollständig mit Schnitzereien verzierten Elfenbeinstoßzähnen, die im Vergleich zu seiner Körpergröße beeindruckend wirken. Zwei weitere, kleinere Stoßzähne hält er in den Händen. Die Positionierung inmitten seiner Beute zeigt ihn als Triumphator über die Wildnis Afrikas, doch das häusliche Ambiente des Hintergrunds widerspricht der ursprünglichen Umgebung der Objekte. Die eher kümmerlichen Stängel der Pflanzen in dem kleinen Gewächshaus oder Atelier verstärken die ironische Häuslichkeit und stehen im Kontrast zu der massiven Schwere der Elefantenstoßzähne. Webster präsentiert hier seine erfolgreichsten Verkaufsobjekte in ähnlicher Weise, wie die Mitglieder der »Strafexpedition« es in Benin City getan haben, und reproduziert so diesen Triumph in England selbst. In der Betrachtung der Trophäen wird ein weiterer Aspekt ihrer Aneignung deutlich: Die Stoßzähne sind durch kleine, durchnummerierte Etiketten als Handelsware gekennzeichnet. Die Zahl 5 – neben dem Ohr von Downing Webster – verweist laut der erhaltenen Bildlegende auf einen Verkauf an das Leipziger Völkerkundemuseum. Dieses hat einen großen Teil seiner circa 150 Objekte aus Benin City von Webster erworben. Zwischen 1895 und 1901

26

Die Schwarz-Weiß-Fotografie zeigt das Porträt des Kunsthändlers und Sammlers William Downing Webster als erste von neunzig Aufnahmen in einem Album, das Bronze-, Elfenbein- und Holzobjekte aus Benin City zeigt. Das Album wurde aus den Seiten verschiedener Verkaufskataloge der Jahre 1897 bis 1900 zusammengestellt und trägt Anmerkungen zu bezahlten Preisen und Namen der Käufer, darunter auch deutsche Museen. Damit ist es ein beredtes Zeugnis auch deutscher Sammlungstätigkeit, die noch heutige Bestände betrifft.

gab Webster für seine Verkäufe illustrierte Kataloge heraus, die noch heute interessant sind, da sie die seltene Möglichkeit bieten, die Herkunft von Museumsobjekten anhand der Illustrationen genau nachvollziehen zu können. Auf dem Kunstmarkt im ausgehenden 19. Jahrhundert gestalteten sich nicht nur die Preise vor allem nach groben Zuordnungen zu Materialgruppen – auch die Beschreibungen waren eher summarisch und nicht zur Identifikation einzelner Objekte geeignet.[3]

Hermione Waterfield und Jonathan King definierten in ihrer biografischen Studie über britische ethnografische Sammler deren Arbeitsweise und stellten fest, dass diese »selten Feldsammler und nur gelegentlich Reisende waren. Obwohl sie von zu Hause aus arbeiteten, waren sie keine Sesselsammler: Stattdessen waren sie sehr energische Jäger, die sich der ständigen, sogar besessenen Suche nach ethnografischen Objekten widmeten.«[4] Webster führt diese Jäger-Trope buchstäblich vor. Dabei setzt er sich nicht mit einem der vielen wertvollen Messingstücke in Szene, → BILD 37 die von ihm verkauft wurden. Die Wahl fiel stattdessen auf die Elfenbeinstoßzähne, vielleicht da sie neben ihren auffallenden visuellen Qualitäten einen besonderen Status als Trophäen hatten – in diesem Fall insbesondere als Kriegstrophäen. Das wird durch die Tatsache bestärkt, dass im März 1897 gerade vier Elfenbeinobjekte ausgewählt wurden (zwei geschnitzte Stoßzähne und zwei Elfenbeinleoparden), um sie Königin Victoria (1819–1901) bei der siegreichen Rückkehr als offizielle Geschenke der Admiralität zu überreichen. Elfenbein war ein heiß begehrtes Material und hatte auch am Königshof von Benin den höchsten symbolischen Wert. Die britischen Verwalter des Protektorats waren sich der massiven Präsenz des Materials in Benin bereits vor den Ereignissen des Jahres 1897 bewusst. Ihnen war sicher klar, welche finanziellen Gewinne sie voraussichtlich aus ihrem Verkauf erzielen würden.[5] Erste Verkäufe fanden direkt im Anschluss an die militärische Auseinandersetzung statt, teils in der etwa 300 Kilometer entfernten Küstenstadt Lagos, aber auch direkt auf dem britischen Kunstmarkt, wohin insbesondere die als außergewöhnlich betrachteten Bronzeobjekte gebracht wurden. Die Verkäufe von Elfenbeinstoßzähnen in Lagos brachten kurz nach der Invasion insgesamt 800 Pfund Sterling, die zur Finanzierung des Militärfeldzuges beitragen sollten.

Seit den frühen von Webster organisierten Verkäufen zeigte sich, dass die Benin-Stücke zu den angesehensten Ethnografica auf dem Markt gehörten. Die Preise waren im Vergleich zu Objekten aus Ozeanien oder anderen Regionen Afrikas hoch, was vor allem auf den Eigenwert der Materialien selbst zurückzuführen war. Objekte wurden ab einer Preisspanne von 10 Schillingen für ein Messingarmband bis zu 40 Pfund Sterling für einen großen Messingkopf oder einen langen Elfenbeinstoßzahn verkauft, was im Jahr 2016 etwa Preisen von 50 bis 4 000 Britischen Pfund entspricht. Dabei lag der Preis von Elfenbeinstoßzähnen, unabhängig von der relativen Qualität der Schnitzerei, im Wesentlichen je nach Länge zwischen 25 Pfund und 45 Pfund.[6] Obwohl es für Webster eine gewinnbringende Angelegenheit war, musste er 1904 aus persönlichen Gründen seine gesamte Sammlung verkaufen, was das Ende seiner Vorherrschaft auf dem Markt für Benin-Objekte bedeutete.

Während die Benin-Objekte in Museumssammlungen vermeintlich von ihrem Status als Beute und Trophäen befreit wurden, macht das Porträt Websters deutlich, dass sie auf dem Kunstmarkt, über den sie überhaupt erst in die musealen Sammlungen gelangen konnten, deutlich als solche wahrgenommen und inszeniert wurden. Nicht nur die Objekte selbst tragen die Spuren ihrer gewaltsamen Aneignung – die Bilder, die von ihnen verbreitet wurden, verlängerten den Moment des Triumphes über die real stattfindende Invasion des afrikanischen Kontinents hinaus und trugen zur Bildpolitik des imperialen Englands bei.

FELICITY BODENSTEIN

Aus dem Englischen von Philippa Sissis. ■ 1 Dark, **An Illustrated Catalogue of Benin Art**, S. xvi. ■ 2 Ryan, **Picturing Empire**, S. 99 (Ü: Philippa Sissis). ■ 3 Bodenstein, »Notes for a Long Term Approach to the Price History«, S. 269. ■ 4 Waterfield / King, **Provenance**, S. 8. ■ 5 Gallwey, »Journeys in the Benin Country«, S. 127. ■ 6 Bodenstein, »Notes for a Long Term Approach to the Price History«.

FELICITY BODENSTEIN, »Notes for a Long Term Approach to the Price History of Brass and Ivory Objects taken from Benin City in 1897«, in: Christine Howald, Bénédicte Savoy, Charlotte Guichard (Hg.), **Acquiring Cultures. World Art on Western Markets**, Berlin, New York 2019, S. 267–288.
PHILIP J. C. DARK, **An Illustrated Catalogue of Benin Art**, Boston 1982.
H. L. GALLWEY, »Journeys in the Benin Country, West Africa«, in: **The Geographical Journal** 1 (1893), S. 122–30.
JAMES R. RYAN, **Picturing Empire. Photography and the Visualization of the British Empire.** London 1997.
HERMIONE WATERFIELD, JONATHAN KING, **Provenance. Twelve Collectors of Ethnographic Art in England, 1760–1990**, Paris, Genf 2006.

ANTHOLOGIE ZU KUNSTRAUB UND KULTURERBE
A Stanley (1874): **Die Plünderung von Mäqdäla.** ■ B Roth (1903): **Die ›Benin-Bronzen‹ im kolonialen Konkurrenzkampf Europas.**

Nur auf die Größe kommt es an

um 1910

Durch seinen weißen Kittel aus den Grautönen der Fotografie herausgehoben, und noch dazu zentral im Bild, posiert der Museumspräparator Gustav Borchert. Neben ihm ragt ein riesiger, bereits präparierter und aufgestellter Knochen bis an den oberen Bildrand. Es ist der versteinerte Oberarmknochen eines Dinosauriers. Dieser befindet sich – damals wie heute – im Museum für Naturkunde Berlin. Ausgegraben wurde er jedoch im Süden der damaligen Kolonie Deutsch-Ostafrika während der sogenannten Tendaguru-Expedition. → BILD 16

Nach Meldungen über den Fund riesiger Dinosaurierknochen in der deutschen Kolonie im Jahr 1907 entsandte das Berliner Naturkundemuseum eine Expedition zum Hügel Tendaguru im heutigen Tansania. 1909 bis Anfang 1913 wurden unter der Leitung von zwei deutschen Paläontologen 225 Tonnen Fossilienmaterial ausgegraben und nach Berlin verschifft, darunter auch der abgebildete Knochen des Langhalsdinosauriers *Brachiosaurus brancai*.

Die Grabungen waren vor allem durch private Spenden finanziert. Daher war es für das Berliner Naturkundemuseum wichtig, der Öffentlichkeit möglichst bald Ergebnisse zu präsentieren. Noch während die Expedition im Gange war, wurden die ersten Einzelknochen präpariert, um sie im Lichthof des Museums auszustellen – aber nicht irgendwelche, sondern: die größten. Denn was vermochte den Erfolg der Grabungen besser zu demonstrieren? Nicht erst in der Ausstellung, sondern bereits während der Präparation inszenierte und zementierte das Museum den Faktor Größe als zentrales visuelles Merkmal der Tendaguru-Ausgrabung. Die Präsentation von Grabungserfolgen in der Reichshauptstadt konnte an die Ausstellung der aufsehenerregenden Pergamonfunde anknüpfen: 1880 waren die ersten Stücke des Gigantomachiereliefs direkt nach Berlin geschickt worden, um in der Rotunde des Alten Museums bewundert werden zu können. Die Initiatoren, Unterstützerinnen → BILD 39
und Unterstützer der Tendaguru-Expedition reihten in Festreden die paläontologischen Funde in die Serie solcher spektakulären archäologischen Ausgrabungen ein – zu einem Zeitpunkt, als auch hier die finanziellen Mittel für eine Fortsetzung der Grabungen fehlten und erneut generöse Geldgeber mobilisiert werden mussten.[1]

Für die Aufnahme posierte Borchert neben dem senkrecht aufgestellten Fundstück. Die Gegenüberstellung von Mensch beziehungsweise vornehmlich Mann und

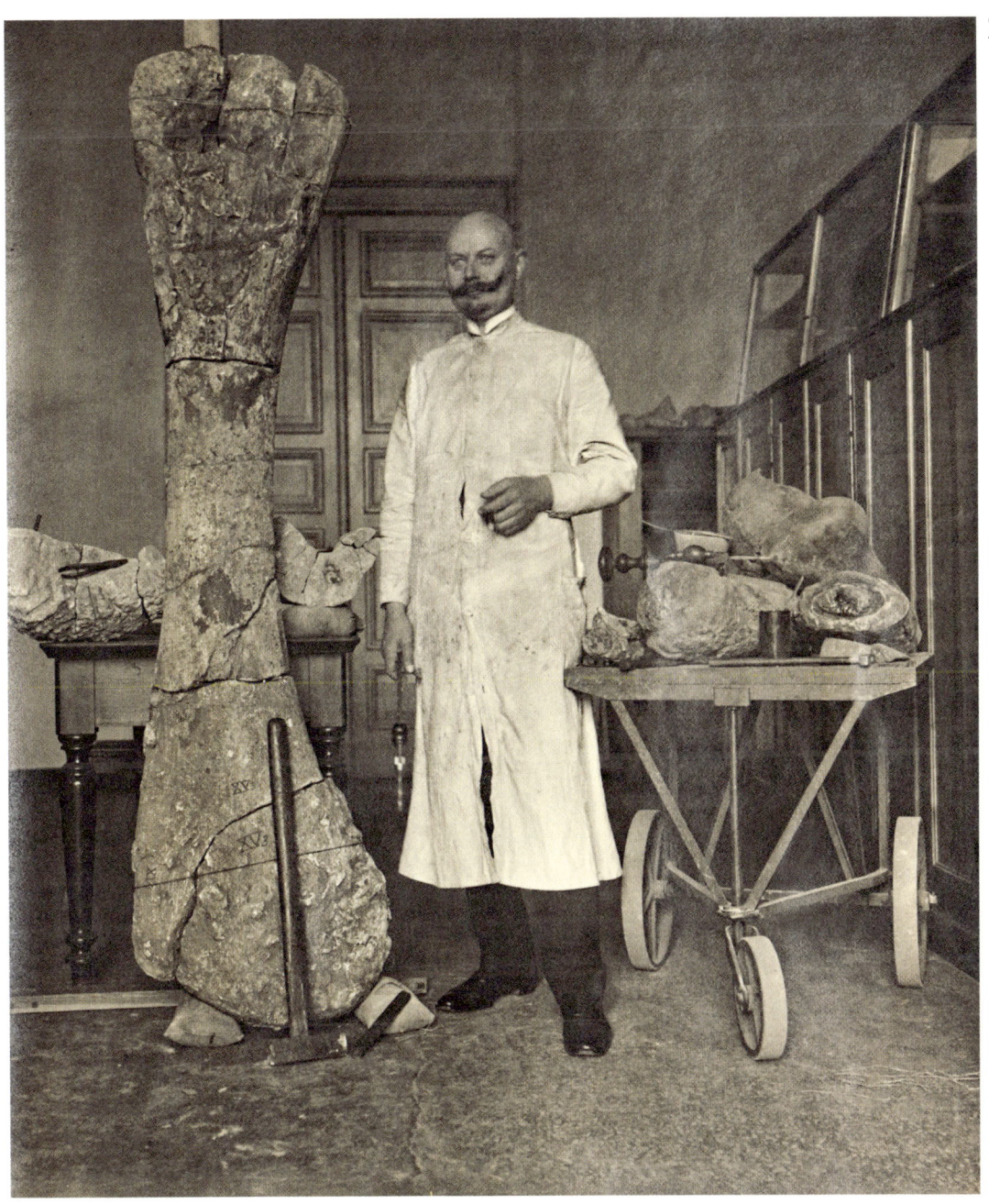

27

Dieses Schwarz-Weiß-Porträt, das den Museumspräparator Gustav Borchert bei der Arbeit zeigt, entstand um 1910 und wurde als Fotografie wie auch als Zeichnung in mehreren zeitgenössischen Presseberichten über die Tendaguru-Expedition abgedruckt, die das Berliner Naturkundemuseum 1909–1913 in die damalige Kolonie Deutsch-Ostafrika entsandte.

Knochen ist bis heute ein beliebtes Motiv, um Größendimensionen zu veranschaulichen. Bei Ausgrabungen wurden damals häufig Arbeiter direkt vor Ort neben den
Objekten platziert, um die Größenverhältnisse festzuhalten. Anders als in solchen
fotografischen Dokumenten der Feldarbeit ließen sich dagegen die Wissenschaftler
und selbst ernannte Fossilienjäger gern in Arbeitskleidung, im staubigen Gelände
liegend, mit triumphaler Geste zusammen mit *ihren* Fundstücken ablichten. Solche
Posen schlossen unmittelbar an die Ikonografie des charismatischen Großwild- oder
Schatzjägers an, der sich neben erbeuteten Dingen in Stellung brachte. Der Muse- → BILD 26
umsraum lieferte eine weitere Gelegenheit, um das Nebeneinander von Mann und
Knochen ins Bild zu setzen: Die Aufnahme aus der Werkstatt zeigt den Präparator
mit ernster Miene neben dem fertig bearbeiteten und aufgestellten, also bereits museal fixierten Objekt. Hierbei ging es sicherlich ebenfalls um die Verbindung von
»big bones and virility«[2]. Gleichzeitig ist die Monumentalität des Knochens hier jedoch qua Person und Arbeitsumfeld direkt mit dem institutionellen Kontext des
Museums verknüpft. Auf diese Weise konnte die Größe der Knochen unmittelbar
mit der Großartigkeit der besitzenden Institution assoziiert werden. In der Tat versprach sich das Berliner Museum von der Expedition, »den gewaltigen Vorsprung,
den die grossen Museen des Auslandes mit ihren imponierenden Schaustücken besitzen, mit einem Schlage einzuholen«[3]. Dabei ging es zuallererst um die Frage: Wer
hat den Größten? Die Aufnahme zeigt beispielhaft, wie das Berliner Haus seine he-
rausragendsten Fundstücke inszenierte, um die reich bestückten US-amerikanischen
Museen, die im internationalen Wettbewerb um spektakuläre Fossilien bis dahin
vorn lagen, zu übertrumpfen. Größe war damit nicht nur ein Argument, um Publikum ins Museum zu locken. Sie wurde zum Ausdruck von Konkurrenz – einer
Konkurrenz zwischen Museumsobjekten, Institutionen und Nationen.[4]

Das Motiv von Borchert und dem Knochen war auch eines der ersten, das – mehrfach – in der zeitgenössischen Berichterstattung über die Expedition abgedruckt
wurde.[4] Auf dem Bild ist die Präparation des großen Knochens gerade vollendet
und die koloniale Sammlungstrophäe damit in das europäische Museum einverleibt,
wie es im Reisebericht des Expeditionsleiters Edwin Hennig von 1912 heißt. Die
museumseigene Arbeit am Objekt wird durch die Fotografie gezielt in Szene gesetzt: Ein Tisch und eine fahrbare Ablage, auf denen steinerne Knochenfragmente
angehäuft sind, umstellen den Präparator. Er hält ein Werkzeug in der entspannten
rechten Hand. Am vollbrachten Werk sind die Bruchstellen noch gut sichtbar. Diese
Inszenierung eines Arbeitsplatzes, an dem die »Ausbeute« einer kolonialen Expedi-

tion bearbeitet wird, veranschaulicht das Vermögen des Naturkundemuseums, Naturdinge durch präparatorische und wissenschaftliche Bearbeitung in Sammlungs-, Forschungs- und Schauobjekte zu verwandeln und so Bedeutung zu generieren.

Die ersten präparierten Tendaguru-Knochen und ihre Bilder waren somit in vielfältige Objektpolitiken eingeschrieben – bei dem fotografischen Blick ging es um die Dokumentation musealer Arbeit wie auch darum, durch den Einblick in diese Szene die »Großtaten deutscher Wissenschaft« in den Kolonien vor Augen zu führen und das Museum als Ort der Wertschöpfung auszuweisen. Denn die Aufnahme vermittelt die Vorstellung, dass »Natur« erst durch die Institution in Kulturdinge umgewandelt wird. Dabei ging es nicht nur um deren »ideellen Wert«[5], sondern auch um symbolisches und ökonomisches Kapital – um die Vormachtstellung des Berliner Museums wie auch die weitere Finanzierung der Expedition.

Ab dem Moment jedoch, als 1937 das komplette Skelett des *Brachiosaurus brancai* aufgestellt wurde, büßten die ausgestellten Einzelknochen ihren ikonischen Status ein. Hatten sie in den Jahren 1910 bis 1937 eine herausragende Bedeutung gehabt, indem sie als *pars pro toto* die gesamten Grabungsfunde vom Tendaguru und den buchstäblich großen Erfolg der Expedition repräsentierten, machte ihnen von nun an die Größe des aufgestellten Gesamtskeletts selbst Konkurrenz.

MAREIKE VENNEN

1 Hansemann, »Rede vom 14.2.1911«. ■ 2 Mitchell, **The Last Dinosaur Book**, S.150. ■
3 »Aufruf für weitere Fortsetzung der Tendaguru-Expedition«. ■ 4 Mareike Vennen, »Wer
hat den Größten?«. ■ 5 Hansemann, »Rede vom 14.2.1911«.

»Aufruf für weitere Fortsetzung der Tendaguru-Expedition«, in: MfN, HBSB, Pal. Mus. S II,
   Tendaguru-Expedition 10.1, Blatt 2.
DAVID VON HANSEMANN, »Rede vom 14.2.1911«, in: MfN, HBSB, Pal. Mus. S II, Tendaguru-
   Expedition 10.4, Bl.4.
EDWIN HENNING, **Am Tendaguru. Leben und Wirken einer deutschen Forschungs-Expedition
   zur Ausgrabung vorweltlicher Riesensaurier in Deutsch-Ostafrika**, Stuttgart 1912.
MAREIKE VENNEN, »Wer hat den Größten? Zur Verwertung und Verteilung der ersten Tenda-
   guru-Exponate«, in: Ina Heumann, Holger Stoecker, Marco Tamborini, Mareike Vennen,
   **Dinosaurierfragmente. Zur Geschichte der Tendaguru-Expedition und ihrer Objekte,
   1906-2017**, Göttingen 2018, S.136–163.
WILLIAM J. THOMAS MITCHELL, **The Last Dinosaur Book**, Chicago, London 1998.

ANTHOLOGIE ZU KUNSTRAUB UND KULTURERBE
A Roth (1903): Die ›Benin-Bronzen‹ im kolonialen Konkurrenzkampf Europas.

Apolleon I.
nach 1797

Noch einmal stehen die in Rom beschlagnahmten Antiken im Zentrum der Bildpolitik der napoleonischen Zeit. Napoleon I. (Bonaparte, 1769–1821) präsentiert in
ausgreifender Geste antike Skulpturen: Er empfängt eine von links kommende, dicht
gedrängte Reihe von Herren, die bis in den hellen Flur hinaus kein Ende zu nehmen
scheint. Die vordersten Personen neigen sich Napoleon entgegen, und ihre Blicke
folgen seiner Geste nach rechts. Während der linke Bildhintergrund hell die lange
Reihe der Wartenden zeigt, steht der Feldherr genau auf der Schwelle zur dunkel
hinterfangenen rechten Seite. Aus diesem Dunkel leuchten, wie im Schlaglicht der
Blicke, nur zwei antike Skulpturen heraus: der *Apoll vom Belvedere* und, aus dem
Halbdunkel dahinter, der *Laokoon*.[A] Wenige Details reichen aus, um die ikonische Figur der Antikenbegeisterung zu identifizieren. Dass nur die Hauptfigur der *Laokoon*-
Gruppe angedeutet ist, verweist auf die im Dunkel verschwindende Sammlung. Der
Bildtitel – »Eh bien, Messieurs! Deux millions!« – kann gleichsam als Sprechblase
des Feldherrn verstanden werden: ein gefälliges Grußwort an die Eintretenden, das
das über die Abbildung hinausgehende Ausmaß der Translokationen andeutet. Die
beiden Skulpturen sind lediglich die strahlende Spitze des Eisbergs der genannten
»deux millions« Kunstobjekte, welche Bonaparte hier ans Licht der – vor allem französischen – Öffentlichkeit bringt.

Die Großartigkeit der Sammlung, die aus ganz Europa zusammengetragen und
um 1800 im Musée Central des Arts, dem heutigen Musée du Louvre, der Öffentlichkeit zugänglich war, wurde begeistert aufgenommen. Der Kupferstecher Tommaso
Piroli (um 1752–1824) beschrieb 1804 in *Les Monumens antiques du Musée Napoléon*
mit Stichen und gelehrten Kommentaren von Jean G. Schweighaeuser (1776–1844)
die Sammlung als so umfassend, dass alle antiken Gattungen und Stile vertreten
seien. Das Museum wurde 1803 zu Ehren Bonapartes umbenannt. Auch der in der
Druckgrafik rechts dargestellte *Apoll* findet sich hier: »Der Apollo des Belvedere ist
von allen antiken Monumenten, die die Zeit überdauert haben, dasjenige, bei dem
die Bildhauerei den höchsten Grad [...] von Perfektion erreichte. Proportionen von
idealer Schönheit, Glieder von himmlischer Form, erhabene Züge, eine imposante
Haltung; alles in diesem Meisterwerk der Kunst und des Denkens führt uns das
Bild einer göttlichen Natur vor Augen, in der die männliche Kraft des reifen Alters

28

Auf diesem undatierten Aquatinta-Druck von unbekannter Hand ahmt Napoleon die Pose des antiken Gottes hinter ihm nach. Die Männer auf dem Bild scheinen nachdenklich bis beeindruckt von einer solchen Demonstration, nur einer behält seine Contenance: der **Apoll vom Belvedere**, der unbeeindruckt seinen Blick nach oben richtet.

von der Anmut der unsterblichen Jugend begleitet wird.«[1] Gerade die »imposante Haltung« dieses gefeierten Inbegriffs antiker Schönheit wiederholt Napoleon in seiner eigenen Körperhaltung. Während der *Apoll vom Belvedere* zur europäischen Ikone des Pariser Museums wurde, inszenierte sich Napoleon als sein Stifter und Beschützer, ja selbst als Gott ... Diese Darstellung als Beschützer der Künste setzte sehr früh ein: Nicht nur wurde jede neue Ankunft einer Ladung von Kunstwerken in der Zeitschrift *La Gazette nationale* angekündigt. Darüber hinaus wurden auch Bonapartes Berichte ans Directoire, einer Art oberster Ministerrat im Regierungsapparat der Ersten Französischen Republik, veröffentlicht, in denen er seine Erfolge durch den ästhetischen Wert der erbeuteten Werke illustrierte. Kurz nach seinem Staatsstreich 1799 machte er deutlich, dass das Musée Central des Arts auch weiterhin im Zentrum seiner Kulturpolitik stehen würde: Er verband zum Beispiel die Eröffnung des ersten französischen Antikenmuseums mit dem Jahrestag seines Herrschaftsantritts, am 9. November 1800. Napoleon besuchte die Ausstellung bereits am Vortag der offiziellen Feierlichkeit mit seiner Familie. Der Direktor der École des Beaux-Arts übergab ihm dabei eine Bronzeplakette mit den Worten: »Möge diese Inschrift unsterblich sein wie Euer Name!«[2] In der Tagespresse wurde weit verbreitet, dass Napoleon die Plakette eigenhändig am Sockel des *Apoll* angebracht hätte: »Die Statue wandelte sich damit zu einem Monument Napoleons, so wie das gesamte Museum im Vorwort des Museumsführers als ›fruit des conquêtes de Sa Majesté en Italie‹ gefeiert wurde.«[3]

In der Wiederholung seiner Pose in der Druckgrafik macht die Figur Napoleons außerdem die Vorbildfunktion greifbar, die die Antike sowohl für das ausgehende 18. Jahrhundert wie auch für sein eigenes politisches und kulturelles Denken hatte. Diese durchdrang nicht nur die architektonische wie bildnerische Formensprache, sondern war ebenso Grundlage und konzeptionelles Vorbild für Politik und kulturelle Metaphorik.[4] Nicht nur Bonaparte selbst studierte Schriften altgriechischer Autoren in Übersetzung, 1799 wurde die französische Konsulatsverfassung in Anlehnung an die antike Römische Republik geschaffen. Entsprechend wurden in der politischen Ikonografie, die Napoleon ausgiebig für sich zu nutzen wusste, viele Anleihen bei antiken Bildformeln gemacht, die sich nicht nur in den Motiven selbst, sondern auch in den genutzten Medien zeigen, in Form von Vasen, Triumphbögen oder Münzen. → BILD 21, 3

Während die Prunkvase und Vedutenansicht des Louvre Napoleons Kunstraub → BILD 22 ins Licht der Aufklärung und der Moderne stellten, wird in dem hier betrachteten Druck eine andere Sichtweise greifbar. Zwar steht Napoleon auf den ersten Blick in

Beziehung zum vortrefflichen Apoll: Das antike Tugendvorbild des göttlichen Bo-
genschützens mimend, führt der General das »patrimoine libéré«[B] im Gestus einer
zweiten Renaissance aus der Dunkelheit ins Licht des revolutionären Frankreich.
Doch auf den zweiten Blick entpuppt sich die Szene als Überzeichnung. Napoleons
Pose erscheint allzu absichtsvoll und überzogen. Und auch die Besucher im Bild
lassen sich von der Inszenierung nicht in Beschlag nehmen: Die anwesenden Herrschaften in der ersten Reihe fügen sich noch halbwegs ins Dekorum, einer schaut auf
den *Apoll*, ein anderer wendet sich an Napoleon. Der Dritte aber, in der Mitte, schaut
skeptisch aus dem Bild in unsere Richtung, er hebt zögerlich die Hände zum Klat-
schen, scheint aber unsere Reaktion abzuwarten. Hinter ihm dreht man sich schon
tuschelnd zueinander um und kommentiert den durchschaubaren Auftritt.

Gerade die starke Präsenz der napoleonischen Bildpropaganda öffnete gleichzeitig das Feld für eine kritische Auseinandersetzung im Medium Bild. Seine politi- → BILD 8
schen Gegner nutzten es, um ihn zu verunglimpfen und bloßzustellen.

SIMON LINDNER UND PHILIPPA SISSIS

1 Piroli, **Les Monumens**, S. 9 und S. 41 (Ü: Philippa Sissis). ▪ 2 Steinmann, **Der Kunstraub
Napoleons**, S. 276. ▪ 3 Janzing, **Bildakte der Zerstörung**, S. 66. ▪ 4 Kopp, **Die Bonapartes**,
S. 81 f.

CLAUDIA HATTENDORF, Napoleon I. und die Bilder. System und Umriss bildgewordener
Politik und politischen Bildgebrauchs, Petersberg 2012.
GODEHARD JANZING, »Der ›Vandaliste‹ und sein Werk. Bildakte der Zerstörung und Befreiung
in der Französischen Revolution«, in: Uwe Fleckner, Maike Steinkamp, Hendrik Ziegler
(Hg.), Der Sturm der Bilder. Zerstörte und zerstörende Kunst von der Antike bis in die
Gegenwart, Berlin 2011, S. 55–74.
PIERRE-GUILLAUME KOPP, Die Bonapartes. Französische Cäsaren in Politik und Kunst,
München 2013.
TOMMASO PIROLI, Les Monumens antiques du Musée Napoléon, kommentiert durch
J. G. Schweighaeuser, Paris 1804.
ERNST STEINMANN, Der Kunstraub Napoleons, Rom 2007.

ANTHOLOGIE ZU KUNSTRAUB UND KULTURERBE
A Vogel (1798): Debattenbeiträge und Kriegsereignisse. ▪ B Barbier (1794): Die Entführung
von Kunstschätzen als zivilisatorischer Akt.

Alle Welt gefangen nehmen
1867

Mit allen Mitteln steigerten die Organisatoren der Pariser Weltausstellung von 1867 die Anziehungskraft ihrer mehrmonatigen Veranstaltung: Verbilligte Eisenbahnpreise und Freikarten ermöglichten auch den armen Französinnen und Franzosen den Besuch der überdimensionierten Industrie- und Leistungsschau.[1] Universalität war das oberste Gebot. In einem durchorchestrierten Mikrokosmos auf dem Pariser Marsfeld sollte sich die ganze Welt einfinden und die ganze Welt repräsentiert werden – mit der französischen Nation als Messlatte des Fortschritts. Alles sollte einem integrierenden und umfassenden Entwurf, einer Ausstellungsmaschinerie unterworfen werden: der Ort, die Objekte und auch die Besucherinnen und Besucher. Ausstellungen wie diese richten nicht nur die Objekte auf die Besichtigung aus, sondern regulieren gleichermaßen die Betrachtungsweisen des Ausstellungspublikums.[2]

Diese doppelte Ordnungsfunktion verdichtet sich in dem illustrierten Beitrag zu den »Götzen auf dem Marsfeld«. In den allerersten Sätzen legt der Autor des Textes nämlich die »Götter« als die höchstgestellten Angehörigen der repräsentierten Regionen aus: »Nach dem Volk, die Könige; nach den Königen, die Götter! Ja, auch die Götter sind zur Ausstellung gekommen.«[3] Sogleich behauptet der Autor die (selbsttätige) Untergebenheit der Objekte. In einer ironischen Identifikation von Objekt und Gottheit macht er die Statuen zu Abgesandten fremder »Olympe«. Von ihrer Materialität spricht er nur, um ihre ästhetischen Qualitäten herabzuwürdigen. Heuchlerisch erklärt er, er habe »die Ehre, die hoheitsvollen Gäste dem *Jupiter parisiensis* vorzustellen«. So wird suggeriert, dass sich die »Götzen« freiwillig auf dem Marsfeld zur Huldigung eines *Obersten* eingefunden hätten – einer ominösen Autorität mit Sitz in Paris. → BILD 42

In paternalistischem Tonfall imaginiert der Autor die Fügsamkeit, explizit von zwei Figuren: Eine Statue von der südpazifischen Insel Rarotonga mache den Eindruck eines »verlässlichen Steuerzahlers« und sei »ein guter Junge von einem Gott«. Und der heilige Stier Apis aus der ägyptischen Mythologie, seine Figur steht mittig im Bild, »erwartet uns geduldig wiederkäuend wie der gute Ochse, der er ist«. Der Autor spricht außerdem von »Großen Göttern, Kleinen Göttern und göttlichem Pöbel«, ohne näher zu differenzieren, was ihn zur Bewertung über so ein heterogenes Feld befähigt. Auf die hinduistische Mythologie verwendet er den größten Teil des

29

Der Stich **Les Idoles au Champ de Mars** (Die Götzen auf dem Marsfeld) von Charles Kreutzberger wurde in der Heftserie **L'Exposition universelle de 1867 illustrée** veröffentlicht, die die Pariser Weltausstellung von 1867 mit Hunderten illustrierten Artikeln begleitete. Man könnte ihn beinahe als Wimmelbild bezeichnen, wäre da nicht die klare, den Betrachter*innen zugewandte Ausrichtung der abgebildeten Figuren.

Textes. Am zweitumfänglichsten wird die ägyptische Mythologie referiert. Die zentrale Position der elefantenköpfigen Hindu-Gottheit Ganesha auf dem Federthron und der altägyptische Apis im Bild passen zu dieser Verteilung von Aufmerksamkeit durch den Autor des Textes.

Die im Stich von Charles Kreutzberger (1829–1909) abgebildeten Objekte waren in Wirklichkeit über mehrere Pavillons der Pariser Weltausstellung 1867 verstreut; jene der evangelischen Missionen,[A] der portugiesischen und der französischen Kolonien und den »ägyptischen Tempel«. Aus allen denkbaren Varianten, mehrere heterogene Objekte in einem Bild darzustellen – etwa in gerahmten Gruppen oder einzeln nebeneinander vor neutralem Hintergrund –, entschied sich der Zeichner ausgerechnet für eine genuin kriegerische Darstellungsform: die Trophäe. In der → BILD 26 griechischen Antike steckten die Sieger nach einer Schlacht Waffen und Rüstungen der getöteten Feinde auf einen Pfahl – an der Stelle, an der die Besiegten die Flucht ergriffen hatten. Im Römischen Reich wurde das Motiv dann in Inszenierungen des Triumphes über »Barbaren« eingesetzt. In dieser Tradition steht auch die Zeichnung der »Götzen vom Marsfeld«.[4]

Die dichte, übervolle Zusammenstellung von Kultobjekten scheint auf den ersten Blick für das Auge kaum zu bewältigen. Doch ist das Ensemble durch eine vertikale Mittelachse stabilisiert, die noch den ursprünglichen Pfahl der Trophäenpräsentation in Erinnerung ruft. Von unten nach oben: eine rechteckige aztekische Figur, darüber Apis, oben thront Ganesha vor einem Federkranz, und die Spitze bildet eine hawaiianische Kopffigur.

Am oberen Ende der Komposition spreizen sich die verschiedensten Waffen strahlenförmig in den Himmel: Speere, Keulen, Beile, ein Bogen und eine Armbrust; in ihrer Vielzahl und ihrem Variantenreichtum antworten sie auf die Götterbilder aus aller Welt. Es handelt sich dabei um sehr einfache Waffen im Vergleich zu den Schusswaffen der Kolonialmächte. Sie veranschaulichen somit, gemeinsam mit den »Götzen«, den vermeintlich falschen Götterbildern, die »zivilisatorische« Unterlegenheit der repräsentierten Regionen. Verwendeten die »Barbaren« sie – vergeblich – → BILD 9 zur Verteidigung ihrer Kultgegenstände gegen das französische Imperium?

Kriegerische Überlegenheit lässt sich in der Trophäendarstellung aber auch durch die formale Organisation und Eingliederung von erbeuteten Objekten visualisieren.[5] Im selben Moment, in dem den Statuen in der Weltausstellung die gleichmachende und paternalistische Bezeichnung »Götzen« gegeben wird, unterwirft die Grafik sie einem mehrschichtigen bildlichen Regime. Für die Gruppierung der Kultobjekte übernimmt der Zeichner die annähernd geografische Systematik der Pavillons. Außerdem absorbiert die eintönige Reproduktionstechnik die Vielfarbigkeit der Gegenstände. Und schließlich wird die geballte Mischung in eine symmetrische Figuration überführt, die Ordnung und Rigidität suggeriert. Denn die prägnante Mittelachse fungiert zugleich als Symmetrieachse. Außerdem stellt sich auch die Bildtiefe als durchorganisiert heraus: Ganesha und sein Hofstaat stehen auf einem Podest in einer tieferen Bildebene. Um eine optische Tiefenwirkung zu erzeugen, kamen dort weniger gesättigte und kontrastärmere Töne zum Einsatz als vorne.

Die europäische Antwort auf die überwältigende Diversität der Welt zielt offenbar darauf, sie zu unterwerfen. Mit den Weltausstellungen konkurrieren anfangs vor allem England und Frankreich um die symbolische Vorherrschaft als »Weltmächte« – noch bevor der kolonialistische Wettlauf im letzten Drittel des 19. Jahrhunderts an Fahrt gewinnt. Der hier diskutierte Beitrag über die »Götzen auf dem Marsfeld« übt die globale Machtausübung in Text und Bild bereits ein. Ebenso reflexhaft wie der Zeichner zur kriegerischen Darstellungsform der Trophäe greift, stellt der Autor die »Götzen« als gefügige Gefangene vor.

SIMON LINDNER

Der Autor dankt Susana Stüssi García für den Hinweis auf das Bild. ■ 1 Zur Pariser Weltausstellung 1867 vgl. Barth, **Mensch versus Welt**, hier S. 19. ■ 2 Bennett, **The Exhibitionary Complex**. ■ 3 Alle Zitate im Text aus Mignot de Lyden, »Les Idoles au Champ de Mars« (Ü: Simon Lindner). ■ 4 Miersch, »Trophäe«, S. 464. ■ 5 Shalem, »Objects in Captivity«.

VOLKER BARTH, **Mensch versus Welt. Die Pariser Weltausstellung von 1867**, Darmstadt 2007.
TONY BENNETT, **The Exhibitionary Complex**, London 2018.
MARTIN MIERSCH, »Trophäe«, in: Uwe Fleckner, Martin Warnke, Hendrik Ziegler (Hg.), **Handbuch der politischen Ikonographie**, Bd. 2, München 2011, S. 463–470.
ÉMILE MIGNOT DE LYDEN, »Les Idoles au Champ de Mars«, in: **L'Exposition universelle de 1867 illustrée**, Heft 44 (1867), S. 214–218.
AVINOAM SHALEM, »Objects in Captivity. Preliminary Remarks on the Exhibiting and Making of Images of the Art of War«, in: **Mitteilungen des Kunsthistorischen Institutes in Florenz** 60 (2018), S. 436–465.

ANTHOLOGIE ZU KUNSTRAUB UND KULTURERBE
A Gramatica (1924): Von Trägern und Forschungsbeiträgen.

Eine Höhle für die Kunst Europas
1811

An einem Schreibpult sitzt der napoleonische Museumsdirektor, Dominique-Vivant Denon (1747–1825), die Feder in der Hand. Er wendet sich einem Bücherberg zu. Wie zufällig liegen zwei mächtige Bände so aufgeschlagen, dass wir ihre Titelseiten erahnen können: »Campagne en Italie et Allemagne« und »Campagne en Egypte« – napoleonische Feldzüge in Italien, Deutschland und Ägypten. In diese Länder folgte Denon den französischen Truppen und konfiszierte für Paris Tausende Kunstwerke und Kulturgüter. Studiert das »Auge Napoleons« also gerade die Dokumentationen seiner Reisen, seiner Ausbeute? Oder ersinnt er eine wirkungsvolle Allianz aus Kunst und Macht? Dafür spricht zum Beispiel das neben dem Obelisken stehende Modell der Siegessäule auf der Place Vendôme. Denon ließ für die Anfertigung Hunderte erbeutete Kanonen einschmelzen. Im Rekurs auf die römische Trajanssäule windet sich der Figurenfries spiralförmig aufwärts – wie um den transeuropäischen Triumph zu vollenden.

Der Rückbezug auf frühere Zeiten und Formen schließt noch das Bildnis an sich mit ein. Der Zeichner, Benjamin Zix (1772–1811), griff zurück auf die Ikonografie des sogenannten Gelehrten im Gehäuse, das den Porträtierten zurückgezogen in seinem Arbeitszimmer zeigt.[1] Ein Lichtstrahl fällt von links oben auf den Schreibenden – exakt in seiner Blickrichtung auf die Bücher. Sein Wissen gewinnt dieser »Humanist« aus dem Studium der Antike – in diesem Fall: aus dem Studium der aus ganz Europa und aus Ägypten zusammengetragenen Altertümer.

Um den inspirierten Museumsdirektor herum breitet sich eine Fülle von Resultaten seiner Arbeit aus. Anstatt aber einen realen, lokalisierbaren Ort abzubilden, inszeniert dieses Gelehrtenbildnis vielmehr Denons Produktivität, stellt sie zum Teil auf überdimensionalen Museumssockeln aus. Selbst das Gewölbe, das sich rechts im Hintergrund auftut, steht für ein Projekt Denons: 1807 eröffnete er im Louvre eine erweiterte Ausstellung antiker Skulpturen, die er in deutschen Sammlungen konfisziert hatte. Diverse halb ausgepackte Kisten verweisen auf den vorangegangenen Transport der Objekte. Als Datum der Eröffnung wählte Denon den Jahrestag der Schlacht von Jena, bei der Napoleon I. (Bonaparte, 1769–1821) die preußischen Truppen zurückschlug und in deren Folge er unter anderem Berlin besetzte. Die → BILD 4 Ausstellung der beschlagnahmten Antiken im Louvre hatte einen ausdrücklich po-

30

Benjamin Zix fertigte diese Federzeichnung mit brauner Tinte und brauner Tusche auf Papier im Jahr 1811. Auf ihr sehen wir Dominique-Vivant Denon inmitten all seiner – im Zuge der napoleonischen Feldzüge in den Besitz des Museums gelangten – Schätze und imaginierten und realisierten Großprojekte.

litischen Sinn, wie Denons Korrespondenz belegt. Sie wäre nämlich dazu bestimmt, dass »die Franzosen, indem sie das ruhmreich vom Feinde Erbeutete bewundern, gleichzeitig ihren ehrenden Respekt und ihre Dankbarkeit an den Helden richten können, dem der Sieg die Werke zu Füßen legte«.[2] Die von Benjamin Zix angefertigten Bilder des Ausstellungsraums kursierten auch in Deutschland und machten somit die propagandistische Botschaft, die eigentlich der *Grande Nation* galt, auch dort vernehmbar.[3] So stichelte etwa der Berliner Professor und Baumeister Martin Friedrich Rabe (1775–1856) im Jahr 1814: »Obgleich diese Gegenstände nun in Paris zwar nicht, wie es ehemals in Rom bei ähnlicher Gelegenheit der Fall war im Triumpf aufgeführt worden, so war die Art wie sie am 14 october 1807 also am ersten Jahrestag der unglücklichen Schlacht in der Gallerie des Louvre zur Schau gestellt war, nicht frei von französischer Eitelkeit und kriechender Schmeichelei«.[4] Zix' Zeichnung von Denons Arbeitsraum war ihm offenbar nicht bekannt. Denn hier wird die Ausstellungsansicht zwar etwas ungelenk, aber mit der Architektur eines Triumphbogens verschmolzen. Das visuelle Bindeglied bildet die kassettierte Bogenlaibung, die sich typischerweise in den Toren dieser antiken Siegesbauten findet, → BILD 19 genauso wie im echten Gewölbe der Salle de Diane.

In der Komposition verbildlicht Zix mehrfach die Verschränkung von militärischem Erfolg und Kunstpolitik. Links hinter dem Gelehrten thront eine Skulptur von Napoleon, der, über einen stattlichen Schreibtisch gebeugt, einen Feldzug plant. Nahezu spiegelbildlich widmen sich die beiden Männer, der Feldherr und der Museumsherr, ihrer Arbeit. Die zweite Napoleon-Figur im Bild ist eine Büste des Kaisers mit Lorbeerkranz. In Anlehnung an die Darstellung römischer Imperatoren auf antiken Münzen trägt dieser *Caesar* keine Uniform, bleibt um die Schultern nackt. Zwar ist diese Inszenierung an sich schon propagandistisch, doch geht der Bezug zum vielseitigen Schaffen Denons noch weiter. Denon war nämlich auch Leiter der staatlichen Münze und speiste dort vielzählige Entwürfe und Vorschläge ein. Daran erinnert das Stoßwerk, ein Münzprägegerät, direkt unterhalb der Büste. Verschwenderischen Gebrauch machte Denon zur Kaiserkrönung Napoleons von diesem ebenfalls traditionsreichen Massenmedium und ließ Zehntausende Silberjetons unters Volk werfen.[5] Während der napoleonischen Kaiserzeit verfolgte Denon eine *Histoire Métallique*, die die »Ruhmesgeschichten« Napoleons auf Medaillen der Erinnerung förmlich einprägen sollte. Für die meisten dieser metallenen Dokumente war der cäsarische Kopf verbindlich. Jener im Gelehrten-Bild streng nach rechts blickende Kopf Napoleons kommt diesem eingeprägten Kopf sehr nahe.

Benjamin Zix legitimiert den napoleonischen Kunstraub mit der Darstellung von Dominique-Vivant Denon als Renaissance-Gelehrten. Die materielle Aneignung der Antiken aus Italien, Deutschland und Ägypten führe in Paris zu einer Art zweiter Renaissance, zu modernen Transformationen der alten Formen. Zahlreich entspringen die verschiedenen Projekte und Entwürfe der Feder des Kunsträubers und füllen das Atelier. Ob gewollt oder nicht, lässt Zix dabei die Erzwungenheit oder Weltferne dieser Visionen durchblicken. Ihr irrealer, lediglich erträumter Charakter klingt in den durcheinandergeworfenen Proportionen der Gegenstände an. Auch räumlich erscheint diese kunstpolitische Werkstätte der Realität enthoben: In unsere Richtung, nach vorne, schafft ein gewaltiger Bogen Distanz. Und nach hinten verliert sich der Raum in ein verschattetes Off, wo Architekturelemente bloß noch plump gestapelt werden. Unrealisiert blieb letztendlich auch der so zentral im Bild aufragende Obelisk. Und von der Elefantenstatue wurde nur eine Scheinarchitektur aus Holz und Gips auf der Place de la Bastille aufgestellt – bis die Pariser sich ihrer 1846 entledigten.

AYLIN BIRDEM

1 Zur Entstehung des »Studiolo« und seiner Ikonografie siehe Liebenwein, **Studiolo**. ∎ 2 Denon, **Correspondance**, S. 386, Nr. 1001 (Ü: Bénédicte Savoy). ∎ 3 Savoy, **Kunstraub**, S. 349. ∎ 4 Bericht von Friedrich Rabe, »Verzeichnis von den Kunstsachen, Münzen, Büchern und anderen Merkwürdigkeiten, welche in dem Kriege 1806–1807 durch die Franzosen aus unserem Lande genommen wurden«, 12. Februar 1814, zit. n. Savoy, **Kunstraub**, S. 349. ∎ 5 Zeitz, »Zeugen des Ruhms«, S. 20.

VIVANT DENON, **Correspondance (1802–1815)**, herausgegeben von Marie-Anne Dupuy, Isabelle le Masne de Chermont und Elaine Williamson, Paris 1999.
WOLFGANG LIEBENWEIN, **Studiolo. Die Entstehung eines Raumtyps und seine Entwicklung bis um 1600**, Berlin 1977.
BÉNÉDICTE SAVOY, **Kunstraub. Napoleons Konfiszierungen in Deutschland und die europäischen Folgen**, Wien u. a. 2011.
LISA ZEITZ, »Zeugen des Ruhms. Napoleons Medaillengeschichte«, in: Lisa Zeitz, Joachim Zeitz (Hg.), **Napoleons Medaillen**, Petersberg 2003, S. 18–25.

Kunsthistorische Kolonisierung

1894

Eine pyramidale Komposition bilden die drei Holzfiguren, aufgestellt im Pariser Musée d'Ethnographie du Trocadéro. Sie repräsentieren Könige von Danhomè, einem afrikanischen Reich, das sich auf dem Gebiet des heutigen Benin befand – von links nach rechts Ghézo (1818–1858), Béhanzin (um 1845–1906) und Glèlè (1814–1889). Sie wurden von dem danhomeeschen Bildhauer Sossa Dede gefertigt. Während die Gruppe in der historischen Museografie des Trocadéro anders zueinander positioniert war, wie Fotografien belegen, nimmt die Figur Béhanzins hier die zentrale und aufgesockelte Stellung ein. Béhanzin war König, als der Franzose Alfred Amédée Dodds (1842–1922) die Hauptstadt Abomey im Jahr 1892 militärisch bezwang. → BILD 3

Auch der Autor des Beitrags in *La Nature*, Maurice Delafosse (1870–1926), legt besonderen Wert auf diese Skulptur. Er fordert dazu auf, die drei Werke im Vergleich zu betrachten, und konstruiert eine stufenweise Steigerung der künstlerischen Qualität, die ihren Höhepunkt bei Béhanzin erreiche. Der paternalistische Tonfall des Ethnologen ist dabei nicht zu überhören: »In Anbetracht aber der Unwissenheit der Bildhauer, ihrer völligen Ermangelung jeder Art von Bildung, der Minderwertigkeit ihrer Werkzeuge, kann man nicht verneinen, dass in diesen Versuchen der Anfang einer Kunst vorhanden ist, im Stande zur Fortbildung.«[1] Mit dieser Einschätzung wendet Delafosse sich gegen die verbreitete Meinung, dass die Bevölkerung kolonisierter Gebiete schlichtweg »minderwertig und unfähig zu erhabenen oder künstlerischen Gefühlen« sei. Aus heutiger Sicht ist die vorgetäuschte Wertschätzung leicht durchschaubar: Der Wissenschaftler übergeht die künstlerischen Maßstäbe des Entstehungsortes und erklärt sich selbst zur Autorität. Sähe er in den Objekten überhaupt keine künstlerische Qualität, dann ließe sich auch kein kunsthistorisches Interesse an ihnen rechtfertigen. Doch Delafosse platziert sie herablassend an der Peripherie seines eigenen Kompetenzbereichs. Der Produzent der Figuren steht an keinem selbst gewählten »Anfang einer Kunst«, sondern wird von dem Franzosen entmündigt und marginalisiert – kunsthistorisch kolonisiert.

Seine eigene Expertise demonstriert Delafosse im Verlauf des Artikels: Zunächst gibt er eine minutiöse Beschreibung der einzelnen Figuren, ihrer Gliedmaßen und vermeintlichen ästhetischen Vorzüge und Mängel. Daraufhin geht er auf den konservatorischen Zustand und die fälligen Reparaturen ein. Behoben werden mussten

31

In der populärwissenschaftlichen französischen Zeitschrift **La Nature** erschien 1894 ein Beitrag des Ethnologen und Kolonialbeamten Maurice Delafosse über das kurz zuvor eingenommene König-reich Danhomè. Darin abgedruckt fand sich diese Radierung des Franzosen Georges Massias mit der Bildunterschrift »Guézo, Guélélé et Béhanzin, rois de Dahomé [...]«. Sie zeigt drei Skulpturen, deren Restitution an Benin im Dezember 2020 vom französischen Parlament endgültig beschlossen wurde.

neben Verfallszeichen »wahrscheinlich auch die Verstümmelungen durch die in unserer Expeditionskolonne angeheuerten schwarzen Soldaten«[2]. Schließlich wendet er sich der Geschichte von Danhomè in chronologischer Reihenfolge zu, erwähnt auch die portugiesische Kolonialzeit und den transatlantischen Sklavenhandel. Während dieser Ausführungen zitiert er einen französischen Missionar, der 1876 den König Glèlè als »barbare couronné« bezeichnet hatte, als Barbaren mit Krone.[A] Als Delafosse gegen Ende auf die Regentschaft Béhanzins kommt, stellt er Dodds Militärschlag als Reaktion auf Aggressionen des Königs dar.

Dieser französische kennerschaftliche bis wissenschaftliche Zugriff auf die Skulpturen aus Danhomè wird in der Illustration durch einen Mann verkörpert, der am rechten Bildrand steht und zugleich als Maßstab für die Proportionen dient. Er wird durch seine Kleidung als bürgerlicher Franzose markiert und hält ein aufgeschlagenes Heft in der Hand. Sein Blick richtet sich weniger auf die Figuren als aus dem Bild hinaus und begegnet dem bildungsbürgerlichen Publikum von *La Nature* auf Augenhöhe. Durch diese Blickkonstruktion wird ein Rhythmus aufgebaut, in dem, obwohl die Holzfiguren im Zentrum dargestellt sind, die Darstellung des Mannes der Träger des Bildnarrativs ist. Es könnte sich um Delafosse selbst handeln, der die Objekte studiert und sich nun – mittels des Textes – an uns wendet.

Das Anliegen von *La Nature* bestand in der Popularisierung von Wissenschaften aller Art. Dass dieser Wissenstransfer unmissverständlich im Zeichen des Kolonialismus steht, geht nicht nur aus der Argumentation des Textes hervor, sondern wird auch von einer Trophäe im oberen rechten Bildeck hervorgehoben. Solche Gestecke aus Schildern und Waffen waren tatsächlich an den Wänden des Ausstellungsraumes im Trocadéro angebracht. Als Zusammenstellung von Kriegsgerät belegen sie prägnant den militärischen Sieg oder die Tötung derjenigen, die sich gegen koloniale Truppen gewendet hatten. Für die bildliche Wiedergabe schmückte der Zeichner Georges Massias die Trophäe im Vergleich zu den historisch im Ausstellungsraum nachweisbaren Objekten sogar noch etwas aus. Die Weitergabe der kolonialen Kunde wird durch den Blickkontakt mit der Wissenschaftler- und Vermittlerfigur veranschaulicht.[B] Zusätzlich leitet die Ecke des Museumssockels im unteren rechten Bildeck über von unserer Blickposition zu dem Gelehrten. So werden wir von *La Nature* eingeladen, uns Delafosses' demonstriertem Kenntnisreichtum anzuvertrauen und seine Bewertungsschemata für unsere eigene Betrachtung, ob im Bild oder im Museum, zu übernehmen.

→ BILD 29

Die Nachfolgeinstitution des Musée d'Ethnographie du Trocadéro, das Musée du quai Branly-Jacques Chirac für außereuropäische Kunst, besitzt die Skulpturen bis heute. Zwischen 1893 und 1895 kamen zahlreiche Stücke durch Schenkungen französischer Offiziere aus der Kriegsbeute von Danhomè in den Trocadéro.[3] 2016 forderte Benins Außenminister Aurélien Agbénonci die Rückgabe der drei Königsskulpturen, zusammen mit anderen Objekten. Es war nicht das erste der von Frankreich stets abgelehnten Restitutionsgesuche Benins. Ein Wendepunkt zeichnete sich ab, als der französische Staatspräsident Emmanuel Macron im November 2017 die Notwendigkeit äußerte, Bedingungen dafür zu schaffen, Kulturgüter aus französischen Museen an afrikanische Länder zu restituieren. Die Statuen und die Königsinsignien aus dem Königreich Danhomè aus der Plünderung Abomeys und Canas 1892 wurden im Sarr/Savoy-Rapport zur zügigen Restitution empfohlen, weil ihre gewaltsame Enteignung außer Frage steht und ihre Rückgabe große Strahlkraft hätte.[4] Im Dezember 2020 → BILD 84 beschloss der französische Senat einstimmig ihre Rückführung nach Benin.

VERÓNICA ORSI

1 Delafosse, »Statues des rois de Dahomé au Musée Ethnographique du Trocadéro«, S. 262. (Ü. aller Zitate: Simon Lindner). ■ 2 Delafosse, »Statues des rois de Dahomé au Musée Ethnographique du Trocadéro«, S. 263. ■ 3 Sarr, Savoy, **Zurückgeben**, S. 107 f. ■ 4 Sarr, Savoy, **Zurückgeben**, S. 128–130.

GAËLLE BEAUJEAN-BALTZER, »Du trophée à l'œuvre: parcours de cinq artefacts du royaume d'Abomey«, in: Jean-Pierre Goulard (Hg.), **Gradhiva, Revue d'anthropologie et d'histoire des arts. Voir et reconnaître, l'objet du malentendu** 6 (2007), S. 70–85, {journals.open edition.org/gradhiva/987}, letzter Zugriff 12. 11. 2020.

BRUNO BÉGUET (HG.), **La science pour tous. Sur la vulgarisation scientifique en France de 1850 à 1914,** Paris 1990.

MAURICE DELAFOSSE, »Statues des rois de Dahomé au Musée Ethnographique du Trocadéro«, in: **La Nature. Revue des sciences et de leurs applications aux arts et à l'industrie** 22 (1894), S. 262–266, {cnum.cnam.fr/redir?4KY28.42}, letzter Zugriff 12. 11. 2020.

JULIA KELLY, »»Dahomey!, Dahomey!«. The Reception of Dahomean Art in France in the Late 19th and Early 20th Centuries«, in: **Journal of Art Historiography** 12 (2015), {arthistorio graphy.wordpress.com/12-jun-2015}, letzter Zugriff 12. 11. 2020.

FELWINE SARR, BÉNÉDICTE SAVOY, **Zurückgeben. Über die Restitution afrikanischer Kulturgüter,** Berlin 2019

ANTHOLOGIE ZU KUNSTRAUB UND KULTURERBE

A Stanley (1874): **Die Plünderung von Mäqdäla.** ■ B Einstein (1926): **Der europäische Blick auf die eigenen ethnografischen Sammlungen.**

Museen – ein Ort, um die eigene Seele auszubilden
1908/09

Mit 14 Jahren beginnt Charles-Édouard Jeanneret-Gris (1887–1965) in seiner Heimatstadt La Chaux-de-Fonds eine Ausbildung an der École d'arts appliqués à l'industrie. Auf drei Jahre künstlerische Grundbildung folgt zwischen 1905 und 1907 ein Architekturstudium. Der ab den 1920er-Jahren nur noch unter dem selbst gewählten Namen Le Corbusier bekannte Architekt gehört zweifelsohne zu den bekanntesten Baumeistern des 20. Jahrhunderts und wird gemeinhin als einer der Väter moderner Architektur betrachtet. Direkt im Anschluss an seine Ausbildung verlässt er die schweizerische Heimat, um bis 1911 zu reisen: Florenz, Wien, Paris, München, Berlin, Konstantinopel und Athen sind nur die wichtigsten Stationen dieser wahrhaften Grand Tour durch Europa. Hunderte von Bleistift- und Federzeichnungen, Aquarelle und Gouachen hinterließ er aus diesen Jahren in Skizzenbüchern und auf losen Blättern. Landschaftsskizzen finden sich darunter ebenso wie Bildnisse von Menschen, architektonische Detailstudien und Ensemble-Ansichten der ihn umgebenden Stadträume. Einen Großteil der vornehmlich zügig in situ ausgeführten Blätter fertigte er in Ausstellungshäusern entlang seiner Reiseroute. In einem Brief aus Wien an seine Eltern schrieb er 1908: »In den Museen bilde ich meine Seele aus und öffne meinen Geist, ich lege solide Fundamente, die Grundlagen.«[1]

So auch in Paris, wo er sich von März 1908 bis Dezember 1909 aufhielt. Neben dem regelmäßigen Besuch von Abendklassen in den Ateliers der École des arts décoratifs arbeitete er im Architekturbüro der Gebrüder Perret und unternahm endlose Spaziergänge durch die Stadt, die ihn nicht selten in ihre Museen führten. Er zeichnete nach ägyptischen Artefakten und griechischen Vasen im Musée du Louvre, skizzierte mittelalterliche Tapisserien im Musée de Cluny und fertigte Studien von hinduistischen und japanischen Artefakten im Musée Guimet an.[2] Aus dem Musée d'Ethnographie du Trocadéro haben sich etwa zehn Blätter zu zwei Objektgruppen erhalten. Das Interesse des jungen Architekten fesselten hier präkolumbianische Vasen mit zoomorphen Formen aus Peru ebenso wie Skulpturen aus dem im heutigen Benin gelegenen Königreich Danhomè. Letztere wurden, nach der Eroberung des → BILD 31 Königreichs durch Frankreich, seit den späten 1890er-Jahren in dem Museum ausgestellt. Mit eifrigen Notizen versehen, kopierte Jeanneret-Gris eine mit gefassten Schnitzereien verzierte Holztür aus dem Königspalast von Abomey und eine der

32

Diese im Musée d'Ethnographie du Trocadéro 1908 oder 1909 entstandene Gouache auf Bleistift-vorzeichnung stammt vom Schweizer Architekten Charles-Édouard Jeanneret-Gris, ab 1920 bekannt als Le Corbusier.

Voudún-Gottheit Gou gewidmete Statue aus Eisen. Insgesamt vier Zeichnungen fertigte er von den als Ensemble ausgestellten Königsstatuen aus Abomey.[3] Auf der hier vorgestellten Gouache sehen wir im Vordergrund die in Rot und Grün gefasste, dem König Glèlè (1814–1889) gewidmete Holzstatue vor der ebenfalls farbig gefassten Repräsentation König Béhanzins (um 1845–1889). Hinter den beiden können wir gerade noch die obere Hälfte des Gesichts und den mit einem Schwert bewehrten rechten Arm von Ghézo (1818–1858) erkennen. Die lebensgroßen Bildnisse der Monarchen, die das Königreich Danhomè vor der Kolonialherrschaft Frankreichs über weite Teile des 19. Jahrhunderts regierten, zeichnete Jeanneret-Gris gemäß ihrer Anordnung im Ausstellungsraum. Den die Exponate umgebenden Raum blendet er, mittels einer grau-schwarzen flächigen Ausgestaltung des Blatthintergrundes, gänzlich aus. Während das die vordergründig gezeichneten Statuen dramatisiert, lässt es den wohl auch im Museum beinah verdeckten Ghézo fast gänzlich mit dem Hintergrund verschmelzen.

Das Kopieren nach Originalen im Museum ist spätestens seit dem frühen 19. Jahrhundert fester Bestandteil der akademischen Ausbildung in künstlerischen Berufen. In den großen europäischen Museen war es also keine Seltenheit, dass Kopistinnen und Kopisten zu Sonderkonditionen in die Ausstellungssäle gelangten. Mit der Institutionalisierung ethnologischer Sammlungen im späten 19. Jahrhundert wuchs die Sichtbarkeit von außereuropäischen Artefakten stark an.[A] Die Bedeutung von Masken und Statuen afrikanischer Provenienz als Inspirationsquelle für die Entwicklung des kubistischen Malstils Pablo Picassos und die wiederholten Studienbesuche der Expressionisten in den Südseesammlungen deutscher Völkerkundemuseen[B] gehören zu Allgemeinplätzen kunsthistorischen Wissens. Museale Präsentationen von frischen Funden aus fernen Ländern schafften es, die künstlerischen und intellektuellen Eliten ganzer Städte aufzuwühlen, so geschehen zum Beispiel 1913 in Berlin, als die Funde der Grabung im ägyptischen Tall al-ʿAmārna im Neuen Museum erstmals der Öffentlichkeit präsentiert worden sind – wohlgemerkt noch ohne die *Büste der Nofretete*.[4]

Der junge Architekt Jeanneret-Gris ist bereits vor seinen ausgiebigen Besuchen in den Museen Europas für Formsprachen anderer Kulturräume sensibilisiert worden. Charles L'Eplattenier (1874–1946), sein Lehrer in La Chaux-de-Fonds, vermittelte aus den Designlehrbüchern seiner Zeit beständig Mustertafeln mit Beispielen aus dem außereuropäischen Raum und ergänzte sie durch eigene, in den Ethnologischen Museen von Genf und Neuchâtel erarbeitete Beispiele.[5]

Die Statuen von Glèlè, Béhanzin und Ghézo haben in den 1950er-Jahren einen erneuten Auftritt im Werk von Le Corbusier. Für die 1958 in Brüssel ausgerichtete Weltausstellung entwarf er, gemeinsam mit Iannis Xenakis (1922–2001), den Pavillon Philips, der für die Präsentation der multimedialen Rauminstallation *Le Poème électronique* konzipiert worden ist. Auf drei im Inneren des Pavillons verteilten Leinwänden wurde zu den Klängen einer Komposition von Edgar Varèse (1883–1965) ein heute verschollener, 8-minütiger Film von Le Corbusier projiziert. In sieben Kapiteln entwarf er in einer Abfolge von Schwarz-Weiß-Fotografien einen assoziativen Bewusstseinsstrom, in dem Le Corbusier über die Menschheitsgeschichte und den Zustand der Welt reflektierte. Rekonstruktionen des Films zufolge waren alle drei von ihm 1908 im Musée d'Ethnographie du Trocadéro gezeichneten Königsstatuen aus Abomey in dem Film zu sehen. Eine während einer Aufführung des *Poème électronique* entstandene Schwarz-Weiß-Fotografie hält einen der Könige inmitten seines Filmauftritts fest: Gebannt reckt eine Schar von Zuschauenden den Kopf nach oben zu der sie überfangenden Leinwand, auf der ein um ein Vielfaches vergrößerter Glèlè seine Zähne zeigt.[6]

MERTEN LAGATZ

1 Le Corbusier an seine Eltern, 8.3.1908, zit. n. Pauly, **Le Corbusier**, S. 24 (Ü: Merten Lagatz). ■
2 Pauly, **Le Corbusier**, S. 131–135. ■ 3 Zu den Zeichnungen aus dem Musée d'Ethnographie du Trocadéro vgl. Pauly, **Le Corbusier**, S. 166 f. ■ 4 Savoy, »Futuristen, senkt euer Haupt!«. ■
5 Dumont, »Les arts primitifs«. ■ 6 Boone, »Le poème électronique«; Murphy, »Le Corbusier et les arts du Danhomè«.

VERONIQUE BOONE, »Le poème électronique. De l'art primitive au multimedia«, in: Christine Mengin (Hg.), **Le Corbusier et les arts dits ›primitifs‹**, Paris 2019, S. 220–235.
MARIE-JEANNE DUMONT, »Les arts primitifs dans la formation de Charles-Édouard Jeanneret«, in: Christine Mengin (Hg.), **Le Corbusier et les arts dits ›primitifs‹**, Paris 2019, S. 26–45.
MAUREEN MURPHY, »Le Corbusier et les arts du Danhomè. Primitivisme ou retour à l'ordre?«, in: Christine Mengin (Hg.), **Le Corbusier et les arts dits ›primitifs‹**, Paris 2019, S. 46–55.
DANIÈLE PAULY, **Le Corbusier. Catalogue raisonné des dessins**, Bd. 1: 1902–1916, Brüssel, Paris 2020.
BÉNÉDICTE SAVOY, »Futuristen, senkt euer Haupt! Amarnafieber in Berlin, 1913/14«, in: Friederike Seyfried (Hg.), **Im Licht von Amarna. 100 Jahre Fund der Nofretete**, Petersberg 2012, S. 452–459.

ANTHOLOGIE ZU KUNSTRAUB UND KULTURERBE
A Einstein (1926): **Der europäische Blick auf die eigenen ethnografischen Sammlungen.** ■
B Nolde (1914): **»Kulturelle Erzeugnisse« aus Deutsch-Neuguinea.«**

Die doppelte Rettung der Sixtina
1984/85

Auf zwei Holzkisten lagernd, lehnt die monumentale *Sixtinische Madonna* (1512/13) an einer Backsteinwand. Zwei Soldaten flankieren das Werk, dessen oberer Rahmen mit dem Bildrand abschließt. Eine Restauratorin in weißem Kittel sitzt auf einer weiteren Holzkiste und begutachtet die Oberfläche des Gemäldes mit einer Lupe. Uniformiert und mit verschatteten oder abgewandten Gesichtern dargestellt, scheinen die Figuren eher Berufsgruppen als Individuen zu repräsentieren: Militärs und eine Konservatorin tragen Sorge um das Gemälde mit Weltruhm. Im Rücken der beiden Soldaten sind jeweils die Rahmen von weiteren Gemälden zu erkennen. Zusammen mit dem schwarz-weißen Fliesenboden deutet dies auf eine informelle Depotsituation hin. Anhand der *Sixtinischen Madonna* von Raffael (1483–1520) lässt sich der Umgang der Sowjetunion mit den im Zweiten Weltkrieg aus Sammlungen aus Deutschland erbeuteten Kulturgütern beispielhaft nachvollziehen. Diese Geschichte begann mit der Einlagerung des Kunstwerkes in einem Eisenbahntunnel in der Sächsischen Schweiz im Dezember 1943 – zum Schutz vor dem Kriegsgeschehen. Bei Kriegsende befanden sich insgesamt 380 Kunstwerke, vornehmlich aus Dresdner Museumsbeständen, in dem Tunnel, der zu diesem Zweck ausgebaut und mit einer Heizungs- und Belüftungsanlage ausgestattet worden war. Im Mai 1945 richteten die siegreichen sowjetischen Truppen eine zentrale Sammelstelle im Schloss Pillnitz ein. Von dort startete Ende Juli ein Transport von Gemälden und Skulpturen, die die sowjetische Trophäenkommission ausgewählt hatte, per Zug nach Moskau – darunter auch die *Sixtina*.[1] Als Trophäenkommission wird eine zumeist aus Zivilistinnen und Zivilisten bestehende Sondereinheit der Sowjetarmee bezeichnet, deren Aufgabe es war, in vormals von NS-Truppen kontrollierten Gebieten in die UdSSR zu verbringende Kulturgüter, sprich Trophäen, ausfindig zu machen.[A]

Zehn Jahre später restituierte die Sowjetunion die Dresdner Kunstsammlung. Im Jahr 1955 gelangte Raffaels *Madonna* als eines von 750 Gemälden in einer propagandistisch durchinszenierten Übergabeaktion zurück in die Deutsche Demokratische Republik. Im Vorjahr hatte die Sowjetunion die Souveränität der DDR anerkannt, und im Mai 1955 erfolgte die Unterzeichnung des Warschauer Pakts. Bis zur Eröffnung der wiederaufgebauten Sempergalerie im Juni 1956 lagerten die Werke in Dresdner Depots.[2]

33

In den Jahren 1984/85 führte Michail Kornezkij das Gemälde **Die Rettung der Sixtinischen Madonna** in Öl auf Leinwand aus. Es misst imposante 180 × 156 Zentimeter, befindet sich heute in der Sammlung des Lettischen Nationalen Kunstmuseums in Riga und propagiert nicht nur eine einfache, sondern gleich eine zweifache Rettung von Raffaels **Sixtinischer Madonna**.

Anlässlich ihrer Rückgabe propagierten Politikerinnen und Politiker, Museumsleute und die Presse in DDR und UdSSR das Narrativ einer doppelten Rettung der
Dresdner Gemälde. Demnach hätten sowjetische Truppen die Werke zunächst vor
Zerstörung und Verfall gerettet, ehe sie dann, durch die sowjetische Restaurierung,
ein zweites Mal – für die Zukunft – gerettet worden wären. Deutlich vermittelt auch
der Titel der in Dresden und Berlin organisierten Wiederankunftsausstellung den
Propagandadiskurs: *Der Menschheit bewahrt. Schätze der Weltkultur – vom Altertum bis* → BILD 35
*zur Gegenwart – von der Sowjetunion vor Kriegsschäden bewahrt, vor Verderb und Zerstö-
rung gerettet und der Deutschen Demokratischen Republik übergeben.*[B]

Tatsächlich dramatisiert das Narrativ der doppelten Rettung den konservatorischen Zustand der Gemälde während der Auslagerung im Frühjahr 1945 und deutet
die Beutenahme durch die Siegermacht in eine humanistische Erhaltungsmaßnah-
me um. So wurde erst ab 1955 betont, dass die eingelagerten Gemälde unter Schim-
melbefall und Wasserschäden gelitten hätten. Zum Mythos der *ersten* Rettung gehört
auch der Topos des kunstsinnigen Rotarmisten, der die vorgefundenen Kunstwerke
gebannt bewundert. Einen solchen Bewunderer scheint unsere *Madonna* in dem Sol- → BILD 59
daten zur Rechten gefunden zu haben, der knapp unter seinem Stahlhelm und mit
leicht geöffnetem Mund zu ihr emporblickt.

Für die offizielle Geschichtsdarstellung ist das seit 1962 vielfach neu aufgelegte
Buch *Wenn die Madonna reden könnte* von Ruth Seydewitz (1905–1989), der Ehefrau
des Generaldirektors der Staatlichen Kunstsammlungen Dresden, Max Seydewitz
(1892–1987), exemplarisch. Bezüglich der doppelten Rettung schrieb sie: »In den
Nachkriegsjahren gab es in Dresden keine Möglichkeiten für die Sicherheit, für die
Pflege und Erhaltung der Kunstschätze. Darum befahl Marschall Konev, die geretteten Schätze der Weltkultur in die Sowjetunion zu transportieren.«[3] Zu der Zeit hätte
jedoch durchaus Fachpersonal zur »Pflege und Erhaltung« in der sowjetischen Besatzungszone zur Verfügung gestanden.[4] Zudem dokumentiert ein sowjetisches Zu-
standsprotokoll vom 30. September 1955, dass die *Sixtinische Madonna* in der UdSSR
nicht restauratorisch bearbeitet worden war.[5] So könnte man annehmen, dass die
Verlagerung 1945 letztlich der materiellen und ideellen Kompensation ungeheurer
Verluste seitens der Sowjetunion gegolten hatte und zehn Jahre später ein verzer-
rendes Narrativ zur »Verbrüderung« zwischen UdSSR und DDR entwickelt werden
musste.[6]

Das Gemälde des russischen Künstlers Michail Wladimirowitsch Kornezkij
(1926–2005) ist ein Beleg für die Langlebigkeit des Narrativs. Das Kulturministeri-

um der Lettischen Sowjetrepublik gab es anlässlich der groß angelegten Feierlichkeiten zum 40-jährigen Ende des Zweiten Weltkriegs in Auftrag. Kornczkij setzt die um die *Sixtina* kreisende Erzählung der doppelten Rettung mittels einer Bild-im-Bild-Komposition um. Er erweitert die Figurengruppe des Renaissance-Bildes durch Personal aus dem 20. Jahrhundert: Die sowjetischen Soldaten setzten Raffaels Dreieckskomposition zu beiden Seiten fort, während die sitzende Restauratorin das Bildnarrativ vervollständigt. Sie verstellt unseren Blick auf den zweiten Engel am unteren Bildrand und nimmt so dessen Platz ein. In der Hand hält sie die Lupe, das Instrument der *zweiten* Rettung. Ihre konservatorische Arbeit bildet das heimliche Zentrum der Darstellung: Die heilige Barbara blickt wohlwollend auf die Konservatorin hinab, und der kleine Engel, das Kinn in die Hand gestützt, schaut zu ihr hinauf. Auf diese Weise setzt der Maler Kornezkij die *Sixtina* und ihr heiliges Bildpersonal künstlerisch in Beziehung zu den sowjetischen Protagonistinnen und Protagonisten der doppelten Rettung.

SIMON LINDNER

1 Rudert, »Präsenz im Verborgenen«, S. 116–119. ■ 2 Lupfer, »»Auferstehung einzigartiger Kunst durch edle Freundestat««. ■ 3 Seydewitz, **Wenn die Madonna reden könnte**, S. 155. ■ 4 Hufen, »Sixtina auf Reisen«, S. 117. ■ 5 Lupfer, »»Auferstehung einzigartiger Kunst durch edle Freundestat««, S. 275 f. ■ 6 Lupfer, »»Auferstehung einzigartiger Kunst durch edle Freundestat««, S. 275 f.

CHRISTIAN HUFEN, »Sixtina auf Reisen. Die Rückgabe der Beutekunst an die DDR«, in: Deutsche Gesellschaft für Osteuropakunde (Hg.), **Osteuropa** 56 (2006) S. 111–130.
GILBERT LUPFER, »»Auferstehung einzigartiger Kunst durch edle Freundestat‹. Die Erzählung von der Rettung der Dresdener Gemälde«, in: Koordinierungsstelle für Kulturgutverluste Magdeburg (Hg.), **Kulturgüter im Zweiten Weltkrieg. Verlagerung – Auffindung – Rückführung**, Magdeburg 2007, S. 267–285.
THOMAS RUDERT, »Präsenz im Verborgenen. Die Sixtinische Madonna zwischen 1939 und 1955«, in: Andreas Henning (Hg.), **Die Sixtinische Madonna. Raffaels Kultbild wird 500** (Ausst.-Kat. Dresden, Gemäldegalerie Alte Meister), München 2012, S. 112–121.
CHRISTOPH SCHÖLZEL, »Die Restaurierungsgeschichte der Sixtinischen Madonna«, in: Claudia Brink, Andreas Henning (Hg.), **Raffael. Die Sixtinische Madonna. Geschichte und Mythos eines Meisterwerks**, München, Berlin 2005, S. 93–114.
RUTH SEYDEWITZ, **Wenn die Madonna reden könnte**, Leipzig u. a. ⁵1973 [1962].

ANTHOLOGIE ZU KUNSTRAUB UND KULTURERBE
A Grabar (1943): **»Potenzielle Äquivalente« als Kompensation kultureller Verluste.** ■
B Artamonow (1960): **Rückführungen von Kunstwerken als politisches Instrument im Kalten Krieg**

Die Südsee an der Elbe
1964

In der Phase aktiver Kolonialpolitik des Deutschen Kaiserreichs im Westpazifik wuchsen in den deutschen Völkerkundemuseen die Sammlungen dieser Region enorm. Ungefähr 70 Prozent der zwischen 1885 und 1914 erworbenen Objekte stammten aus dem damaligen Deutsch-Neuguinea, womit ihre Zahl die aller anderen außereuropäischen Bestände übertraf.[1] Unter den Museen war ein Wettstreit um die Objekte entbrannt, die es aus ihrer Perspektive zu retten galt, bevor sich die Lebensweise der Herkunftsgesellschaften infolge der Kolonisierung verändern würde.

In Dresden bildete die »Südsee« – neben Ozeanien zählte auch das insulare Südostasien dazu – den Schwerpunkt des Königlich Zoologischen und Anthropologisch-Ethnographischen Museums. 1875 von Adolf Bernhard Meyer (1840–1911) gegründet, war es ab 1878 im Zwinger öffentlich zugänglich. Meyers Forschungsinteressen hatten ihn noch vor seinem Amtsantritt bis Mitte 1872 nach Sulawesi und auf die Philippinen und 1873/74 nach Papua-Neuguinea geführt, wo er selbst sammelte. Ab 1891 trugen dann vor allem die Schenkungen und Fördermittel des Anthropologen Arthur Baessler (1857–1907) zum Ausbau der Pazifiksammlungen bei. Eine dramatische Zäsur für das Museum bedeutete indes der Zweite Weltkrieg mit den für Dresden verheerenden Luftangriffen. Dank umfänglicher Bergungsmaßnahmen konnten etwa 90 Prozent des Museumsguts gerettet werden, das in den 1950er-Jahren eine neue, dauerhafte Heimat im Japanischen Palais fand.[2]

Die Aufgabe, Ordnung in eine nach wie vor überbordende Sammlung zu bringen, scheint in dem Gemälde *Im Völkerkundemuseum Dresden* von Edmund Götz (1891–1968) in Szene gesetzt. Auf engstem Raum, zwischen Kisten, Figuren und Masken, die dicht gedrängt im Hintergrund aufgereiht sind, gleichen ein Mitarbeiter und eine Mitarbeiterin Objekte mithilfe aufgeschlagener Inventarbücher und reich illustrierter Bestandskataloge ab. Dresdner Kataloge über Masken aus »Neu Guinea« und dem »Bismarck Archipel« erschienen zum Beispiel 1889 und 1895. Konzentriert gehen die beiden ihrer Tätigkeit nach. Ihre Blicke sind auf einen übermodellierten Schädel gerichtet, den der junge, leger gekleidete Mann seiner Kollegin reicht. Die Artefakte, die den beiden buchstäblich über die Schulter schauen, wirken höchst lebendig. Trotz des gestischen Pinselduktus lässt sich jede Maske oder Holzfigur identifizieren. Zentral oberhalb des Ahnenschädels aus Neuirland etwa ist eine tago-

34

Edmund Götz' Gemälde **Im Völkerkundemuseum Dresden** entstand 1964 und gehört heute zur Sammlung desselben Museums. Es ist ein anschauliches Beispiel für die Erzählung von einer Ordnung bringenden Sammlungstätigkeit, in der die Wissenschaft als Dompteurin des vermeintlich Wilden auftritt.

Maske der Tami-Inseln zu erkennen, in seiner rechten Hand eine auffällig farbige tatanua-Maske und, über der Mitarbeiterin schwebend, eine ausladende Flügelmaske, die beide aus Neuirland stammen und bei rituellen Feierlichkeiten getragen wurden.

Alle Objekte, die Götz eigens aus den Magazinen holen ließ und selbst anordnete, um sie zu malen, waren zwischen 1886 und 1909 erworben worden. Mithilfe der historischen Inventarkarten lassen sich ihre Provenienzen bis zu Unternehmern, Wissenschaftlern, Sammlern und Missionaren wie Richard Parkinson (1844–1909), Bruno Geisler (1857–1945) oder Konrad Vetter (1869–1906) zurückverfolgen, die sich kurz- oder langfristig in Deutsch-Neuguinea niedergelassen hatten. Angekauft wurden sie zudem von einem der Organisatoren populärer Völkerschauen, Carl Marquardt, oder aber von international agierenden Ethnografica-Händlern wie Edward Gerrard & Sons aus London. 1895 erwarb Meyer eine Doppelmaske mit hutartigem Aufsatz und weißer Bemalung – ihr oberer Teil ist hinter dem Kopf des Mitarbeiters wiedergegeben – von William Downing Webster (1868–1913), der wenig später → BILD 26 das Monopol über den Markt mit Trophäen der britischen »Strafexpedition« im Königreich Benin innehaben sollte. Eine hellere, ebenfalls weiß bemalte Holzfigur, die zwischen der von Webster erstandenen Maske und der Flügelmaske aufgestellt ist, brachte dagegen der Mitarbeiter Meyers, Otto Schlaginhaufen (1879–1973), von der Marineexpedition im Bismarck-Archipel (1907–09) und seiner anschließenden Forschungsreise im damaligen Kaiser-Wilhelms-Land mit.[3] Die Frage, wie die Aneignung der Artefakte vor Ort erfolgte, ob sie getauscht, gekauft oder gestohlen wurden, werden künftige Forschungen zu beantworten haben. Die Auseinandersetzung mit Götz' Gemälde aber führt mitten hinein in die aktuellen Debatten um ungeklärte Provenienzen und Restitutionen, die sich vor allem an der »Sammelwut« ethnologischer Museen entzündet haben.

Ungeachtet des Bruchs mit der imperialistischen Vergangenheit Deutschlands, den die DDR für sich beanspruchte, lässt sich Götz' Werk kaum als gemalte Kolonialismuskritik deuten. Die »exotisch« anmutenden Objekte stellen die Kulisse für die wissenschaftliche Arbeit der beiden Ethnologen dar, die Götz in ihren Mittagspausen und an Wochenenden Modell standen. Mit dem Sujet der Arbeit bediente er ein Genre, das in der DDR Konjunktur hatte: Im Stil des sozialistischen Realismus sollten Kunstschaffende ideale Bilder der neu zu formenden Gesellschaft liefern. Gut geeignet schienen Typisierungen von Werktätigen im Umfeld ihrer Betriebe, die Arbeitsabläufe, aber auch Pausen- und Feierabendsituationen zeigten.[4] Derlei Vorgaben bestimmten die Auswahl von Exponaten für die Ausstellung *Unser Zeitgenosse,* die von Oktober bis Dezember 1964 in der Berliner Nationalgalerie (Ost) anlässlich des 15. Jubiläums der DDR-Gründung stattfand. In der Absicht, sein Gemälde dort einzureichen, hatte Götz sich einen Auftrag der Kommission beim Rat des Bezirks Dresden gesichert. Die Jury der Ausstellung lehnte das Werk jedoch ab.[5] Über die Gründe lässt sich nur spekulieren. Dass Götz mit seinem freien Pinselstrich und mit den zum Stillleben arrangierten Artefakten auf den Spuren Noldes oder Pechsteins wandelte und sich so in die Tradition der Moderne stellte, könnte Anlass für Kritik gegeben haben. Seine Repräsentation der auf dem Vergleichen oder Katalogisieren beruhenden intellektuellen Aneignung der Objekte dürfte zudem als eigenwillige Interpretation des Themas Arbeit aufgefasst worden sein.

ANDREA MEYER

Die Autorin dankt Frank Tiesler und Lydia Icke-Schwalbe, die Götz Modell gestanden hatten und ihre Erinnerungen mit mir teilten. Ihnen verdanke ich Informationen zu Götz' Arbeit im Japanischen Palais, zu Auftrag und Schenkung. Überdies danke ich Petra Martin, Südostasien-Kustodin am Museum für Völkerkunde Dresden, die den Kontakt zu Herrn Tiesler und Frau Icke-Schwalbe herstellte, alle dargestellten Objekte identifiziert hat und mir großzügigen Einblick in das Archiv gewährte. ■ 1 Buschmann, »Oceanic Collections in German Museums«, S. 197f. ■ 2 Martin, »Ein dunkles Kapitel mit weitreichenden Folgen«. ■ 3 Schindlbeck, »Deutsche wissenschaftliche Expeditionen und Forschungen in der Südsee bis 1914«. ■ 4 Weißbach / Drieschner, »Arbeit, Arbeit, Arbeit«; Damus, Malerei der DDR, S. 183–238. ■ 5 Archiv der Akademie der Künste, VBK-Archiv Dresden 65/2.

Archiv der Akademie der Künste, Berlin, Archivabteilung Bildende Kunst, VBK-Archiv Dresden 65/2: Schreiben von Martin Läuter, Beauftragter des Ministeriums für Kultur, 8. 9. 1964; Gerhard Pommeranz-Liedtke, Ausstellungsleiter Unser Zeitgenosse, an den Bezirksvorstand des VBK Dresden, 19. 6. 1964.

RAINER F. BUSCHMANN, »Oceanic Collections in German Museums. Collections, Contexts, and Exhibits«, in: Lucie Carreau u. a. (Hg.), Pacific Presences. Oceanic Art and European Museums, Bd. 1, Leiden 2018, S. 197–227.

MARTIN DAMUS, Malerei der DDR. Funktionen der bildenden Kunst im Realen Sozialismus, Reinbek 1991.

PETRA MARTIN, »Ein dunkles Kapitel mit weitreichenden Folgen. Das Dresdener Völkerkunde-museum von 1939 bis 1957«, in: Dresdener Kunstblätter 59 (2015), S. 30–43.

MARKUS SCHINDLBECK, »Deutsche wissenschaftliche Expeditionen und Forschungen in der Südsee bis 1914«, in: Hermann Joseph Hiery (Hg.), Die deutsche Südsee 1884–1914. Ein Handbuch, Paderborn u. a. 2001, S. 132–155.

ANGELIKA WEISSBACH, AXEL DRIESCHNER, »Arbeit, Arbeit, Arbeit. Serien zur sozialistischen Produktion in der DDR«, in: Arbeit, Arbeit, Arbeit. Serien zur sozialistischen Produktion in der DDR (Ausst.-Kat. Potsdam, Landtag Brandenburg), Paderborn 2020, S. 10–13.

Deutscher Demokratischer Pergamonaltar
1959

Die hellblaue Briefmarke bildet eine Schwarz-Weiß-Fotografie aus dem Saal mit dem monumentalen Zeusaltar im Pergamonmuseum ab. Von der originalen Altararchitektur ist nur die Eingangsseite mit der großen Freitreppe rekonstruiert. An den übrigen drei Saalwänden sind die spektakulären Reliefplatten angebracht. Unter der Fotografie prangt in schwarzen Großbuchstaben der Staatenname »Deutsche Demokratische Republik«. Die Deutsche Post gab die Marke anlässlich der Rückkehr der Friesplatten nach über einem Jahrzehnt der Abwesenheit heraus.

Ursprünglich stand der Pergamonaltar in der Stadt Bergama auf dem Gebiet der heutigen Türkei. Einer deutschen Grabungskampagne gelang es zwischen 1878 und → BILD 55 1886 mittels einer bei der osmanischen Regierung in Konstantinopel erkauften Erlaubnis, den Abtransport der wertvollen Reliefs nach Berlin zu erwirken. Als 1941 dann der Luftkrieg die Museumsinsel bedrohte, wurden die Platten in einem Flakturm am Berliner Zoo gesichert. Nach Kriegsende traf dort die sowjetische Trophäenkommission ein. Sie war von Josef Stalin (1878–1953) beauftragt, in Deutschland Kompensationen für sowjetische Kulturgutverluste zusammenzutragen,[A] die durch den nationalsozialistischen Kunstraub verursacht worden waren. Ein erster Eisenbahntransport mit beschlagnahmten Kunstwerken, darunter die Pergamonreliefs, verließ Berlin im September 1945 Richtung UdSSR. Weitere Zugladungen folgten. Aber schon 1946 wurde in sowjetischen Museen Geheimhaltung über die Kunstsammlungen aus Deutschland angeordnet, und die große Trophäenschau blieb aus.[1]

Rund zehn Jahre später verlief durch Berlin eine Grenze, aber noch keine Mauer. Die Systemkonkurrenz zwischen Ost und West, zwischen der Sowjetunion und den ehemaligen Westalliierten, kristallisierte sich in der geteilten Stadt: Ost- und West-Berlin gerieten zu Schaufenstern der beiden politischen Systeme. Die Rivalität erfasste zahlreiche Facetten des staatlichen Handelns, so auch die Museumslandschaft und die Frage nach der Rückführung von im Krieg abtransportiertem Museumsgut. In den Jahren 1954/55 gelangten sowohl die DDR als auch die BRD zu staatlicher Souveränität und wurden jeweils in die entgegengesetzten Bündnisse der NATO und des Warschauer Pakts integriert. Im Zuge dieser politischen und militärischen Stärkung wurden auf beiden Seiten auch Kunstwerke restituiert: 1955 gab die Sowjetunion die hochwertige Kunstsammlung der Dresdner Gemäldegalerie an die

35

Zwischen 1958 und dem Jahresende 1959 gab die Deutsche Post der DDR die Briefmarkenserie **Von der Sowjetunion zurückgeführte antike Kunstschätze** aus, gestaltet von Klaus Wittkugel (1910–1985). Die Marke hatte mit 25 Pfennig den höchsten Wert in der Serie, wurde jedoch in einer vergleichsweise geringen Auflage von 1,1 Millionen Stück gedruckt. Das Motiv ist eine Abbildung des Pergamonaltars – ein Kulturgut mit komplexer Verlagerungsgeschichte.

DDR zurück. Bevor die Sammlung nach Dresden ging, war sie für kurze Zeit in der frisch sanierten Nationalgalerie auf der Berliner Museumsinsel zu sehen. Dorthin pilgerten Neugierige aus ganz Berlin und ganz Deutschland – Ost wie West. Dieses gesamtdeutsche Publikum wurde für eine propagandistische Inszenierung genutzt: Man bemühte ein Narrativ der »Freundschaftstat« und überspielte die sowjetische Beutenahme. Dazu gehörte auch die Produktion einer Briefmarkenserie mit dem Titel *Von der UdSSR gerettete und zurückgeführte Kunstschätze der Dresdner Gemäldegalerie*. Abgebildet wurden Gemälde von Alten Meistern wie Albrecht Dürer (1471–1528), Rembrandt (1606–1669), Peter Paul Rubens (1577–1640) oder Tizian (1490–1576) – und die *Sixtinische Madonna* von Raffael (1483–1520). Die Serie war ein Erfolg: Sie → BILD 33 wurde zweimal, 1957 und 1959, mit erhöhter Auflage erweitert. Mit einer solchen Serie konnte der Staat, der schließlich ein Monopol auf die Briefmarkenproduktion hat, die kulturelle Aufwertung der eigenen Museumslandschaft feiern. Auf dem Postweg zirkulierten die kleinen Bildzeichen – beiläufig und doch omnipräsent – im In- und Ausland.

Nach der sozialistisch gefärbten Rückgabeausstellung bemühte sich auch West-Berlin darum, museal aufzutrumpfen. 1956 wurde eine große Rembrandt-Ausstellung realisiert, und eine Berliner Museumsikone von Weltrang, die *Büste der Nofretete*, kam in das Museum im Stadtteil Dahlem. Nun war die museumspolitische Rivalität → BILD 57 entfacht. Im Osten drängte man auf weitere Rückgaben aus der Sowjetunion, um die Schieflage aufzufangen. Aus dem Kulturministerium der DDR ist folgende Notiz überliefert: »Gelänge es uns, den Pergamon-Altar, der wohl als das bedeutendste Museumsgut schlechthin bezeichnet werden darf, wieder in Berlin aufzustellen, so wäre damit der gefährlichen Dahlemer Museumspolitik wohl der wirksamste Schlag widersetzt.«[2] Doch »das bedeutendste Museumsgut« verblieb noch zwei weitere Jahre in der UdSSR: Die dortige Regierung hoffte auf einen Austausch von geraubtem Kulturgut. Da jedoch der größte Teil der russischen Werke bereits durch die sowjetische Trophäenkommission 1945 gefunden und mitgenommen worden war, konnte es nicht zu den gewünschten gegenseitigen Rückgaben kommen. Während dieser diplomatischen Komplikationen im Osten konnte West-Berlin weitere Rückgaben in Empfang nehmen.[3]

Zur Übergabe großer Teile der ehemaligen Berliner Bestände an die DDR, darunter die Pergamonfriese, kam es schließlich 1958. Der sowjetische Regierungschef, Nikita Chruschtschow (1894–1971), hatte dies persönlich als von »großer politischer Bedeutung« bezeichnet. Eine deutsche Delegation nahm die Objekte in Moskau,

Leningrad (St. Petersburg) und Kiew entgegen. Militärisch gesichert nahmen die Sammlungen den Schienenweg zurück nach Berlin. Nach einer vorläufigen Ausstellung in der Nationalgalerie wurde am 4. Oktober 1959 – pünktlich zum zehnten Jahrestag der Gründung der DDR – die neu gestaltete Dauerausstellung im Pergamonmuseum feierlich eröffnet. Wie schon 1955 propagierten die »sozialistischen Bruderländer« eine selbstlose Rettung der »Kunstschätze« durch die Rote Armee.[4,B] → BILD 59

Die neue kulturelle Strahlkraft Ost-Berlins wurde nun abermals durch eine Briefmarkenserie beworben. Die Wertmarken für fünf, zehn und zwanzig Pfennig tragen Köpfe von altgriechischen und -ägyptischen Figuren, darunter auch das expressive Gesicht eines Giganten aus dem Pergamonfries. Mit der Serie *Von der Sowjetunion zurückgeführte antike Kunstschätze*, die zwischen 1958 und 1959 erschien, machte die DDR ihre kulturelle Konkurrenzfähigkeit mit dem Westen publik. Mit ihren 5,4 mal 3,2 Zentimetern kann die Pergamon-Marke selbst schon monumental genannt werden. Das »bedeutendste Museumsgut« nahm schließlich seinen Platz auf der Museumsinsel ein und verlieh der sozialistischen Seite der geteilten Stadt die erhoffte Autorität. Die Deutsche Post wird diesen Stolz Ost-Berlins auch im Westen streuen.

CAROLINE KÜHNE

1 Schade, »Kriegsbeute oder ›Weltschätze der Kunst, der Menschheit bewahrt‹?«, S. 201–213.
■ 2 Brief von Heese an Abusch, 9. 8. 1956, zit. n. Winter, ›Zwillingsmuseen‹ im geteilten Berlin, S. 199. ■ 3 Winter, ›Zwillingsmuseen‹ im geteilten Berlin, S. 196–203. ■ 4 Schade, »Kriegsbeute oder ›Weltschätze der Kunst, der Menschheit bewahrt‹?«, S. 227–236.

HANS-JÜRGEN KÖPPEL, **Politik auf Briefmarken. 130 Jahre Propaganda auf Postwertzeichen**, Düsseldorf 1971.
MARTIN OHLSBERG, **Schätze der Weltkultur von der Sowjetunion gerettet** (Ausst.-Kat. Ost-Berlin, Staatliche Museen zu Berlin), Ost-Berlin 1958.
ELISABETH ROHDE, **Pergamon. Burgberg und Altar**, Ost-Berlin 1961.
GÜNTER SCHADE, »Kriegsbeute oder ›Weltschätze der Kunst, der Menschheit bewahrt‹? Die Beschlagnahmung deutscher Kulturgüter durch die Sowjetunion am Ende des Zweiten Weltkriegs und ihre teilweise Rückkehr zwischen 1955 und 1958«, in: **Jahrbuch Preußischer Kulturbesitz 41** (2004), S. 199–258.
PETRA WINTER, ›Zwillingsmuseen‹ im geteilten Berlin. Zur Nachkriegsgeschichte der Staatlichen Museen zu Berlin 1945 bis 1958, Berlin 2008.

ANTHOLOGIE ZU KUNSTRAUB UND KULTURERBE
A Grabar u. a. (1943): »Potenzielle Äquivalente« als Kompensation kultureller Verluste. ■
B Artamonow (1960): Rückführungen von Kunstwerken als politisches Instrument im Kalten Krieg.

Des Kaisers alte Kleider in englischen Vitrinen

um 1917

Die Plünderung des Alten Sommerpalasts in Beijing im Zuge des Zweiten Opium-krieges durch französische und britische Militärs hielt der Offizier Garnet Joseph Wolseley (1833–1913) in seinem Reise- und Kriegsbericht *Narrative of the War with China in 1860*, direkt nach dem Ereignis, aus britischer Perspektive fest. Detailreich beschreibt er darin die kaiserlichen Gemächer und Gärten der Palastanlage. Über-wältigt von der reichen Ausstattung schreibt Wolseley: »In allen angrenzenden Räu-men waren unermessliche Garderoben gefüllt mit Seide, Satin und Fellmänteln. [...] Die Kissen auf den Sitzen und Sofas waren überzogen mit dem feinsten gelben Satin, bestickt mit Drachen- und Blumenfiguren. Gelb ist die kaiserliche Farbe, und keiner, der nicht von königlicher Geburt ist, darf solche Kleider tragen.«[1]

Ein Detail jener Kissenbezüge aus goldgelber imperialer Seide, die Offizier Wol-seley im Beijinger Sommerpalast vorfand, zeigt die Objektfotografie aus der Samm-lungsdatenbank des Victoria and Albert Museum in London. Der kleine Stoffaufnä-her in hellem, schimmerndem Gelbton verrät mit schwarz aufgestickter Schrift In-formationen zur Provenienz des Kissenbezugs: »From Summer Palace / Pekin 1861 / Wolseley. / 10 pieces«. Er wirkt nachträglich appliziert, unterscheidet er sich doch in Material und Farbe vom seidenen Kissenbezug. Auch der einfache, grobe Kreuzstich aus schwarzem Faden, mit dem der Aufnäher befestigt worden ist, harmoniert nicht mit der sehr filigranen Textilarbeit in Form einer wellenförmigen Ornamentbordüre am Rande des Kissenbezuges.

Der geschichtliche Kontext der Objektnahme hilft bei der Deutung der bruch-stückhaften Informationen des Aufnähers. Am 6. und 7. Oktober 1860, gegen Ende des von 1856 bis 1860 währenden Zweiten Opiumkrieges, plünderten britische und französische Truppen die Gärten und Gemächer des Alten Sommerpalastes, Yuanmingyuan, und brannten ihn wenige Tage später nieder.[2,A] Die Zerstörung der Palast- und Gartenanlage rechtfertigten die europäischen Heeresführer als Vergel-tungsschlag für die Gefangennahme, Folterung und teilweise Tötung eines ihrer Auskundschaftstrupps durch Qing-Repräsentanten. Offizier Wolseley bezeich-nete die barbarische Plünderung als eine Art befreiende Handlung der einfachen Soldaten, die sonst konstant strenger Disziplin ausgesetzt waren.[3] James L. Hevia verweist in seiner Publikation *English Lessons. The Pedagogy of Imperialism in Nine-*

36

Die Objektfotografie aus der Sammlungsdatenbank des Londoner Victoria and Albert Museum zeigt eine Detailaufnahme von der Rückseite eines Kissenbezuges aus bestickter gelber Seide. Was wie die akribische Einschreibung der Provenienz wirkt, könnte auch ein Versuch sein, gerade darüber hinwegzutäuschen.

teenth-Century China auch auf einen Artikel des *North China Herald* von 1860, in dem geschildert wurde, wie Hunderte von Seidenrollen aus den Regalen gerissen, auf dem Boden verstreut oder als Transportschutz für die angehäuften Kunstgegenstände genutzt wurden. Die heutige chinesische Regierung schätzt, dass damals an die 1,5 Millionen Kulturgüter transloziert wurden.[4] Ein Teil der Kunstschätze wurde offiziell zu Kriegsbeute erklärt und ging in die Sammlungen von Königin Victoria (1819–1901) und Kaiser Napoleon III. (1808–1873) ein, ein weiterer Teil des Beuteguts wurde noch vor Ort nach dem »British Prize Law« versteigert.[B] Zahlreiche → BILD 46 erbeutete Kunstgegenstände wurden nach dem Ende der militärischen Auseinandersetzung auf Auktionen in Paris und London verkauft. → BILD 48

Rätsel gibt die aufgestickte Jahreszahl 1861 auf, fand die Plünderung doch bereits im Vorjahr statt. Entwendete Wolseley den Kissenbezug nicht direkt aus dem Palast, sondern gelangte dieser erst bei späterer Gelegenheit in seine Hände? Oder sollte versucht werden zu verschleiern, dass der General selbst das Kissen aus dem Palast mitnahm? Wolseley kritisierte die anderen Soldaten in seinem 1862 publizierten Reisebericht als »grown-up schoolboys«, die sich während der Plünderung in einem moralischen Ausnahmezustand befunden hätten.[5] Sich selbst aber beschrieb er als einfachen Offizier und »nonlooter«.[6] Auf welchem Weg und wann genau der Kissenbezug in den Besitz der Familie Wolseley gelangte, kann heute nur schwer nachvollzogen werden.

Eine plausible Datierung des aufgestickten Provenienzmerkmals ist hingegen möglich. 1917, vier Jahre nach dem Ableben ihres Mannes, stiftete die Viscountess Louisa Wolseley (1843–1920) ein Konvolut von zehn Textilien aus dem Alten Sommerpalast an das Victoria and Albert Museum. Ein Verweis auf den Umfang der Stiftung findet sich auch im Aufnäher selbst, schließt er doch mit der Angabe »10 pieces« (10 Stück). Ihre Stiftung umfasste sechs weitere Kissenbezüge und drei bestickte Seidenfragmente. In dem Aufsatz von James Hevia wurde eine der hier besprochenen Fotografie vergleichbare Schwarz-Weiß-Abbildung abgedruckt. Nur ein genauer Blick auf das dort verwendete Foto macht deutlich, dass der identisch scheinende Kissenbezug bei Hevia über eine weitere Naht unterhalb der wellenförmigen Bordüre verfügt. Es muss sich um ein anderes Stück aus dem Konvolut handeln. Der Schluss liegt nahe, dass die gesamte Stiftung der Familie Wolseley bei der Abgabe an das Londoner Museum mit vergleichbaren Provenienzmerkmalen bestickt worden ist.

Das Einschreiben von Stifterpersönlichkeiten in die von ihnen in Auftrag gegebenen oder an Institutionen abgegebenen Dinge hat eine lange Tradition. Sie reicht zurück zu Stifterbildnissen im christlich-sakralen Raum, sei es in Form von Bauplastik oder als Teil gestifteter Malereien. Sie findet ihren Fortgang in Exlibris-Verweisen in Manuskripten, Sammlungsvermerken auf der Rückseite von Gemälden oder im Namen ganzer Museumstrakte, die die Stiftenden der ausgestellten Werke für die Nachwelt bewahren. Die auf dem Kissenbezug vermerkte Provenienz »From Summer Palace« (Aus dem Sommerpalast) ist zeitgenössisch als überaus wertsteigernd zu lesen. Erzielte sie doch auf Auktionen oftmals sehr gute Hammerpreise und stellte im imperialen Denken der britischen Eliten des späten 19. Jahrhunderts die Vormachtstellung des Empires heraus. Wolseley selbst wies in der eingangs zitierten Passage darauf hin, dass es der chinesischen Kaiserfamilie vorbehalten gewesen ist, sich mit Dingen aus diesem Material zu schmücken. James Hevia folgert, »die Anwesenheit der kaiserlichen Dinge außerhalb des Palastes demütigte ihn und das Reich nachhaltig«.[7] Einem heutigen Verständnis folgend, verdient die gewaltvolle Entnahme der Objekte aus dem Yuanmingyuan es, nicht nur als Demütigung, sondern viel mehr als eine Schande der Kolonialgeschichte bezeichnet zu werden. → BILD 64

KATHARINA DEPPISCH UND HOA JIN

1 Wolseley, **Narrative of the War with China in 1860**, S. 236. (Ü. aller Zitate: Simon Lindner). ∎
2 Racknitz, **Die Plünderung des Yuanming yuan**, S. 76 f. ∎ 3 Hevia, **English Lessons**, S. 82. ∎
4 Jenkins, »The Loot from China's Old Summer Palace in Beijing That Still Rankles«. ∎
5 Wolseley, **Narrative of the War with China in 1860**, S. 225. ∎ 6 Hevia, **English Lessons**, S. 89.
∎ 7 Hevia, **English Lessons**, S. 98.

INES EBEN VON RACKNITZ, **Die Plünderung des Yuanming yuan. Imperiale Beutenahme im britisch-französischen Chinafeldzug von 1860**, Stuttgart 2012.
JAMES L. HEVIA, **English Lessons. The Pedagogy of Imperialism in Nineteenth-Century China**, London 2003.
TIFFANY JENKINS, »The Loot from China's Old Summer Palace in Beijing That Still Rankles«, 2016, {https://web.archive.org/web/20190520145516/www.oxfordtoday.ox.ac.uk/opinion/loot-chinas-old-summer-palace-beijing-still-rankles#}, letzter Zugriff 12.11.2020.

ANTHOLOGIE ZU KUNSTRAUB UND KULTURERBE
A Hugo (1861): **Wie die Zivilisation der Barberei verfällt.** ∎ B Hooker (1910): »**Plünderung ist ausdrücklich untersagt**«.

Ein letztes Festhalten
1961

»Elfenbeinstoßzahn aus Benin City: Präsentation für das British Museum. Enthält 2 Fotografien, die zeigen: Benin-City-Trophäe: großer geschnitzter Elfenbeinstoßzahn und bronzener Kopf, gesammelt von Rear Admiral H. Rawson während der Strafexpedition in Benin City 1897.«[1] Diese Notiz vermittelt den Inhalt der in den Kew National Archives verwahrten Akte, in der sich die Fotografien befinden. Sie gehören zu den historischen Beständen der britischen Admiralität – einer bis in die 1960er-Jahre bestehenden britischen Regierungsbehörde, die die Amtsgeschäfte der Royal Navy übersah. Die Akte bezeugt den Bedarf, die Stücke vor ihrem Transfer in das British Museum für die Admiralität zu dokumentieren. Die Fotografien inszenieren die »Trophäe« – einen elfenbeinernen Stoßzahn, der in eine bronzene Kopfplastik aus Benin City gesteckt wurde – bereits im Stil musealisierter Objekte, als handelte es sich um Bildvorlagen für einen Museumskatalog. Ohne räumlichen Kontext lässt die Lichtsetzung durch die Verschattung am sich verjüngenden Ende des Stoßzahns erahnen, dass er an einer Wand lehnt. Sonst hätte man das Objekt auch als inmitten eines *white cube* – einem leeren, nicht materiellen Raum, der den Status der Objekte als Museumsartefakte spiegelt – präsentiert annehmen können. Nichts verweist mehr auf den Flur vor dem Büro des politischen Chefs im Londoner Hauptquartier der Admiralität, in dem das Objekt für mehr als 60 Jahre als Kriegstrophäe präsentiert worden ist.

Der Elfenbeinstoßzahn und die bronzene Kopfplastik wurden von dem Kommandanten der »Strafexpedition« in Benin City, dem Rear-Admiral Harry H. Rawson (1843–1910) geschenkt. Im Zuge des Eroberungsfeldzugs wurde der Palast des Obas – des monarchischen Herrschers des Edo-Königreichs – in Benin City zerstört und Tausende Memorial- und Zeremonialobjekte von den britischen Truppen geplündert.[A] Ein Großteil von ihnen gelangte über Auktionen, Schenkungen und den Kunstmarkt in westliche Kunst- und Museumssammlungen. Rawson, ein hochdekorierter Admiral der Royal Navy, diente nach seiner Rückkehr als Befehlshaber der Ärmelkanalflotte und Gouverneur der britischen Kolonie New South Wales auf dem australischen Kontinent.

→ BILD 26

Aus den Dokumenten, die sich in derselben Akte befinden, lässt sich schließen, dass das Ersuchen, die Objekte zu entfernen, 1961 gestellt wurde, denn »wir gehen

37

Diese Schwarz-Weiß-Fotografien von 1897 in Benin City erbeuteten Objekten finden sich in der Akte **The Disposal of the Benin City Trophy** (Die Veräußerung der Benin-City-Trophäe) der britischen Admiralität in den Kew National Archives in London. Die Aufnahme entstand vermutlich 1961 und erfolgte anlässlich der Abgabe dieser erbeuteten Objekte an das British Museum.

davon aus, dass diese Ausstellung im Flur einer Dienstleistungsabteilung nicht angemessen ist, weder als Objekt primitiver Kunst noch als nautisches Erinnerungsstück«.[2] Es wird weiter ausgeführt, dass »wir einen anderen Ort in einem Flur finden könnten, um es unterzubringen, ich jedoch davon ausgehe, dass die Admiralität nicht wie ein Museum ausgestattet sein sollte«. Weiter wird deutlich, dass eine erste Lösungsidee die Rückgabe an die seit Kurzem selbstregierte Region Nigeria war, das Land hatte 1960 seine Unabhängigkeit von Großbritannien erlangt. Diese Idee wurde jedoch schnell verworfen. Stattdessen entschied sich die Admiralität, das Objekt dem Commonwealth Institute, dem National Maritime Museum in Greenwich, dem Victoria and Albert Museum und dem British Museum anzubieten. Die Reaktionen enthalten keinerlei Diskussion darüber, wer das Objekt nun übernehmen sollte. Offensichtlich war das British Museum die einzige Institution, die es als in die eigene Sammlung passend empfand. Dort wurden bereits zahlreiche Stücke aus Benin City verwahrt und im Museum of Mankind ausgestellt. Nachdem er das Stück begutachtet hatte, erklärte William Buller Fagg (1914–1992), der damalige Kurator der ethnografischen Sammlungsobjekte des British Museum, dass »ihr Hinzufügen zur Sammlung des British Museum eine Inszenierung eines Ju-Ju-Altars für die öffentliche Ausstellung möglich machen würde«.[3] In der Reaktion der Admiralität heißt es: »Es ist fürchterlich zu erfahren, dass wir ein Ju Ju im Büro hatten. RIP.«[4] In kolonial britischen Argumentationen betonte der herablassende Begriff »Ju Ju« als Sammelbezeichnung für afrikanische Kultobjekte und -stätten nicht nur die angenommene Primitivität der religiösen Praktiken, sondern verband sie auch immer wieder mit Menschenopfern. Folgerichtig wurde keinerlei Bedauern über die Entfernung des Objekts ausgedrückt. In einer Notiz für das Museum wurde jedoch mitgeteilt: »Da das Objekt für uns weiterhin den Charakter eines maritimen Relikts und Stücks der maritimen Geschichte hat, würde es uns trösten, wenn das Museum bereit wäre, diesem Teil seiner Geschichte auf der Objektbeschreibung an seinem Ausstellungsort einen Platz zu geben.«[5]

Die am Fuß der Bronzeplastik erkennbare Plakette markiert das Objekt deutlich als Trophäe und benennt sowohl Erbeutungskontext als auch Stifter. Die Plakette, und mit ihr jede visuelle und materielle Referenz, die das Objekt als britische Kriegstrophäe auszeichnet, wurde kurz nach der Anfertigung der Fotografie entfernt.

Mit dem Eingang in das Museum verliert das Ensemble seinen Status einer militärischen Trophäe genau zu dem Zeitpunkt, als Nigeria seine Unabhängigkeit von Großbritannien erlangt. Die Inszenierung des Bronzekopfes und des Elfenbeinstoßzahnes für die fotografische Dokumentation hat zweifachen Ausnahmecharakter: Zum einen repräsentiert sie das Ensemble in einer dem Präsentationsmodus im Königreich Benin nachempfundenen Weise, die in musealen Kontexten eine Ausnahme bildet. In fast allen Museen wurden die Stoßzähne aus konservatorischen Gründen aus den Bronzeplastiken entfernt. Das Bild hält außerdem einen selten dokumentierten Moment des Prozesses der Wegnahme und Aneignung fest. Es bezeugt durch die angebrachte Plakette nicht nur die koloniale Verlagerung ethnografischer Objekte aus ihrem Ursprungskontext, sondern ebenso ihre Entfernung aus ihrem angestammten Sammlungskontext in Großbritannien, was ihre Aufnahme in das British Museum erst ermöglichte.

FELICITY BODENSTEIN

Aus dem Englischen von Philippa Sissis. ▪ 1 ADM 1/27823 (Ü. aller Zitate: Philippa Sissis). ▪ 2 ADM 1/27823: Brief von Mr. P. N. N. Synnott, Deputy Secretary (Personnel) Admiralty, an Sir Frank Francis, Director and Principal Librarian, British Museum, 5. 5. 1961. ▪ 3 ADM 1/27823: Bericht über William Faggs Besuch in den Admiralitätsbüros zur Besichtigung der Trophäe, 8. 5. 1961, unterzeichnet A. E. Cullen. ▪ 4 Ebenda. ▪ 5 ADM 1/27823: Brief von Mr. P. N. N. Synnott, Deputy Secretary (Personnel) Admiralty, an Sir Frank Francis, Director and Principal Librarian, British Museum, 6. 6. 1961.

Kew National Archives, London, ADM 1 (Admiralty, and Ministry of Defence, Navy Department: Correspondence and Papers), 27823.

ANTHOLOGIE ZU KUNSTRAUB UND KULTURERBE
A Roth (1903): Die ›Benin-Bronzen‹ im kolonialen Konkurrenzkampf Europas.

Die Berliner Quadriga im Dienste Napoleons

1813

Schlicht und zurückhaltend wirkt der Baukörper des eintorigen Triumphbogens, als ob er bewusst hinter dem nach Superlativen verlangenden Bauschmuck zurücktreten möchte. Seinen Aufriss gibt die anonyme Zeichnung aus dem Jahr 1813 über dem angedeuteten Schnitt in Bodennähe wieder. Die von einem Rundbogen überfangene Durchfahrt flankieren glatte Säulen mit ionisch anmutenden Kapitellen. Die Zonen des Bauwerks gliedern vorspringende Friese. Im Schatten der Säulen schließlich breitet sich ein Relief über beinahe die gesamte Wandfläche der Bogenfront aus. In Schiffsrümpfen thronend, sitzen sich Napoleon I. (Bonaparte, 1769–1821) und Marie-Louise von Österreich (1791–1847) gegenüber und rahmen die Durchfahrt des Tors. Das Kaiserpaar hält die französischen Krönungsinsignien von 1804, das Zepter der erhobenen Hand der Gerechtigkeit und die Figur Karls V., in den Händen.[1] Hinterfangen werden die beiden von sich bis zur Bauinschrift auftürmenden Trophäen, so viele sind es, dass sie von Putti gestützt werden müssen. Trophäen markierten in antiker Tradition das Gebiet eines Schlachtfelds, in dem es gelang, die Gegner in die Flucht zu schlagen. Den Besiegten abgenommene Ausrüstungsgegenstände wurden zu gut sichtbaren temporären Siegesdenkmälern. Während des festlichen Einzugs des siegreichen Heeres in die Stadt, die es entsandte, wurden die Trophäen mitgeführt. Auch das Relief des Triumphbogenprojekts wird von militärischem Gerät → BILD 20 dominiert: Schilde, Speere und Rüstungsteile sind deutlich zu erkennen. Gerahmt vom napoleonischen Wappen mit dem *Aigle de drapeau*, schmückt die Attika des Baus eine Widmungsinschrift, die sich an das Ehepaar Bonaparte in ihren offiziellen Titeln richtet: »À Napoleon le Grand | Empereur des Français Roi | Protecteur de la Confédération du Rhin[2] | Mediateur de la Confédération Suisse[3] | À Marie Louise | Archduchesse d'Autriche Imperatrice et Reine«. Der kaiserliche Ehebund wird an prominenter Position über den vorgelagerten Säulen durch die ineinander verschlungenen Initialen der Vornamen Louises und Napoleons im Monogramm »NL« verdeutlicht.

Die Attika krönen Skulpturengruppen: zu den Außenseiten zwei auf geflügelten Pferden reitende und eine Siegesfanfare spielende Jünglinge; mittig eine Quadriga, die einen Streitwagen mit Siegesgöttin zieht. Anhand ihrer charakteristischen Schwingen und der Standarte lässt sich die Victoria als die sich ursprünglich auf

38

Diese unsignierte, auf Karton aufgezogene Federzeichnung mit brauner Lavierung zeigt Aufriss
und Schnitt eines Triumphbogens zu Ehren der Hochzeit von Napoleon I. mit Marie-Louise
von Österreich im Jahr 1810. Oben zu sehen ist die Berliner Quadriga, die Napoleon 1806 nach
Paris bringen ließ.

dem Brandenburger Tor befindliche identifizieren. Die Quadriga wurde 1806 nach
dem Einmarsch napoleonischer Truppen in Berlin durch ebendieses Stadttor nach → BILD 8
Paris verbracht. Bereits im selben Jahr wurde mit einer prominenten Aufstellung der
Berliner Skulpturengruppe geliebäugelt. Sie sollte auch dort wieder einen repräsen-
tativen, klassizistischen Torbau schmücken. Benjamin Zix (1772–1811) zeigt in einer
Weitsicht über den Pont d'Iéna 1806, wie sich diese Idee in das Stadtbild eingefügt
hätte.[4]

Zu der geplanten Aufstellung der von Johann Gottfried Schadow (1764–1850)
entworfenen Plastik auf einem Monument im Stadtraum der französischen Hauptstadt kam es allerdings nie. Sie wurde stattdessen in einem ehemaligen Lager für
Oper- und Theaterdekore, dem Hôtel des Menus-Plaisirs in Versailles, aufbewahrt,
wo sie nach aufwendiger Restaurierung bis zu ihrer Restitution an Preußen im Jahr
1814 unbenutzt blieb.

Der laut Bauinschrift vom Senat der Stadt Paris in Auftrag gegebene Torbau eines
unbekannten Architekten kam nie über das Entwurfsstadium hinaus. Die Zeichnung
blieb, mit drei alternativen Entwürfen für dasselbe Projekt, in der Bibliothèque nationale de France erhalten. Die Berliner Quadriga findet sich noch auf einem weiteren Blatt der Reihe – auch dort mittig die Attika bekrönend. Der Architekt Gabriel-
Hippolyte Destailleur (1822–1893) stiftete das Zeichnungsensemble 1890 dem Cabinet des estampes (Kupferstichkabinett) der Bibliothek. Sie sind Teil seiner Sammlung
von über 1 300 Blättern zur Architektur von Paris.

Zwei monumentale Triumphbögen wurden jedoch tatsächlich im frühen 19. Jahrhundert zu Ehren Napoleon I. errichtet. Der Ruhmestaten der Grande Armée geden-
kend, wurde in nur zwei Jahren zwischen dem Louvre und dem Palais des Tuileries
ab 1806 der *Arc de Triomphe du Carrousel* gebaut, während sich die im selben Jahr
begonnenen Arbeiten am *Arc de Triomphe de l'Étoile* bis in das Jahr 1836 hinzogen. Bei
dem zeremoniellen Einzug Marie-Louises anlässlich ihrer Vermählung wurde letzt-
genannter durch ein temporäres Holzgerüst ergänzt und mit aufwendigen Stuck-
arbeiten sowie Darstellungen auf Leinwand dekoriert.[5] Den bereits fertiggestellten
Arc de Triomphe du Carrousel zierten die während des Italienfeldzugs 1797 erbeuteten
Pferde von San Marco – ab 1808 bis zu ihrer Restitution 1815 diente die venezianische Quadriga als Dekor für das Monument. → BILD 80,

So lässt sich auch die projektierte Platzierung des Berliner Pferdegespanns als
eine in das Stadtbild ausstrahlende Verehrung der Ruhmestaten des Feldherrn Napoleon lesen, ist sie doch eine prominente Trophäe des Sieges über die preußische

Armee. Sie wird so teil eines komplexen Verweissystems auf die diplomatischen und militärischen Erfolge des französischen Kaisers: In der Widmungsinschrift wird der Allianzen mit einigen deutschen Staaten, dem Rheinbund (1806–1813) und der Schweiz (1803–1813) gedacht.

Das ein antikes Architekturformular aufgreifende Monument inszeniert den französischen Kaiser nach römischem Vorbild. Triumphbögen dienten im antiken Rom dem Einzug des siegreichen und vom Senat mit Ehrung gewürdigten Feldherrn in die Stadt. Das Wiederbeleben dieser Denkmaltradition ist wichtiger Bestandteil → BILD 19 machtpolitischer Diskurse zu Regierungszeiten Napoleons I. gewesen. Dominique-Vivant Denon (1747–1825), ein tonangebender Kulturpolitiker im Premier Empire → BILD 30 und Direktor des Musée Napoléon, plante eine Vielzahl von Memorialprojekten und -bauten, die Napoleon Bonaparte als einen in der römisch-antiken Kaisertradition stehenden Herrscher inszenierten – ein Versuch, die nicht auf Erbfolge fußende Macht des Kaisers im Sinne der *translatio imperii* zu legitimieren.

JANINA VUJIC

1 Fleckner, »Napoleon I. als thronender Jupiter«, S. 130. ■ 2 Anm.: Militärbündnis des Rheinbundes, 1806–1813. ■ 3 Anm.: Mediationsakte mit der Schweizer Eidgenossenschaft, 1803. ■ 4 Dupuy (Hg.), Dominique-Vivant Denon, S. 365. ■ 5 Gaehtgens, Napoleons Arc de Triomphe, S. 44.

MARIE-ANNE DUPUY (HG.), Dominique-Vivant Denon. L'œil de Napoléon (Ausst.-Kat. Paris, Musée du Louvre), Paris 1999.
UWE FLECKNER, »Napoleon I als thronender Jupiter. Eine ikonografische Rechtfertigung kaiserlicher Herrschaft«, in: Idea. Jahrbuch der Hamburger Kunsthalle 8 (1989), S. 121–134.
THOMAS W. GAEHTGENS, Napoleons Arc de Triomphe, Göttingen 1974.

Museumsvision für das Kaiserreich
1884

An der Spitze der Berliner Museumsinsel ragt eine Vollrekonstruktion des monumentalen Pergamonaltars in den Himmel. Durch einen integrierten Schornstein
steigt wie bei einem Brandopfer Rauch auf. Auf der Dachterrasse eines Museums-
baus kann das Hochrelief, auf dem die Giganten gegen die griechischen Götter
kämpfen, von allen Seiten bewundert werden. Die perspektivische Ansicht blickt
über die Uferpromenade am Kupfergraben, dem Kanal, der zusammen mit der Spree
die Museumsinsel umfließt. Die Inselspitze wird vom Rest durch eine Eisenbahn-
trasse abgetrennt, die rechts durch das Bild verläuft. Heute steht auf dem Baugrund
das Bode-Museum.

Seinen Vorschlag zur pompösen Inszenierung des Zeusaltars unterbreitete Theophil von Hansen (1813–1891) am Rande eines Architekturwettbewerbs zur Erweiterung der Berliner Museumsinsel in den Jahren 1883 und 1884. Das preußische
Kultusministerium holte Entwürfe zur Erweiterung im Rahmen eines Ideen-Wett-
bewerbs ein, da die Berliner Kunst- und Gipsabgusssammlungen rasant anwuchsen
und die bestehenden Bauten längst zu eng geworden waren. Besonders die deutschen Ausgrabungen in Olympia (seit 1875) und Pergamon (seit 1878) hatten enorme
Mengen von Werken zutage gefördert. Bereits 1880 wurden Einzelstücke des Reliefs
vom Pergamonaltar in der Rotunde des Alten Museums ausgestellt und als Sensati-
on gefeiert.[1] Stimmen wurden laut, wonach Berlin mit diesen Sammlungszuwäch-
sen den Vergleich mit den Antikensammlungen in London, Paris, St. Petersburg und
Wien nicht mehr scheuen müsste.[2] Und auf die imperiale Konkurrenzfähigkeit kam
es dem 1871 neu gegründeten Deutschen Kaiserreich an. Das Vorhaben, die Museumsinsel zu erweitern, zielte somit auch auf das Zurschaustellen eines internationalen Geltungsanspruches.[A]

Dieses transnationale Konkurrenzbewusstsein spiegelte sich in einer inländischen
Vorliebe für Architekturwettbewerbe. So wurden allein zwischen der Reichsgrün-
dung 1871 und dem Tod Kaiser Wilhelms I. (1797–1888) insgesamt 19 Museumsbauten
durch Konkurrenzen vorbereitet. Auch Berlin erlebte seit den späten 1870er-Jahren
einen Museumsboom: Für ein Völkerkundemuseum, ein Kunstgewerbemuseum und
ein Naturkundemuseum wurden Planungen unternommen. Während diese Bauaufgaben direkt vergeben wurden, änderte das preußische Kultusministerium in Hinblick

39

1884 entwarf der Architekt Theophil von Hansen einen Plan zur Erweiterung der Berliner Museumsinsel. Die Entwurfsarchivalien verwahrt das Kupferstichkabinett der Akademie der bildenden
Künste in Wien. Eine perspektivische Ansicht, ausgeführt mit Bleistift, Aquarell und Gold auf Papier,
zeigt Hansens Idee für das Pergamonmuseum, die nichts weniger vorschlug, als den Zeusaltar
gleich seinem Ursprungsort wieder erhaben über einer Stadt zu präsentieren.

auf die Museumsinsel ihr Vorgehen auf Druck von Architektenverbänden und der Presse. Mit 52 Beteiligungen konnte die Ausschreibung als Erfolg gewertet werden.[3]

Der 71-jährige Theophil von Hansen nahm außer Konkurrenz teil. Er zeigte seine Entwürfe zunächst zwei wichtigen Museumsleuten: dem Generaldirektor der Königlichen Museen, Richard Schöne (1840–1922), und dem Direktor der Antikensammlung, Alexander Conze (1831–1914). Beide waren begeistert von der frei stehenden Rekonstruktion auf dem Museumsdach und dem aufsteigenden Dampf – so schrieb Conze an den Grabungsleiter in Pergamon, Carl Humann (1839–1896), und sandte ihm die perspektivische Ansicht.[4] Dass Conze besonders die vollständige und lückenlose Rekonstruktion unter offenem Himmel pries, passt zu seinem ganzheitlichen archäologischen Anspruch. Von Beginn der Ausgrabungen an legte er Wert darauf, nicht nur »Raubbau« an einzelnen, besonders schönen Ausstellungsstücken zu betreiben, sondern »das höhere Ziel der Rekonstruktion jenes ganzen Altars im Auge zu halten«.[5] Diese sah er allerdings nicht am Ausgrabungsort im osmanischen Bergama vor, sondern in Berlin. 1884 war im Osmanischen Reich ein neues Antikengesetz in Kraft getreten, das die Ausfuhr neu gefundener archäologischer Objekte verbot. Diese Neuregelung stand der Einfuhr der Fragmente des Pergamonreliefs nach Deutschland im Weg. Bis 1884 hatte es zwar Fundteilungen zwischen den → BILD 9 deutschen Archäologen und den osmanischen Behörden gegeben, doch kaufte Berlin den zweiten Teil, der Konstantinopel zufiel, einfach ab. Mit dem neuen Ausfuhrverbot von 1884 musste Deutschland nun eine Tauschaktion eingehen, um sämtliche Fundstücke des Reliefs in Berlin zu versammeln.[6] Dennoch blieben die Funde lückenhaft, und man entschied sich, diesen Zustand im Museum auszustellen. Hansen dagegen rechnete (noch) mit der Vervollständigung des Reliefs, zumindest forderte er sie für seine Nachbildung auf dem Museumsdach.

Mit seiner Vollrekonstruktion in den Berliner Lüften nahm Hansen die Forderung des Wettbewerbs nach einer großräumigen Inszenierung des Zeusaltars beim Wort. Andere Entwürfe hatten besonders an der Darstellung der riesigen Gipsabgusssammlung gearbeitet; ganze Säle wurden mit 1:1-Nachbauten von Säulen, Denkmälern und Türmen gefüllt, darunter der Titus- und der Konstantinbogen aus Rom und die Fassade des Zeustempels aus Olympia. Diese Monumentalbauten sollten mit den → BILD 27 Rivalen in London, Paris und Amsterdam gleichziehen und dem Anspruch Berlins als Kulturzentrum von Weltrang Ausdruck verleihen.

In den öffentlichen Raum platzierte allerdings nur ein anderer Entwurf der Berliner Konkurrenz die Inszenierung des prestigeträchtigen Pergamonaltars. Wie im

Entwurf von Hansen sollte es sich um eine Attrappe handeln, um das Original nicht zu strapazieren. Das Büro Schmidt & Neckelmann sah allerdings nicht den archäologisch bedeutsamen Gigantenfries vor, und der Altar sollte auch nicht begehbar sein. Hansen hingegen wollte an den ursprünglichen Standort unter freiem Himmel und auf einem Berg anknüpfen.[7] Aus der Höhe könnte das Monument in das Stadtbild ausstrahlen und die Wiederbelebung der griechischen Antike im Herzen Berlins anzeigen. In Nachbarschaft zur Prachtstraße Unter den Linden und zum Berliner Schloss würde der Altar einen Höhepunkt der hellenistischen Kunst wiederholen und das deutsche Machtzentrum sichtbar aufwerten. In seiner Theatralität würde er so zu einem leibhaftig erlebbaren Ort (über) der Stadt – und sein Dampf antwortete auf die moderne Höchstleistung der jüngst eingeweihten Berliner Stadtbahn.

→ BILD 55

→ BILD 35

SIMON LINDNER

1 Fendt, »Die Erstpräsentation der pergamenischen Funde im Alten Museum«. ■ 2 Bernau, »Von der Freistätte zur Museumsinsel«, S. 13. ■ 3 Bernau, »Von der Freistätte zur Museumsinsel«, S. 13–18. ■ 4 Kunzi, »Ζήτω η Ελλάδα – Es lebe Griechenland!«, S. 312. ■ 5 Brief von Conze an Humann, vmtl. 1878, zit. n. Kästner, »»Ein Werk, so groß und herrlich … war der Welt wiedergeschenkt!'«, S. 38. ■ 6 Kästner, »»Ein Werk, so groß und herrlich … war der Welt wiedergeschenkt!'« ■ 7 Kunzi, »Ζήτω η Ελλάδα – Es lebe Griechenland!«, S. 314.

NIKOLAUS BERNAU, »Von der Freistätte zur Museumsinsel«, in: Nikolaus Bernau, Hans-Dieter Nägelke, Bénédicte Savoy (Hg.), Museumsvisionen. Der Wettbewerb zur Erweiterung der Berliner Museumsinsel 1883/84, Kiel 2015, S. 11–31.
ASTRID FENDT, »Die Erstpräsentation der pergamenischen Funde im Alten Museum«, in: Ralf Grüßinger, Volker Kästner, Andreas Scholl (Hg.), Pergamon. Panorama der antiken Metropole (Ausst.-Kat. Antikensammlung der Staatlichen Museen zu Berlin), Petersburg 2011, S. 378–380.
URSULA KÄSTNER, »»Ein Werk, so groß und herrlich … war der Welt wiedergeschenkt!‹ Geschichte der Ausgrabungen in Pergamon bis 1900«, in: Ralf Grüßinger, Volker Kästner, Andreas Scholl (Hg.), Pergamon. Panorama der antiken Metropole (Ausst.-Kat. Antikensammlung der Staatlichen Museen zu Berlin), Petersburg 2011, S. 37–44.
MEI-HAU KUNZI, »Ζήτω η Ελλάδα – Es lebe Griechenland! Außer Konkurrenz: Theophil Hansen, ohne Motto«, in: Nikolaus Bernau, Hans-Dieter Nägelke, Bénédicte Savoy (Hg.), Museumsvisionen. Der Wettbewerb zur Erweiterung der Berliner Museumsinsel 1883/84, Kiel 2015, S. 312–319.

ANTHOLOGIE ZU KUNSTRAUB UND KULTURERBE
A Turner (1810): Transnationale Forschung und nationales Prestigedenken.

Ein Manga-Star im Auftrag des British Museum

2010/11

Hoshino Yukinobu (星野之宣, *1954) zeichnet seit den 1980er-Jahren Mangas und erlangte mit der Science-Fiction-Serie *2001 Nights* Beachtung in der Comic-Szene. Die Figur des Professors Munakata entwickelte er 1995 für die Mangareihe *The Legendary Musings of Professor Munakata* (宗像教授伝奇考), die in der ab 2004 publizierten Serie *The Case Records of Professor Munakata* (宗像教授異考録) fortgesetzt wurde. Der Protagonist, ein Professor der Anthropologie und Ethnologie, forscht in über 20 Bänden zu Märchen, volkskundlichen Geschichten und historischen Ereignissen von der Antike bis in seine Gegenwart. Die Episode *Professor Munakata's British Museum Adventure* erschien 2010 als Fortsetzungsgeschichte in dem japanischen Magazin *Big Comic* und im Folgejahr als leicht adaptierte englische Buchfassung. Ausgangspunkt der Geschichte ist ein Gastvortrag Munakatas im British Museum. Zur gleichen Zeit werden die riesigen Gesteinsquader des englischen Kulturerbes Stonehenge gestohlen. Die Diebesbande kontaktiert das British Museum und droht damit, die Monolithen über Londoner Monumenten abzuwerfen, falls bestimmte Objekte aus der Sammlung des Museums nicht restituiert würden. Munakata begibt sich in Begleitung einer Kuratorin auf eine Schnitzeljagd durch die Ausstellungssäle. Möglichst schnell müssen sie die rückgeforderten Exponate ausfindig machen – Spielsteine aus dem vom Museum verwahrten Satz der Lewis-Schachfiguren weisen ihnen den Weg. Fündig werden sie bei den sogenannten Benin-Bronzen, assyrischen Wandreliefs aus den Königspalästen von Nimrud, und den Giebelskulpturen des Parthenons – allesamt bedeutende Exponate des British Museum und Objektgruppen mit streitbarer Erwerbsgeschichte. Außerdem soll der *Stein von Rosetta* an Frankreich restituiert werden, waren es doch Franzosen, die ihn in Ägypten entdeckten.[A]

→ BILD 37, 61, 62

Im unteren Bild sehen wir den Professor und die Kuratorin im Ausstellungssaal der sogenannten *Elgin Marbles*, den Giebelskulpturen des Parthenons auf der Athener Akropolis.[B] Die beiden harren leicht vornübergebeugt an einer Bank aus und blicken gebannt auf die darauf platzierte Schachfigur. Auf sie zufluchtende Speedlines und eine Sprechblase mit zwei Ausrufezeichen vermitteln das Erstaunen der Charaktere. Eine Detailzeichnung des skulpturlosen Tempelgiebels in der Blattmitte vermittelt zum oberen Bildpanel, einer Ansicht des Parthenontempels auf der Akropolis in

40

Auf Seite 54 des von Hoshino Yukinobu gezeichneten Mangas **Professor Munakata's British Museum Adventure** (宗像教授異考録～大英博物館の大冒険) sehen wir den Helden dieser Serie, der auf der Jagd nach Museumsräubern auch über die Provenienz der geraubten Gegenstände ins Grübeln kommt.

Athen. Zwei Textfelder mit Informationen zu der Verlagerungsgeschichte der marmornen Skulpturengruppe komplettieren die Seite. Geschickt führt Hoshino unseren Blick: Isoliert wirken die Exponate vor der monochromen Museumswand im unteren Bildfeld, scheinbar jederzeit bereit, auf ihren angestammten Platz im direkt über ihnen platzierten Giebelfeld zurückzukehren. Nur erahnen können wir die erhabene Wirkung des antiken Tempels mitsamt seinem Bauschmuck.

Die in den Textpanelen vermittelten Informationen unterscheiden sich im Vergleich der japanischen mit der englischen Fassung leicht voneinander. Sie erzählen von der Verlagerung der Objekte in die Hauptstadt des Vereinigten Königreichs – derartige Einführungen zur Verbringung der Objekte nach Großbritannien liefert der Autor zu sämtlichen für den Plot wichtigen Exponaten.

Im rechten Textfeld wird berichtet, dass der Parthenon vom osmanischen Militär im 17. Jahrhundert als Waffenlager verwendet worden war und eine Explosion ihn teilweise zerstört habe. Weiter heißt es, Lord Elgin (1766–1841), britischer Botschafter im Osmanischen Reich, habe daraufhin die Giebel- und Friesskulpturen auf eigene Kosten nach Großbritannien transportiert. Verschwiegen wird, dass der Abtransport zu Beginn des 19. Jahrhunderts stattfand und nicht in direkter Folge → BILD 13 auf die Explosion im Jahr 1687. Die englische Version betont mehrfach den zerstörten Zustand des Bauwerks beim Eingriff Elgins, der japanische Text weist nur einmal darauf hin.[1] Noch stärker unterscheidet sich der Text im kleineren Panel: In der japanischen Version wird das Verhalten Elgins deutlich bewertet: »Die Aktion rechtfertigte er als Rettungsversuch vor weiteren Zerstörungen, aber das ist selbstverständlich eine ungerechte Handlung.«[3] Die englische Ausgabe hingegen weist nur darauf hin, dass sein Handeln heute »etwas kontroverser« wahrgenommen wird.[3] Britisches Understatement der ersten Güteklasse! Bereits von seinen Zeitgenossen wurde Elgin scharf kritisiert, unter anderem im Versepos *Childe Harold's Pilgrimage* seines Landsmannes Lord Byron (1788–1824).[c] Erste Rückgabeforderungen sind bereits aus der Zeit nach dem griechischen Unabhängigkeitskrieg (1821–1829) belegt.[4] Zuletzt gab die Eröffnung des Athener Akropolismuseums im Jahr 2009 den nie verstummten griechischen Restitutionsforderungen frischen Aufwind.[D] → BILD 60,

Das British Museum beruft sich in Bezug auf die Restitutionsforderungen auf seinen Status als Universalmuseum, das Objekte der Welt für die Welt bewahrt und einer breiten Öffentlichkeit zugänglich macht.[E] Über die Parthenonskulpturen angelegte Onlinedossiers betonen die kollegiale Zusammenarbeit mit dem Akropolismuseum und die Bereitschaft, Leihanfragen für Sammlungsstücke zu prüfen. Die

Zugänglichkeit der Exponate bei freiem Eintritt wird betont, die Möglichkeit einer permanenten Rückkehr aber nirgends auch nur erwähnt.

Wissen entstehe nicht in Isolation, referiert Professor Munakata, sondern nur durch das Zusammenbringen und den Austausch verschiedener kultureller Objekte aus aller Welt an einem Ort. Und auch wenn er die Rückgabeforderungen einiger Länder verstehe, habe er großen Respekt vor den Leistungen des British Museum.[5] Die Nähe seiner Argumentation zum offiziellen Diskurs des Museums wird durch einen Blick in die Einleitung des Bandes plausibel. Dort erklärt Nicole Coolidge Rousmaniere, bis 2019 Kuratorin in der Asien-Abteilung des British Museum, dass *Professor Munakata's British Museum Adventure* im Auftrag des Museums entstanden ist und nicht auf einer Idee Hoshinos fußt. Auch seine Entwurfszeichnungen wurden im Rahmen einer kleinen Sonderausstellung im Herbst 2009 ebendort präsentiert.

Natürlich gelingt es Professor Munakata, die Diebesbande zu überführen und die drohenden Restitutionen abzuwenden. Seines kritischen Geistes durch die Übersetzung ins Englische beraubt, ist es allerdings fragwürdig, ob er sich noch einmal so für die Belange der britischen Institution einsetzen würde.

HUI-JU HSU UND REBEKKA REICHERT

1 Hoshino Munakata Kyoju Ikoroku, S.180; Hoshino, **Professor Munakata's British Museum Adventure**, S.54. ▪ 2 Hoshino, **Professor Munakata Kyoju Ikoroku**, S.180 (Ü: Hui-Ju Hsu, Rebekka Reichert). ▪ 3 Hoshino, **Professor Munakata's British Museum Adventure**, S.54. ▪ 4 Seibel,»Diesen Schatz wollen die Griechen beim Brexit zurück«. ▪ 5 Hoshino, **Professor Munakata Kyoju Ikoroku**, S.162–164; Hoshino; Professor Munakata's British Museum Adventure, S.36f.

YUKINOBU HOSHINO, **Professor Munakata's British Museum Adventure**, London 2011.
YUKINOBU HOSHINO, **Munakata Kyoju Ikoroku**, Bd.14, Tokio 2010.
KARSTEN SEIBEL,»Diesen Schatz wollen die Griechen beim Brexit zurück«, in: **Die Welt**, 8.8.2017, {www.welt.de/wirtschaft/article167502886/Diesen-Schatz-wollen-die-Griechen-beim-Brexit-zurueck.html}, letzter Zugriff 12.11.2020.

ANTHOLOGIE ZU KUNSTRAUB UND KULTURERBE
A Turner (1810): Transnationale Forschung und nationales Prestigedenken. ▪ B Gordon (1816): Die Parthenon-Skulpturen als Staatsinvestition. ▪ C Byron (1812): Schande statt Stolz – Empathische Projektionen auf die *Elgin Marbles*. ▪ D Memorandum der griechischen Regierung (2000): Vom nationalen Eigentum zum Weltkulturerbe – Eine postnationale Wende in der Restitutionspolitik? ▪ E Erklärung zu Universalmuseen (2002): Das universelle Weltkulturerbe unter westlichen Museumsdächern.

III.
tauschen
handeln

Geschenk oder Trophäe? Londons Obelisk
1878

Einen »Lichtstrahl, der aus dem Land der Sonne auf unsere entfernte Insel fällt«,[1] nennt Sir William James Erasmus Wilson (1809–1884) den Obelisken, der im Februar 1878 in London eintrifft. Fast ein Jahr hatte sein Transport von Alexandria nach England gedauert. Und seine Ankunft, wie auch schon die Reise, wird von der britischen Presse aufmerksam begleitet. Das Eintreffen kommentiert die Satirezeitschrift *Punch* mit einer Grafik, in der der Obelisk den langen Hals einer Giraffe bildet. Diese läuft, begleitet von Sir Wilson, durch die Straßen von London. Auf ihrem Hals sitzt wie auf einer Jagdtrophäe der Afrikareisende und Journalist Henry Morton Stanley (1841–1904), mit Waffen und Turban. In dieser Darstellung werden zahlreiche Facetten des britischen Imperialismus und der kolonialen Beziehungen sichtbar: Während sowohl die Giraffe als auch der Obelisk Stellvertreter für all das Materielle sind, was als Trophäen, Beute und Exotica nach Europa gebracht wird, steht Stanley für das Immaterielle, das jedoch nicht weniger gewichtig ist in der kolonialen Machtausübung über Afrika und andere Kolonien. Denn erst die Reiseaktivität und die damit einhergehende westliche Erschließung lassen die Territorien und Ressourcen auf den europäischen Karten sichtbar werden – und stimulieren die konkreten kolonialen Interessen.

→ BILD 11

Doch noch einmal zurück zum Obelisken: Dessen »britische« Geschichte beginnt lange vor seiner Ankunft. Bereits 1819 schenkt der Gouverneur der osmanischen Provinz Ägypten, Mehmed Ali Pascha (Muḥammad ʿAlī Paša, um 1770–1849), einen von zwei Obelisken in Alexandria dem britischen König George IV. (1762–1830), 1811 soll es einen Schenkungsversuch an dessen Vorgänger gegeben haben. Nachdem der Pascha an der Befreiung Ägyptens von den napoleonischen Truppen (1801) beteiligt war und daraufhin von Sultan Maḥmūd II. (1785–1839) zum Gouverneur ernannt wurde, bemühte er sich nicht nur um innerpolitische Stabilisierung seines Landes, sondern auch um außenpolitische Kontakte. Dazu machte er sich unter anderem das Interesse der europäischen Staaten an ägyptischen Antiquitäten zunutze, indem er den nationalen Vertretern Grabungs- und Ausfuhrgenehmigungen erteilte.[2] Und er machte ihnen ebendiesen Obelisken zum Geschenk.

Zwei frühere britische Versuche, Obelisken nach England zu transportieren, misslangen. Zuerst sollte 1801 derselbe Obelisk in Alexandria von britischen Trup-

41

In one week from weird Afric's land
Two visitors have reached our strand,
    Each welcome, each a wonder ;
Linking, in combination strange,
Two eras which on Time's long range
    Lie distantly asunder.

Five thousand years, the *Savans* say,
Have crept or flown since that far day
    When sandy Heliopolis
First saw that rosy spire arise,
Which now, to pierce the West's wan skies,
    Has reached our dim Metropolis.

To no new City of the Sun,
But a big Babel, dark and dun,
    Tum's monolith has travelled.
From Nile to Thames ! Thought of the things
That stone has seen gives Fancy wings,
    And jog-trot brains leaves gravelled.

When JOSEPH ruled, when MOSES wrought
His miracles, when CÆSAR fought,
    And CLEOPATRA revelled,
It stood, and now is here to greet
Stout STANLEY's home-returning feet,
    And young grey hairs dishevelled.

From the mysterious Continent
Trophies he brings of years well spent,
    In raising growth of laurel ;
With all who'd grudge those well-won bays,
For fevered nights and desperate days,
    Punch hereby proclaims quarrel.

The clinging Serpent of old Nile
Upon so true a man might smile ;
    And Afric's later daughters
Long hence may make his praise their theme,
Who tracked the mighty Congo's stream
    Down to the Western waters.

That Continent of Riddles dim,
Yields its long-guarded keys to him,
    Her wooer brave and manly.
High up among her heirs of Fame
Just History will write the name
    Of staunch "Reporter" STANLEY.

Were it the fashion in *our* days
To Conq'rors Obelisks to raise,
    No Thothmes known to story,
So well deserved sky-piercing stone,
As PARK laid in his grave unknown,
BRUCE, BURTON, GRANT, SPEKE, LIVINGSTONE,
    And STANLEY's crowning glory !

Die Karikatur, die am 2. Februar 1878 im britischen Satiremagazin **Punch** erschien, zeigt unter dem Titel »From Afric's Sunny Fountains«, wie der Afrikareisende und Journalist Henry Morton Stanley lässig auf dem als Giraffe dargestellten Obelisken, der auch Nadel der Kleopatra genannt wurde, in den Straßen Londons reitet.

pen als Trophäe mitgenommen werden. Und im Jahr 1816 hatte Belzoni einen anderen Obelisken in der Nähe von Assuan für England in Besitz genommen. Vor dessen Abtransport wurde er jedoch – wahrscheinlich durch französische Rivalen – vandalisiert, und die Hieroglypheninschriften waren verloren. Man hätte also vermuten können, dass das Geschenk Mehmed Alis mit Begeisterung aufgenommen würde. Doch dem war nicht so. Im Gegenteil: Nach kurzer Freude über das Objekt wurde in London entschieden, dass der technische und damit verbundene finanzielle Aufwand des Transports zu hoch wären, um ihn in Angriff zu nehmen.[3] Der Obelisk verblieb also im Hafen von Alexandria, halb von Sand bedeckt. Trotz der wiederholten Erinnerung an das Geschenk durch den Pascha blieb er für weitere 66 Jahre in Ägypten. Erst als sich in der Person des britischen Chirurgen Wilson ein privater Finanzier des Transports findet, wird die Überführung des Obelisken unternommen. Zu diesem Zeitpunkt war jedoch die Schenkung des ägyptischen Gouverneurs in England so gut wie vergessen: Erst durch die Berichte der Presse angestachelt, fieberte die britische Öffentlichkeit mit jeder Etappe des Transports mit und zelebrierte seine erwartete Ankunft als Triumph der Technik. Die Schenkung durch den Pascha wird in der Berichterstattung und damit auch der öffentlichen Wahrnehmung jedoch zugunsten dieser Inszenierung der technischen Modernität verdrängt.

Auch in der Karikatur des *Punch* erinnert nichts an das Geschenk Mehmed Ali Paschas. Es ist der Finanzier des Transports, Wilson, der die Giraffe führt. Die Kombination mit dem reitenden Stanley basiert auf einer zeitlichen Koinzidenz, denn zeitnah zur Ankunft der Nadel der Kleopatra erscheint auch der Reisebericht, den Henry Morton Stanley über seine Reise durch Afrika verfasst hatte, wie auch das Gedicht zum Bild kommuniziert: »In einer Woche haben aus dem seltsamen Land Afrika zwei Besucher unsere Ufer erreicht, jeder willkommen, jeder ein Wunder.« Stanley bringt mit seinem Reisebericht vor allem ein bestimmtes Bild Afrikas nach England. *Through the Dark Continent* lautet der Titel des Buches. Er zeigt deutlich die vermeintlich zivilisatorisch fortgeschrittene Perspektive des kolonialen Reisenden.

Stanley machte sich als Kriegsberichterstatter – zuerst in Abessinien (dem heutigen Äthiopien) – für den *New York Herald* einen Namen.[4] Weltweit bekannt wurde er, nachdem er sich im Auftrag des *Herald* auf die Suche nach dem schottischen Missionar und Afrikaforscher David Livingstone (1813–1873) begab. Der Herausgeber der Zeitschrift rechnete mit einem großen Publikum für diese inszenierte »Rettungsexpedition«. Vom *Herald* finanziert, brach Stanley mit 190 Menschen, über die afrikanischen Träger hinaus nur zwei weiteren Briten, in Richtung Zentralafrika auf. 1871 traf er in Ujiji (im heutigen Tansania) auf einen Europäer, den er – so zumindest sein Bericht in der Presse – mit »Mr. Livingstone, nehme ich an« begrüßte. Dieser Satz ging um die Welt und zeigte, welche Resonanz die europäischen Afrikareisen hatten, denen die europäische und amerikanische Öffentlichkeit durch die sogenannte Penny Press, in großen Auflagen produzierte Zeitungen, folgte.[4] Dass Stanley nur eine unter vielen Stimmen war, die den afrikanischen Kontinent durch die Linse des kolonialen Diskurses sichtbar machten und mit ihren journalistischen und literarischen Schriften den erfolgreichen britischen Eroberer erst konstruierten, illustriert auch das Gedicht zur Grafik: »Wäre es in *unseren* Tagen in Mode, für Eroberer Obelisken aufzustellen, kein von der Geschichte überlieferter Thutmosis hätte einen himmelsdurchdringenden Stein so wohlverdient wie Park in seinem unbekannten Grab, wie Bruce, Burton, Grant, Speke, Livingstone und Stanleys krönende Ehre!« Diese Reihe von Afrikareisenden, hier als »Eroberer« bezeichnet, stellen die eine Seite der kolonialen Aneignung der afrikanischen Regionen dar, deren andere die Kulturgüter sind, die, wie der Obelisk, nach London verbracht wurden.

PHILIPPA SISSIS

1 Wilson, **Our Egyptian Obelisk**, S. viii. ■ 2 Hoock, »The British State and the Anglo-French Wars Over Antiquities«, S. 57. ■ 3 Brier, **Cleopatra's Needles**, S. 102. ■ 4 Berenson, **Heroes of Empire**, S. 24.

EDWARD BERENSON, **Heroes of Empire. Five Charismatic Men and the Conquest of Africa**, Berkeley u. a. 2011.
BOB BRIER, **Cleopatra's Needles. The Lost Obelisks of Egypt**, London u. a. 2016.
ANDREW GRIFFITHS, »An Anglo-American Encounter in Africa. Henry M. Stanley in Abyssinia, 1868«, in: Andrew Griffiths, Audrey Alvès, Alice Trindade (Hg.), **Literary Journalism and Africa's Wars. Colonial, Decolonial and Postcolonial Perspectives**, Heillecourt 2019, S. 19–41.
HOLGER HOOCK, »The British State and the Anglo-French Wars Over Antiquities, 1798–1858«, in: **The Historical Journal** 50 (2007), S. 49–72.
ERASMUS WILSON, **Our Egyptian Obelisk. Cleopatra's Needle**, London 1877.

ANTHOLOGIE ZU KUNSTRAUB UND KULTURERBE
A Stanley (1874): **Die Plünderung von Mäqdäla.**

Das Aushandeln der Privilegien
1581–86

In der doppelseitigen Zeichnung präsentieren die bekanntesten Generalkapitäne der Eroberung Neu-Spaniens, des heutigen Mexiko, allegorisch die von ihnen eingenommenen Gebiete, wie die Inschriften präzisieren: »Cortés offeriert Neu-Spanien« und »Pizarro offeriert Peru« ist über ihren Köpfen zu lesen. Neben Francisco Pizarro (1476/78–1541) kniet ein Indigener, Hernán Cortés (1485–1547) legt seinen Arm um → BILD 2 seine indigene Begleiterin und Übersetzerin Malinche (um 1505–1529). Der Indigene trägt eine geöffnete Truhe mit Goldstücken. Um die Gruppe sind weitere Truhen, Gefäße und bestickte Stoffe zu sehen.[1] Die Spanier unterwerfen in diesem Bild nicht nur die durch die Personen repräsentierte Bevölkerung der eroberten Gebiete. Die mitgeführten Gefäße zeigen darüber hinaus die Ressourcen, Naturschätze und Objekte an, die als Tribute dem spanischen König gehören. Denn die Spanier zwangen die Lokalbevölkerung, sich der Krone zu unterwerfen und dies durch die Übersendung von Gold, Edelsteinen, Perlen und anderen Dingen glaubhaft zu machen.[2] Diese → BILD 43 Praxis, die die deutlichste Beziehung des spanischen Königs zu den weit entfernten Menschen in seinen Kolonien darstellte, wird in der Zeichnung greifbar gemacht.[3] Dass diese konkreten Eroberungen einzelner Regionen erst durch die »Entdeckung« Christoph Kolumbus' (1451–1506) ermöglicht wurden und der Anspruch der spanischen Krone mehr umfasste, als nur die bereits eroberten Gebiete – nämlich die ganze »Neue Welt« –, zeigt sich auf dem gegenüberliegenden Bild. Hier führt eine weitere kniende Figur die Szene fort. Christoph Kolumbus, wie auf dem Schild zu lesen ist, übergibt Karl V. (1500–1558), Kaiser des Heiligen Römischen Reichs Deutscher Nation und König von Kastilien, der in wertvollem Ornat und von Soldaten flankiert auf einem Pferd sitzt, eine Kugel mit der Bezeichnung »Nuevo mundo« – die »Neue Welt«. Neben dieser allegorischen Illustration der Tributpraxis, die das koloniale Machtverhältnis etablierte und den spanischen Hof mit neuen Ressourcen versorgte, steht das von Diego Muñoz Camargo (um 1529–1599) verfasste Werk *Descripción de la ciudad y provincia de Tlaxcala*, aus dem diese Zeichnungen entstammen, als eine weitere Art des Geschenks – denn das Manuskript wurde dem König durch Camargo überreicht.

Die doppelseitige Ansicht ist Teil einer Serie von allegorischen Darstellungen der Eroberungen. Sie entspricht europäischen Darstellungstraditionen und zeigt die sich selbst als »Conquistadores« Bezeichnenden als Hauptakteure im Schutz und zum

42

Diese zwei Zeichnungen zeigen in allegorischer Darstellung die Präsentation der Gebiete der »Neuen Welt« – Neu-Spanien (Mexiko) und Peru – vor Karl V. durch ihre spanischen Eroberer. Sie sind Teil eines Werkes mit dem Titel **Descripción de la ciudad y provincia de Tlaxcala** (Beschreibung der Stadt und Provinz von Tlaxcala), das von Diego Muñoz Camargo in Spanisch und Nahuatl verfasst wurde.

Nutzen der spanischen Krone. Wie auch bei innereuropäischen Eroberungen typisch und im spanischen Rechtstext *Las Siete Partidas* aus dem 13. Jahrhundert beschrieben, steht ihnen selbst ein Teil ihrer Beute zu, während ein Fünftel für den König reserviert ist.[A] Gleichzeitig handelten sie auf Basis ihrer militärischen Erfolge weitere Belohnungen wie Privilegien oder Titel aus. Ihre Darstellungen der Erfolge waren also nicht nur der historischen Überlieferung gewidmet, vielmehr dienten die Berichte der Untermauerung ihrer Forderungen an den König. Dieses System der Ökonomisierung der Eroberungen eröffnete sich jedoch nicht nur den spanischen »Conquistadores«: Die Tlaxcalteken, die auf der mexikanischen Hochebene lebten, befanden sich bereits vor der Ankunft der Spanier im Krieg mit den Azteken. Angesichts der neuen politischen Konstellation entschieden sie 1519, Verbündete der europäischen Truppen zu werden. Im Gegenzug handelten sie verschiedene Privilegien aus, wie die Befreiung von Tributzahlungen und die Beteiligung an der Beute.

Als Diego Muñoz Camargo nun zwischen 1581 und 1586 seine Chronik verfasste, nutzte er diese, um die Rolle, die die Tlaxcalteken beim Sieg über den Aztekenkönig Moctezuma II. (um 1465–1520) und der erfolgreichen Eroberung Tenochtitlans im Jahr 1521 spielten, besonders deutlich zu machen. Zwar reagiert er mit seinem Werk auf einen Fragenkatalog, den die Regierung Philipps II. (1527–1598) aufgesetzt hatte, um Grundinformationen über Geschichte, Ökonomie und lokale Zustände in den überseeischen Kolonien abzufragen.[4] Er baut seine Antwort jedoch zu einer programmatischen Darstellung der Geschichte und Kultur der Tlaxcala aus.

In den Jahren 1584/85 reiste er nach Spanien und nahm das Manuskript mit, um es dem König zu überreichen. Er ließ dafür in Madrid eine Reinschrift seines Textes anfertigen. Sie ist in den ersten 235 Folia des Manuskripts MS Hunter 242 in der Bibliothek der University of Glasgow erhalten. Der zweite und dritte Teil des Manuskripts beinhalten ein Tlaxcala-Kalendarium und die »Bildgeschichte« (Barbara Mundy), deren Zeichnungen keine Illustrationen des Textes, sondern vielmehr von diesem unabhängig eine eigene Geschichtsdarstellung zeigen. Diese Bildgeschichte enthält Glossen und teilweise erklärende Texte in Spanisch und Nahuatl, der indigenen Sprache Mexikos. Zu der Serie (246r–249v) gehört auch eine Prozession der »Conquistadores« Cortés, Kolumbus und Pizzaro. Eingeleitet wird diese durch eine Reihe tlaxcaltekischer Adliger – dargestellt auf Augenhöhe mit den europäischen Eroberern. Die Zeichnungen entstanden unabhängig von der Abschrift des Textes, sie stehen jedoch in Beziehung zur Intention des Werks Camargos. Von indigenen Schreiber-Malern, wahrscheinlich in Eile vor seiner Reise nach Spanien ausgeführt, nahm Camargo die gezeichneten Bögen mit und ließ sie in Madrid mit der Abschrift seiner Chronik zusammenbinden, wie durch die einheitliche Schrift aller Teile deutlich wird.[5] Im Zusammenspiel von Text und Bild schuf Camargo hier eine Darstellung der Taten der Tlaxcala im Dienste der spanischen Krone und lieferte den Beweis ihrer Loyalität gegenüber Philipp II., die er dem Hof überreichen konnte. Sein Anliegen war erfolgreich: Er erreichte die Befreiung von Tributzahlungen und die Anerkennung der indigenen Regierung der Altépetl als Institution innerhalb der spanischen Autoritäten.[6]

In Camargos Chronik stehen sich also die Tributzahlungen der Vizekönigreiche Neu-Spanien und Peru und die Selbstbehauptung der Tlaxcalteken gegenüber. Das Manuskript dokumentiert nicht nur die Tributpraxis als Mittel des kolonialen Machtsystems. Als Geschenk und Darstellung der Loyalität Tlaxcalas gegenüber Spanien dient es außerdem zur Aushandlung der Privilegien der Indigenen.

PHILIPPA SISSIS

Die Autorin dankt Anna Boroffka für ihre Hinweise während der Recherchen. ■ 1 Huber, ›Boute und Conquista‹, S. 11. ■ 2 Huber, ›Beute und Conquista‹, S. 147. ■ 3 Albiez-Wieck, »Tributgesetzgebung und ihre Umsetzung«, S. 212. ■ 4 Mundy, »Notes on Diego Muñoz Camargo«, S. 1. ■ 5 Mundy, »Notes on Diego Muñoz Camargo«, S. 13. ■ 6 Navarrete, »La Malinche, la Virgen y la montaña«, S. 291.

SARAH ALBIEZ-WIECK, »Tributgesetzgebung und ihre Umsetzung in den Vizekönigreichen Peru und Neuspanien im Vergleich«, in: Jahrbuch für Geschichte Lateinamerikas 54 (2017), S. 211–257.

JEANNE L. GILLESPIE, »The Codex of Tlaxcala: Indigenous Petitions and the Discourse of Heterarchy«, in: Hipertexto 13 (2011, Winter), S. 59–74.

VITUS HUBER, ›Beute und Conquista‹. Die politische Ökonomie der Eroberung Neuspaniens, Frankfurt am Main, New York 2018.

FEDERIGO NAVARRETE, »La Malinche, la Virgen y la montaña. El juego de la identidad en los códices tlaxcaltecas«, in: História 26 (2007), Nr. 2., S. 288–310.

BARBARA E. MUNDY, »Notes on Diego Muñoz Camargo, ›Descripción de la ciudad y provencia de Tlaxcala‹«, Manuskript, {www.academia.edu/34558560/Notes_on_Diego_Mu%C3%B1oz_Camargo_Descripci%C3%B3n_de_la_ciudad_y_provincia_de_Tlaxcala_}, letzter Zugriff 16. 11. 2020.

ANTHOLOGIE ZU KUNSTRAUB UND KULTURERBE

A Kastilisches Rechtsbuch (um 1265): **Beuteteilung unter König Alfons X. von Kastilien.**

Gaben tauscht man auf Augenhöhe aus!
1905/06

Diese Aufnahme der Übergabe des Kaiserbildes dokumentiert einen spezifischen Moment in der Geschichte der politischen Beziehungen zwischen dem Kaiser des Deutschen Reiches, Wilhelm II. (1859–1941), und König Njoya von Bamum (†1933) in der damaligen Kolonie Kamerun. Erzählt wird dieser Moment im bis heute gängigen Narrativ vom diplomatischen Geschenk. Während die Repräsentanten der deutschen Kolonialherrschaft, wie auf der Fotografie festgehalten, feierlich die Kopie eines Porträts Kaiser Wilhelms II. übergaben, schenkte König Njoya im Gegenzug seinen einzigartigen Thronstuhl. Was vor allem in der Berichterstattung und Überlieferung als Zeichen einer ebenbürtigen und durch den Austausch von Geschenken geprägten diplomatischen Beziehung inszeniert wird, zeigt sich bei näherer Betrachtung schnell als ungleiche Erpressung einer prestigeträchtigen Trophäe. Der Erzählung nach kulminierte die aus einer kamerunischen Tradition in die koloniale Begegnung überführte Praxis des diplomatischen Austauschs von Präsenten darin, dass König Njoya Kaiser Wilhelm II. 1908 seinen verehrten Thronstuhl, den Mandù-yénù, zum Geburtstagsgeschenk machte.

»Das Verschenken von königlichen Hockern oder Thronen war in Kamerun ein Gestus, der mit der Aufnahme und Sicherung diplomatischer Beziehungen vergleichbar ist. Vor diesem Hintergrund ist zu verstehen, warum König Njoya von Bamum dem deutschen Kaiser 1908 diesen Thron schenkte. Njoya wollte seine Beziehungen zur deutschen Kolonialmacht unterstreichen und seine eigene Position als – gleichwertiger – Bündnispartner verdeutlichen.«[1]

In diesem aus einem Ausstellungsführer des Ethnologischen Museums zu Berlin aus dem Jahr 2005 entnommenen Zitat spiegelt sich das Narrativ in idealtypischer Weise. Es findet sich jedoch nicht nur in der Position des Museums, sondern hat sich über den gesamten historiografischen Diskurs zur deutsch-kamerunischen Kolonialvergangenheit verbreitet.

Im Lichte der Quellen entlarvt sich das Narrativ jedoch als imaginäres und die tatsächlichen historischen Begebenheiten verschleierndes Konstrukt. Das beginnt bereits bei der Darstellung von König Njoya als ebenbürtigem politischen Partner Kaiser Wilhelms II. Tatsächlich hatte dieser seine Souveränität nicht bewahren können, sondern vielmehr abgetreten und sich der deutschen Kolonialherrschaft un-

43

Diese 1905/06 entstandene Fotografie der zeremoniellen Übergabe eines Kaiser Wilhelm II.
zeigenden Öldrucks an König Njoya von Bamum ist Teil der Fotosammlung Caspar Freiherr Gans
Edler Herr von Putlitz im Archiv des Linden-Museums Stuttgart. Die Übergabe wird hier in
der Tradition eines Tausches auf Augenhöhe inszeniert, wenngleich es sich um einen ganz und gar
nicht gleichberechtigten Tausch handelte.

terstellt. So berichtet Hauptmann Ramsay (1862–1938), der im Jahr 1902 als erster Vertreter der Kolonialregierung auf König Njoya traf, über die Begegnung: »Yoia [...] hat seine willige Unterordnung unter die deutsche Herrschaft betont und wünscht die deutschen Farben zu erhalten.«[2]

Für König Njoya wurde im Zuge seiner unbedingten Unterordnung auch ein offizieller *Schutzbrief* beantragt, und schon am 8. Februar 1902 wehte die deutsche Flagge über Foumban, der Hauptstadt des Königreichs Bamum. Das Territorium der Bamum wurde in der Folge dem Verwaltungsbezirk Bamenda unterstellt und Njoya zum Handlanger der Hierarchie des kolonialen Verwaltungssystems gemacht. König Njoya war fortan ein Vasall seiner Majestät des Kaisers und hatte seine Souveränität als eigenständiger Herrscher aufgegeben. Die Veräußerung seines Thrones zu einem Moment der gleichgestellten politischen Interaktion von ebenbürtigen Herrschern zu stilisieren, ist nicht gerechtfertigt. Er verfügte über keinen eigenständigen politischen Status mehr, der es ihm ermöglicht hätte, mit dem Deutschen Reich auf gleichgestellter Ebene in diplomatische Beziehungen zu treten.

Auch der Thron selbst lässt sich nicht als Gabe im Sinne des Narrativs vom diplomatischen Geschenk verstehen. Als zentrale Insignien der Herrscherwürde zählen Thronstühle zu den wenigen unveräußerlichen Prestigeobjekten eines jeden souveränen Herrscherhauses. Das gilt gerade in Gesellschaften, die sich, wie die des Kameruner Graslandes, durch eine ausgeprägte Prestigeökonomie auszeichnen und der Wahrung der Exklusivität besonders emblematischer Objekte eine gesteigerte Bedeutung beimessen. Auch König Njoya lag dementsprechend wenig daran, den Thron, auf dem schon sein Vater gesessen hatte, zu veräußern. Als praktisch unmittelbar nach dem Erstkontakt mit den Deutschen eine sprichwörtliche Jagd auf seinen Thronstuhl ausbrach, wies er alle Offerten über Jahre hinweg zurück. Selbst als er nach langem Zögern auf den Vorschlag des mit ihm befreundeten Hauptmanns Hans Glauning (1868–1908) einlenkte, dem Gouverneur den Thronstuhl als Geburtstagsgeschenk für Kaiser Wilhelm II. zu übergeben, geschah dies nur unter dem Vorbehalt, dass es sich dabei um eine Kopie des Stuhls handeln sollte. Wie Glauning 1907 schreibt:

»Ich [...] forderte ihn auf, da ich bestimmt weiß, daß er den berühmten Thronsessel seines Vaters nicht verschenken will, und mit der Rücksicht auf seine Leute auch nicht kann, er solle doch eine genaue Copie des Stuhles anfertigen lassen und dem Gouverneur als Geschenk für Seine Majestät den Kaiser überreichen. Ich sagte ihm, der Kaiser interessierte sich für solche Sachen und er habe ein

Haus (das Völkerkundemuseum), in dem alle diese Sachen aufbewahrt würden. Joia war Feuer und Flamme für diesen Vorschlag und versprach mir, eine getreue Kopie des Originals anfertigen zu lassen.«[3]

Doch es kam anders: Die Kopie wurde nicht mehr rechtzeitig zum Geburtstag des Kaisers fertig. In aller Eile und um vor dem Stellvertreter des Kaisers in der Kolonie nicht mit leeren Händen zu erscheinen, entschied sich Njoya unter Zureden eines befreundeten Missionars dann letztlich doch dazu, das Original herauszugeben. Es wird bis heute im Ethnologischen Museum der Staatlichen Museen zu Berlin ver- → BILD 65 wahrt.

Die historischen Aufzeichnungen hinsichtlich der Natur der Translokation des Thronstuhles sprechen eine klare Sprache. Felix von Luschan (1854–1924), der als Leiter des damaligen Königlichen Museums für Völkerkunde zu Berlin die museale Jagd nach dem Thron für sich entscheiden konnte, präsentierte ihn dem Kaiser schlicht als »Tribut«, den der »loyale Häuptling [Njoya] ihm [...] darbringen wolle«.[4] Die Veräußerung des Thronstuhles stellte folglich eine erzwungene Abgabeleistung dar, die König Njoya aus Vasallentreue gegenüber Kaiser Wilhelm II. zu leisten hatte. Eine Perspektive, die nicht zuletzt auch von den Nachfahren Njoyas geteilt wird: »Es war eine geraubte Gabe, ein unfreiwilliges Vermächtnis.«[5]

SEBASTIAN-MANÈS SPRUTE

1 Junge, **Kunst aus Afrika**, S. 72. Die hier und im Folgenden zitierten Namenskürzel **König Njoya, Yoia** und **Joia** beziehen sich alle auf ein und dieselbe Person, Sultan Ibrahim Mbouombouo Njoya. ■ 2 Ramsay, »Bericht über den Marsch nach Bafu«, Blatt 43. Die hier Bafu genannte Ortschaft ist Bamum. ■ 3 Glauning zit. n. Geary / Njoya, **Mandu Yenu**, S. 181. ■ 4 Luschan, »Bericht über die von Joya eingesandten Gegenstände«, Blatt 137. ■ 5 Njoya, »Die Geschichte der Abwesenheit des Mandù-yénù«, S. 67.

CRISTRAUD GEARY, ADAMOU NDAM NJOYA, **Mandu Yenu. Bilder aus Bamum, einem westafrika-nischen Königreich 1902–1915**, München 1985.
PETER JUNGE (HG.), **Kunst aus Afrika. Plastik, Performance, Design**, Berlin 2005.
FELIX VON LUSCHAN, »Bericht über die von Joya eingesandten Gegenstände«, Berlin, 10. Juni 1908, Bundesarchiv R1001/4102, Blätter 135–137.
IDRISSOU NJOYA, »Die Geschichte der Abwesenheit des Mandù-yénù«, in: AfricAvenir International (Hg.), **No Humboldt 21! Dekoloniale Einwände gegen das Humboldt-Forum**, Berlin 2017, S. 66–74.
Bundesarchiv, R175-I/112, Blätter 41–47, Hans von Ramsay, »Bericht über den Marsch nach Bafu«, 7. Juli 1902.

Cola gegen Kunst

1953

Uniformierte Männer be- und entladen ein US-amerikanisches Schiff mit verschiedenen Gütern; Kunstschätze gehen an Bord und industrielle Konsumgüter an Land. Im rechten Bildvordergrund steht ein Zigarre rauchender Sergeant der US Navy; spöttisch blickt er uns über die Schulter an. In seinen großen Händen hält er eine Marienfigur – sie runzelt die Augenbrauen, scheint sich im groben Griff des Militärs zu winden und mit der Behandlung nicht einverstanden. Der nächste Amerikaner in der Reihe, am Fuße der Laderampe, guckt ebenfalls grinsend über die Schulter. Aus seiner Hosentasche schaut eine Art Flachmann. Schließt man von diesen beiden Herren auf den Rest, dürfte die ganze Kompanie unter Rauschmitteleinfluss stehen. Für die Handhabe der wertvollen Kunstobjekte hieße das nichts Gutes. Während diese also von einer Reihe älterer Soldaten ins Schiff gehievt werden, eilen über eine zweite Rampe ein paar junge Militärpolizisten herunter: Sie tragen Kisten mit den Aufschriften »Coca-Cola«, »Camel Cigarettes« und »Kodak Film«. Der vorderste von ihnen mit dem Aufdruck »MP« auf dem Helm, für »Military Police«, schielt breit grinsend auf die Kunstgüter, die im Gegenzug an Bord gehen: Cola gegen Kunst. Diesen ungleichen Tausch karikiert Kurt Poltiniak (1908–1976) unter dem lapidaren Titel »Amerikanische Ein- und Ausfuhr«.

Besonders in den 1950er-Jahren setzte die SED (Sozialistische Einheitspartei Deutschlands) in der DDR Karikaturen in der Tagespresse und in Zeitschriften wie dem *Frischen Wind* ein, um Feindbilder zu prägen.[1] Neben dem nächstliegenden Gegner, der Bundesrepublik, galten vor allem die USA als Feinde des Sozialismus. Eine schlagkräftige Satire sollte die Bevölkerung auf den erforderlichen politischen Abwehrkampf einstimmen. Der staatlichen Propaganda zufolge mussten die Westmächte als Ausbeuter, Kriegstreiber, Neokolonialisten und Imperialisten erkannt. Daraus entstand das Bild der »raffgierigen Amis«, die Machtgefälle skrupellos ausnutzen. Poltiniak, der zu den gefragtesten »Agitatoren« gehörte, ließ häufig uniformierte Westdeutsche (gerne mit NS-Symbolen ausgestattet) oder US-Amerikaner in seinen Karikaturen auftreten. Diese »Militaristen« planen dann zumeist etwas Katastrophales wie den »Weltenbrand« oder zumindest die Weltherrschaft. Seine Karikatur über die Ein- und Ausfuhr der ungleichen (Kultur-)Güter zählt dagegen zu den subtileren Darstellungen US-amerikanischer Skrupellosigkeit.

44

Die zweifarbige Karikatur des Grafikers Kurt Poltiniak erschien im Mai 1953 in der Ost-Berliner Satirezeitschrift **Frischer Wind**. Sie trägt den bezeichnenden Titel »Amerikanische Ein- und Ausfuhr« – und was hier ein- und ausgeführt wird, scheint wohl offensichtlich. Doch auch die Haltung, der diese Satire entspringt, bedarf genauerer Betrachtung.

Die Einfuhr von Zigaretten, Fotokameras und Brause – mit noch heute einschlägigen Markennamen – spielt auf den Kulturtransfer zwischen den Vereinigten Staaten und Europa an. Seit Beginn des 20. Jahrhunderts exportieren die USA industriell gefertigte Konsumgüter, die im Unterschied zu Roh- oder Betriebsstoffen für den privaten Verbrauch vorgesehen sind. Ohne Weiterverarbeitung in den Empfängerländern drangen diese Güter also direkt in die europäische Alltagskultur ein. Diese »Amerikanisierung« wurde in Europa ambivalent aufgefasst, teils als bedrohlicher Kulturimperialismus, teils als Realisierung des Massenwohlstands nach dem Vorbild der Vereinigten Staaten.[2] Seit den 1990er-Jahren wird dieser Kulturtransfer im deutschsprachigen Raum intensiv beforscht. Der Historiker Reinhold Wagnleitner gab dem Phänomen den treffenden Namen *Coca-Colonisation*. Auch bei Poltiniak steht das wohlbekannte Firmenlogo an exponierter Stelle.

Poltiniaks Karikatur gibt auf die Frage, welchen Preis Europa (und speziell die Bundesrepublik) für die US-amerikanische Wohlstandsware zahlt, eine suggestive Antwort. Wie jeder Kolonialismus bereichere sich auch diese Spielart an den Kulturgütern der besetzten Gebiete. Wer sich auf den Handel mit Imperialisten einlasse, schneide sich nur ins eigene Fleisch. Den Wertunterschied zwischen der US-amerikanischen Massenkultur und den europäischen Werken setzt Poltiniak unmissverständlich ins Bild. Während in rasendem Tempo standardisiert verpackte Konsumgüter ins Land schwemmen, verschwinden einzigartige Kunstwerke über den Atlantik.[A] Die karikierte Wertdifferenz zwischen beiden Kulturproduktionen verschärft die Ungerechtigkeit der Transaktion. Hämisch grinsend zeigen sich die »Amis« zufrieden mit dem Deal.

Von dem drohenden Entzug von Kunstwerken aus der Bundesrepublik in die USA berichtet eine satirische Meldung, die auf derselben Magazinseite über der Karikatur steht: »Aus den Beständen der Münchner alten Pinakothek sollen zahlreiche Meister nach den USA verschleppt werden, um angeblich einer ›möglichen Gefährdung‹ bei militärischen Verwicklungen entzogen zu werden. Eine Gefährdung der Gemälde in Chikago [sic] scheint dagegen nicht ›möglich‹, sondern ist absolut gewiß.« Die in den USA geplante Sicherheitsverwahrung wird skeptisch in eine dort lauernde Gefährdung für die Kunstwerke umgekehrt. Zu einer Verbringung von Gemälden aus den Berliner Museen in die USA war es nach Ende des Zweiten Weltkriegs tatsächlich gekommen. Aus einer Sammelstelle für im Krieg verstreute Kunstgegenstände verschiffte das US-Militär 202 Gemälde zur »Verwahrung« nach Washington.[3] Der erste Protest dagegen kam allerdings nicht von deutscher Seite, sondern aus der US-

amerikanischen Kunstschutzeinheit, bekannt als »Monuments Men«. Im Wiesbade- → BILD 58
ner Manifest stellten die Kunsthistoriker den Transport in eine Kontinuität mit dem
Kunstraub der NS-Zeit.[B] Dieser Einspruch wurde in den US-Medien heiß debattiert
und bewirkte schließlich die Rücksendung der Kunstwerke ab 1949.

Im Erscheinungsjahr der Karikatur war diese temporäre Translokation also
bereits Geschichte. Dennoch hatte die Redaktion des *Frischen Winds* diese Aktion
noch in Erinnerung, und Poltiniak brachte sie 1953 mit dem reichen Angebot an
US-amerikanischen Konsumprodukten im Westen in Verbindung. Allgemein profitierte die Bundesrepublik besonders von einem großen Aufbauprogramm der USA,
dem Marshallplan. Die Sowjetunion und mit ihr die DDR verwehrten sich dem US-
amerikanischen Einfluss. In der Folge herrschte in der DDR Konsumgüterknapp-
heit. Dagegen wurde unter anderem beim Volksaufstand des 17. Juni 1953, also einen
Monat nach Veröffentlichung der Karikatur, protestiert. Bei ihrem Erscheinen setzt
Poltiniaks Karikatur der Unzufriedenheit über die knappen Konsumwaren dieses
verzerrte Amerikabild entgegen. Den regen Güterverkehr im Westen »demaskiert«
er als gaunerischen Deal der militanten Besatzer. Die »Amerikanisierung« werde
demnach bezahlt mit dem Verlust der eigenen Kulturgüter.

SIMON LINDNER UND TANJA-BIANCA SCHMIDT

1 Brandler, »Feindbilder« ■ 2 Linke / Tanner (Hg.), **Attraktion und Abwehr.** ■ 3 Bernsau,
Die Besatzer als Kuratoren?, S. 343–384.

PETER JONATHAN BELL, KRISTI A. NELSON (HG.), **The Berlin Masterpieces in America. Paintings,
Politics and the Monuments Men**, Cincinnati, London 2020.
TANJA BERNSAU, **Die Besatzer als Kuratoren? Der Central Collecting Point Wiesbaden als
Drehscheibe für einen Wiederaufbau der Museumslandschaft nach 1945**, Münster 2013.
GOTTHARD BRANDLER, »Feindbilder. Karikaturen als Waffe«, in: Anne Martin (Hg.), **Unterm
Strich. Karikatur und Zensur in der DDR**, Leipzig 2005, S. 32–61.
ANGELIKA LINKE, JAKOB TANNER (HG.), **Attraktion und Abwehr. Die Amerikanisierung der
Alltagskultur in Europa**, Wien u. a. 2006.

ANTHOLOGIE ZU KUNSTRAUB UND KULTURERBE
A De Gorsse (1927): **Ein »Mangel an Weitsicht«.** ■ B Farmer u. a. (1945): **Der Protest der
»Monuments Men« gegen die Trophäisierung geborgener Kunstwerke.**

Brot statt Marmor

1816

Schrille Bildsatire auf das tagespolitische Geschehen und die gesellschaftlichen Verhältnisse in Form von einzeln verbreiteten Karikaturen war ein Verkaufsschlager im England des späten 18. und frühen 19. Jahrhunderts. Der Maler und Grafiker George Cruikshank (1792–1878) war zwischen 1810 und 1820 einer der bekanntesten Schöpfer solcher Blätter. Die hier präsentierte Perspektive ist die des – englischen – Menschen auf der Straße. Wie aus diesem Blickwinkel der Aspekt der Translokation verformt und verdrängt wird, ist besonders bemerkenswert.

→ BILD 75

Anlass für das andeutungsreiche Spottbild war eine Debatte im englischen Parlament über den staatlichen Ankauf der schon damals unter dem Namen *Elgin Marbles* bekannten, zwischen 1801 und 1812 von Lord Elgin (1766–1841) aus Griechenland nach London verbrachten Antikenfragmente.[A] Der Viscount Castlereagh (1769–1822),[B] ein mächtiger Regierungsmann, Vertrauter Elgins und prominenter Unterstützer des Ankaufs, tritt im Bild als geckenhafter Verkäufer auf. Ihm gegenüber steht der die ganze englische Nation verkörpernde, skeptisch dreinblickende John Bull, über dessen Investition das Parlament zu entscheiden hat. Das Augenmerk des Karikaturisten liegt dabei nicht, wie in der Parlamentsdebatte, auf dem Geld- und Kunstwert der Sammlung oder auf der Rechtmäßigkeit ihrer Entstehung. Zwar gibt der konsternierte John Bull einige Gegenargumente aus der Parlamentsdebatte wieder, wie den hohen Preis, die Folgekosten für den Unterhalt der Sammlung – und die brisante Interpretation, die osmanischen Herrscher in Griechenland hätten die Antikenfragmente den Briten als »Aufmerksamkeit« überlassen. Diese wären also weder viel wert noch im legitimen Besitz Elgins. Das heißt allerdings: Nicht die durchaus öffentlich thematisierte zweifelhafte Rechtmäßigkeit der Erwerbungsumstände interessiert den Zeichner (und die Käuferinnen und Käufer seines Blattes), sondern die als schamlos und irrational dargestellte Forderung des Verkäufers.

→ BILD 13

Dabei rückt die Karikatur das Thema gegenläufiger Grundbedürfnisse der Bevölkerung in den Mittelpunkt – vor allem durch die vielfach variierte Parole »Brot statt Steine«. Die Deplatziertheit der Sammlungsfrage in einer Zeit, in der die Bevölkerung viel existenziellere Sorgen hatte, spielte in der politischen Debatte kaum eine Rolle. John Bull erwähnt hier jedoch die allgemeine Wirtschafts- und Handelskrise; die Schriftstücke auf dem Boden verweisen auf die gleichzeitige Teuerung von

45

Im Jahr 1816 kommentierte George Cruikshank mit seiner Karikatur **The Elgin Marbles! or John Bull buying Stones at the time his numerous Family want Bread!!** die britischen Verhandlungen um den Ankauf der sogenannten **Elgin Marbles**. Eine Version des handkolorierten Stichs, auf dem sich viel zeitgenössische Kritik versammelt sieht, befindet sich heute in der druckgrafischen Sammlung des British Museum.

Grundnahrungsmitteln, auf hohe Staatsausgaben und auf andere teure Staatsprojekte: etwa die Londoner Waterloo Bridge, deren Fertigstellung sich verzögerte und die hier als sinnvolle, weil lebensnah-produktive Maßnahme ein Gegenbild zum toten Kapital einer Antikensammlung bildet.

Spielt Cruikshank also menschliche Grundbedürfnisse gegen Kulturgüter aus? Haben wir es mit plumper Kunst- und Bildungsverachtung zu tun? Schließlich werden die teuer gehandelten Antiken hier zu wertlosem Gerümpel, obwohl der kunsthistorische und ästhetische Wert der Parthenonfriese als Kern der Sammlung bekannt und anerkannt war. Cruikshank deutet sie nur an einer Stelle an und verheimlicht damit den eigentlichen Gegenstand. Viel spricht dafür, dass es ihm nicht um Kritik an Kunst und Bildung an sich, sondern als Distinktionsmittel ging: Sein Spott trifft die verlogene Ignoranz vieler hochadliger Sammlerinnen und Sammler sowie Händler. Die Darstellung Castlereaghs erinnert an das im 18. und 19. Jahrhundert weitverbreitete Stereotyp des verschlagenen italienischen Händlers, der den *Gentlemen* auf ihrer *Grand Tour* Souvenirs verkauft – woraus der größte Teil der britischen Bestände an Antiken und deren Nachbildungen herrührte.

Ankerstück der karikierten Sammlung ist daher ein verstümmelter *Herkules Farnese*, der gar nicht unter den Elgin-Stücken war. Dafür ist er aber ein Herrschaftszeichen: Napoleon hatte vergeblich versucht, das Original aus Neapel nach Paris zu bringen. Durch zahllose, teils monumentale Kopien in ganz Europa war die Statue allgemein bekannt. Die weibliche Figur dahinter, in der Vorzeichnung eine Tänzerin, erinnert hier an die *Townley Venus*: eine 1775 durch den Diplomaten Gavin Hamilton (1723–1798) in Ostia bei Rom ausgegrabene Statue, die dieser an einen hochadligen Sammler verkaufte und heimlich nach England brachte, wo sie 1805 ans British Museum verkauft wurde. Die Parallele zu den *Elgin Marbles* ist offensichtlich.

Hier ist die Venus jedoch kopflos und – wie Herkules – mit einer hölzernen Beinprothese versehen. Grotesk verstümmelt ist auch der davor platzierte weibli   → BILD 60
che Unterleib, eine vulgär-anzügliche Verspottung der auf Johann Joachim Winckelmann (1717–1768) zurückgehenden, nicht nur gelehrten Begeisterung für antike Torsi. Wie Flügelhelm und Äskulapstab handelt es sich um plakative Zitate einer symbolbeladenen Antike, die einerseits in Gelehrtenkreisen isoliert, andererseits so verstümmelt und entwurzelt ist, dass sie im Hier und Jetzt keinen Sinn mehr hat. Implizit steht damit auch die Translokation in der Kritik, die Kulturgüter zu wertlosen Artefakten macht.

Doch nicht nur der kaltherzige, hohle Elitarismus der mächtigen Oberschicht ist

Ziel des Spotts. Cruikshank schaut mit dem bürgerlichen Publikum, das seine Blätter kauft, auch auf ärmere Teile der Gesellschaft herab, die er als vulgär, bedrohlich und stumpfsinnig kennzeichnet – mit dem penetranten Insistieren auf der banalen Tatsache, dass man Steine nicht essen kann, ebenso wie durch die zahlreichen, weniger mitleiderregend als abstoßend überzeichneten, hungrigen Kinder. Die grobschlächtige Frau schließlich, deren Wut nicht vom Hunger rühren kann, ruft: »Lass ihn seine Steine wieder zu den Türken zurückbringen – wir wollen sie nicht in diesem Land!«[1] Hier schimmert nationalistischer Dünkel durch, der ebenso wie bildungslose Ignoranz als Bedrohung ins Licht gesetzt wird.

Die »kopflosen Damen« von Elgins Sammlung können nicht so verliebt machen, dass eine andere Dame vergessen werden könnte: die Gerechtigkeit. So formulierte es ein Parlamentarier mit Blick auf die sinistre Aneignung der Werke.[2] Stehen Herkules und Venus als Verkörperungen für Kraft, Würde und Macht der Nobilität ebenso wie für obrigkeitlichen Kunstsinn, gemahnen sie in ihrer Versehrtheit an die Kriegsinvaliden und Opfer der eben beendeten Freiheitskriege. Deren Verzweiflung, das Ende der alten Ordnung und das Ausbleiben einer gerechteren, nachrevolutionären Welt spiegeln sich im mahnend-drohend herabblickenden Herkules.

ROBERT SKWIRBLIES

1 Ü.: Robert Skwirblies. ▪ 2 »House of Commons«, Spalte 1031.

»House of Commons. Friday, June 7. Elgin Marbles«, in: Thomas Curson Hansard (Hg.), **The Parliamentary Debates from the Year 1803 to the Present Time**, Bd. 34, London 1816, Spalten 1027–1040.

T. C. W. BLANNING, »The Grand Tour and the Reception of Neo-Classicism in Great Britain in the Eighteenth Century«, in: Rainer Babel, Werner Paravicini (Hg.), **Grand Tour. Adeliges Reisen und europäische Kultur vom 14. bis zum 18. Jahrhundert**, Ostfildern 2005, S. 541–554.

DOROTHEE GERKENS, **Arena des Spotts. Englische Karikaturen 1780–1830** (Ausst.-Kat. Hamburger Kunsthalle), Hamburg 2009.

EDITH HALL, HENRY STEAD, **A People's History of Classics. Class and Greco-Roman Antiquity in Britain and Ireland 1689 to 1939**, London, New York 2020.

NORBERT MILLER, **Marblemania. Kavaliersreisen und der römische Antikenhandel**, Berlin, München 2018.

ANTHOLOGIE ZU KUNSTRAUB UND KULTURERBE
A Byron (1812): **Schande statt Stolz – Empathische Projektionen auf die** *Elgin Marbles*. ▪
B Castlereagh (1815): **Kunstwerke als Vertreter der Macht.**

Nach der Schlacht: Business as usual
1886

Im Anschluss an die Eroberung Mandalays im heutigen Myanmar im Jahr 1885 führte die Plünderung des königlichen Palastes von Birma zu reicher Beute. Diese wurde später in einer Auktion vor Ort versteigert, wie das in der britischen Zeitschrift *The Graphic* veröffentlichte Bild zeigt, das auf einer Zeichnung des britischen Zeichners und Kriegskorrespondenten Frederic Villiers (1851–1922) basiert, der für die Zeitschrift vom Anglo-Birmanischen Krieg berichtete.

Auf der Bühne sitzend, zeichnete Villiers den Ablauf der Auktion: Im Bildzentrum stehend, präsentiert ein britischer Offizier eine Skulptur. Die Menge vor ihm besteht aus Angehörigen der britischen Armee, erkennbar durch ihre Kolonialhelme. Der Offizier nimmt damit die Rolle des Auktionators ein, auch wenn er keinen Hammer hält. Hinter ihm notiert ein Buchhalter die Transaktionen, und ein Soldat steht bereit, um das nächste zu versteigernde Objekt zu bringen. Im Vordergrund überwacht kein Geringerer als Frederick Hamilton-Temple-Blackwood Lord Dufferin (1826–1902), in einem eleganten verzierten Stuhl sitzend, den Vorgang. Die Kulisse der Szene, die geschnitzten Säulen und das Dach im Hintergrund, lassen vermuten, dass die Auktion im Palast von Mandalay stattfindet. Im Vordergrund des Bildes sind einige wertvolle birmanische Beutestücke für die Versteigerung bereitgestellt – es sind Lampen und Aufbewahrungskisten mit goldener Dekoration, Cloisonné-Emaille oder Intarsien zu erahnen.

Das Objekt, das der »Auktionator« gerade dem Publikum präsentiert, ist eine weibliche Statuette mit Fächer: Im Angesicht des rein männlichen Publikums entsteht hier eine Assoziation des Stereotyps von Frauen als Objekten. Das Motiv erinnert an die Fantasien der Versteigerung von weiblichen Sklaven nach militärischen Eroberungen. Gleichzeitig wird aber auch auf klassischere Bilder angespielt – und an die Ikonografie der geflügelten Siegesgöttin Victoria beispielsweise, mit einem Fächer anstatt der Federn.

Die friedliche und wohlgeordnete Illustration einer Auktion lässt vergessen, dass die Objekte Beute sind. Und in der Tat wurde die Gewalt der Eroberung in der Berichterstattung vollständig verleugnet und durch probritische Propaganda ersetzt.[A] Denn der Krone war daran gelegen, die imperiale Expansion als erfolg- und ruhmreiche Erweiterung der britischen Herrschaft in Südostasien zu zeigen. Die Eroberun-

46

Die Druckgrafik **With Lord Dufferin in Burma. A Loot Auction in the Palace, Mandalay. From Sketches by Our Special Artist, Mr. F. Villiers** wurde am 3. April 1886 im britischen illustrierten Wochenmagazin **The Graphic** veröffentlicht. Sie zeigt eine Versteigerung, das unscheinbare Wort »loot auction« im Übertitel weist jedoch auf die problematische Provenienz der auktionierten Objekte hin.

gen hatten 1854 mit der Annexion von Nieder-Birma und seiner Hauptstadt Yangon eingesetzt. 1858, ein Jahr nach den traumatisierenden Ereignissen in der indischen Rebellion in Delhi, wurden die bisher von der British East India Company verwalte- → BILD 6 ten Gebiete zum sogenannten Britisch-Indien. Damit übernahm die britische Krone die direkte Kontrolle über den gesamten indischen Subkontinent. Im Jahr 1876 wurde Königin Victoria (1819–1901) zur Kaiserin von Indien ernannt. Lord Dufferin, der bereits in Kanada, der Türkei und in Russland erfolgreich für die Krone tätig war, wurde 1884 zum Vizekönig von Indien. Nachdem die Briten seit 1824 bereits zwei Kriege gegen Birma bestritten hatten, eroberten sie das Königreich 1885 endgültig. Offiziell wurde der militärische Einsatz durch Beschwerden einiger Händler ausgelöst. Inoffiziell jedoch spielten die französischen imperialistischen Aktivitäten eine wichtige Rolle: Nachdem Jules Ferry (1832–1893) die Abgeordnetenkammer davon überzeugt hatte, dass »Frankreich den ihm gebührenden Platz« verteidigen müsse, setzte die französische Expansion in Asien ab 1883 ein. Durch eine militärische Expedition wurde Tonkin am 25. August 1883 zur französischen Kolonie und bedrohte damit die ostindische Grenze. Die Briten antworteten mit der Invasion Ober-Birmas am 14. November 1885. Sie nahmen die Hauptstadt Mandalay ein und entmachteten König Thibaw (1859–1916), der daraufhin mit der königlichen Familie ins Exil nach Indien flüchtete. 1886 wurde der königliche Palast geplündert.

Die Darstellung Lord Dufferins als Schirmherr einer Auktion von Kulturgütern erschien in der Zeitschrift *The Graphic*, der beliebtesten illustrierten wöchentlichen Zeitschrift dieser Zeit, die nicht nur in Großbritannien selbst, sondern im gesamten British Empire und in Nordamerika gelesen wurde. Die hier verbreiteten Bilder entwickelten also eine enorme Reichweite. Während die Ansicht losgelöst von der Publikation nur schwerlich als Bildpropaganda zugunsten der britischen Eroberung von Birma zu lesen wäre, erhält sie in ihrem Veröffentlichungskontext eine andere Bedeutung: Die Grafik ist hier Teil einer Serie unter dem Titel *With Lord Dufferin in Burma. From sketches by our special artist Mr. F. Villiers* (Mit Lord Dufferin in Burma. Nach Zeichnungen unseres künstlerischen Sonderkorrespondenten Herrn F. Villiers), die zwischen März und April 1886 veröffentlicht wurde. Alle Darstellungen inszenieren Lord und Lady Dufferin als das neue – und friedliebende – Königspaar von Birma.

So werden auf einem der Bilder Lord und Lady Dufferin beispielsweise auf den königlichen Thronen von Mandalay gezeigt, vor einer birmanischen Menschenmenge, die die neuen Herrscher bewundert. Auf einer anderen Darstellung wohnen sie der Aufführung eines traditionellen Tanzes bei. Die Auktionsszene ist das Spiegel-bild eines weiteren Drucks, der auf derselben Seite der Zeitschrift abgedruckt ist: In diesem empfängt Lady Dufferin birmanische Damen »zum Nachmittagstee im Palast«, wie der Titel erklärt. In diesem Zusammenhang wird die Auktionsszene implizit zu einem Wohltätigkeitsverkauf, dem Lord Dufferin, komfortabel in einem Lehnstuhl sitzend, mit seinem Helm auf dem Schoß, beiwohnt – statt des Eroberers nimmt er hier die Rolle eines wohltätigen Patriarchen ein.

Die Propaganda zur Legitimierung des britischen Imperialismus nutzte so ge-konnt Narrationen und Inszenierungen, die die Anerkennung des neuen Königs und der Königin durch die Lokalbevölkerung veranschaulichen sollten. Denn die-se hätten Frieden und »Zivilisation« nach Birma gebracht – durch gesellschaftliche Praktiken wie den Nachmittagstee und kommerzielle Techniken wie Versteigerun-gen –, während sie die traditionellen Aspekte der birmanischen Kulturen lebendig erhielten. Dem widerspricht das Schicksal der geplünderten Objekte: Diese Schätze aus dem königlichen Palast in Mandalay gingen nach der Versteigerung in private Sammlungen oder wurden als Kriegsbeute nach England geschickt.

Heute verfolgt der Urenkel König Thibaws, Maha Chandra Kumara Soe Win (*1947), das Ziel, den Palast von Mandalay in seiner ursprünglichen Pracht wieder-herzustellen: »Wir können vergeben«, sagt er, »aber wir dürfen nicht vergessen.«[1]

LÉA SAINT-RAYMOND

Aus dem Englischen von Philippa Sissis. ■ 1 Bescoby, »Who Stole Burma's Royal Ruby?« (Ü. Philippa Sissis).

ALEX BESCOBY, »Who Stole Burma's Royal Ruby?«, in: British Broadcasting Corporation, {www.bbc.co.uk/news/resources/idt-sh/who_stole_burmas_royal_ruby}, letzter Zugriff 16.11.2020.
STEVE BOTTOMORE, »Frederic Villiers – War Correspondent«, in: Sight and Sound 49 (1980), Nr. 4, S. 250–255.
JOHN FALCONER, Birmanie. De Rangoon à Mandalay (Ausst.-Kat. Paris, Galerie Hypnos), Paris 1999.
SYLVIA FRASER-LU, Buddhist Art of Myanmar (Ausst.-Kat. New York, Asia Society Museum), New York 2015.
JOHN GUY, Lost Kingdom. Hindu-Buddhist Sculpture of Early Southeast Asia (Ausst.-Kat. New York, The Metropolitan Museum of Art), New York 2014.

ANTHOLOGIE ZU KUNSTRAUB UND KULTURERBE
A Hugo (1861): Wie die Zivilisation der Barberei verfällt.

Paris als Drehscheibe des Antikenhandels
1921

Ein bärtiger Kopf, eine Kriegerstatuette, eine antike Vase, eine hellenistische Terra-kottafigur sowie eine Maske, und über allem thront auf einem großen Sockel ein be-malter Mumienkopf aus Holz, der mit seinen schwarzen Augen den Blick der Vorbei-gehenden magisch anzieht – das Schaufenster der Pariser Galerie von Ernest Brum-mer scheint durch seinen fein verzierten Holzrahmen selbst den Anspruch eines Kunstwerks erheben zu wollen. Dabei zeigt es jedoch nicht nur ein raffiniertes Ar-rangement von Einzelstücken, sondern zugleich die ganze Bandbreite des Angebots der Galerie, das sich über Antiquitäten von der Antike bis ins Mittelalter erstreckte. Ganz im Sinne von Walter Benjamins Überlegungen zu den Pariser Passagen werden hier die zum Verkauf angebotenen Waren nicht nur präsentiert, sondern regelrecht inszeniert und durch einen an der Decke installierten Scheinwerfer ins rechte Licht gerückt. Das Geschäft selbst wird zur Vitrine, durch deren Fenster die Handelsgüter schon von der Straße aus für jedermann sichtbar sind. Zugleich dient das Glas aber immer auch dem Schutz und unterstreicht damit sowohl ihren künstlerischen als auch materiellen Wert. Trotz des offen gestalteten Fensters bleibt der Blick in das Innere der Galerie für Betrachtende durch einen Sichtschutz verwehrt. In einem ge-schickten Kontrast von Ent- und Verhüllen ist auch der Eingang fast komplett durch einen Vorhang abgehängt, wodurch die Exklusivität der Galerie betont wird, deren Tür nicht einmal eine Klinke besitzt.

Diese Fotografie, welche 1921 wohl zur Eröffnung des neuen Geschäfts von Er-nest Brummer in der 36 rue de Miromesnil zu Werbezwecken entstand, ist auch Aus-druck eines sozialen Aufstiegs. Ursprünglich als mittellose Einwanderer nach Paris gekommen, entwickelten die Brummer-Brüder innerhalb kürzester Zeit aus ihrem Kuriositätengeschäft einen florierenden Kunsthandel für Antiquitäten, dessen neue Geschäftsadresse nun in unmittelbarer Nähe zu den berühmten Galerien Wilden-stein und Rosenberg lag. Wohl um 1906 begann Joseph (1883–1947), der ursprünglich aus Ungarn für sein Studium der Bildhauerei nach Paris gekommen war, mit japa-nischen Drucken zu handeln, um seinen Lebensunterhalt zu finanzieren. Kurze Zeit später stiegen seine jüngeren Brüder Imre (1889–1928) und Ernest (1891–1964) in das Geschäft ein, das sich nicht zuletzt dank der zahlreichen amerikanischen Samm-ler und Sammlerinnen prächtig entwickelte, die zu Beginn des Jahrhunderts auf der

47

Die Schwarz-Weiß-Fotografie ist Teil des Nachlasses der drei Kunsthändler Joseph, Imre und Ernest Brummer, der heute in den Cloisters Archives des Metropolitan Museum of Art in New York verwahrt wird. Neben Geschäftsbüchern, Briefen und Inventarkarten, die sich über den gesamten Zeitraum ihrer Tätigkeit von 1906 bis 1964 erstrecken, sind auch einige Aufnahmen ihrer Galerien enthalten – unter anderem der Pariser Galerie von Ernest Brummer, deren Schaufenster hier gekonnt in Szene gesetzt ist.

Suche nach interessanten Stücken in Strömen nach Paris kamen. Dabei verdankten die Brüder ihre Reputation vor allem ihrem exquisiten Angebot. Zwar lässt sich die genaue Provenienz vieler Objekte heute nicht mehr lückenlos nachverfolgen, doch reisten sie in dieser Zeit mehrmals selbst nach Ägypten. Dort erwarben sie Stücke bei lokalen Händlern und nahmen an Ausgrabungen teil. Ganz der damaligen Praxis entsprechend, davon ist auszugehen, gelangten viele der durch sie vermittelten Objekte erst unter fragwürdigen Umständen in den Kunsthandel.[A] Da berühmte Herkunftsorte wertsteigernd waren, bot diese Ambivalenz der Provenienz einen durchaus gewollten Interpretationsspielraum, weshalb selbst die überlieferten Angaben heute kritisch hinterfragt werden müssen.

Als die amerikanische Kundschaft mit dem Ausbruch des Ersten Weltkriegs plötzlich wegblieb, ging Joseph 1914 nach Amerika, um in New York ein zweites Geschäft zu eröffnen, dessen Umsätze schnell jene der Pariser Galerie übertrafen. Für den enormen Erfolg der New Yorker Galerie, zu deren Kunden neben Privatsammlern wie dem Milliardär John D. Rockefeller (1839–1937) und dem Verleger William R. Hearst (1863–1951) auch fast alle großen öffentlichen Sammlungen wie das Boston Museum of Fine Arts, das Art Institute of Chicago und das Cleveland Museum of Art zählten, spielte das Pariser Stammhaus weiterhin eine zentrale Rolle. Hatten die Brüder in ihren Anfangsjahren noch viele Objekte selbst in den Ursprungsländern erworben oder sogar ausgegraben, stammte ein Großteil der von Joseph später in Amerika vermittelten Werke direkt vom Pariser Kunstmarkt. Der in Paris zurückgebliebene Ernest informierte ihn nicht nur fortlaufend über günstige Gelegenheiten, sondern erwarb in seinem Namen zahlreiche Kunstwerke, um diese dann mit erheblichem Aufschlag in Amerika weiterzuverkaufen.

Als besonders wertvoll erwiesen sich dabei die guten Kontakte zu anderen Einwanderern, vornehmlich armenischer Herkunft, die den Handel mit Altertümern in Paris zu dieser Zeit fast vollständig kontrollierten und über ihre weitverzweigten Familiennetzwerke trotz immer strengerer Ausfuhrgesetze ständig für Nachschub sorgten. So stammt ein Großteil der von Joseph verkauften Objekte ursprünglich von kleineren Pariser Kunsthändlern, wie Joseph Altounian, René Brimo, Hagop Kevorkian oder Garbis Kalebdjian. Selbst als Ernest aufgrund seines jüdischen Glaubens 1940 nach Amerika emigrieren musste, wo er nach Josephs Tod das Familiengeschäft weiterführte, brachen diese Geschäftsbeziehungen nach Paris niemals ab.

Nicht nur als Verkäufer, sondern auch als Experten hatten die Brummer-Brüder großen Einfluss auf die Entstehung vieler amerikanischer Sammlungen. So war Joseph als Ratgeber maßgeblich am Aufbau der Sammlung mittelalterlicher Kunst des Metropolitan Museum of Art beteiligt: Es besitzt allein über 400 Werke, deren Provenienz mit Brummer verbunden ist. Zudem formten sie im Laufe ihrer Geschäftstätigkeit auch eigene Sammlungen. Die Gründung des Duke University Museum, dem heutigen Nasher Museum of Art, geht auf den Ankauf von 250 Objekten aus dem Nachlass von Ernest zurück. Im Gegensatz zu europäischen Museen, deren Sammlungen für alte Kunst vor allem durch Funde eigener Ausgrabungen bestückt wurden, stammen viele Objekte in amerikanischen Museen direkt aus dem Kunsthandel. Vor diesem Hintergrund bot die Preisdiskrepanz zwischen dem Pariser und dem New Yorker Kunstmarkt geradezu ideale Rahmenbedingungen für den transatlantisch aufgestellten Kunsthandel der Brummer-Brüder.

Während in Europa die wirtschaftlich schwierigen Jahre zwischen den beiden Weltkriegen zu einem Überangebot geführt hatten, war die Nachfrage in Amerika ungebrochen. Diese zunehmende Verlagerung des Antikenhandels materialisiert sich im Schicksal der ägyptischen Maske auf der Abbildung. Nachdem Ernest sie wohl noch in Paris an einen amerikanischen Sammler verkauft hatte, erwarb er sie nach seiner Emigration auf einer New Yorker Auktion zurück. Als Ikone seiner Pariser Galerie, wo sie, wie auf der dazugehörigen Karteikarte vermerkt, »jahrelang im Schaufenster stand«, war sie aber nicht nur ein persönliches Erinnerungsstück, sondern symbolisiert zugleich die historische Bedeutung von Paris als Drehscheibe des internationalen Antikenhandels.

MATTES LAMMERT

YAËLLE BIRO, »African Arts between Curios, Antiquities, and Avant-garde at the Maison Brummer, Paris (1908–1914)«, in: Journal of Art Historiography 12 (2015), S. 1–15.

CHRISTINE BRENNAN, »The Brummer Gallery and the Business of Art«, in: Journal of the History of Collections 27 (2015), Nr. 3, S. 455–468.

CAROLINE BRUZELIUS, JILL MEREDITH, The Brummer Collection of Medieval Art. The Duke University Museum of Art, Durham 1991.

»Brummer«, in: Colum Hourihane (Hg.), The Grove Encyclopedia of Medieval Art and Architecture, Bd. 1, Oxford 2012, S. 445 f.

The Cloisters Archives, Metropolitan Museum of Art, New York, Sammlung Nr. 31: The Brummer Gallery Records.

ANTHOLOGIE ZU KUNSTRAUB UND KULTURERBE

A Ali Pascha (1835): Kulturgutschutz nach europäischem Modell – zum Schutz vor Europäern.

Seltenes Verkaufsdisplay für Opiumkriegsbeute

1861

Diese Fotografie illustriert die ersten Pariser Verkäufe von Objekten aus dem Yuanmingyuan, dem Alten kaiserlichen Sommerpalast in Beijing. 1861 entstanden, stellt sie auch die erste bekannte fotografische Aufnahme der Objekte überhaupt dar.

Während des Zweiten Opiumkrieges (1856–1860) kämpften britische und französische Truppen um die Ausweitung ihrer kommerziellen Privilegien in China. Der Krieg endete in Beijing im Oktober 1860 mit der Plünderung und anschließenden Niederbrennung des Yuanmingyuan, einem der offiziellen Regierungssitze des chinesischen Kaisers nordwestlich der chinesischen Hauptstadt.[A] Aus der Zerstörung des Alten Sommerpalastes resultierte, vor allem auch in Europa, eine verstärkte Zirkulation imperialer chinesischer Objekte. Im Zuge der britisch-französischen Militäraktion in China wurde als sogenannter *prize* offiziell Beute genommen. Weitere Gegenstände gelangten in Umlauf, da beteiligte Truppenmitglieder, zeitgenössischen Berichten folgend vornehmlich einfache Soldaten, die Gemächer des Palastes auf eigene Faust plünderten. Gegen Ende des Jahres 1860 erreichten die ersten Besitz- → BILD 36 tümer des chinesischen Kaisers Europa, wo sie als Andenken und Kuriositäten in den privaten Familiensammlungen der Expeditionsbeteiligten aufbewahrt oder über den Handel und Auktionen in öffentliche und private Sammlungen gelangten.

Die erste Pariser Auktion von Objekten aus dem Sommerpalast fand am 12. Dezember 1861 im Hôtel Drouot statt (in London wurden bereits seit April desselben Jahres Stücke mit derselben Provenienz versteigert). Das zehn Jahre zuvor eröffnete Auktionshaus, benannt nach seiner Anschrift in der 9 rue Drouot, war ein zentraler Schauplatz des in Paris konzentrierten Kunstmarktes im 19. Jahrhundert und hatte lange Zeit ein staatliches Monopol auf die Versteigerung von Wertobjekten. Die Fotografie muss in etwa zum Zeitpunkt der Versteigerung entstanden sein, vermutlich machte sie der Einlieferer, ein gewisser Bertall. Er hatte einen ungewöhnlichen Hintergrund, da er weder ein ehemaliges Mitglied der alliierten Truppen noch ein Händler war, sondern ein Künstler. Bertall war das Pseudonym von Charles Constant Albert Nicolas d'Arnoux de Limoges Saint-Saëns (1820–1882), Illustrator, Graveur, Karikaturist und Inhaber einer Pariser Fotowerkstatt. Die Aufnahme zeugt vom Erfindungsgeist des Fotografen. Auf kopfsteingepflastertem Grund improvisierte er ein Studio, um einen Teil der zur Versteigerung stehenden Objekte zu prä-

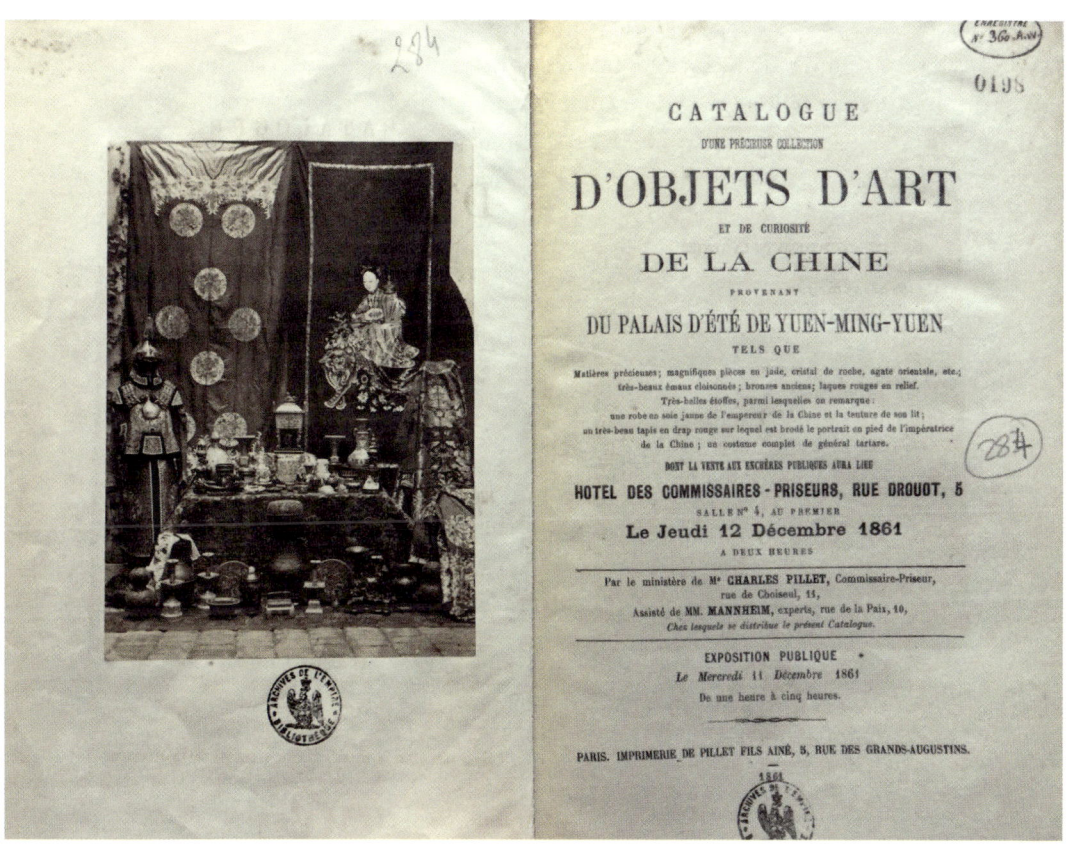

48

Zu sehen ist das Titelblatt des in der Bibliothek des Pariser Institut national d'histoire de l'art verwahrten Katalogs einer Auktion mit Objekten aus dem Alten Sommerpalast in Beijing, die am 12. Dezember 1861 im Hôtel Drouot stattfand. Die Schwarz-Weiß-Fotografie auf der linken Seite wurde vermutlich von Charles Constant Albert Nicolas d'Arnoux de Limoges Saint-Saëns, kurz Bertall, gemacht und zeigt die feierliche Inszenierung eines Teils der angebotenen Objekte.

sentieren. Großformatige, vermutlich aus Seide gefertigte Textilarbeiten wurden vor eine Mauer gehängt und schaffen einen Stimmungsraum für die auf und vor einem Tisch platzierten Porzellane und Cloisonné-Stücke. Größere Einzelstücke rahmen das kleinteilige Display – deutlich ist eine Prunkrüstung zu erkennen, während die Objekte auf der gegenüberliegenden Seite durch den Anschnitt der Aufnahme nicht näher bestimmbar sind. Die improvisierte Präsentation erinnert an die Verkaufs-displays der zur Mitte des 19. Jahrhunderts entstandenen Pariser Warenhäuser und versprüht zugleich den Charme eines *Bric-à-brac*, mit dem man im Französischen ein zufälliges Ensemble von Kuriositäten bezeichnet.

→ BILD 29

Wo das Foto entstand, ist nicht bekannt – der gepflasterte Boden könnte sich in einem Innenhof des Hôtel Drouot befunden haben oder vor der Werkstatt Bertalls. Die dem Titelblatt zur Seite gestellte Aufnahme ist nur in dem von der Bibliothek des Pariser Institut national d'histoire de l'art verwahrten Exemplar des Katalogs belegt. Entweder handelt es sich also um das einzig bekannte Exemplar einer Sonderausfüh-rung des Auktionskatalogs, die eine exklusive Interessentenschicht ansprechen sollte, oder Bertall entschied sich, sein eigenes Exemplar durch das Bild zu bereichern. In jedem Fall ist die Anwesenheit der Fotografie eine Besonderheit: Für die Versteige-rung asiatischer Artefakte in Paris erscheinen illustrierte Kataloge erst gegen Anfang der 1890er-Jahre. Selbst Londoner Auktionskataloge der 1860er-Jahre enthalten in der Regel noch keine Fotos oder andere Illustrationen der angebotenen Objekte.

Die Aufnahme ist zugleich visueller Zeuge eines Teils der Sammlung von Stücken aus dem Yuanmingyuan im Besitz von Bertall. Wie in den 1860er-Jahren üblich, wer-den die zur Versteigerung stehenden Objekte nur sehr knapp beschrieben, sodass es schwerfällt, einen Großteil der repräsentierten Artefakte sicher zu bestimmen. Das Bild zeigt jedoch ohne Zweifel die Rüstung eines Tartarusgenerals, die im kaiserli-chen Sommerpalast (Nummer 73 des Auktionskatalogs) erbeutet wurde. Sie erreichte den höchsten Bietpreis und wurde für 870 Francs plus fünf Prozent Zuschlagspreis an einen gewissen Mauloir verkauft. Diese Informationen können mittels des im Archiv der Stadt Paris aufbewahrten Auktionsprotokolls nachvollzogen werden.[1]

Kurz nach der Plünderung des Yuanmingyuan standen die Marktbewegungen noch in engem Zusammenhang mit der Herkunft der Objekte. Ihre Provenienz, und damit auch die gewaltvollen Umstände ihrer Verlagerung nach Europa, waren zu diesem Zeitpunkt noch keine Tatsache, die es zu verschleiern galt, sondern ein Ver-kaufsargument. Fast jeder Katalog benannte als Herkunftsort den Sommerpalast (Palais d'Été) beziehungsweise den Haushalt des Kaisers und nutzte das Merkmal als wichtiges Element der semantischen Wertschöpfung – entweder bereits im Titel des Katalogs oder in der Beschreibung von Objektgruppen. Französische Kataloge gaben teilweise genaue Angaben über den Aufstellungsort der Objekte im Palast an. In den Jahren um 1900, als nach dem sogenannten Boxeraufstand erneut viele geplünderte Wertobjekte aus China auf den europäischen Markt gelangten, waren derartige Provenienzangaben in Auktionskatalogen nicht mehr gebräuchlich.[B]

Die Objektbewegungen aus den kaiserlichen Sammlungen im Alten Sommerpalast bei Beijing sind verschlungen und noch nicht ausreichend erforscht: Sowohl Angehörige der westlichen Streitkräfte als auch der lokalen Bevölkerung waren an den Plünderungen beteiligt. Ein Großteil der Objekte gelangte direkt im Anschluss an die Militäraktion auf den Kunstmarkt, andere wurden erst Jahrzehnte später durch Sammlungsauflösungen verfügbar. Noch wissen wir nicht viel über die beteiligten Händler und ihre globalen Netzwerke. Bilder wie dieses sind daher eine äußerst seltene und wertvolle Quelle, um die Kommodifizierungsprozesse zu verstehen, die diese Stücke kurz nach den Ereignissen von 1860 durchlaufen haben.

CHRISTINE HOWALD UND LÉA SAINT-RAYMOND

Aus dem Englischen von Philippa Sissis. ■ 1 Das Dataset »The Yuanmingyuan Loot at Parisian Auctions in the 1860s« ermöglicht einen freien Online-Zugriff auf die annotierten Pariser Auktionsprotokolle der Yuanmingyuan-Beute, {doi.org/10.7910/DVN/0COI5J}, letzter Zugriff 16. 11. 2020.

CHRISTINE HOWALD, »The Power of Provenance. Marketing and Pricing of Chinese Looted Art on the European Market (1860–1862)«, in: Charlotte Guichard, Christine Howald, Bénédicte Savoy (Hg.), Acquiring Cultures. Histories of World Art on Western Markets, Berlin 2018, S. 241–266.
CHRISTINE HOWALD, LÉA SAINT-RAYMOND, »Tracking Dispersal. Auction Sales From the Yuanmingyuan Loot in Paris in the 1860s«, in: Journal for Art Market Studies 2 (2018), {doi.org/10.23690/jams.v2i2.30}, letzter Zugriff 16. 11. 2020.
LÉA SAINT-RAYMOND, »La création sémantique de la valeur. Le cas des ventes aux enchères d'objets chinois à Paris (1858–1939)«, in: Michel Espagne, Li Hongtu (Hg.), Chine France – Europe Asie. Itinéraire de concepts, Paris 2018, S. 217–239.
LOUISE TYTHACOTT, »Trophies of War. Representing ›Summer Palace‹ Loot in Military Museums in the UK«, in: Museums and Society 13 (2015), S. 469–488.

ANTHOLOGIE ZU KUNSTRAUB UND KULTURERBE
A Hugo (1861): Wie die Zivilisation der Barbarei verfällt. ■ B Hooker (1910): »Plünderung ist ausdrücklich untersagt«.

Von Antiquitätenmessen und Gesellschaftsspielen

1938

Yamanaka Sadajirō (山中定次郎, 1866–1936) baute Mitte der 1890er-Jahre den kleinen Antiquitätenladen seines Schwiegervaters in Osaka aus und strebte alsbald nach einem internationalen Verkaufsnetzwerk für ostasiatische Antiquitäten. Er eröffnete Zweigstellen in New York City (1894/95), Boston (1899), London (1900), Paris (1905) und Chicago (1928). Seine Expertise und Beziehungen zu japanischen Militärs und Politikern verhalfen ihm schon bald zu einer Führungsposition im Handel mit ostasiatischen Antiquitäten. Yamanaka & Co. spielte eine Schlüsselrolle in der Verlagerung ostasiatischer Artefakte zu Beginn des 20. Jahrhunderts – vor allem chinesischer Antiquitäten, die nicht nur nach Japan, sondern ebenso nach Nordamerika und in europäische Länder gelangten. 1936, nach Sadajirō Yamanakas Tod, übernahm sein Sohn Kichitarō (山中吉太郎 Yamanaka Kichitarō, 1890–1965) mit der Unterstützung enger Mitarbeiter seines Vaters den Antiquitätenhandel.[1]

1938, während der Shōwa-Epoche (昭和 13年), organisierte Yamanaka & Co. die *Weltausstellung für Antiquitäten mit Verkaufsausstellung* auf der sechsten und siebenten Etage des Matsuzakaya-Kaufhauses (松坂屋大阪店) in Osaka, dem heutigen östlichen Nebengebäude des Takashimaya-Kaufhauses (高島屋東別館). Viele japanische Kaufhäuser eröffneten in den 1920er- und 1930er-Jahren »orientalische Warenabteilungen«, in denen Kunst und Antiquitäten aus China, Korea, Java und Indien angeboten wurden. Wechselnde Partner, die Verkaufsflächen in den Abteilungen anmieteten, waren keine Seltenheit.[2] Der Titel *Weltausstellung für Antiquitäten* ist irreführend, denn nur Objekte aus China, Japan und Korea wurden angeboten. Verkaufsausstellungen waren ein wichtiges Geschäftsmodell von Yamanaka & Co. – Interessierte erhielten vorab Kataloge mit Fotografien und Maßen der zum Verkauf stehenden Stücke.[3] In Umfang und Reichweite stellte die Verkaufsausstellung von 1938 einen Höhepunkt der Firmengeschichte dar, die Machtumwälzungen im ostasiatischen Raum zur Mitte des 20. Jahrhunderts machten weitere Veranstaltungen dieser Größenordnung quasi unmöglich.

Der Orientierungsplan wurde als farbiger Holzschnitt gedruckt und lehnt sich visuell an das japanische Gesellschaftsspiel E-Sugoroku (絵双六) an, bei dem ein Parcours aus Leitern schnellstmöglich durchwandert werden muss. Im Zentrum des Flyers, rot hinterlegt, stehen der Ausstellungstitel sowie Name und Anschrift des

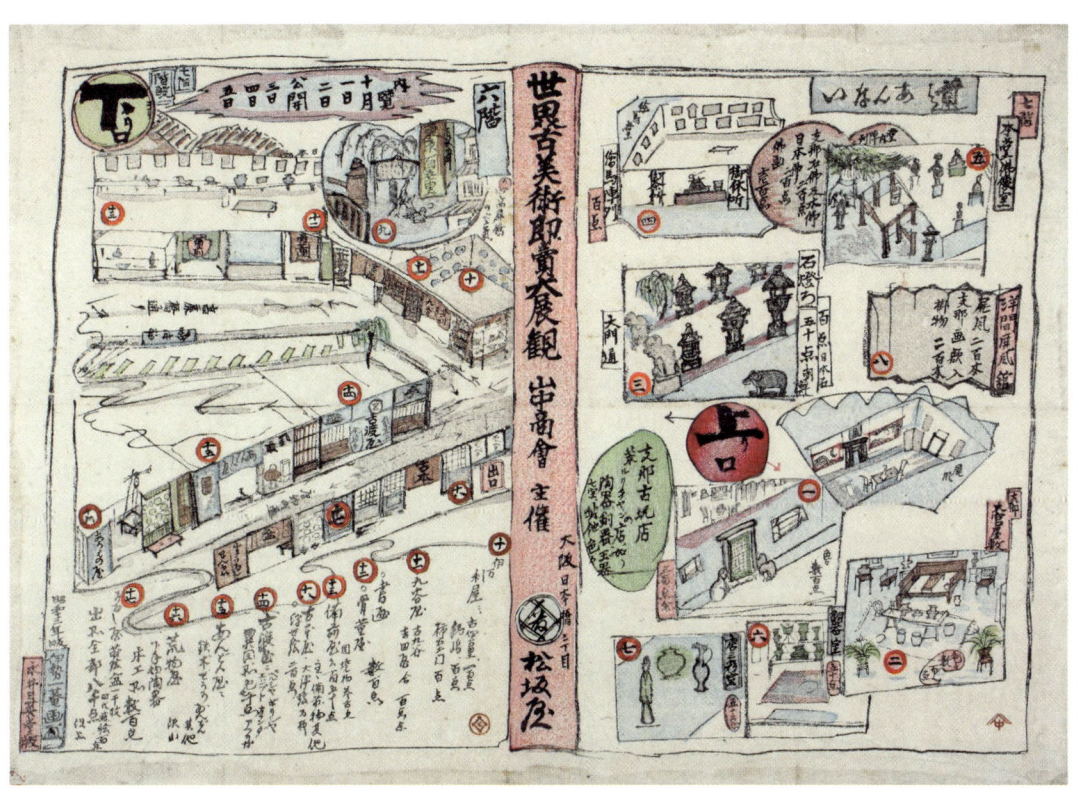

49

Der auf der Farbfotografie wiedergegebene Holzschnitt diente 1938 bei der **Weltausstellung für Antiquitäten mit Verkaufsausstellung** (世界古美術即売会大展観) des japanischen Kunsthandelsunternehmens Yamanaka & Co. in Osaka als Orientierungsplan. Der Druck, der in der Tradition des Edo-Holzschnitt-Drucks von Ise Ichian (伊勢一菴) illustriert und von der Firma Nagai Icheido (永井日英堂) gedruckt wurde, zeigt die zahlreichen Verkaufsstellen, die während der Messe Objekte aus China, Japan und Korea feilboten.

Kaufhauses. Über den Verkaufszeitraum informiert das blau hinterlegte und rot um-
randete Schriftpanel am oberen Rand der linken Blatthälfte. Der japanischen Lese-
richtung folgend, beginnt der Ausstellungsrundgang in der rechts wiedergegebenen
siebenten Etage des Kaufhauses und wird dann in der sechsten Etage fortgeführt.
Die obere Etage ist chinesischen Antiquitäten aus der Liulichang-Straße (琉璃廠) in
Beijing gewidmet – einem traditionsreichen Zentrum des Antiquitätenhandels in
der chinesischen Hauptstadt. Die acht Miniaturzeichnungen geben Auskunft über
die angebotenen Objektgruppen und die Anzahl der zum Verkauf stehenden Stücke. Neben Mandarin-Möbeln, rituellen Bronzestücken und Tang-Sancai-Keramiken
finden sich auch japanische und koreanische Artefakte in den Verkaufsständen, namentlich Steinlaternen und buddhistische Statuen. Die räumliche Nähe zeigt sie als
in chinesischer Tradition stehend an. Auch für die sechste Etage werden Art und
Anzahl der angebotenen Waren angegeben: Zum Verkauf standen japanisches Porzel-
lan, Kalligrafie und Malerei, Holzschnitte, antiquarische Bücher sowie aus Riedgras
geflochtene Körbe und Haushaltsutensilien.

Das Display der Verkaufsobjekte nimmt Motive traditioneller japanischer Ein-
kaufsstraßen auf. Die Nutzung von *Tokonoma* – dekorativen Alkoven in den Häusern
der japanischen Elite – für die Ausstellung von Kunstobjekten war in der ersten
Hälfte des 20. Jahrhunderts in den Kaufhäusern Japans weit verbreitet. Es bleibt
allerdings unklar, ob der Flyer die Ausstellungsräume wirklichkeitsgetreu abbildet
oder es sich vielmehr um eine an das E-Sugoroku-Bildformular angepasste Darstellung handelt.

Der Kunsthandel profitierte von politischen Vorstößen, die ostasiatische Kulturgüter auf den Markt brachten: Nach dem Erlass des *Gesetzes zur Erhaltung von alten japanischen Tempeln und Schreinen* (古社寺保存法) im Jahr 1897 erschloss Yamanaka & Co.
sich in Korea und China, von der dortigen instabilen politischen Situation profitie-
rend, neue Quellen von Antiquitäten. Obwohl die Qing-Dynastie 1909 eine *Anordnung zum Schutz von Altertümern* (保存古跡推廣辦法章程) für die chinesischen Gebiete
verfügt hatte, wurde zwischen dem Sturz der Qing 1911 und dem Erlass des *Gesetzes
zum Erhalt von Antiken* (古物保存法) 1930 durch die Regierung Chinas der Antikenhandel mit chinesischen Objekten kaum staatlich kontrolliert. Yamanaka wusste
von dieser Situation zu profitieren und eröffnete 1917 eine Dependance in Beijing.
Von dort aus kaufte er zerstreute Sammlungen von höheren chinesischen Verwal-
tungsbeamten und Mitgliedern des Qing-Hofstaats auf, so zum Beispiel jene aus dem
Palast des Prinzen Gong (恭王府), und brachte Beutegut sowie aus Raubgrabungen

stammende Objekte in den Firmenbesitz, um sie gewinnbringend an ausländische Interessierte zu verkaufen.[4]

Der Handel mit koreanischen Antiquitäten ging trotz der 1916 von der japanischen Kolonialregierung erlassenen *Gesetze zum Schutz alter Stätten und Antiquitäten* (蹟及遺物保存規則) kontinuierlich weiter. Japanische Akademiker wie Sekino Tadashi (関野貞), Hamada Kōsaku (濱田耕作) und Umehara Sueji (梅原末治) führten Ausgrabungen auf der Halbinsel durch. Sie unterhielten nachweislich Verbindungen zu japanischen Kunsthändlern, schrieben Beiträge für Kataloge und nutzten die militärische Infrastruktur der Kolonialadministration, um Objekte auszuführen.[5] So steht unser Ausstellungsflyer als Zeuge für die Dynamiken von Kulturgutverlagerungen im ostasiatischen Raum unter dem kolonialen Regime Japans.

→ BILD 17

JI YOUNG PARK

Aus dem Englischen von Philippa Sissis. ■ 1 Lawton, »Yamanaka Sadajiro«; Kuchiki, **Das Haus Yamanaka**. ■ 2 Oh, »Oriental Taste in Imperial Japan«. ■ 3 Ju, »Yamanaka & Co und nach Japan verbrachte Kulturgüter Koreas«, S. 408. ■ 4 Tōkyō Bijutsu Kurabu, **Geschichte japanischer Kunsthändler von 1907–2006**, S. 113. ■ 5 Ju, »Yamanaka & Co und nach Japan verbrachte Kulturgüter Koreas«.

JU HONGGYU [주홍규], »Yamanaka sanghoewa Ilbon'ŭro yuchultoen han'kuk munhwajae 야마나카 상회(山中商會)와 일본으로 유출된 한국 문화재 (Yamanaka & Co und nach Japan verbrachte Kulturgüter Koreas)«, in: **Han'gukhak nonch'ong** 한국학논총 (Schriften in Korea-Studien) 47 (2017) S. 403–433.

KUCHIKI YURIKO 朽木ゆり子, **Hausu obu Yamanaka. Tōyō no shihō o Ōbei ni utta bijutsushō** ハウス・オブ・ヤマナカ: 東洋の至宝を欧米に売った美術商 (Das Haus Yamanaka), Tokyo 2011.

THOMAS LAWTON, »Yamanaka Sadajiro«, in: **Orientations** 26 (1995), S. 80–93.

OH YOUNJUNG, »Oriental Taste in Imperial Japan«, in: **The Journal of Asian Studies** 78 (2019), S. 45–74.

TŌKYŌ BIJUTSU KURABU, HYAKUNENSHI HENSAN IINKAI 東京美術倶楽部百年史編纂委員会 (Festschriftkomitee zur Hundertjahrfeier des Tokyo Art Club), **Bijutsushō no hyakunen: Tōkyō Bijutsu Kurabu hyakunenshi** 美術商の百年: 東京美術倶楽部百年史 (Geschichte japanischer Kunsthändler von 1907–2006), Tokyo 2006.

MASAKO YAMAMOTO MAEZAKI, »Innovative Trading Strategies for Japanese Art. Ikeda Seisuke, Yamanaka & Co. and Their Overseas Branches (1870s–1930s)«, in: Charlotte Guichard, Christine Howald, Bénédicte Savoy (Hg.), **Acquiring Cultures. Histories of World Art on Western Markets**, Berlin 2018, S. 223–240.

Die Kaufkraft des Magnaten
1911

Oben auf der Weltkugel liegt ein Mann neben der Skyline von New York City. Mit aufgestützten Ellenbogen hält er einen gigantischen Magneten in Form eines Dollarzeichens über den Atlantik in Richtung Europa. Kulturgüter aller Art fliegen ihm zu: höfische Gemälde, mittelalterliche Bücher, Rüstungen und Waffen, Kunsthandwerk, Skulpturen, ein ägyptischer Sarkophag und sakrale Gegenstände wie ein Chorgestühl, Bischofsornat und ein Reliquiar. Speedlines vermitteln die Geschwindigkeit und Unaufhaltsamkeit der Bewegung. Der Riese auf dem Globus lässt sich durch seine charakteristischen Gesichtszüge und einen Schriftzug auf seinem Zylinder als John Pierpont Morgan (1837–1913) identifizieren, besser bekannt als J. P. Morgan.

Der superreiche Bankier und Finanzinvestor baute innerhalb eines verhältnismäßig kurzen Zeitraums, zwischen 1900 und 1912, eine umfangreiche und vielfältige Kunstsammlung auf. Er war um die Jahrhundertwende der maßgebliche Akteur der Finanzwirtschaft an der Wall Street und beteiligte sich unter anderem an den wachsenden Unternehmen der Eisenbahn-, Schifffahrts- und Automobilindustrie. Als großzügiger Mäzen hatte er zwischen 1904 und 1913 die Präsidentschaft des Metropolitan Museum of Art in New York inne. Gleichzeitig war er ein großer Förderer des Londoner Victoria and Albert Museum (V&A). Beide Häuser bestückte Morgan mit Leihgaben – nicht uneigennützig, denn die institutionelle Anerkennung der Objekte als ausstellungs- und museumswürdig hatte eine Wertsteigerung zur Folge.

In der *Puck*-Karikatur trägt der Global Player eine kleine US-amerikanische Flagge am Hut. Seine Größe spielt einerseits auf seine Kapitalstärke an, andererseits tritt ein überdimensionierter Morgan auch in anderen Karikaturen der Zeit als Stellvertreterfigur für die neue superreiche Elite des Landes auf. Zu Seinesgleichen unter den Kunstsammlerinnen und -sammlern gehörten etwa Henry Clay Frick (1849–1919), Isabella Stewart Gardner (1840–1924), Alva Vanderbilt Belmont (1853–1933) oder Henry Walters (1848–1931). Sie alle verdienten, ähnlich wie Morgan, viele Millionen mit Reedereien und der Eisenbahn und kauften damit nun auf dem Markt für museumswürdige Kulturgüter ein.

Aus Europa wurde durchaus Argwohn gegenüber dem Einfluss US-amerikanischer Privatsammlerinnen und -sammler laut.[A] 1907 warnte Wilhelm Bode (1845–1929) prominent in einem Leitartikel der Zeitschrift *Kunst und Künstler* vor

50

Diese Karikatur von Udo J. Keppler mit dem Titel **The Magnet** publizierte die New Yorker Satirezeitung **Puck** am 21. Juni 1911. Die Doppelseite mit dem farbigen Offsetdruck stellt einen unmissverständlichen Kommentar zur aufkommenden Verstrickung von Finanzwirtschaft und privater Sammlungstätigkeit am Anfang des 20. Jahrhunderts dar.

der »amerikanische[n] Gefahr im Kunsthandel«. Besonders Morgan versetzte den Generaldirektor der Berliner Museen in Rage: »Beim Sammeln kommt zu seiner Erfahrenheit und Rücksichtslosigkeit im Geschäft noch eine ausserordentliche Leidenschaft hinzu.«[1] Diese US-amerikanischen Sammeltätigkeiten hätten bereits zu neuen Gesetzmäßigkeiten auf dem Kunstmarkt geführt, so der Museumsbeamte: »Die ausserordentlichen Preise, die man in Amerika zahlt, und der Eifer, mit dem man dort jetzt sammelt, haben bewirkt, dass der Kunsthandel schon seit einigen Jahren fast nur noch für Amerika arbeitet. Die grossen Händler in London und Paris haben Kommanditen in New York, und in neuester Zeit haben auch New Yorker Häuser bei uns Zweigetablissements errichtet.« Der europäische Markt orientiert sich neu – auf das ganz große Geld aus den USA. Diese transatlantische Kraftwir- → BILD 47
kung versinnbildlicht der Karikaturist des *Puck* mit der Metapher des Magnetismus. Die Kulturgüter scheinen keine andere Möglichkeit zu haben, als dem Dollar-Magneten, der Kaufkraft des Sammlers aus den USA, zuzuströmen. Mit schier physikalischer Notwendigkeit fliegt ihm alles zu. Die Translokationen aus Europa nach Amerika werden als naturgesetzlich, unaufhaltbar, widerstandslos dargestellt. Die Kraft selbst ist unsichtbar, sie zeigt sich durch die angezogenen Objekte. Dies versetzte die europäischen Museumsleute in Schrecken, da zu befürchten stand, dass sie beim Ringen um die wenigen museumswürdigen Güter auf dem Kunstmarkt mit dem privatwirtschaftlichen US-Kapital nicht mithalten konnten.

1909 fiel zudem der US-amerikanische Einfuhrzoll auf Kulturgut. Diese Änderung hatte Bode in seinem Weckruf bereits vorhergesehen und spekuliert, dass J. P. Morgan nur darauf warte, um seine Sammlung aus London nach New York zu verschiffen.[2] Hier zeigt sich, welch ein Feindbild Bode aus Morgan als dem »leidenschaftlichsten aller amerikanischen Kunstsammler« machte. Morgan nutzte seinerseits die Aufhebung des Zolls nicht sofort aus. Er versicherte dem Direktor des Victoria & Albert Museum in London, seine Sammlung noch mindestens drei Jahre dort zu lassen. Es scheint, als überwog Morgans Interesse, in Europa als internationaler Kunstsammler sichtbar und präsent zu bleiben.[3] Seine gewaltige Privatsammlung verstand der Magnat für sich nützlich zu machen; seine Gäste, Geschäftspartner, Freundinnen und Freunde sowie Politiker beeindruckte er gern damit. Erst 1912 verlagerte er seine Sammlung, recht plötzlich, nach New York – wo sie bis heute öffentlich zugänglich ist. Grund dafür war eine Kombination aus privaten und philanthropischen Interessen. Zum einen drohte eine neue britische Erbschaftssteuer Morgans Nachfahren um einen Teil des Kunstbesitzes zu bringen. Eine Schenkung an das Museum kam für den 75-Jährigen jedoch auch nicht infrage. Zum anderen konnte Morgan in New York mit der für die Objekte nötigen Ausstellungsfläche die Erweiterungspläne des Metropolitan Museum of Art unterstützen. Seine raumgreifende Sammlung war ein nützliches Argument, um eine Finanzierung durch die Stadt New York zu erwirken.[4]

In der *Puck*-Karikatur erscheint Morgan als Personifikation der US-amerikanischen privatwirtschaftlichen Kaufkraft. Er polt den Kunstmarkt mit seinem großen Geld um. Diese neuen Kräfteverhältnisse wurden von europäischen Museumsleuten wie Bode mit Schrecken wahrgenommen. Vorbei war damit die Zeit, in der sie die verfügbaren Güter mehr oder weniger unbehelligt unter sich verteilen konnten. Die privatwirtschaftlichen Kräfte begannen diese Privilegien zunichtezumachen. Doch in den Kreisen der europäischen Museen wusste man sich zu helfen: Schon 1919 beispielsweise wurde in der Weimarer Republik ein Kulturgüterschutzgesetz initiiert. Damit sollte sogenanntes nationales Erbe vor dem Zugriff durch Privatsammlerinnen und -sammler geschützt werden.[5]

TIM B. BOROEWITSCH

1 Bode, »Die amerikanische Gefahr im Kunsthandel«, S. 4 f. ■ **2** Bode, »Die amerikanische Gefahr im Kunsthandel«, S. 4. ■ **3** Gennari-Santori, »An Art Collector and His Friends«, S. 404. ■ **4** Gennari-Santori, »An Art Collector and His Friends«, S. 406 f. ■ **5** Obenaus, **Für die Nation gesichert?**, S. 32–44.

WILHELM BODE, »Die amerikanische Gefahr im Kunsthandel«, in: **Kunst und Künstler. Illustrierte Monatsschrift für bildende Kunst und Kunstgewerbe** 5 (1907), S. 3–6.
FLAMINIA GENNARI-SANTORI, »An Art Collector and His Friends. John Pierpont Morgan and the Globalization of Medieval Art«, in: **Journal of the History of Collections** 27 (2015), S. 401–411.
INGE JACKSON REIST (HG.), **A Market for Merchant Princes. Collecting Italian Renaissance Paintings in America**, University Park, PA 2015.
MARIA OBENAUS, **Für die Nation gesichert? Das ›Verzeichnis der national wertvollen Kunstwerke‹. Entstehung, Etablierung und Instrumentalisierung 1919–1945**, Berlin, Boston 2016.

ANTHOLOGIE ZU KUNSTRAUB UND KULTURERBE
A De Gorsse (1927): Der »Mangel an Weitsicht«.

IV.
fehlen
gedenken

Sichtbare Leere – nachfühlbar gemacht
1952

Der leere Innenraum – das einstige Refektorium des Benediktiner-Klosters auf der Insel von San Giorgio Maggiore in Venedig – wirkt in der ausgeglichenen Schönheit seiner architektonischen Gestaltung durch Andrea Palladio (1508–1580). In der Zentralität der Aufnahme der Renaissance-Architektur wird der Blick auf die Hinterwand des Raums gelenkt: Was hier wie ein Rahmen erscheint, beherbergte einst eines der bekanntesten und am meisten bewunderten Meisterwerke venezianischer Kunst, *Die Hochzeit zu Kana*, die Paolo Caliari (1528–1588), genannt Veronese, 1562/63 malte. Der Künstler entwarf das großformatige Gemälde als malerische Ergänzung des Raumes, indem die fiktive Architektur die reale aufzunehmen und zu erweitern scheint. Auch die Spiegelung der feierlichen Tafel um Christus in den Raum, in dem die Mönche täglich speisten, führte zu einer Entgrenzung zwischen Raum und Malerei. Aufgrund seiner Lage im Herzen der Bucht von San Marco, gegenüber dem Dogenpalast und dem Markusplatz, war das Kloster San Giorgio Maggiore im 16. Jahrhundert ein Zentrum des kulturellen und historischen Lebens des venezianischen Stadtstaates, was sich in der Gestaltung und Ausstattung durch die bereits damals angesehenen Künstler Palladio und Veronese zeigt.

Im Jahr 1797 eroberte die französische Armee die Republik von Venedig und nahm das Gemälde Veroneses mit nach Paris, wo es im Louvre ausgestellt wurde.[A] → BILD 21, Als die französische Regierung wenig später die religiösen Orden abschaffte, waren die Benediktiner gezwungen, die Insel aufzugeben. Es folgte eine lange Phase des Verfalls und der Umnutzung als Militärstützpunkt. Das Refektorium wurde durch eine Zwischendecke in zwei Etagen aufgeteilt, in denen sich unten eine Tischlerei und oben ein Theater für die Soldaten befanden. Auch das Gemälde sollte nicht zurückkehren: Nach der Niederlage Napoleons im Jahr 1815 verblieb es trotz wiederholter Restitutionsforderungen im Louvre. Das Zusammenspiel von Architektur und Malerei blieb über hundertfünfzig Jahre vergessen.

Als der ehemalige Senator und Unternehmer Vittorio Cini (1885–1977) 1951 die Insel als Standort seiner neu gegründeten Stiftung wählte, war dies der perfekte Anlass, um den Komplex in einer Funktion zu retablieren, die seiner früheren Geschichte besser entspräche. Noch im gleichen Jahr begann ein groß angelegtes Restaurierungsprojekt, das bis 1956 dauerte.[1]

51

227
29.9.52

Die Schwarz-Weiß-Fotografie in Silbergelatine-Druckverfahren zeigt das von Palladio entworfene Refektorium von San Giorgio Maggiore in Venedig nach seiner Restaurierung. Beim Betrachten des Bildes, das auf den 29. September 1952 datiert ist, könnte man meinen, der Raum sei für diese Leere entworfen worden. Dieser Eindruck trügt jedoch.

Die hier gezeigte Aufnahme entstand 1952, nachdem die Arbeiten im Refektorium abgeschlossen waren. Sie ist Teil einer umfassenden fotografischen Dokumentation der fortschreitenden Arbeiten. Diese Dokumentation wurde durch die Fondazione Giorgio Cini selbst archiviert, wo sowohl die Fotografie als auch ihr Negativ bis heute aufbewahrt werden.[2]

Das Bild zeigt die essenziellen Elemente der palladianischen Raumstruktur, unmittelbar nach deren Freilegung. Das geometrische Gleichgewicht des Raums wird durch ein gleichmäßiges natürliches Licht betont. Die vertikale Rhythmisierung durch die Fenster und die horizontalen Streben der Decke spiegeln sich in der feinen Musterung des Bodens aus rotem Veroneser Marmor. Das Weiß des Putzes wird harmonisch durch die grauen Architekturelemente der Fensterrahmen und des Schmuckfrieses durchbrochen. In all diesen Elementen drücken sich Schönheit und Proportion des maßvollen Klassizismus der Hochrenaissance aus. Gleichzeitig leitet die perspektivische Frontalität des Fotos den Blick auf die Rückwand des Raums, deren glatte Fläche oben durch einen Schmuckfries und unten durch eine Holzvertäfelung eingegrenzt wird. Durch ihre Farbigkeit wird sie zu einem dunklen Fluchtpunkt für die gesamte Komposition, was in der Restaurierung des Raumes bewusst entschieden wurde. Denn ursprünglich lief die Holzvertäfelung mit Sitzen für die Mönche um den gesamten Raum. Die Fläche, die nun hell zwischen Relieffries und dem dunklen Holz liegt, zeigt Leere: Hier hing das Gemälde Veroneses, bevor es entfernt wurde. Es füllte diese Leere perfekt aus, bot in der Darstellung des Banketts ein lebendiges, bewegtes Gegenüber zu der stillen Architektur Palladios.

Die Wiederentdeckung der palladianischen Architektur des Refektoriums war ein entscheidender Schritt, um San Giorgio Maggiore sowohl materiell als auch symbolisch seine vergangene Pracht, Schönheit und historische Würde zurückzugeben. Paradoxerweise wurde dadurch letztlich aber auch seine Unvollständigkeit betont, die mit einer langen Zeit des Vergessens einherging. Die Wiedergewinnung der palladianischen Identität des Refektoriums führte unweigerlich zum Erwachen der Erinnerung an das abwesende Gemälde. Die leere Wand wurde sofort mit einem Werk von Tintoretto gefüllt.[3] Dieses wurde jedoch mehr zu einem Fleck als zu einem Ersatz, da sein kleines Format nicht zur Wand passte – es betonte die Leere noch mehr, statt sie zu verdecken. Dokumentiert wurde das Fehlen durch die Fotografie. Die Empfindung dieser Leere belegen die Quellen: Nino Barbantini, der erste Präsident der Fondazione Cini, der 1952 dem Generalkomitee die Restaurierung voller Stolz präsentierte, sagte, dass die Rückkehr der *Hochzeit zu Kana* in das Refektorium dieses

»zum einzigartigsten und [...] prächtigsten Raum in Venedig«[4] gemacht hätte. Auch für Vittorio Cini stellte das Fehlen des Gemäldes bis zu seinem Tod eine »offene Wunde und Quelle des Kummers« dar.[5] Mit ihrem harmlosen, neutralen Anschein stellt die Fotografie Fragen von Erinnerung und Identität in den Raum und erhält dadurch eine sehr emotionale Aussage.

Am Übergang vom Vergessen über das Fühlen des Verlusts zur Erinnerung gab die Fondazione Giorgio Cini ein Faksimile von Veroneses Gemälde in Auftrag.[6] Die modernen Scan- und Reproduktionstechniken erlaubten es, das Original in allen Aspekten, einschließlich seiner Materialität, zu duplizieren. 2007 wurde es in San Giorgio Maggiore aufgehängt und der Öffentlichkeit präsentiert.[7] So wurde die Leere gefüllt, die Wunde ist zur Erinnerung geworden. Das Bild des Fehlens bleibt jedoch in der Ansicht von 1952 erhalten.

MATILDE CARTOLARI

Aus dem Englischen von Philippa Sissis. ■ Die Autorin dankt Monica Bassanello für ihre freundliche Unterstützung während der Recherche. ■ 1 Benzoni, »La Fondazione Giorgio Cini«. ■ 2 Forlati, S. Giorgio Maggiore. ■ 3 Tintoretto, Die Hochzeit der Jungfrau, Leihgabe der Gallerie dell'Accademia von Venedig. Siehe Forlati, S. Giorgio Maggiore, S. 82. ■ 4 Agnati, »I Presidenti della Fondazione Cini«, S. 128 (Ü: Matilde Cartolari, Philippa Sissis). ■ 5 Gagliardi, The Miracle of Cana, S. 8. ■ 6 Ein erster Versuch, das Gemälde durch Projektionen von Peter Greenaway zu ersetzen, misslang 2005, da dazu der Raum hätte verdunkelt werden müssen, was die Wirkung der Architektur beeinträchtigt hätte. Siehe Stoppani, »After the First Miracle«. ■ 7 Gagliardi, The Miracle of Cana.

ULRICO AGNATI, »I Presidenti della Fondazione Cini«, in: Agnati Ulrico (Hg.), La Fondazione Giorgio Cini. Cinquant'anni di storia, Mailand 2001, S. 25–35.
GINO BENZONI, »La Fondazione Giorgio Cini«, in: Mario Isnenghi, Stuart Woolf (Hg.), Storia di Venezia. L'Ottocento e il Novecento, Bd. 3, Rom 2002, S. 1925–1934.
FERDINANDO FORLATI, S. Giorgio Maggiore. Il complesso monumentale e i suoi restauri (1951–1956), Padua 1977.
PASQUALE GAGLIARDI (HG.), The Miracle of Cana. The Originality of the Re-production, Caselle di Sommacampagna, 2011.
TERESA STOPPANI, »After the First Miracle. Greenaway On ›Veronese‹«, in: Log 18 (2010), S. 59–64.

ANTHOLOGIE ZU KUNSTRAUB UND KULTURERBE
A Vogel (1797): Debattenbeiträge und Kriegsereignisse.

Von Olókun zu Frobenius
1910

Wie ein Doppelporträt wirkt die Fotografie: ein Angehöriger des Volkes der Yorùbá im Vordergrund und das Profil einer dunklen, gekrönten Skulptur im Hintergrund. Die unfertig wirkende Inszenierung des Bronzekopfes, die Passivität des Priesters, beider abgewandte Blicke und die verschwommene Landschaft – all das lässt die Abbildung wie eine Momentaufnahme erscheinen. Doch nach und nach entfaltet sich die Wirkung der einzelnen Ebenen und offenbart einen Moment der Transformation des heiligen Bronzekopfes Olókun und dessen Translokation bis in das Hier und Jetzt der Aufnahme.[1]

Der Fotografie vorausgehend stand die Faszination von Leo Frobenius (1873–1938) für die Plastik. Denn diese war von einem besonderen, naturalistischen Stil, und ihre Herstellungsweise, eine spezielle Bronzegusstechnik, hob sie von vorherigen entdeckten oder geplünderten afrikanischen Kulturgütern ab, wie der deutsche Ethnologe in *Auf den Trümmern des Klassischen Atlantis* (1912) beschrieb: »Vor uns stand ein wundervoll gegossener alter Bronzekopf von ausnehmender Schönheit und Lebenswahrheit, überzogen von einer dunkelgrünen, schönen Patina. – Dies also war Olokun, der Poseidon des atlantischen Afrika!« Der Name des Bronzekopfs ergab sich durch dessen Fund- und Aufbewahrungsort, dem heiligen Olókun-Hain (Ebolókun) im Norden der Stadt Ilé-Ifẹ im heutigen Nigeria, welcher der heiligen Seegöttin der Olókun gewidmet war. In der rituellen Praxis der Yorùbá wurde der Kopf die meiste Zeit im Boden vergraben aufbewahrt: Sein Anblick war für die Bewohnerinnen und Bewohner der Stadt Ilé-Ifẹ zeitlich und sogar formell eingeschränkt. Nur einmal pro Jahr wurde er in einer Zeremonie ausgegraben. Selbst dann war ein vollständiger Anblick aber nicht möglich, denn das direkte Ansehen eines heiligen Königs oder eines heiligen Artefaktes verstieß gegen die tief verwurzelten Traditionen und den Glauben der Yorùbá.[2] Doch die ethnologische Fotografie transformiert durch ihren Eingriff in eine lokale Praxis auch das Objekt, indem sie permanente Sichtbarkeit herstellt. Der Zeitpunkt des Auslösens des Fotoapparates markiert den Beginn einer neuen Erzählung, die den Bronzekopf von seiner ursprünglichen Geschichte abtrennt und die indigene Identität im Vereinnahmungsprozess verändert und fortan nur noch die zugeschriebene Identität kommuniziert. Auch die visuelle Rezeption des Kopfes verändert sich durch den Prozess der Fotografie. Zum einen durch die

→ BILD 2

52

(D) BRONZE SACRED HEAD, OLUKUN (PROFILE), WITH ITS GUARDIAN PRIEST. IFÉ

Die Schwarz-Weiß-Fotografie aus dem Jahr 1910 nahm Leo Frobenius bei seiner vierten Afrika-expedition in der heiligen Stadt Ilé-Ifè, Nigeria, auf. Die Originalbeschriftung lautet: »(D) Bronze Sacred Head, Olokun (profile), With Its Guardian Priest. Ifé«. Die Fotografie wurde 1911 als Teil einer Serie aus vier Bildern in der Märzausgabe des **Burlington Magazine** veröffentlicht.

Inszenierung des Objektes, zum anderen durch den von westlichen Konventionen geprägten Blick des Fotografen. Dadurch wird der heilige, gekrönte Bronzekopf von einem ursprünglich in religiöse Praktiken eingebetteten, afrikanischen, kulturellen Objekt in ein Artefakt beziehungsweise Kunstwerk transformiert, das nun unter dem Namen »Frobenius-Kopf« in den Diskurs eingeht.[3] Die Person des Ethnologen ersetzt dabei als Urheber der Aufnahme den ursprünglichen Entstehungskontext.[A] Und sein Name prägt die Rezeption des Fotos und damit der Plastik bis heute.

Zwischen 1910 und 1912 befand sich Leo Frobenius bereits zum vierten Mal auf Expedition in Afrika, um dort Sitten und Bräuche zu erforschen. Er hatte es sich zur Aufgabe gemacht, den Kontinent Afrika »in das Gesichtsfeld der beglaubigten Geschichte und Kulturgeschichte« zu rücken, wie er selbst schreibt. Dabei arbeitete der Ethnologe eng mit verschiedenen Museen zusammen, besonders dem Völkerkundemuseum in Berlin. Im Gegenzug zu deren Finanzierung seiner Reisen sorgte er dafür, dass ihre Sammlungen fremder Kulturgüter immer weiter anwuchsen, und verhalf so nicht nur der wissenschaftlichen Disziplin der Ethnografie zu einer führenden Position, sondern trug auch zum internationalen Renommee der deutschen Museen bei. Die Art und Weise, wie Frobenius während seiner Expeditionen an Artefakte kam, war dabei nicht unumstritten. Doch der ökonomische und ideologische Wert, den sich die Museen sowie die wissenschaftliche Disziplin der Ethnografie durch seine Arbeit erwarben, sorgte dafür, dass dies von den Auftraggebern hingenommen wurde.[4]

Frobenius handelte jedoch nicht allein im Interesse der Museen, sondern auch, um sich selbst an der Spitze der ethnologischen Forschung zu positionieren. Dazu sollte ihm auch die Entdeckung des Bronzekopfes verhelfen, der ihm zufolge die Wiederentdeckung der von Platon beschriebenen versunkenen Stadt Atlantis in Afrika belegte. Wenn auch die Wahrhaftigkeit von Frobenius' Annahme von Anfang an stark angezweifelt wurde und seine Einstellung und sein Verhalten der Lokalbevölkerung gegenüber kritisch zu betrachten war und ist, so verhalfen ihm seine Expeditionen, »Entdeckungen« und die regelmäßige Publikation seiner Forschung zu einem bis heute andauernden Ruhm. Dabei darf man die Rolle seiner Tätigkeit für den Verlust, die Transformation und die Translokation afrikanischer Objekte nicht vergessen, wie hier greifbar wird. Denn die ursprüngliche Bedeutung des Bronzekopfes wird durch die Transformation, Fixierung und Verbreitung der Abbildung gewaltsam ausgelöscht: »Die Fotografie macht Objekte sichtbar, die in vielen Fällen nicht dafür gedacht waren, gesehen zu werden. Sie übersetzen sie in etwas

Sichtbares und fixieren diese Sichtbarkeit als Auswirkung des Diskurses. Diese erzwungene Präsentation, die Gewaltsamkeit des Fotografierens als Ordnungsprinzip der kolonialen Domination reflektierend, macht Bedeutung instabil.«[5] Nach seiner »Entdeckung« und dem anschließenden illegalen Erwerb durch Frobenius gilt der Bronzekopf heute als verschollen. Es existieren nur noch dessen fotografische Abbildungen, eine vermeintliche Kopie sowie Zeichnungen und Studien.[6]

Die Fotografie ist jedoch viel mehr als eine Dokumentation des Objektes: Die Aufnahme nimmt fortan als Repräsentation den Platz des Objektes in dessen Diskurs ein, der aber nicht mehr an dem Ort stattfindet, an dem sich das Objekt ursprünglich befand, sondern überall dort, wo die Abbildung Fokus des Diskurses wird. Die Fotografie ist so bis heute noch Mittäterin des Ereignisses von 1910, indem sie die Narrative von Frobenius immer weiter festschreibt und das ursprüngliche Narrativ des Olókun-Bronzekopfes immer weiter im Hintergrund verschwimmt.[B]

NATHALIE OKPU

1 Olúpònà, City of 201 Gods, S. 7. ▪ 2 Smith, Kingdoms of the Yoruba, S. 249; Platte / Hambolu, Bronze Head from Ife, S. 22 f. ▪ 3 Ogbechi, »Transcultural Interpretation and the Production of Alterity«, S. 114–116. ▪ 4 Penny, Objects of Culture, S. 117–119. ▪ 5 Ogbechie, »Transcultural Interpretation and the Production of Alterity«, S. 123, siehe auch S. 117 f. ▪ 6 Craddock u. a., »The Olokun head reconsidered«.

PAUL T. CRADDOCK, JANET AMBERS, MAICKEL VAN BELLEGEM, CAROLINE R. CARTWRIGHT, JULIE HUDSON, SUSAN LA NIECE, MICHELA SPATARO, »The Olokun head reconsidered«, in: Afrique. Archéologie & Arts 9 (2013), S. 13–42.

SYLVESTER OKWUNODU OGBECHIE, »Transcultural Interpretation and the Production of Alterity. Photography, Materiality, and Mediation in the Making of ›African Art‹‹, in: Gabriele Genge, Angela Stercken (Hg.), Art History and Fetishism Abroad. Global Shiftings in Media and Methods, Berlin, Boston 2014, S. 113–128.

JACOB K. OLÚPÒNÀ, City of 201 Gods. Ilé-Ifè in Time, Space, and the Imagination, Berkeley 2011.

H. GLENN PENNY, Objects of Culture. Ethnology and Ethnographic Museums in Imperial Germany, Chapel Hill 2002.

EDITHA PLATTE, MUSA HAMBOLU, Bronze Head from Ife. British Museum Objects in Focus, London 2010.

ROBERT SMITH, Kingdoms of the Yoruba. Studies in African History, London 1969.

ANTHOLOGIE ZU KUNSTRAUB UND KULTURERBE

A Einstein (1926): Der europäische Blick auf die eigenen ethnografischen Sammlungen. ▪
B Osundare (1998): Ein Gedicht als Brücke zur Vergangenheit.

Ein Reisender vor dem »Geist« Mschattas
1914

Die im Januar 1914 aufgenommene Fotografie zeigt einen Mann, der an Steinblöcken vorbei – den Rücken zur Kamera – in Richtung der Überreste einer Ruine geht. In dunkler Kleidung, den Kopf zur rechten Bildhälfte gedreht, blickt er über ein von großen Steinblöcken gesäumtes Feld auf eine mit zahlreichen Verzierungen versehene Mauer. Nur den Geist des einstigen Wüstenschlosses kann er hier noch erahnen: Die Aufnahme entstand am 3. Januar 1914, als die britische Forschungsreisende Gertrude Margaret Lowthian Bell (1868–1926) die Überreste des Wüstenschlosses Mschatta (Qaṣr al-Mušattā) besuchte.

Bell war nicht zum ersten Mal in Mschatta. Im März 1900 hatte sie hier noch die Südfassade des Schlosses ansehen können. In ihrem Tagebuch berichtet Bell am 22. März 1900 vom Anblick, der sich ihr vom nahe gelegenen *Khan* in Al-Jīzah bot: »Wunderschön geschnitztes Portal, im Inneren eines großen Hofes mit dem gewölbten Ziegelsteinpalast und überkuppelte Tore am n. [Anm.: nördlichen] Ende, die von einer Art Ziegelsteinapsis abgeschlossen werden. Kam gegen 11 Uhr an und blieb bis 1 Uhr zum Mittagessen und Fotografieren.«

Nur drei Jahre später war die Aussicht eine deutlich andere. Denn der österreichische Kunsthistoriker Josef Strzygowski (1862–1941) überzeugte im Frühjahr 1902 den Direktor der Gemäldegalerie und Skulpturensammlung der Königlichen Museen zu Berlin, Wilhelm Bode (1845–1929), sich für einen Erwerb der Fassade von Mschatta einzusetzen.[A] Dieser trug Kaiser Wilhelm II. (1859–1941) den Wunsch vor und unterstrich seine Argumente mit von Strzygowski zur Verfügung gestellten Fotografien des Schlosses. Anscheinend von der fotografischen Ansicht überzeugt, soll der Monarch geantwortet haben: »Das müssen wir haben, koste es, was es wolle!«[1] Nach außenpolitischen Verhandlungen und der direkten Einflussnahme Wilhelms II. gelang es den Berliner Museen, die Fassade als ein persönliches Geschenk Sultans Abdülhamid II (ʿAbd al-Ḥamīd, 1842–1918) an den Kaiser zu erwerben. Auf die Abbrucharbeiten unter der Führung des deutschen Ingenieurs Gottlieb Schumacher (1857–1925) folgte der Abtransport von 459 Steinquadern, verpackt in 422 Kisten, → BILD 12 in Richtung Beirut. Hier wurden sie auf den Dampfer *Leros* der Deutschen Levante-Linie verladen und erreichten über Hamburg schließlich am 23. Dezember 1903 Berlin, woraufhin die Fassade in den Neubau des Kaiser-Friedrich-Museums integriert

53

Die Schwarz-Weiß-Fotografie zeigt den Begleiter Gertrude Bells vor den Überresten der Palastfassade von Mschatta im heutigen Jordanien. Dieses Dokument des Fehlens entstand 1914
und gehört heute zum Gertrude Bell Archive in der Newcastle University.

wurde.[2·B] Eines der Argumente für den Abbruch und den Abtransport der Fassade war die drohende Zerstörung Mschattas aufgrund der Nähe zu den Bauarbeiten an der Hedschasbahn, bei denen das Bauwerk Berichten zufolge als Steinbruch dienen sollte – eine wiederkehrende Rechtfertigung für Translokationen.

Obwohl auch Gertrude Bell diese Sicht teilte und befürwortete, dass die Fassade in Berlin für ein großes Publikum leicht erreichbar wäre, formulierte sie auch Wehmut beim Gedanken an den ursprünglichen Standort:

> »Ich finde mich nie in Berlin wieder, ohne mich zu freuen, dass die wunderbare Dekoration in Sicherheit gebracht wurde und für uns alle leicht zu erreichen ist, aber ich denke nie an den Palast in der Wildnis, ohne mich dazu zu beglückwünschen, dass ich ihn 1900 gesehen habe. Er bleibt mir im Gedächtnis als ebenso fürstlich wie Ḥirah [antike Stadt], umgeben von der grasbewachsenen syrischen Wüste, die im Winter mild und wohltuend war. Scharen von Ṣukhûr [Beduinenvolk] nutzen ihn als Zufluchtsort, wie die Könige alter Zeiten.«[3]

Gertrude Bell verweist hier zwar auf die Abwesenheit vor Ort, ihre romantisierende Darstellung nennt jedoch nicht die Bedeutung der Abwesenheit für die lokale Bevölkerung, für die das Monument seit dem 8. Jahrhundert Teil der Landschaft war. Vielmehr berichtet sie von ihrem persönlichen Verlust und stellt sich in die orientalisierende Tradition von Reisenden wie Henry Baker Tristram (1822–1906) und Austen Henry Layard (1817–1894), nach der die Wertschätzung des Objekts nur durch ausgebildete und zivilisierte Europäerinnen und Europäer möglich sei, die Stimme der lokalen Bevölkerung jedoch ausgeklammert wird.[4]   → BILD 1

Als Bell kurz nach der Translokation der Fassade erneut in die Region reist, entscheidet sie, das Wüstenschloss nicht noch einmal zu besuchen. Sie empfindet »ein Gefühl des Bedauerns [...], nachdem es seiner Herrlichkeit beraubt worden war«, wie sie 1914 schreibt.[5] Zwischen dem Gedanken an die konservatorische Erhaltung einerseits und dem Zusammenspiel von historischem Monument und Landschaft andererseits stehen in ihren Schriften das Für und Wider des Abtransports nebeneinander: »Hätte es gute Aussichten gegeben, dass die Ruine so erhalten bleibt, wie sie seit über tausend Jahren wurde, unversehrt bis auf die Winterregen, hätte man sie in dem hügeligen Land, dem sie einen so seltsamen Eindruck von zarter und phantastischer Schönheit verlieh, intakt lassen sollen. Aber die Eisenbahn ist nahe herangerückt, die Ebenen werden sich füllen, und weder syrische *fellāh* [bäuerliche lokale Bevölkerung] noch türkische Soldaten können dazu bewegt werden, Mauern zu verschonen, die sich für praktische Zwecke nutzen lassen. Deshalb sollen diejenigen, die es gesehen haben, als es noch unberührt stand, diese Erinnerung mit Dankbarkeit und ohne allzu tiefes Bedauern in Ehren halten«, schrieb sie 1907 in *The Desert and the Sown*.

Bell vertritt eine europäische Perspektive, welche sich die Überreste der Geschichte und ihre spezifische Auffassung der Region aneignete und durch die Sammlungen in London, Paris, St. Petersburg oder Berlin zu vermitteln versuchte. Weder → BILD 24 der lokalen Bevölkerung noch den osmanischen Behörden traut sie den umfassenden Schutz des Monuments zu, sodass sein Platz in einem europäischen Museum letztendlich gerechtfertigt scheint. Doch verblieb nach dem Abtransport der Fassade eine Leerstelle in der Landschaft, die auch die britische Forschungsreisende erschüttert. Als sie am 3. Januar 1914 mit ihrem Begleiter Ali die Ruinenstätte Mschattas besucht, ist sie über das Aussehen des Wüstenschlosses nach dem Abbruch schockiert: »Nach dem Mittagessen ritt ich mit Ali nach Mshetta – oder zum Geist davon« – so der Tagebucheintrag. Die Ansicht des Geistes von Mschatta hält Bell in ihrer Fotografie fest und illustriert so das Fehlen des Monuments in der Landschaft.

SEBASTIAN WILLERT

1 Zit. n. Saalmann, Die Kunstpolitik der Berliner Museen, S. 68. ■ 2 Troelenberg, Mschatta in Berlin, S. 61–85. ■ 3 Bell, Palace and Mosque at Ukhaiḍir, S. 118, Fn. 1 (Ü. aller Zitate: Sebastian Willert). ■ 4 Troelenberg, »›... that we trusted not to Arab notions of Archaeology‹«, S. 165 f. ■ 5 Bell, Palace and Mosque at Ukhaiḍir, S. 118, Fn. 1.

GERTRUDE BELL ARCHIVE, Diaries [Tagebücher], {gertrudebell.ncl.ac.uk/diaries.php}, letzter Zugriff 18. 1. 2021.
GERTRUDE BELL, Palace and Mosque at Ukhaiḍir. A Study in Early Mohammadan Architecture, Oxford 1914.
TIMO SAALMANN, Die Kunstpolitik der Berliner Museen 1919–1959, Berlin 2014.
EVA-MARIA TROELENBERG, Mschatta in Berlin. Keystones of Islamic Art, Dortmund 2016.
EVA-MARIA TROELENBERG, »›... that we trusted not to Arab notions of Archaeology‹. Reading the Grand Narrative Against the Grain«, in: Benjamin Anderson, Felipe Rojas (Hg.), Antiquarianisms. Contact, Conflict, Comparison, Oxford, Philadelphia, S. 161–183.

ANTHOLOGIE ZU KUNSTRAUB UND KULTURERBE
A De Maillet (1735): (K)eine Ehrensäule für den König. ■ A De Gorsse (1927): Der »Mangel an Weitsicht«.

Die Maße der Vernichtung
2015

Nach ihrer Größe gestaffelt, lehnen mehrere Reihen geschwärzter Bilderrahmen an einer weißen Galeriewand in Paris. Nicht nur die Rahmen der Bilder sind schwarz, sondern auch deren Bildflächen. Die akkurate, ihrer Größe folgende Aufstellung lässt an eine Depotsituation denken, die leeren, geschwärzten Bildflächen entfalten jedoch eine verstörende Wirkung. Jedes einzelne Gemälde trägt die weiße Kreideaufschrift »Vernichtet«. Durch das in Paris durchaus ungewöhnliche Auftreten des deutschen Wortes werden wir auf eine zentrale Episode der zerstörerischen Kunstpolitik des NS-Regimes gestoßen. Die Installation ist ein Werk des 1979 in Paris geborenen Künstlers Raphaël Denis.

Die Kunsthistorikerin Rose Valland (1898–1980) beobachtete im besetzten Paris → BILD 7 die planvolle Verbrennung von Gemälden durch die Deutschen:

> »Am 27. Juli 1943 erhob sich eine beständige Rauchsäule über der Terrasse der Tuilerien. Sie verschwand erst mit der Dämmerung und dem Blackout. / Das Feuer brannte einfach im Innengarten des Museums Jeu de Paume, eine Pyramide aus Rahmen und Leinwänden knisterte in den Flammen. Man konnte dort nacheinander aufleuchtend Bilder erspähen, die sodann im Feuer verschwanden. / Mit achtsamer Sorgfalt unterhielten Bedienstete diesen Scheiterhaufen, als nähmen sie an einem Opferritual teil. Ein bewaffneter Wachposten beobachtete die Szene und verhinderte das Nähertreten. / Die modernen Gemälde, etwa fünf- oder sechshundert, brannten im Herzen von Paris. Alles war vom Einsatzstab Rosenberg als ›unverwertbar‹ und gefährlich bezeichnet worden. In ihnen befände sich ein zu zerstörendes Gift: die vom Führer denunzierte verjudete Inspiration.«[1]

Hinter der Idee, moderne Kunst sei ein gefährliches »Gift«, stand die rassistische und antisemitische Ideologie der Nationalsozialisten. Sie sah die kulturelle Entwicklung Deutschlands von Verfall und Dekadenz bedroht. Verantwortlich dafür wären diejenigen, die dem Feindbild der NSDAP entsprachen – vor allem jüdische Menschen und Oppositionelle.

Zur »Verteidigung« der Nation rief Alfred Rosenberg (1892–1946) schon 1928 einen Kampfbund für die deutsche Kultur aus. Damit schürte die NSDAP verbreitete Ressentiments gegen künstlerische Eliten. Schon seit mehreren Jahrzehnten kursier-

54

Die Installation **Vernichtet** des Künstlers Raphaël Denis (*1979) gehört zu einer Werkgruppe mit dem Titel **La Loi normale des erreurs & développements** (Das Normalgesetz der Irrtümer und Entwicklungen). Das deutsche Wort »vernichtet« ist bereits eine eindeutige Spur auf die zerstörerische Kunstpolitik des NS-Regimes.

ten rassenideologische Theorien, die die Unverständlichkeit moderner Kunst und Literatur für »artfremd«, krank und »entartet« erklärten. Mit einem Appell an den »gesunden Menschenverstand« motivierte Rosenberg vermeintlich revolutionäre Schläge gegen diese von ihm ausgerufenen »Lügen« und »Parasiten«. Die diffamierten Werke und ihre Urheber und Urheberinnen müssten dringend aus der »Volksgemeinschaft« ausgeschlossen werden, um die nationale Krise zu bewältigen.[2]

Nach dem nationalsozialistischen Machtantritt 1933 lenkte Joseph Goebbels (1897–1945) die zuvor spontanen zerstörerischen Aktionen in die bürokratisch kontrollierten Bahnen der NS-Verfolgungspolitik. Museumsleute, die moderne Kunst sammelten, wurden entlassen, und viele Künstlerinnen und Künstler bekamen Berufsverbote oder flohen. 1937 ließ sich Goebbels schließlich von der Schrift *Säuberung des Kunsttempels. Eine kulturpolitische Kampfschrift zur Gesundung deutscher Kunst im Geiste nordischer Art* zur umfangreichsten Schandausstellung des »Dritten Reichs« anregen: Unter dem Titel *Entartete Kunst* wurden etwa sechshundert Werke in einer absichtsvoll entwertenden Weise gezeigt. In den Folgejahren wanderte die Ausstellung nach Berlin, Leipzig, Düsseldorf, Salzburg, Hamburg und Wien. Mit der Entwürdigung ging die systematische Erfassung der verdächtigen Kunstwerke einher. Von ihnen versprach sich die NSDAP eine finanzielle Verwertbarkeit im Ausland. 1938 wurde mit dem »Gesetz über Einziehung von Erzeugnissen entarteter Kunst« die rechtliche Grundlage für den Verkauf von beschlagnahmter Kunst geschaffen. Nur ein »unverwertbarer Rest« an Raubkunst wurde auf Goebbels' Befehl im März 1939 auf dem Hof der Berliner Hauptfeuerwache verbrannt.[3]

Im Zweiten Weltkrieg weitete sich der Radius der Raubaktionen aus. Für ihre Durchführung wurde der »Einsatzstab Reichsleiter Rosenberg« eingesetzt. Unter der Leitung Rosenbergs wurden Kulturgüter aus staatlichen und kirchlichen Sammlungen und aus dem Besitz verfolgter Menschen in den von Deutschland besetzten Gebieten Europas inventarisiert, beschlagnahmt und »verwertet«.[4] Im Pariser Museum Jeu de Paume befand sich das Hauptquartier des »Sonderstabs Bildende Kunst«. Hier war auch Rose Valland tätig. Der Ordnungssinn der Nationalsozialisten schlägt sich in den sauber geführten Listen nieder, die detaillierte Auskunft über jede einzelne Beschlagnahmung geben: Fundort, Datierung, Aufbewahrungsort, Wert, Kurzbeschreibung, Material, Größe, Signatur und Details zur Translokation. Einige der Einträge wurden als »vernichtet« markiert. Doch erwiesen sich diese Vermerke später als nicht zuverlässig: Es wurden mittlerweile Bilder wiedergefunden, die den Listen zufolge zerstört sein sollten. Heute sind die Archivalien und Akten dank eines US-

amerikanisch-deutschen Verbundprojekts öffentlich einsehbar.⁴ So konnte Raphaël
Denis das Archivgut zum Teil für das Pressematerial reproduzieren, das seine Ausstellung begleitete. Auch die Größe der Rahmen für seine geschwärzten Leinwände
wählte er anhand der dokumentierten Maßangaben aus.

Von der Verbrennung, die Rose Valland beschreibt, gibt es keine historischen Bil-
der. Raphaël Denis' künstlerische Installation vermittelt uns dafür die unerbittliche
Sorgfalt und Systematik der nationalsozialistischen Vernichtungsarbeit. Auf diese
Weise schafft er ein Mahnmal für den rassenideologischen Bildersturm der NSDAP.
Womöglich wären Alfred Rosenberg und sein Gefolge mit diesem Monument jedoch einverstanden. Denn bereits die Pariser Bilderverbrennung war eine Machtdemonstration, ein flüchtiges Monument, wie aus Vallands Beschreibung hervorgeht.
Rosenberg konnte damit die Kunde von der nationalsozialistischen Auslöschung
»entarteter Kunst« direkt »im Herzen von Paris« verbreiten. Auch Raphaël Denis
erzählt von diesen Taten; ihre Verurteilung überlässt er uns.

ANGELICA DE CHADAREVIAN UND SIMON LINDNER

1 Valland, **Front de l'art**, S. 187 (Ü: Simon Lindner). ▪ 2 Peters (Hg.), **Degenerate Art**, S. 16–35.
▪ 3 Forschungsstelle ›Entartete Kunst‹, **Beschlagnahme**; Fleckner (Hg.), **Das verfemte
Meisterwerk**. ▪ 4 Cultural Plunder by the Einsatzstab Reichsleiter Rosenberg.

Cultural Plunder by the Einsatzstab Reichsleiter Rosenberg. **Database of Art Objects at
the Jeu de Paume**, {www.errproject.org/jeudepaume/}, letzter Zugriff 17. 11. 2020.
UWE FLECKNER (HG.), **Das verfemte Meisterwerk. Schicksalswege moderner Kunst im
›Dritten Reich‹**, Berlin 2009.
Forschungsstelle ›Entartete Kunst‹, **Beschlagnahme**, {www.geschkult.fu-berlin.de/e/db_
entart_kunst/geschichte/beschlagnahme/index.html}, letzter Zugriff 17. 11. 2020.
OLAF PETERS (HG.), **Degenerate Art. The Attack on Modern Art in Nazi Germany**, 1937,
München 2014.
ROSE VALLAND, **Le Front de l'art. Défense des collections françaises, 1939–1945**, Paris 2016
[1961].

ANTHOLOGIE ZU KUNSTRAUB UND KULTURERBE
A Rosenberg (1940/41): **Ideologie und Exzess – Die Kulturgut-Raubzüge der Nationalsozialisten.**

Welterbe ohne Erbe
um 2015

Neben seinem ursprünglichen Standort auf der Akropolis (Oberstadt) von Pergamon steht eine Vitrine mit einer Miniatur des monumentalen Altars, der sich seit den 1880er-Jahren in Berlin befindet. Im Bildhintergrund, bei den Bäumen, liegen die Fundamente des griechischen Bauwerks, das deutsche Archäologen Ende des 19. Jahrhunderts abtrugen und dessen Bauschmuck sie nach Berlin verschifften. Am rechten Rand der flachen Ruine, durch den Zaun hindurch gesehen, zeichnet sich noch die Silhouette des Treppenabsatzes gegen die Hügel in der Ferne ab. Würde man den Blick nach links, vorbei an der Vitrine mit dem Altarmodell wenden, könnte man hinabblicken auf die türkische Stadt Bergama am Fuße des Berges.

→ BILD 35

Das Modell des großen Zeusaltars wurde aufgestellt, nachdem Pergamon 2014 in die Liste des UNESCO-Weltkulturerbes eingetragen worden war. Das Fehlen des Altars stand der Ernennung nicht im Weg, denn nominiert wurde »Pergamon and Its Multi-Layered Cultural Landscape«, also ein ausgedehnter archäologischer Komplex. In seinem Evaluationsbericht würdigt das International Council on Monuments and Sites (ICOMOS) den innovativen antiken Städte- und Landschaftsbau von Pergamon, der historisch gesehen die Bildung des Oströmischen Reiches entscheidend vorbereitet habe. Die hellenistische Oberstadt nutzt die schwierige Topografie der Anhöhe und dominiert von dort das Umland. Mehrere Terrassen sind in den Fels gearbeitet, und besonders das steile Amphitheater für über fünfzigtausend Personen sticht weithin sichtbar hervor. Ein Wasserversorgungssystem mit Druckleitung zeichnet sich als technologische Höchstleistung aus. Über die Jahrhunderte hinweg, in römischer, byzantinischer und schließlich osmanischer Zeit, wurde Pergamon städtebaulich weiterentwickelt.

Innerhalb dieses Gesamtkomplexes stellt der Pergamonaltar jedoch ein paradoxes Puzzlestück dar: Obwohl er an Ort und Stelle fehlt, führen ihn alle am Akkreditierungsprozess beteiligten Parteien als Argument für die Welterbestätte an. Die Stadtverwaltung machte in ihrem 550 Seiten starken Nominierungsdossier den Anfang, darin wird der abwesende Altar besprochen: »Was das bildhauerische Niveau anbelangt, ist der inmitten dieser Landschaft stehende Große Altar das kostbarste und unübertrefflichste Werk von künstlerischem Wert. Dieses Kunstwerk, das nicht mehr in Pergamon ist, sondern im Pergamonmuseum in Berlin ausgestellt wird, ist

55

Ein weißes Modell des Pergamonaltars steht neben den Ruinen der antiken Stadt Pergamon im heutigen Bergama (Türkei). Es ist so nahbar, wie die Lücke groß ist, und gibt eine Idee davon, was hier fehlt.

die Referenz, die die Überlegenheit [superiority] des soziokulturellen Niveaus dieser Periode am wirksamsten bekundet.«[1] Diese künstlerische Spitzenleistung nahmen schon die deutschen Archäologen um 1880 wahr und translozierten das Objekt in ihre Hauptstadt. Trotzdem diente der Altar gegenüber der UNESCO als Beleg für die Ausnahmestellung und den Denkmalwert des hellenistischen Entstehungsortes. Auch wenn es abwesend ist, bleibt das »künstlerische Werk von außergewöhnlichem universellem Wert«, wie die UNESCO-Klassifikation lautet, also ideell an die pergamenische Akropolis gebunden.[A]

Die Stadtverwaltung wertet neben den antiken Theatern, den Gymnasien, der Druckwasserleitung und einem Tempel für die ägyptischen Götter auch den Zeusaltar nach archäologischen und kunsthistorischen Gesichtspunkten aus. Vor allem dem Fries mit der Gigantomachie, dem Kampf zwischen den Titanen und den griechischen Göttern, wird besondere Aufmerksamkeit geschenkt. Am Ende der Analyse steht in Klammern und Kursivschrift eine Notiz: »Obwohl der Große Altar in Berlin ausgestellt wird, ist das Pergamonmuseum heute nicht Teil des nominierten Welterbeobjekts [World Heritage Nominated Property].«[2] Es gibt also offenbar vorläufig keine Kooperation zwischen Bergama und Berlin. Offen lassen die Autor*innen allerdings, ob sie den im Museum befindlichen Altar nicht eigentlich zum Umfang des nominierten Kulturguts hinzurechnen. Implizit machen alle Beteiligten (die Stadtverwaltung, der ICOMOS und die UNESCO) genau diese Zurechnung. Das faktische Fehlen des Bauwerks wird vom ICOMOS als Einschränkung der Integrität des Ortes angemerkt. Die Integrität ist eines von vielen Kriterien, die zur Einschreibung eines UNESCO-Welterbes gewährleistet sein müssen. Letztlich aber wird diese Lücke im archäologischen Zusammenhang nicht als problematisch betrachtet.

Das Modell in der Vitrine neben dem Altarfundament vermittelt einen räumlich-plastischen Eindruck des fehlenden Monuments. Es wurde nach der Einschreibung aufgestellt und ist Teil eines umfassenden Informationsprogrammes sowohl für die lokale Bevölkerung als auch für touristisches Publikum. Im Nominierungsdossier plant die Stadtverwaltung etwa Infotafeln an jedem Objekt, Gedrucktes in diversen Sprachen, öffentliche Treffen, denkmalpflegerische Trainings, einen Fotomarathon für Schulen und Kontakte mit den örtlichen Mukhtars (Bürgermeister und Dorfvorsteher) und den Tourismusagenturen.[3] Der fehlende Altar schmälert jedoch die Attraktivität als Reise- und Ausflugsziel.

Seit Jahrzehnten erheben türkische Kulturpolitikerinnen und -politiker immer wieder Ansprüche auf den Pergamonaltar oder seine Reliefs. Vorrangig richtet sich das staatliche Interesse allerdings auf Objekte aus dem osmanischen Kulturerbe und weniger auf die griechische Antike.[4] 1990 berichtete die *taz* über eine Rückforderung des Altars durch die Stadtverwaltung von Bergama.[5] Eine Kampagne sollte mit der türkischen Post gestartet werden und Briefmarken mit der Aufschrift »Der Pergamonaltar gehört uns« gedruckt werden. Das wäre eine genaue Umkehr einer deutschen Wiederaneignungsstrategie von 1959. Gleichzeitig schwebte damals dem Museumsdirektor von Bergama bereits ein maßstabsverkleinertes Modell des Altars vor: Auf einem Platz der Stadt könnte es ein Café beherbergen, Gäste könnten dort Tee und Kaffee trinken und Wasserpfeife rauchen. Diese begehbare Integration des Monuments ins Stadtbild spiegelt abermals eine frühere Form der Aneignung: Für den Bau des Berliner Pergamonmuseums hatte ein Architekt 1884 eine begehbare Attrappe des Altars auf dem Museumsdach visioniert. In das heutige Modell in Bergama kann man sich nur hineinträumen.

→ BILD 39

SIMON LINDNER

1 Bergama Municipality, **Turkey. Pergamon and Its Multi-Layered Cultural Landscape**, S. 229 f. (Ü. aller Zitate: Simon Lindner). ■ 2 Bergama Municipality, **Turkey. Pergamon and Its Multi-Layered Cultural Landscape**, S. 255. ■ 3 Bergama Municipality, **Turkey. Pergamon and Its Multi-Layered Cultural Landscape**, S. 303–306. ■ 4 Eldem, »Cultural Heritage in Turkey«. ■ 5 »Türkische Stadt will Pergamon-Altar zurück«.

Bergama Municipality World Heritage Management Office, **Turkey. Pergamon and Its Multi-Layered Cultural Landscape. WHL Nomination Dossier**, Bergama 2013, {whc.unesco.org/uploads/nominations/1457.pdf}, letzter Zugriff 21. 8. 2020.
EDHEM ELDEM, »Cultural Heritage in Turkey. An Eminently Political Matter«, in: Dieter Haller, Achim Lichtenberger, Meike Meerpohl (Hg.), **Essays on Heritage, Tourism and Society in the MENA Region**, Paderborn 2015, S. 67–92.
CHRISTINE FLAMME, **Dokumentieren, Vermitteln und Bewahren. Dreidimensionale Modelle in der World Heritage Education**, Oberhausen 2018.
ICOMOS, **Pergamon. Republic of Turkey. No 1457**, Paris 2014, {whc.unesco.org/document/152724}, letzter Zugriff 21. 8. 2020.
»Türkische Stadt will Pergamon-Altar zurück«, in: **taz. Die Tageszeitung**, 29. 5. 1990, {https://taz.de/!1766307/}, letzter Zugriff 21. 8. 2020.

ANTHOLOGIE ZU KUNSTRAUB UND KULTURERBE
A Memorandum der griechischen Regierung (2000): Vom nationalen Eigentum zum Welterbe – Eine postnationale Wende in der Restitutionspolitik?

Auf den Spuren der »Missing Masks« des Dundo-Museums

2019

Fast erdrückend heben sich die hohen grauen Wände von dem eleganten Fischgrätenparkett des Bozar Centre in Brüssel ab. Grau sind sie, weil sie von grauen Papierkarten bedeckt sind, auf denen in zarter schwarzer Schrift Informationen zu den Objekten stehen, die durch Schwarz-Weiß-Fotografien vor neutralem Studiohintergrund abgebildet sind. Die Art und Weise der Inszenierung lässt vermuten, dass es sich bei den Abbildungen um ältere Fotografien handelt. Als Teil der Ausstellung *IncarNations – African Art as Philosophy* erzählt der hier gezeigte Raum eine ganz besondere Geschichte: 2014 startete die Sindika-Dokolo-Stiftung ein Projekt zur Suche und Rückführung afrikanischer Werke, die zwischen 1975 und 2002 aus dem Museu Regional do Dundo in Angola gestohlen worden waren. Als die Brüsseler Ausstellung begann, hatte das ambitionierte Projekt der von Sindika Dokolo (1972–2020) gegründeten und geleiteten Stiftung bereits 13 Werke zurückerworben.

Das Vorgehen der Stiftung beschreibt Olivia Marsaud in einem Artikel für die französische Tageszeitung *Le Monde* wie folgt: Zuerst würden die frisch aufgespürten Besitzer*innen darauf aufmerksam gemacht, dass es sich bei ihren Besitztümern nicht nur um Objekte handelt, die unrechtmäßig aus dem Museum verschwanden, sondern diese folglich auch unter ihrem Wert auf dem Markt angeboten wurden. Sie würden aufgefordert, die Objekte entweder für genau den Betrag an Dokolo zu verkaufen, zu welchem diese erstanden wurden. Andernfalls würden sie von Dokolos Anwälten hören, so Marsaud. Willigten sie in den Verkauf ein, träten die Werke ihre Heimreise in das 2012 wiedereröffnete Museu Regional do Dundo in Angola an. Doch wie gelangten die Objekte, nach welchen der Ausstellungsraum von *IncarNations* so imposant sucht, überhaupt aus dem Museum heraus?

Das Museum wurde 1936 im kolonialen Dorf Dundo mit vorwiegend europäischer Einwohnerschaft in Angola gegründet. Angola war zu jener Zeit eine Kolonie Portugals und ist bis heute für sein hohes natürliches Diamantenvorkommen und den damit einhergehenden Handel bekannt. Hinter der Gründung des Museu Regional do Dundo stand niemand Geringeres als die auch Diamang genannte Companhia de Diamantes de Angola. Ziel der Museumsgründung war es, Objekte und Informationen über die indigenen Bevölkerungsgruppen (darunter besonders die in der Umgebung direkt ansässigen Lundas und Chokwe) zu sammeln, auszustellen und zu

56

Die Farbfotografie zeigt einen Raum der Ausstellung **IncarNations – African Art as Philosophy** im Bozar Centre for Fine Arts in Brüssel aus dem Jahr 2019. Der Raum widmet sich dem Rückführungs-projekt der Sindika-Dokolo-Stiftung sowie dem Gedenken an und der Suche nach gestohlenen Objekten aus dem angolanischen Museu Regional do Dundo.

erforschen.[1] Den Grundstein für die Sammlung des Museums legte ein Mitarbeiter der Firma Diamang und ehemaliger Kolonialbeamter, José Redinha (1905–1983). Aus eigenem Interesse hatte er begonnen, Objekte zu sammeln, und wurde vom Generaldirektor der Diamang, Henrique Quirino da Fonseca (1863–1939), dazu ermuntert, die Objektsammlung auszubauen. Innerhalb eines Jahres, zwischen der Museumsgründung 1936 und 1937, wuchs der Bestand von 496 Objekten auf 2296 an. In den 1950er-Jahren umfasste die Sammlung dann 7 000 Objekte. Hinter dem Ausbau stand das zu dieser Zeit herrschende koloniale Verständnis, die Traditionen der Kolonisierten würden durch den Kontakt mit der europäischen Kultur ohnehin ihrem Aussterben entgegensehen.[A] Das weckte bei den Vertretern und Vertreterinnen der entstehenden portugiesischen Anthropologie das Interesse daran, die Lundas und Chokwe zu erforschen. Die ursprüngliche Amateursammlung wurde so in ein ethnografisches Museum transformiert und José Redinha zu dessen Kurator ernannt. Dieses Amt hatte er von 1942 bis 1959 inne. Das Museum selbst erfüllte gleich mehrere Funktionen: Zum einen fungierte es als Unterhaltungs- und Freizeitprogramm für die Bewohner und Bewohnerinnen des Dorfes, die zugleich Angestellte der Firma Diamang waren. Zum anderen diente es als Repräsentationsort der Kolonisierung gegenüber der indigenen Bevölkerung, die bei Diamang Zwangsarbeit leistete.[2]

Im Jahr 1975, als in Angola ein Bürgerkrieg ausbrach, wurde das Museum zunächst eingeschränkt weiter betrieben, musste aber zum Ende des Krieges 2002 gänzlich seine Türen schließen. Während des Bürgerkrieges war es aufgrund des eingeschränkten Museumsbetriebs und der unsicheren Verhältnisse möglich, Objekte und Dokumente zu entnehmen und diese zu verkaufen. In der Sammlung des Museu Regional do Dundo entstanden so riesige Lücken.

Im Jahr 2014 schließlich beschloss der Kunstsammler und -mäzen Sindika Dokolo in Eigeninitiative, nach den fehlenden Objekten des Museums zu suchen und die Lücken wieder zu schließen.[B] Kein leichtes Unterfangen, da die rasant angewachsene Sammlung des Museu Regional do Dundo vor Ausbruch des Krieges nie vollständig inventarisiert worden war. Zum Aufspüren der Werke nutzten Sindika Dokolo und sein Team daher Kataloge und Fotografien. In der Ausstellung im Bozar zieren sie die Wände des Raumes und gedenken der noch fehlenden Objekte. Sie verweisen deutlich darauf, dass die Objekte aufzuspüren noch immer eine Mammutaufgabe ist.

Erste Erfolge bei der Rückführung kamen bereits durch eine Publikation von José Redinha aus dem Jahr 1956 zustande. Während seiner Tätigkeit als Museumskurator hatte er ein Buch über die Holzmasken von Lunda und Alto Zambeze publiziert, das Zeichnungen und Aquarelle enthält. 63 Jahre nach der Veröffentlichung dieses Katalogs half eine daraus stammende Abbildung einer Chihongo-Maske der angolanischen Chokwe dem Team der Sindika-Dokolo-Stiftung dabei, genau diese Maske aufzuspüren. Zwei Jahre dauerte es, bis das Objekt letztlich von Dokolo zurückgekauft werden konnte.[3] Nun gesellt sich die Maske in der Ausstellung zu einem nicht lange vorher zurückerstandenen, vermutlich angolanischen Fliegenwedel. Dort in Brüssel stehen die beiden Objekte mittig im Ausstellungsraum und machen die einzigen real anwesenden Ausstellungsstücke aus. Auf zwei weißen Sockeln laden sie zur Rundumansicht ein. Sie sind die Stars des Dundo-Projekt-Raums und Beweise für den Erfolg Dokolos. Währenddessen warten im zehntausend Kilometer entfernten Museu Regional do Dundo schon weitere von Sindika Dokolo zurückgewonnene Chokwe-Masken. Die kolonialen Ursprünge der Sammlung lassen sich nicht mehr aus den Objektbiografien auslöschen.

NATHALIE OKPU

1 Porto, »Manageable Past«. ■ 2 Silva Bevilacqua, »Notes on the Making of the Dundo Museum Collection«; Valentim, »Tribal Folk Music or Angolan Colonial Musical Heritage?«. ■ 3 »Missing Mask on Display at Bozar«.

CRISTINA SÁ VALENTIM, »Tribal Folk Music or Angolan Colonial Musical Heritage? A Critical History of the Missão de Recolha de Folclore Musical do Museu do Dundo, Diamang, 1950–1960s«, in: Berose. International Encyclopaedia of the Histories of Anthropology, Paris 2019.
JULIANA RIBEIRO DA SILVA BEVILACQUA, »Notes on the Making of the Dundo Museum Collection«, in: Art Africa, 28. 3. 2018, {artafricamagazine.org/notes-on-the-making-of-the-dundo-museum-collection-juliana-ribeiro-da-silva-bevilacqua}, letzter Zugriff 16. 11. 2020.
NUNO PORTO, »Manageable Past. Time and Native Culture at the Dundo Museum in Colonial Angola«, in: Cahiers d'études africaines 39 (1999), S. 767–787.
»Missing Mask on Display at Bozar«, Radar Magazine, 22. 7. 2019, {www.bozar.be/en/magazine/159006-missing-mask-on-display-at-bozar}, letzter Zugriff 16. 11. 2020
OLIVIA MARSAUD, »Il faudra rendre les œuvres volées à l'Angola ou affronter mes avocats«, in: Le Monde Afrique, 20. 3. 2015, {www.lemonde.fr/afrique/article/2015/03/20/il-faudra-rendre-les-uvres-volees-a-l-angola-ou-affronter-mes-avocats_4598184_3212.html}, letzter Zugriff 16. 11. 2020.

ANTHOLOGIE ZU KUNSTRAUB UND KULTURERBE
A Roth (1903): Die Benin-Bronzen im kolonialen Konkurrenzkampf Europas. ■ B Osundare (1998): Ein Gedicht als Brücke zur Vergangenheit.

Rahmen, die auf Bilder warten
1953–55

Eine Bestimmung von Museen ist es, das kulturelle Erbe für künftige Generationen möglichst unverändert zu erhalten. Sie haben bewahrenden Charakter, mitunter scheinen sie von Stillstand geprägt. Doch der Eindruck täuscht. Fortlaufend werden bestehende Sammlungen erweitert, Standorte gewechselt oder Objekte vom Ausstellungsraum ins Depot gebracht oder umgekehrt. Die Geschichte der Berliner Gemäldegalerie ist das beste Beispiel dafür. Seit 1830 im von Karl Friedrich Schinkel (1781–1841) erbauten Königlichem Museum zugänglich, bezog die Sammlung 1904 das neu errichtete Kaiser-Friedrich-Museum, bevor sie wenige Jahre später anlässlich der Einrichtung des Deutschen Museums im Pergamonmuseum über beide Häuser verteilt wurde. Der Zweite Weltkrieg bedeutete jedoch eine Zäsur für die Galerie, da mit dem Krieg nicht nur Verlagerungen, sondern auch Verluste ihres Bestands einhergingen. Bei Ausbruch des Zweiten Weltkriegs wurden die Kunstwerke evakuiert und zunächst in Kellern, dann in den Berliner Flaktürmen untergebracht. Angesichts der zunehmenden Bedrohung durch Bomben, Brände und die näher rückende Rote Armee wurde ein Großteil der Gemälde und Skulpturen nach Thüringen transportiert und im Salzbergwerk Kaiseroda eingelagert. Die Mine lag in einem Gebiet, das US-Truppen im April 1945 besetzten. Die US-amerikanische Kunstschutzabteilung (Monuments, Fine Arts, and Archives Section) sorgte zeitnah für die abermalige Verbringung des Museumsguts, weil die konservatorischen Bedingungen vor Ort unzureichend waren. Kurzfristig in Frankfurt zwischengelagert, wurden die Galeriebestände im August 1945 ins nahe gelegene Wiesbaden überführt, wo die US-Militärregierung im ehemaligen Hessischen Landesmuseum einen ihrer Central Collecting Points (CCP) eingerichtet hatte.[1] Selbst unter den Kunstschutzoffizieren war die bereits Ende 1945 getroffene Entscheidung, 202 Berliner Gemälde nach Washington zu verschiffen und in der National Gallery zu deponieren, höchst umstritten.[2,A] Dort schloss sich für die Hälfte der Werke eine Ausstellungstournee durch die USA an, bevor sie 1949 nach Wiesbaden zurückkehrten. In den von russischen Truppen besetzten Gebieten Berlins hatten indes nicht allein Brände im Flakbunker Friedrichshain verbliebenes Museumsgut vernichtet, sondern waren auch aus den Kellerräumen des Kaiser-Friedrich-Museums und des Pergamonmuseums etliche Hundert Gemälde in die Sowjetunion abtransportiert worden.[3]

→ BILD 44, 5

57

Die Schwarz-Weiß-Fotografie zeigt einen Ausschnitt zweier Ausstellungssäle der Gemäldegalerie im Bruno-Paul-Bau in Berlin-Dahlem. Die Aufnahme, datiert zwischen 1953 und 1955, zählt zur Fotosammlung des Zentralarchivs der Staatlichen Museen zu Berlin – Preußischer Kulturbesitz.

Zudem stellte sich der Zusammenführung der Sammlung der Gemäldegalerie an einem Berliner Standort vor allem die Teilung der Stadt entgegen. Es kam zu einem Tauziehen um die wertvollen Bestände, das seinen Ausgangspunkt in der Auflösung des Alliierten Kontrollrats 1948 hatte: Der Bund sah sich ebenso als geeigneter Erbe des preußischen Kunstbesitzes an wie die Länder, in die dieser verlagert worden war.[4] Ein drängendes Problem stellte schließlich die Unterbringung der Kunstschätze in West-Berlin dar, wo sich zwar eine neue Museumsverwaltung etabliert hatte, aber kaum geeignete Räumlichkeiten zu finden waren.

Ausnahme war der Bruno-Paul-Bau in Dahlem. Hier, an der Peripherie Berlins, hatte der Generaldirektor Wilhelm Bode (1845–1929) bereits vor dem Ersten Weltkrieg einen mehrteiligen Gebäudekomplex für die außereuropäischen Sammlungen geplant. Davon befand sich bei Ausbruch des Kriegs nur das Museum für Asiatische Kunst im Bau, mit der sich immer stärker abzeichnenden Teilung Deutschlands konkretisierten sich jedoch Ausbaupläne für die Anlage in Dahlem, denen zufolge ein Flügel für das Museum für Völkerkunde und einer für die Gemäldegalerie und Skulpturensammlung bestimmt waren.[B] Dort eröffnete nach kurzer Bautätigkeit im Oktober 1950 die erste Ausstellung mit über 170 Werken vornehmlich deutscher und italienischer Alter Meister, die als befristete Leihgaben aus Wiesbaden nach Berlin (West) zurückgekehrt waren.[5] Der Konflikt um eine zweite Verlängerung der Ausstellung entfachte den »Berliner Bilderstreit«, den sich Vertreterinnen und Vertreter aus Wissenschaft und Politik unter großer öffentlicher Anteilnahme um die rechtmäßige Bleibe der ehemals preußischen Kulturgüter lieferten.[6] Immerhin schlossen sich weitere temporäre Ausstellungen mit Exponaten aus dem CCP an. Parallel dazu wurde der Ausbau Dahlems zum neuen Museumsquartier auf Drängen des Berliner Senats vorangetrieben, sodass die Raumnot als ein Hauptargument der Verlagerungsländer gegen West-Berlin hinfällig wurde. Im April 1956 ließen sich erstmals permanent zurückgeführte Kunstwerke präsentieren, der vollständige Bestand der Gemäldegalerie sollte vor Ende 1957 nach Dahlem übergesiedelt sein.

Von der sich in den frühen 1950er-Jahren vollziehenden Transformation des Magazinbaus in einen funktionalen, großzügigen Museumskomplex zeugt die Fotografie. Sie lässt außerdem vermuten, dass nicht nur die Räume neu hergerichtet wurden, um den Ansprüchen an eine Kunstausstellung zu genügen, sondern auch die Rahmen eigens für die aus Wiesbaden zurückzuführenden Gemälde, deren alte Rahmen nicht evakuiert worden waren, beschafft oder sogar angefertigt wurden.

Die Aufnahme lässt sich als ein bildgewordenes Manifest professioneller Museumspraxis deuten, die sich vor allem eines zum Ziel gesetzt hatte: die Voraussetzungen für die Rückkehr des in Westdeutschland ausgelagerten Museumsgutes zu schaffen und so dem Besitzanspruch West-Berlins Nachdruck zu verleihen. Die Museumsakteure arbeiteten unter höchstem Druck, galt es doch, nicht nur den komplizierten, vom länder- und bundespolitischen Interessenskonflikt geprägten Rückgabeprozess für sich zu entscheiden, sondern auch mit den Entwicklungen im Ostteil der Stadt Schritt zu halten. Dorthin kehrten Mitte der 1950er-Jahre ebenfalls umfangreiche Sammlungskonvolute aus der Sowjetunion zurück.[c] Ab November → BILD 35 1955 waren vorübergehend 750 Gemälde aus der Dresdner Gemäldegalerie in der Nationalgalerie auf der Museumsinsel zu sehen, deren Übergabe zuvor mit einem offiziellen Festakt begangen worden war. Die Museen und ihre zersprengten Sammlungen, auch das bezeugt die Fotografie, wurden im Zuge der sich zunehmend verschärfenden Ost-West-Kontroversen instrumentalisiert.

ANDREA MEYER

1 Bernsau, Die Besatzer als Kuratoren?. ■ 2 Kühnel-Kunze, Bergung – Evakuierung – Rückführung, S. 112–121, Saalmann 2015, S. 246–248; Winter, ›Zwillingsmuseen‹ im geteilten Berlin, S. 102. ■ 3 Bock, »Zur Geschichte der Sammlung«, S. 30. ■ 4 Bock, »Zur Geschichte der Sammlung«, S. 34; Saalmann, Kunstpolitik der Berliner Museen, S. 269–303; Winter, ›Zwillingsmuseen‹ im geteilten Berlin, S. 78–80. ■ 5 Kühnel-Kunze, Bergung – Evakuierung – Rückführung, S. 162–179. ■ 6 Kühnel-Kunze, Bergung – Evakuierung – Rückführung, S. 180–189; Winter, ›Zwillingsmuseen‹ im geteilten Berlin, S. 144–146; Saalmann, Kunstpolitik der Berliner Museen, S. 278–287.

TANJA BERNSAU, Die Besatzer als Kuratoren? Der Central Collecting Point Wiesbaden als Drehscheibe für einen Wiederaufbau der Museumslandschaft nach 1945, Berlin 2013.
HENNING BOCK, »Zur Geschichte der Sammlung«, in: Staatliche Museen zu Berlin – Preußischer Kulturbesitz (Hg.), Gemäldegalerie Berlin. 200 Meisterwerke, Berlin 1998, S. 9–40.
IRENE KÜHNEL-KUNZE, Bergung – Evakuierung – Rückführung. Die Berliner Museen in den Jahren 1939–1959, Berlin 1984.
TIMO SAALMANN, Kunstpolitik der Berliner Museen 1919–1959, Berlin 2014.
PETRA WINTER, ›Zwillingsmuseen‹ im geteilten Berlin. Zur Nachkriegsgeschichte der Staatlichen Museen zu Berlin 1945 bis 1958, Berlin 2008.

ANTHOLOGIE ZU KUNSTRAUB UND KULTURERBE
A Farmer u. a. (1945): Der Protest der »Monuments Men« gegen die Trophäisierung geborgener Kunstwerke. ■ B Erklärung zu Universalmuseen (2002): Das universelle Welterbe unter westlichen Museumsdächern. ■ C Artamonow (1960): Rückführungen von Kunstwerken als politisches Instrument im Kalten Krieg.

Gold für die »Monuments Men«

2015

Auf der Vorderseite der Medaille hantieren Soldaten mit drei kanonischen Gemälden der europäischen Kunstgeschichte: Am vorderen Rand steht Jan Vermeers (1632–1675) *Astronom*, zur Linken ist das ovale *Selbstporträt mit Hand auf der Brust* von Rembrandt van Rijn (1606–1669) zu sehen. Gekrönt wird die Gruppe von einer Tafel des Genter Altars der Brüder Van Eyck; sie zeigt musizierende Engel an einer kleinen Orgel mit Harfe und Violine – als erklinge ihr Loblied über der Truppe. Siebzig Jahre nach ihrem Einsatz wurde die Kunstschutzeinheit des US-Militärs mit einer der höchsten zivilen Ehrerweisungen der Vereinigten Staaten ausgezeichnet, der Congressional Gold Medal. Die Monuments, Fine Arts, and Archives Section setzte sich aus Personen zusammen, die kunsthistorische Berufe hatten. Sie waren im Zweiten Weltkrieg mit der Bergung, der Registrierung und der Restitution von Kunst- und Kulturgegenständen beauftragt, die vom NS-Regime geraubt und verlagert worden waren.

Da die Gefährdung und Beschädigung von europäischen Denkmälern und Kunstwerken im Krieg tendenziell zunahmen, ergriffen die Vereinigten Staaten Maßnahmen zum militärischen Kunstschutz. Zivilgesellschaftliche Initiativen, darunter führende Museen, hatten zuvor an die Umsetzung von völkerrechtlichen Vereinbarungen zum Schutz von Kulturgütern in Kriegsgebieten appelliert.[A] Die im militärischen Jargon so genannten Monuments Men, unter ihnen allerdings auch einige Frauen, sollten militärische Entscheidungen überwachen und Schäden abwenden oder reduzieren. Sie waren außerdem dem nationalsozialistischen Kunstraub auf der Spur. Mithilfe von deutschen Fachleuten, die geflohen waren, und den verfügbaren Quellen wurden Aufklärung und Restitutionen vorbereitet: Welche Personen aus Wissenschaft, Kunsthandel, Museen und der NS-Verwaltung könnten über die Verlagerungen Bescheid wissen?[1]

→ BILD 7

Die heiße Phase begann im letzten Kriegsmonat: Ab April 1945 fanden die vorrückenden US-Armeen Unmengen an deponierten Kunstsammlungen und -gegenständen in Hunderten verstreuten Lagerorten. Diese Objekte waren von NS-Akteuren in Klöstern, Schlössern, Kirchen und Bergwerken ausgelagert worden, als die alliierten Luftangriffe zunahmen und die Wehrmacht im Osten und Westen an Boden verlor. Insgesamt 80 Prozent der versteckten Kulturgüter wurden in der US-amerikanischen Besatzungszone aufgefunden. Besonders eindrucksvoll ist die Berichterstat-

58

Im Jahr 2015 produzierte die United States Mint für die sogenannten »Monuments Men« eine Goldene Ehrenmedaille des Kongresses. Sie misst im Durchmesser 7,6 Zentimeter. Die Vorderseite mit den Soldaten, die Kunstwerke bergen, entwarf Joel Iskowitz. Donna Weaver gestaltete die Rückseite. Für die Gravuren waren Phebe Hemphill und Joseph Mennaie verantwortlich.

tung zur Salzmine Altaussee in Österreich. Dort lagerten Tausende Objekte – Gemälde, Papierarbeiten, Skulpturen, Kunsthandwerk, Bibliotheken und Teppiche –, darunter bedeutende Werke wie die *Brügger Madonna* von Michelangelo (1475–1564), der *Genter Altar* und Vermeers *Astronom.* Die lokalen Bergleute, die zuvor die Einlagerung durchgeführt hatten, kooperierten mit den »Monuments Men« bei der Bergung. Eine Sprengung der Lagerstätte, die die NS-Truppen geplant hatten, konnte vereitelt werden. Die Bomben waren schon platziert.[2]

Wenn in den USA der Leistungen der »Monuments Men« gedacht wird, steht zumeist die verhinderte Zerstörung von Kunst an erster Stelle. Die sich anschließende → BILD 54 zivile Aufklärungsarbeit, Provenienzforschung und Restitution passt dagegen weniger in ein kriegerisches Heldennarrativ. Im Februar 2014, wenige Monate bevor der US-Kongress die Verleihung der Goldenen Ehrenmedaille beschloss, kam der Film *Monuments Men* von George Clooney (*1961) in die Kinos. Er basiert auf einem gleichnamigen Buch von Robert M. Edsel (*1956), dessen englischer Untertitel schon sämtliche Zutaten für eine hollywoodtaugliche Erzählung nennt: *Allied Heroes, Nazi Thieves, and the Greatest Treasure Hunt in History.* Der Tod eines »Monuments Man« im Einsatz → BILD 59 für die Kunst und die moralische Überlegenheit über den Feind – die US-Amerikaner machten keine Kriegsbeute – vervollständigen das Kriegsfilmschema. Mit dem Sieg über die Nazis und der Sicherung des »Schatzes« in Altaussee endet der Film. George Clooney, Matt Damon, Bill Murray und Co. kehren in die Heimat zurück.[3]

Auch bei der offiziellen Ehrung durch den US-Kongress herrscht das Motiv soldatischen Heldentums vor: »Manche gaben ihr Leben im Einsatz. Aber dank der Monuments Men zerstörte der Krieg, der so viel forderte, der so viele Leben nahm, nicht auch noch die Kreativität, die uns mit dem Erbe der Zivilisation verbindet. Und wegen ihrer Ausdauer und mühevollen Detektivarbeit wurden Abermillionen Kunstgegenstände für die Öffentlichkeit gerettet und/oder an ihre rechtmäßigen Besitzer zurückgegeben.«[4] Über Erwähnungen wie diese in der Rede der Sprecherin der Demokratischen Partei im US-Repräsentantenhaus, Nancy Pelosi (*1940), geht die Würdigung der damaligen Restitutionsarbeit nicht hinaus. Auch die Ehrenmedaille fokussiert auf die Rettung und Bewahrung der Kunst. So spricht das eingeprägte Zitat von Dwight D. Eisenhower (1890–1969), damaliger General und späterer US-Präsident, die Ehre an, Kunstschätze an zukünftige Generationen überliefern zu können. Ringsherum am Medaillenrand stehen Figuren aus den geretteten Kunstwerken von Größen der Kunstgeschichte wie Sandro Botticelli (1445–1510), Michelangelo (1475–1564), Leonardo da Vinci (1452–1519), Vermeer (1632–1675),

Rembrandt (1606–1669) und Lucas Cranach dem Älteren (1472–1553). Porträtartig individualisiert stehen sie für die ansonsten unüberschaubare NS-Raubkunst.

Wir wollen zuletzt noch eine weniger beachtete Seite des US-Kunstgutschutzes hervorheben: die Provenienzforschung. Sie begann erst nach Kriegsende.[5] Anstatt direkt abzureisen, richteten die »Monuments Men« in München eine zentrale Sammelstelle für sichergestellte Kulturgüter ein. Über mehrere Jahre versuchten Hunderte deutsche und amerikanische Expert*innen dort, die Raubaktionen des NS-Regimes zu rekonstruieren und Restitutionen durchzuführen. Dabei halfen ihnen die Dokumentationen und Inventarlisten der Nationalsozialisten, darunter das Fotomaterial des »Einsatzstabs Reichsleiter Rosenberg«[B] und der Fotokatalog für das geplante »Führermuseum« in Linz. Auch die seit 1943 angefertigte Kartei von Schlüsselpersonen war nützlich bei Verhören und Befragungen von Verantwortlichen. Dies schaffte die Grundlage für eine nachhaltige Aufarbeitung des NS-Kunstraubs.[6]

LEONA FERNKORN, LUCA FAUST UND SIMON LINDNER

1 Lauterbach, Der Central Collecting Point in München, S. 19 f. ■ 2 Lauterbach, Der Central Collecting Point in München, S. 31–38. ■ 3 Kirchmayr, »Im Gespräch mit den Monuments Men«, S. 21–24. ■ 4 Pelosi, »Remarks at the Congressional Gold Medal Ceremony Honoring the WWII Monuments Men« (Ü: Simon Lindner). ■ 5 Kirchmayr, »Im Gespräch mit den Monuments Men«. ■ 6 Lauterbach, Der Central Collecting Point in München, S. 45–92; Kirchmayr, »Im Gespräch mit den Monuments Men«, S. 24–27; Rorimer, Survival.

ROBERT EDSEL, The Monuments Men. Allied Heroes, Nazi Thieves, and the Greatest Treasure Hunt in History, New York 2009.
BIRGIT KIRCHMAYR, »Im Gespräch mit den Monuments Men. Hollywoods ›ungewöhnliche Helden‹ aus Sicht der Provenienzforschung«, in: Pia Schölnberger, Sabine Loitfellner (Hg.), Bergung von Kulturgut im Nationalsozialismus. Mythen – Hintergründe – Auswirkungen, Wien u. a. 2016, S. 19–34.
IRIS LAUTERBACH, Der Central Collecting Point in München. Kunstschutz, Restitution, Neubeginn, München, Berlin 2015.
NANCY PELOSI, »Remarks at the Congressional Gold Medal Ceremony Honoring the WWII Monuments Men«, Rede am 22.10.2015, {www.speaker.gov/newsroom/pelosi-remarks-at-congressional-gold-medal-ceremony-honoring-the-wwii-monuments-men}, letzter Zugriff 17.11.2020.
JAMES J. RORIMER, Survival. The Salvage and Protection of Art in War, New York 1950.

ANTHOLOGIE ZU KUNSTRAUB UND KULTURERBE
A Haager Landkriegsordnung (1907): Ein erster völkerrechtlicher Konsens zum Schutz von Kulturgütern. ■ B Rosenberg (1940/41): Ideologie und Exzess – Die Kulturgut-Raubzüge der Nationalsozialisten.

Ein Leben für die Kunst
1961

Die erste kinematografische Co-Produktion zwischen UdSSR und DDR galt 1960 bezeichnenderweise dem Thema Kunstraub. Die UdSSR hatte in den Jahren zuvor Tausende von Kunstgegenständen nach Dresden und (Ost-)Berlin restituiert, die die Rote Armee 1945 dort in den Museen beschlagnahmt und als Trophäen in die Sowjetunion abtransportiert hatte. Diese spektakuläre Restitution eines Teils dessen, was man heute »Beutekunst« nennt, wurde damals sowohl in der DDR als auch in der Sowjetunion politisch intensiv begleitet. Sie gab Anlass zu einem breiten Spektrum an propagandistischen Veranstaltungen.[A] Auch der gemeinsam von der DEFA und Mosfilm produzierte Film *Пять дней, пять ночей / Fünf Tage – Fünf Nächte* der Regisseure Lew Oskarowitsch Arnschtam (1905–1979), Anatolij Golowanow und ihres ostdeutschen Kollegen Heinz Thiel (1920–2003) gehörte dazu. Er erzählt vor dem Hintergrund einer Liebesgeschichte von der gefährlichen Bergung und der fachgerechten »Rettung« der Dresdner Gemäldegalerie und ihre Verpackung durch die Rote Armee im Mai 1945.

→ BILD 35

Durch filmische Mittel wird die Geschichte der Bergung von kostbaren Meisterwerken der europäischen Kunstgeschichte verbunden mit der Befreiung von Konzentrationslagern und, allgemeiner, der Befreiung ganz Deutschlands von der nationalsozialistischen Herrschaft – verdichtet in den letzten Kriegstagen. Drei wichtige Szenen sind der Entdeckung von ausgelagerten Kunstwerken gewidmet. Eine davon führt das Publikum in einen dunklen Eisenbahntunnel mitten im Wald; in einem Waggon sind zahlreiche Leinwände aufgetürmt. Außen am Waggon lehnend ist unter anderem die *Schlummernde Venus* (1510) von Giorgione (1478–1510) erkennbar und *Rembrandt und Saskia im Gleichnis vom verlorenen Sohn* (um 1635) von Rembrandt van Rijn (1606–1669), das der Hauptmann Leonow (Wsewolod Dmitrijewitsch Safonow, 1926–1992) mit seinem Käppi von einer dicken Staubschicht befreit. Die zweite Szene dieser Art ist eine Verfolgungsjagd über die Treppen eines Schlosses in der Nähe Dresdens, bis hinauf zu einem Dachboden voller Kunstwerke – darunter die *Madonna mit Kind* (um 1670) von Bartolomé Esteban Murillo (1617–1682). Dort verschanzt sich ein Nazi und zögert nicht, mit einer automatischen Pistole um sich zu schießen – dabei trifft er ein Porträt mit zwei Kugeln.

Aus der dritten Szene stammt das hier abgedruckte Filmstill. Eine große, dunkle

59

Soldaten bergen Gemälde aus einem gefluteten Schacht. Das Filmstill stammt aus **Fünf Tage –
Fünf Nächte**, einer ostdeutsch-sowjetischen Co-Produktion (DEFA/Mosfilm) der Regisseure
Lew Arnschtam, Heinz Thiel und Anatolij Golowanow, die 1961 in die Kinos kam.

Höhle ist zu sehen. Zwei uniformierte Soldaten in Gummistiefeln stehen knöcheltief im Wasser. Einer von ihnen, ein deutscher Minenräumer, hält eine kleine Gaslampe, die die Höhle in ein magisches blaues Licht taucht. Der andere ist Sergeant Koslow, ein einfacher sowjetischer Soldat. Beide sind schon vor einer Weile in das überflutete Bergwerk gestiegen, sie kommen nur langsam voran, Minen und Sprengfallen bedrohen bei jedem Schritt ihr Leben. Doch jetzt halten die Männer inne. Denn vor ihnen entfaltet sich eine Szene, die beeindruckender und bewegender nicht sein könnte: Dutzende von Meisterwerken der europäischen Malerei, berühmte Gemälde von Raffael (1483–1520), Rubens (1577–1640), Tizian (1490–1576) und Vermeer (1632–1675) aus der Dresdner Gemäldegalerie – darunter die im Film gut beleuchtete *Heilige Agnes* (um 1641) von Jusepe de Ribera (1591–1652) – liegen verlassen da, lieblos durcheinander gestapelt, der Gefahr des Wassers ausgesetzt. Und doch – sie existieren noch, die großen Meisterwerke der Menschheit, sie sind nicht vernichtet! Ihre Rahmen spiegeln sich golden im dunkelblauen Wasser, ihre Farben leuchten noch! Nun werden die russischen Soldaten ihr Möglichstes tun, um sie aus diesem unterirdischen Raum ans freie Licht zu holen, um sie ihren kunsthistorisch und restauratorisch gewandten Landsleuten zu überreichen. Doch gleich wird ein Unglück passieren: Eines der Gemälde liegt ganz im Wasser. Koslow bückt sich, um es zu retten, da aber explodiert es. Es war eine Falle. Der tapfere Soldat stirbt vor Ort. Er hat sein Leben der Kunst und der Menschheit geopfert. → BILD 58

Die Szene nimmt einen sehr alten Topos des Diskurses über die Aneignung des kulturellen Erbes in Kriegszeiten auf: der eigentliche Besitzer der Werke (in diesem Fall der NS-Apparat) ist dieser Werke nicht würdig, er hat sie schlecht behandelt und extremen Gefahren ausgesetzt. Dagegen haben selbst die einfachsten sowjetischen Soldaten Respekt vor der Kunst und der Kultur, sie opfern ihr sogar ihr Leben. Der Sieger darf, ja er muss dem Besiegten diese Werke entziehen und sie zu sich nach Hause bringen, wo sie fachgerecht restauriert und behandelt werden können. Eine solche Rhetorik findet sich bereits im europäischen Kontext der Jahre um 1800, als die französischen Behörden ihre Beschlagnahmen in Italien, Holland und Deutschland damit rechtfertigten, dass die dortigen konservatorischen Bedingungen die Werke gefährden würden.[8] → BILD 4

In Kontrast zur Bösartigkeit der Nationalsozialisten wird die Expertise und Tapferkeit der Rotarmisten gesetzt. Während Sergeant Koslow in Sorge um die Kunst heldenhaft sein Leben lässt, agiert Hauptmann Leonow im wissenschaftlichen Apparat des Dresdener Museums, der anders als das Bauwerk den Krieg überstanden hat. Zum einen gibt es dort einen hölzernen Karteikasten, der das Museumsinventar enthält, und zum anderen die angestellte Kunsthistorikerin Luise Rank (Marga Legal, 1908–2001). Leonow gelingt es bezeichnenderweise, beide zum Sprechen zu bringen. Er nimmt einige Karten aus der Kartei und liest laut, mit einer perfekten europäischen Aussprache: »Carlo Dolci, Castiglione, Rembrandt, Tintoretto, van Eyck, Holbein, Poussin ...« Augenscheinlich ist hier ein kultivierter Mann (und kein sowjetischer Barbar) am Werk. Er schafft es außerdem mühelos, die verängstigte deutsche Kunsthistorikerin zu überzeugen, sich der Suche nach den ausgelagerten Werken anzuschließen. Diese Unternehmung findet sodann in einer Atmosphäre des Vertrauens und der engen Kooperation statt, so wie es das omnipräsente Motiv des Films vorsieht: eine Freundschaft zwischen der Sowjetunion und Ostdeutschland.

Noch mehr sowjetische Kompetenz trifft in Person der Restauratorin Sofia Nikitina (Jewgenija Nikolajewna Kosyrewa, 1920–1992) ein. Sie wird aus Russland einbestellt, um bei der Untersuchung und Wiederherstellung der entdeckten Werke zu helfen. Mehrere Szenen zeigen die junge Frau, stets in aufrechter Haltung und Uniform, hantierend mit den Attributen der Expertin: mit einer Lupe untersucht sie die geretteten Gemälde.

→ BILD 33

In der Chronologie von Verfilmungen des Kunstraubs im Zweiten Weltkrieg folgt in den 1960er-Jahren *The Train* (1964) von John Frankenheimer (1930–2002), der die Beschlagnahmungen der Nazis in Paris behandelt. Weitere Streifen kamen erst in jüngerer Zeit hinzu, etwa *Blood of War* (2011) von Alexander Beresan, *Monuments Men* (2014) von George Clooney oder *Woman in Gold* (2015) von Simon Curtis.

SIMON LINDNER

Der Kommentar basiert in Teilen auf bereits publiziertem Material von Bénédicte Savoy.

MARIANNE BERNHARD, KLAUS PETER ROGNER, **Verlorene Werke der Malerei. In Deutschland in der Zeit von 1939 bis 1945 zerstörte und verschollene Gemälde aus Museen und Galerien**, München 1965.
BÉNÉDICTE SAVOY, »Musée violé, espaces profanés. A propos de **Fünf Tage – Fünf Nächte** de Lew Arnschtam et Heinz Thiel (1960/61)«, in: Joséphine Jibokji, Barbara Le Maitre, Natacha Pernac, Jennifer Verraes (Hg.), **Museoscopies fictions du musée au cinema**, Paris 2018, S. 217–234.

ANTHOLOGIE ZU KUNSTRAUB UND KULTURERBE
A Artamonow (1960): **Rückführungen von Kunstwerken als politisches Instrument im Kalten Krieg**. ■ B Barbier (1794): **Die Entführung von Kunstschätzen als zivilisatorischer Akt.**

V.
protestieren
fordern

Kulturelle Verstümmelung
2001

Das einem Zeitschriftencover nachempfundene Bild zeigt einen schmalen, etwas kraftlos wirkenden weißen Mann mit eingesunkenen Augen und mutlosem, zumindest unbeteiligtem Blick. Er steht in einem leichten Kontrapost, der klassischen Haltung antiker Skulpturen. Auch seine fast vollständige Nacktheit, das Weiß seines Körpers und vor allem der fehlende Arm erscheinen als Verweise auf klassische Marmorskulpturen. Das Zitat, das links neben der Figur steht, ist als Hinweis auf den Moment des Abnehmens der Parthenonfriese durch Lord Elgins Männer[A] in Athen   → BILD 13 zu lesen. Es fügt dem statischen Bild des verstümmelten Mannes die Erinnerung an den Moment der Verstümmelung hinzu – und an das schmerzliche Gefühl, das der britische Architekt Robert Smirke (1780–1867) dabei empfunden hat: »Es hat mich besonders berührt, als ich die Zerstörungen sah, die vorgenommen wurden, um die Basreliefs von den Wänden des Frieses zu entfernen. Jeder Stein, der herunterfiel, erschütterte den Boden mit seinem schwerfälligen Gewicht, mit einem tiefen, hohlen Geräusch; es schien wie ein krampfhaftes Stöhnen des verletzten Geistes des Tempels.«[1] Dass hier der Architekt zu Wort kommt, der das Gebäude des British Museum und die im Wesentlichen griechisch-klassizistische Fassade entwarf, hat eine gewisse Ironie, schuf er doch die Räumlichkeiten, in denen die Stücke bis heute zu sehen sind.

Zwischen Text und Titel der Anzeige – *ELGINISM* Cultural mutilation* – kann die Nacktheit des Mannes einerseits als Verbildlichung des »entkleideten« Tempels interpretiert werden, dem 1801 seine schönsten Stücke geraubt wurden. Entsprechend ist am unteren Bildrand zu lesen: »Die Parthenon-Marmorskulpturen. Vermisst seit 1801.« Andererseits liest sich die Ansicht des Mannes in seiner nackten Versehrtheit auch als Verlebendigung eines Werks der Sammlung Lord Elgins – jener Antiken, die sich seit 1816 im British Museum befinden.[B] Forderungen nach der Restitution von   → BILD 45 Kunstwerken und anderen Arten von Sammlungen verwenden immer wieder rhetorische Mittel, die Kunstwerke »beleben« und auf Vorstellungen von Verkörperung verweisen. Die Gewalt, die den Menschen angetan wird, und die Gewalt, die den Objekten zugefügt wird, wird rhetorisch parallel gesetzt und führt zu einer immer wieder auftauchenden »Anthropomorphisierung« umstrittener Objekte.[2,C]

Deutlich zeigt sich das bei Yannis Hamilakis: In seinem 2007 veröffentlichten

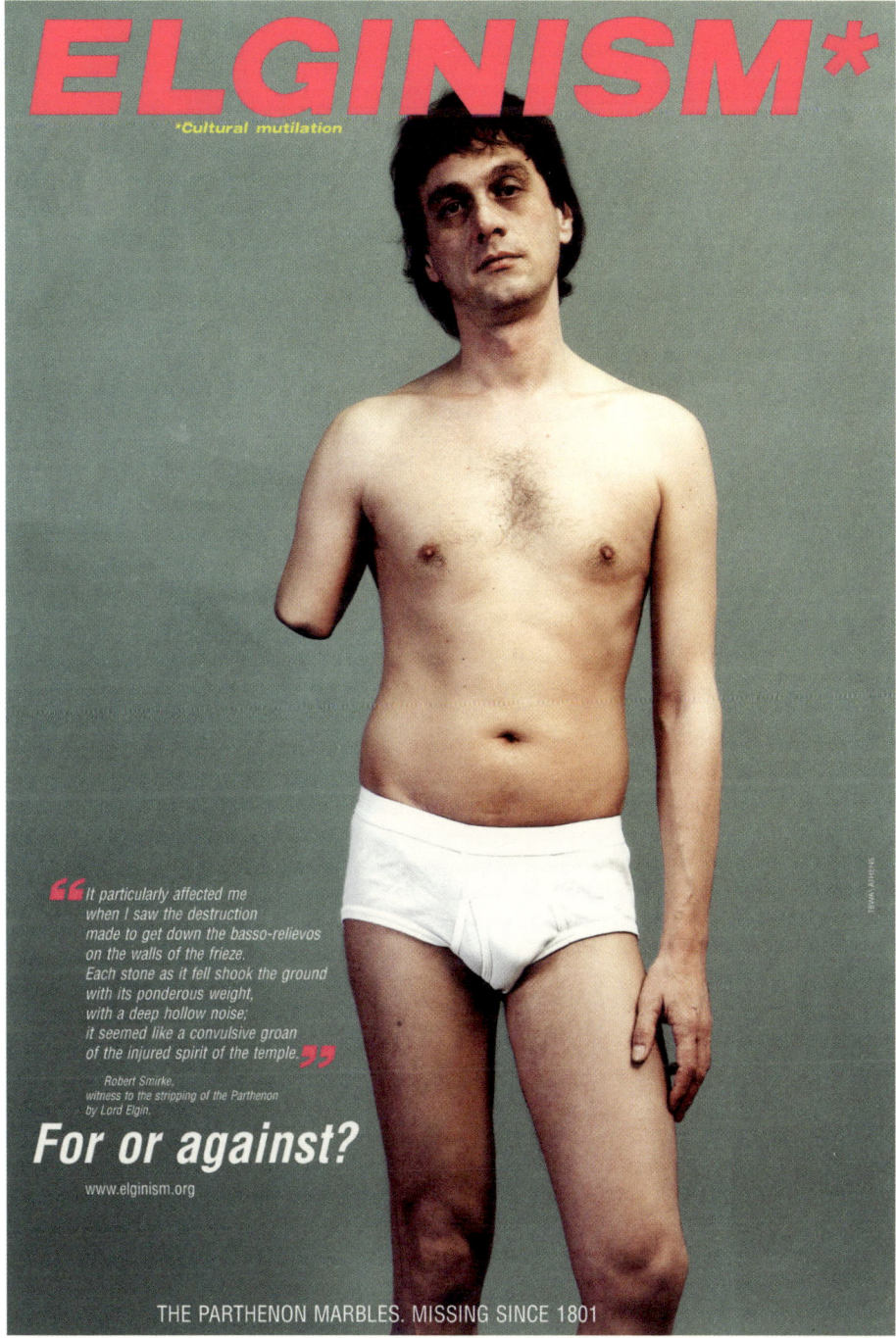

60

ELGINISM*

*Cultural mutilation

"It particularly affected me
when I saw the destruction
made to get down the basso-relievos
on the walls of the frieze.
Each stone as it fell shook the ground
with its ponderous weight,
with a deep hollow noise;
it seemed like a convulsive groan
of the injured spirit of the temple.""

Robert Smirke,
witness to the stripping of the Parthenon
by Lord Elgin.

For or against?

www.elginism.org

THE PARTHENON MARBLES. MISSING SINCE 1801

Dieses Bild einer Medienkampagne wurde von der griechischen Werbeagentur TBWA\Athens
entworfen und 2001 als Druckbeilage unter dem Titel **ELGINISM** in Griechenland und, in der hier
abgebildeten englischen Version, im Rest Europas veröffentlicht.

Buch *The Nation and Its Ruins* untersucht er die Beziehung zwischen den Parthenon-skulpturen und dem imaginierten Körper der griechischen Nation. Er spricht von den Antiken als »Teil des nationalen Körpers im Exil« und fährt fort: »Ihr Status als Fragmente, die gewaltsam aus ihrem Mutterland entfernt wurden, ihre Gefan-genschaft in einem grauen Raum ohne das natürliche Licht ihres Geburtsortes und schließlich ihre Verstümmelung und ›Häutung‹ im Rahmen eines ›Reinigungsver-suchs‹ bereits in den 1930er-Jahren akzentuieren und verstärken das, was in einer anthropomorphen, empathischen Sprache als der Schmerz des Exils wahrgenom-men und beschrieben wird.«[3] In seiner Analyse, die dieselbe Rhetorik benutzt wie diese Anzeige, werden die Parthenonskulpturen zur Repräsentation des »Körpers« einer ganzen Nation. Die von ihm gewählte Sprache nutzt in großen Teilen dassel-be Vokabular, das auch in Diskursen über die Rückgabe menschlicher Überreste zu finden ist. So zum Beispiel im Fall der Rückkehr der Überreste von Sarah »Saartjie« Baartman (um 1789–1815), einer Khoikhoi-Frau, die als so genannte »Hottentotten-Venus« nach Europa gebracht und unter anderem in London und Paris »ausgestellt« wurde. Nach ihrem Tod verblieben ihre Überreste in Frankreich. Bereits Nelson Mandela (1918–2013) forderte im Jahr 1994 ihre Rückkehr nach Südafrika, doch erst im Jahr 2002 erfolgte die Rückgabe der sterblichen Überreste. Als sie vier Monate nach ihrer Rückkehr am nationalen Frauentag in Südafrika in der Kleinstadt Hankey begraben wurde, endete die Rede von Präsident Thabo Mbeki (*1942) mit den fol-genden Worten: »Wenn wir uns von diesem Grab einer einfachen afrikanischen Frau abwenden, wird ein Teil von jedem von uns bei den Überresten von Sarah Baartman bleiben.« Dies veranschaulicht, wie ein einziger tatsächlicher menschlicher Körper alle Körper einer Nation diskursiv darstellen kann.

Diese Beispiele des visuellen – in Form der Anzeige – und schriftlichen Dis-kurses zeigen, wie insbesondere die Frage der Rückführung die Grenze zwischen Objekten und Subjekten ins Wanken bringt. Diese rhetorische Möglichkeit hängt jedoch mit der Natur der Kunst selbst zusammen, wie Lorraine Daston festgestellt hat: »Kunstwerken wird oft ein besonderer Status auf halbem Weg zwischen dem Objekthaften und dem Subjekthaften zugesprochen, sie werden als Dinge angenom-men, die ein Selbst (sowohl individuell als auch kollektiv) in Objektform verkörpern, Fleisch gewordenes Wort. [...] Folglich hätte die Schwierigkeit antizipiert werden können, diese Art von Dingen eindeutig in subjektiv/objektiv beziehungsweise Kunst/Natur zu scheiden. Es überrascht jedoch, dass sie sich auch gegen eine Per-son/Ding-Unterscheidung sperren.«[4]

Die Anzeige *ELGINISM* Cultural mutilation* arbeitet mit dieser potenziellen Mehrdeutigkeit auf höchst effiziente Weise. Sie produziert auch eine ganz eigene Form von Ironie: Obwohl der Begriff »Elginismus« die verkürzte Bezeichnung für eine Kritik an der zerstörerischen Kommerzialisierung des Kulturerbes ist,[D] wird hier die emotionale Bindung an das nationale Erbe instrumentalisiert, um wiederum der Werbeindustrie selbst zu dienen, wofür sich weitere Beispiele finden lassen. → BILD 72

Das verlebendigte Kulturobjekt steht hier stellvertretend für die griechischen Staatsangehörigen und die Nation. Doch es ist auch Opfer, das als Geisel in der Gewalt einer fremden Institution mehr öffentliche Betroffenheit und Aufmerksamkeit auslösen kann als das unbelebte Objekt im Museum. So gewinnt die Formulierung von Rückgabeforderungen deutlich an Nachdruck, wie hier in der Inszenierung einer kulturellen Verstümmelung Griechenlands – ausgelöst durch die in London aufbewahrten antiken Skulpturen.

FELICITY BODENSTEIN

Aus dem Englischen von Philippa Sissis. ■ 1 Smirke zit. n. McEnroe/Pokinski, **Critical Perspectives on Art History**, S. 26. ■ 2 Savoy, **Vorlesungen**. ■ 3 Hamilakis, **The Nation and Its Ruins**, S. 244. ■ 4 Daston, »Speechless«, S. 22 (Ü: Merten Lagatz).

LORRAINE DASTON, »Speechless«, in: Lorraine Daston (Hg.), **Things That Talk. Object Lessons From Art and Science**, New York 2004, S. 9-26.

YANNIS HAMILAKIS, **The Nation and Its Ruins. Antiquity, Archaeology, and National Imagination in Greece**, Oxford 2007.

BÉNÉDICTE SAVOY, Vorlesungen am Collège de France, {www.college-de-france.fr/site/benedicte-savoy/_audiovideos.htm}, letzter Zugriff 18. 11. 2020.

JOHN C. MCENROE, DEBORAH FRANCES POKINSKI, **Critical Perspectives on Art History**, Upper Saddle River 2002.

ANTHOLOGIE ZU KUNSTRAUB UND KULTURERBE

A Byron (1812): **Schande statt Stolz – Empathische Projektionen auf die** *Elgin Marbles*. ■ B Hamilton-Gordon (1816): **Die Parthenon-Skulpturen als Staatsinvestition;** Memorandum der griechischen Regierung (2000): **Vom nationalen Eigentum zum Welterbe – Eine postnationale Wende in der Restitutionspolitik?** ■ C Traoré (2005): **Ein Appell für neue Beziehungen und ein Aufruf zum Umdenken.** ■ D De Gorsse (1927): **Der »Mangel an Weitsicht«.**

Die verweigerte Ikone
1977

Dieses Plakat stellt eine der vielen Repräsentationen der sogenannten *FESTAC*-Maske dar, es ist ein Werbemittel für eines der größten panafrikanischen Kulturfestivals, dem 1977 in Nigeria veranstalteten *FESTAC*. Im Zentrum der Schrift und Formen auf diesem Plakat in Gold und Schwarz ist die traditionelle Maske zu sehen, die nach dem Vorbild eines Maskentyps gezeichnet wurde, der wahrscheinlich die Königinmutter (Iyoba) Idia (um 1490–1540) des Königreichs Benin zeigt. Das Vorbild der Maske ist eine nur 15 Zentimeter hohe, fein geschnitzte Elfenbeinmaske, die sich seit 1910 im British Museum befindet. Sie existiert jedoch in vier weiteren Varianten, die ursprünglich alle am Hof des Königs aufbewahrt wurden, heute jedoch über verschiedene öffentliche und private Sammlungen weltweit verteilt sind.

Die Serie von mindestens fünf feinplastischen Masken entstand etwa in der Mitte des 16. Jahrhunderts im Königreich Benin, im heutigen Nigeria. Die Forschung geht davon aus, dass sie alle als einzigartiger Schatz zum Gedenken an Idia aufbewahrt wurden. Sie dienten als Objekte mit Schutzkräften, die von den nachfolgenden Obas (Königen) während wichtiger ritueller Zeremonien getragen wurden.[1] Die Identifikation als Königinmutter erfolgte erst 1956: Zu diesem Zeitpunkt veröffentlichte der Oba des Königreichs Benin, Akenzua II. (1899–1978), einen Artikel im *Nigerian Observer*, in dem die Maske zum ersten Mal als Bildnis der Iyoba Idia, Mutter von Oba Esigie (1504–1550), bezeichnet wurde.[2] Die Maske war nun in Nigeria nicht länger ein anonymes Objekt, sondern galt als geschätzte Darstellung einer außergewöhnlichen Vorfahrin.

Bereits vorher waren solche Masken begehrte Objekte westlicher Sammlerinnen und Sammler: Die Iyoba darstellenden Elfenbeinobjekte verließen Benin City im persönlichen Gepäck der Teilnehmer der militärischen Expedition, die Großbritannien 1897 gegen das Königreich Benin durchgeführt hatte.[A] Während des Überfalls wurde der Oba Ovonramwen Nogbaisi (1857–1914) gestürzt und sein Palast geplündert. Die Beute wurde unter den Soldaten aufgeteilt. Besonders interessante Stücke sicherten sich hochrangige Angehörige der Truppen, darunter Generalkonsul Ralph Moor (1860–1909), Hauptmann H. L. Gallwey (1859–1949), Dr. Robert Allman (1854–1917), leitender medizinischer Offizier der Expedition, und ein anonymer Offizier, der 1898 im Auktionshaus Stevens London seine Beute verkaufte.

→ BILD 26, 3

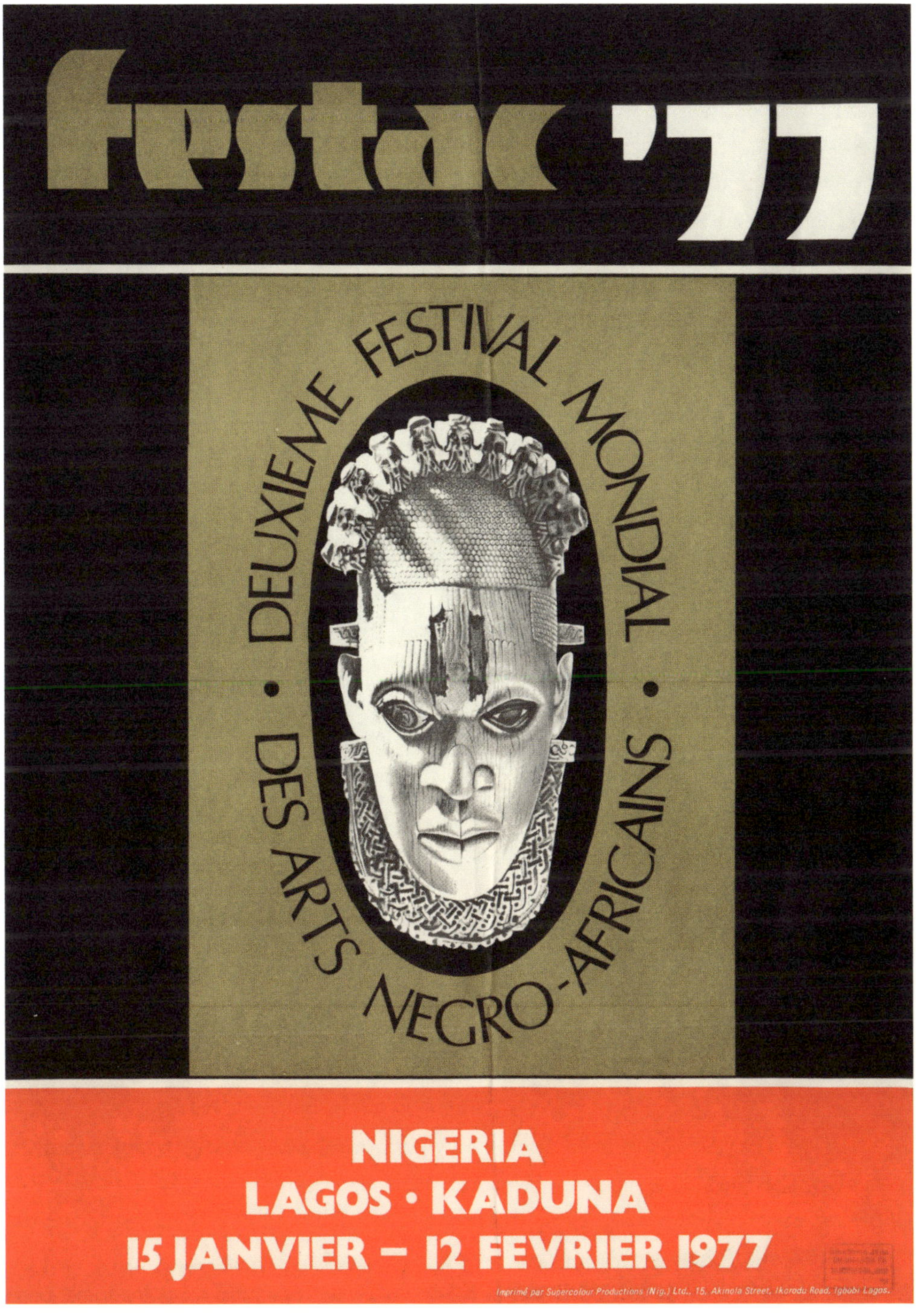

61

Das Plakat, das die Maske Iyoba Idias zeigt, wurde 1977 als Ankündigung des zweiten **World Black and African Festival of Arts and Culture** von Supercolor Productions (Nigeria) Ltd. entworfen. Das kurz **FESTAC** genannte Festival fand in Lagos, Nigeria, statt. Das Plakat erzählt davon, wie aus einem materiellen Zeugnis des Königreichs Benin ein panafrikanischer Identitätsträger geworden ist.

Moor hatte die Expedition für die Protektoratsverwaltung an der Seite der Seestreitkräfte geleitet. Er war auch verantwortlich für den Prozess gegen Oba Ovonramwen Nogbaisi, als dessen Resultat der König ins Exil verbannt wurde.³ Darüber hinaus organisierte er das Sammeln, den Verkauf und die Umverteilung der Beute, also der aus dem Königspalast und den umliegenden Dependancen geplünderten Objekte. Der Qualität seiner eigenen Sammlung nach zu urteilen, hatte er auch die erste Wahl bei der Zusammenstellung der Stücke. Kurz nach seinem Tod konnte das British Museum im Jahr 1910 die heute dort aufbewahrte Maske für den Preis von 37 Pfund erwerben. Dies war ein durchschnittlicher Preis für ein Stück aus dem Königreich Benin: Zwischen 1897 und 1910 wurden sie zwischen 30 und 100 Pfund verkauft, wobei die Preise hauptsächlich nach der Größe gestaffelt waren. Im Vergleich zu anderen Ethnographica auf dem Londoner Markt war das ein außergewöhnlich hoher Preis.

Die anderen Masken, die sich heute im Linden-Museum Stuttgart und im Metropolitan Museum of Art in New York befinden, wurden 1909 von Charles Gabriel Seligman (1873–1940) von der Familie des kurz zuvor verstorbenen Moor erworben. In den 1940er-Jahren hieß es von einer Maske, die sich weiterhin in der persönlichen Sammlung Seligmans befand, dass dessen Witwe zu ihrem Verkauf bereit sein könnte. Einer der potenziellen Käufer war Kenneth C. Murray (1903–1972), ein in Großbritannien geborener Lehrer und Kunstliebhaber, der 1927 nach Nigeria ausgewandert war. Er war 1943 eine Schlüsselfigur bei der Gründung des Nigeria Antiquities Service. Murrays Kaufangebot schrieb sich in eine Reihe von Bemühungen Nigerias ein, beninische Objekte auf dem internationalen Kunstmarkt zu erwerben. Murray begann, sich um Unterstützung und sogar Sponsoren zu bemühen, um den Kauf der Maske für Nigeria zu sichern. In Benin City arbeitete er gemeinsam mit dem Historiker Jacob Egharevba (1893–1981) an der Umsetzung dieser Idee.

Letztlich konnte er die nötigen Mittel jedoch nicht beschaffen: Die Maske erwarb am 31. Dezember 1957 das Museum of Primitive Art in New York für 20 000 Pfund – ein Rekord für ein Objekt vom afrikanischen Kontinent. Im September 1958 wurde sie in New York ausgestellt.

Diese verpasste Gelegenheit stärkte in Nigeria das Bewusstsein für die Existenz der Objekte. Die Maske im British Museum war schon 1966 das Gesicht und Symbol des nigerianischen Kulturerbes auf dem ersten panafrikanischen Festival (*FESMAN*) in Dakar: Als solche wurde sie auf einer Broschüre des nigerianischen Informationsministeriums abgedruckt. 1977 machte sie der nigerianische Künstler Erhabor Emokpae (1934–1984) zum Emblem für das *FESTAC* in Lagos.

Er reproduzierte sie als monumentales, vier Meter hohes Holzschild, das vor dem Nationaltheater in Lagos aufgestellt werden sollte. Als Logo zirkulierte sie aber auch in verschiedenen Formaten in den nationalen und internationalen Medien vor dem und während des Festivals.[4] Ihre Hauptverbreitung fand sie durch das Plakat.

Parallel zur Nutzung des Bildes für die Druckmedien wurde eine Bitte um Leihgabe der Maske an das British Museum gestellt. Trotz langwieriger Verhandlungen wurde sie jedoch von britischer Seite abgelehnt.[B] Nach dem Skandal, der durch diese Ablehnung in Nigeria ausgelöst wurde, erscheinen die nahezu endlosen Varianten, in denen das Objekt während der Veranstaltung reproduziert wurde, als eine Form der Kompensation für das Fehlen des Objekts selbst: eine visuelle Allgegenwart, die weiter gewachsen ist und seine Bedeutung als Symbol der künstlerischen Tradition und Geschichte Nigerias sichert.[5] Die Maske wurde zu einer Ikone für das in kolonialen Kontexten geraubte und mitgenommene Kulturerbe und gewann ebenso große Bekanntheit wie die *Büste der Nofretete*.   → BILD 74

FELICITY BODENSTEIN

Aus dem Englischen von Philippa Sissis. ■ 1 Bodenstein, »Cinq masques de l'Iyoba Idia du royaume de Bénin«. ■ 2 Blackmun, »Who Commissioned the Queen Mother Tusks?«, S. 9. ■ 3 Bodenstein, »Cinq masques de l'Iyoba Idia du royaume de Bénin«. ■ 4 Malaquais / Vincent, »Replicate This! Into the FESTAC loop«; Edjabe u. a. (Hg.), Festac '77. ■ 5 Malaquais / Vincent, »Replicate This! Into the FESTAC loop«.

BARBARA WINSTON BLACKMUN, »Who Commissioned the Queen Mother Tusks? A Problem in the Chronology of Benin Ivories«, in: African Arts 24 (1991), S. 55–65.

FELICITY BODENSTEIN, »Cinq masques de l'Iyoba Idia du royaume de Bénin. Vies sociales et trajectoire d'un objet multiple«, in: Perspective. Actualité en histoire de l'art (2019), Nr. 2, S. 227–238.

NTONE EDJABE, WOLE SOYINKA, ELVIRA DYANGANI OSE (HG.), Festac '77. 2nd World Black and African Festival of Arts and Culture, Köln 2019.

DOMINIQUE MALAQUAIS, CÉDRIC VINCENT, »Replicate This! Into the FESTAC loop«, in: Eva Barois de Caevel, Koyo Kouoh (Hg.), Condition Report 3. Art History in Africa. Debating Localization, Legitimization and New Solidarities (RAW Material Company), Dakar 2020.

J. C. STEVENS, Curiosities. To Be Sold on Monday, April 4th, 1898, London 1898.

ANTHOLOGIE ZU KUNSTRAUB UND KULTURERBE

A Roth (1903): Die ›Benin-Bronzen‹ im kolonialen Konkurrenzkampf Europas. ■ B Roberts (1976): Die Diplomatie der Zurückweisung – Die Verhandlungen um die *FESTAC*-Maske.

Double Standard zwischen Objekt und Mensch

2010

Zwei an Händen und Füßen gefesselte Personen sitzen sich auf schlichten Kuben in einem nur angedeuteten neutralen Raum gegenüber. Beim ersten Blick sticht die Überproportionalität ihrer Köpfe ins Auge. In das Bildfeld geschickt integrierter Text vermittelt zum Verständnis der skizzierten Situation notwendige Informationen: Der Hocker zur Linken trägt die Aufschrift »In Gefangenschaft seit 1897. British Museum«. Die beide Abgebildeten aneinanderkettende Fußfessel ist mit »Imperialer Handel« beschrieben. Zwischen den Gefangenen nehmen wir ein Hinweisschild wahr, auf dem: »Afrikaner*innen, die illegal in Europa sind, sollen verschwinden. Afrikanische Objekte, die illegal in Europa sind, müssen bleiben« zu lesen ist. Die Unbestimmtheit des Raumes, in dem die Repräsentierten festgehalten werden, verweist subtil auf Ausstellungssituationen: Beschriftete Sockel sind in der musealen Vermittlung von Objekten ebenso geläufig wie Hinweisschilder, die den größeren Kontext der Displays einholen. Die Situation jedoch lässt uns stutzen: Handelt es sich hier um die offizielle Beschilderung des Museums? Und seit wann hält das British Museum Personen gefangen? Der Cartoonist Ganiyu »Jimga« Jimoh scheint uns an der Nase herumführen zu wollen.

Doch folgen wir zuerst seinen Hinweisen: 1897 überfielen britische Truppen Benin City, die im heutigen Nigeria gelegene Hauptstadt des Edo-Königreichs Benin.^A → BILD 26, 3 Im Zuge der sogenannten Strafexpedition in den Globalen Norden verlagerte Objekte schmücken Museen auf der ganzen Welt.[1] Auch im British Museum gelten die Edo-Objekte als Highlights der Sammlung afrikanischer Kulturgüter. Ihre gewaltvolle Provenienz aber – der Königspalast wurde von den britischen Militärs gänzlich niedergebrannt – lässt viele anzweifeln, dass die großen ethnologischen Sammlungen Europas und Nordamerikas der rechtmäßige Verwahrungsort dieser unschätzbar wertvollen Objekte ist. So erschließt sich auch Jimgas Spiel mit den Körperproportionen der Abgebildeten: Er hat kurzerhand materielle Zeugnisse der Edo, die sich im Besitz des British Museum befinden, als Menschen aus Fleisch und Blut ins Bild gesetzt. Zur Linken eine – in der Karikatur blutige Tränen weinende – Elfenbeinmaske, die als Königinmutter Iyoba Idia (um 1490–1540) identifiziert wird. Die Königinmutter hat in der Imagination des Künstlers wohl die bereits mehr als einhundert Jahre andauernde Gefangenschaft im British Museum durchgeweint:

62

Die 2010 entstandene Karikatur **Double Standard** des nigerianischen Künstlers, Karikaturisten und Kunsthistorikers Ganiyu »Jimga« Jimoh zeigt zwei vermenschlichte Skulpturen aus dem Königreich Benin. Mit der titelgebenden Doppelmoral verweist er auf eine seit Langem geführte Debatte über die Ungleichbehandlung von afrikanischen Kulturgütern und Migrant*innen im Globalen Norden.

Ihre Tränen haben eine die gesamte Breite des Bildraumes füllende Lache gebildet. Ihr Gegenüber scheint eine der in Messing beziehungsweise Bronze gegossenen Kopfplastiken zu sein, die Obas – also Könige – Benins darstellen und im Ritus der Edo zentraler Teil ihrer Ahnenaltäre waren.

Wir können gar nicht anders, als die verlebendigten Objekte als tatsächliche Menschenbilder wahrzunehmen, beginnen uns mit ihrem Schicksal zu identifizieren. Ein → BILD 60 geschickter Schachzug des Künstlers, gelten sie den Edo doch als Verkörperungen ihrer Ahnen, die erst durch die museale Präsentation zu Objekten gemacht worden sind.

Hier nimmt die Karikatur einen Diskurs auf, der in Rückforderungen von Kulturgütern immer wieder angesprochen wird. Bereits der senegalesische UNESCO-Generalsekretär Amadou-Mahtar M'Bow (*1921) führte 1978 aus, dass man die Völker nicht nur wertvoller Kunstobjekte beraubte, sondern auch ihrer Erinnerungen.[B] Der nigerianische Dichter Niyi Osundare (*1947) wandte sich in einem in den 1980er-Jahren publizierten Gedicht an die – in Abwesenheit zur Ikone des panafrikanischen Kulturfestivals *FESTAC* 1977 gewordene – Elfenbeinmaske der Idia in London: »Hier → BILD 61 stehst du [...] entweihter Gast in einem fremden Land«.[2] Und die malische Politikerin und Intellektuelle Aminata Traoré (*1947) beschrieb 2005 ihre Betrachtung einer Skulptur der Dogon, die sich heute im Musée du quai Branly befindet, als Begegnung mit einem vermissten Vertrauten, der die Schiffsüberfahrt überstehen musste und im Norden Europas sicher friert.[c]

Traorés Text und Jimgas Karikatur argumentieren vergleichbar, verknüpfen sie doch das Schicksal der Objekte mit den Erfahrungen afrikanischer Migrant*innen: Versklavte, in Ketten gelegte und verschleppte Vorfahren müssen mit den vor Krieg und Verfolgung fliehenden beziehungsweise aus wirtschaftlichen Gründen nach Europa aufbrechenden Menschen zu Beginn des 21. Jahrhunderts zusammengedacht werden, ebenso wie die »Objekte« im Museum mit Arjun Appadurais Worten besser als »ungewollt Geflüchtete« angesprochen werden sollten.[3]

So gelesen, verweist die Fußfessel im Bild nicht nur auf die wirtschaftlichen Interessen, die die Briten im kolonialen Wettbewerb durchsetzen wollten, sondern eben auch auf die im imperialen Handel begründete und bis heute andauernde prestige- und kapitalsteigernde Nutzung afrikanischer Kulturgüter im Globalen Norden. Die titelgebende Doppelmoral zeigt ihre hässliche Fratze: In öffentlichen Museen aufbewahrte Stücke erzielen enormen finanziellen Gewinn, wenn sie zum Beispiel in international tourenden Wanderausstellungen gezeigt werden, wie der 2007 in Wien eröffneten *Benin. Könige und Rituale – Höfische Kunst aus Nigeria*, die anschließend in Berlin, Paris und Chicago zu sehen war. Deutlich führen uns Schauen wie diese vor Augen, dass die Mobilität der Objekte, wenn sie im Interesse westlicher Museen liegt, durchaus ermöglicht wird. Und auf dem internationalen Kunstmarkt werden vormals geraubte Objekte heute zu enormen Preisen gehandelt. 2010 etwa sollte eine Oba-Maske aus dem 16. Jahrhundert bei Sotheby's für 4,5 Millionen Pfund versteigert werden.[4]

Im Meer aus Tränen schließlich finden die unüberwindbaren Grenzen und tödlichen Gefahren Anklang, denen sich nach Europa aufbrechende afrikanische Migrant*innen aussetzen. Und die nur zu gern zur Verteidigung der Sammlungen beschworene Mär vom Universalmuseum, das den uneingeschränkten Zugang zum Kulturerbe der Menschheit für alle möglich mache,[D] wird endlich als eine solche enttarnt: Erschweren doch die Visumsvergabepraktiken des Globalen Nordens auch Kulturreisenden aus dem afrikanischen Kontinent das Zwiegespräch mit ihren eingesperrten Ahnen.

MERTEN LAGATZ

1 Opoku, »One Counter-Agenda from Africa«, S. 101. ■ 2 Osundare, **Songs of the Marketplace**, S. 39 (Ü: Philippa Sissis). ■ 3 Appadurai, »Museum Objects as Accidental Refugees«. ■ 4 Bodenstein, »Notes for a Long-Term Approach to the Price History«; Layiwola, »Making Meaning from a Fragmented Past«, S. 88.

ARJUN APPADURAI, »Museum Objects as Accidental Refugees«, in: **Historische Anthropologie** 25 (2017), S. 401–408.
FELICITY BODENSTEIN, »Notes for a Long-Term Approach to the Price History of Brass and Ivory Objects Taken from the Kingdom of Benin in 1897«, in: Charlotte Guichard, Christine Howald, Bénédicte Savoy (Hg.), **Acquiring Cultures. Histories of World Art on Western Markets**, Berlin, Boston 2018, S. 267–288.
PEJA LAYIWOLA, »Making Meaning from a Fragmented Past. 1897 and the Creative Process«, in: **Open Arts Journal** 3 (2014), S. 85–96.
KWAME OPOKU, »One Counter-Agenda from Africa. Would Western Museums Return Looted Objects If Nigeria and Other African States Were Ruled by Angels?«, in: **Benin1897.com. Art and the Restitutions Question** (Ausst.-Kat. Lagos, Ibadan, Abuja, Benin-Stadt), Ibadan 2010.
NIYI OSUNDARE, **Songs of the Marketplace**, Ibadan 1983.

ANTHOLOGIE ZU KUNSTRAUB UND KULTURERBE
A Roth (1903): Die ›Benin-Bronzen‹ im kolonialen Konkurrenzkampf Europas. ■ B M'Bow (1978): Solidarität für das Glück der Menschheit. ■ C Traoré (2005): Ein Appell für neue Beziehungen und ein Aufruf zum Umdenken. ■ D Erklärung zu Universalmuseen (2002): Das universelle Weltkulturerbe unter westlichen Museumsdächern.

Aktivismus in der Sportarena
2017

Am Abend des 26. September 2017 empfing der zypriotische Fußballklub APOEL F.C. Nikosia den englischen Premier-League-Klub Tottenham Hotspur F.C. für ein Vorrundenspiel der UEFA-Champions-League-Saison 2017/18. Das Spiel endete unglücklich für die gastgebende Mannschaft, die Gäste besiegten sie bei einem Endstand von 0:3. Für eine gelungene Überraschung sorgten die zypriotischen Fans dennoch. Auf den unteren Rängen ihres Tribünenblocks entrollten sie drei Banner. »History cannot be stolen« (Geschichte kann man nicht rauben) war auf dem ersten zu lesen. Mittig hielten sie eine auf weißem Grund gedruckte, fotografische Ansicht des Parthenontempels auf der Athener Akropolis in die Fernsehkameras. Auf der anderen Seite der Tempelansicht folgte ein weiteres langes Spruchtransparent, dort stand: »Bring the marbles back!« (Gebt die Marmorskulpturen zurück).[1]

Medienberichten zufolge wurden die Protestbotschaften bereits vor Spielanpfiff ausgebreitet. Auf einigen Pressefotos aus der Begegnung sieht man am linken Bildrand eine der Anzeigetafeln des Stadions, der Spielzwischenstand ist 0:1, die Forderungen noch immer sichtbar. Das erste Tor schoss Harry Kane für die Tottenham Hotspurs in der 39. Spielminute – die Botschaften müssen folglich zumindest bis kurz vor Ende der ersten Halbzeit im Stadion präsent gewesen sein.

Zu der Protestaktion sind drei Jahre nach dem Spiel nur noch wenige, oft knappe Berichte im Internet recherchierbar. Darin ist ausschließlich von einer Fanaktion die Rede, eine für den Protest verantwortliche Organisation wird nicht benannt. Bei den zurückgeforderten Marmorskulpturen handelt es sich – die riesige Fotografie des Tempels lässt es erahnen – um die ab 1801 durch Lord Elgin von der Athener Akropolis entfernten antiken Reliefs und Statuen des Parthenons, die seit 1817 im → BILD 13 British Museum in London ausgestellt werden. Nach ihrem Verbringer werden die Antiken im anglofonen Sprachraum auch als *Elgin Marbles* bezeichnet. Bereits von seinen Zeitgenossen wurde der Ankauf der antiken Skulpturen heftig diskutiert, die britischen Debatten hielt der Karikaturist George Cruikshank (1792–1878) 1816 in einem seiner beißenden satirischen Blätter fest. → BILD 45

Beispiele für die Rückforderung der Objekte sind mannigfaltig. Aus griechischen Regierungskreisen wurde erstmals 1983 offiziell ein Restitutionsgesuch gestellt. Der Vorstoß ging auf eine Initiative der damaligen Kulturministerin Griechenlands, Me-

63

Das Pressefoto zeigt ein auf der Tribüne der Heimmannschaft entrolltes Protestbanner während des UEFA-Champions-League-Vorrundenspiels APOEL F.C. Nikosia gegen Tottenham Hotspurs F.C. am 26. September 2017 im zypriotischen Nikosia.

lina Mercouri (1920–1994), zurück. In einem Memorandum der griechischen Regierung an das britische Parlament aus dem Jahr 2000 wurden die Antiken erneut prominent zurückverlangt.ᴬ Das neuerliche Gesuch verschob seine Argumentationslinie und nahm vom bloßen Beharren auf Besitzansprüchen Abstand, um stattdessen zu vermitteln, dass die Objekte besser in ihrem originären Kontext gewürdigt werden könnten.

Doch auch nicht aus offiziellen Regierungskreisen organisierte Restitutionskampagnen sind vielzählig. Im Jahr 2001 zum Beispiel schaltete die Werbeagentur TWBA\Athens in griechischen und englischsprachigen Magazinen die Anzeige *ELGINISM*. An ihr Publikum richtet die Werbeaktion die provozierende Frage, ob es für oder gegen eine Restitution sei.

→ BILD 60

Inmitten des Ausstellungssaals der *Elgin Marbles* im British Museum protestierten am 3. Juli 2015 Aktivist*innen der *Jubilee Debt Campaign* und von *Global Justice Now*. Die zentrale Forderung ihrer Plakate lautete: »Oxi No – No more Looting – Support Greece«. Sie verlangten die sofortige Entschuldung des seit der Finanzkrise von 2007 tief verschuldeten griechischen Staates und positionierten die Politik der EU-Troika als ein mit der Verbringung der Statuen vergleichbares Übel.[2]

Ebenso ist eine Rückgabeforderung bereits fiktionalisiert worden. Im 2014 veröffentlichten Spielfilm des griechisch-amerikanischen Brüderpaars John und Coerte Vorhees *Promachos – The First Line* kämpfen zwei junge Anwälte um die Rückkehr der Marmorstücke nach Athen. Eine Szene drehten sie im 2009 eröffneten Akropolismuseum in der griechischen Hauptstadt. Die Kamera folgt einem der Protagonisten durch den Hauptausstellungsraum des Museums, die Lichtsetzung lässt ihn als schwarze Silhouette erscheinen. Einem Schattenkrieger gleich scheint er zielgerichtet dem durch die gänzlich verglasten Außenwände prominent inszenierten Hügel der Akropolis entgegenzuschreiten.[3]

Am Akropolismuseum lässt sich ein weiterer Aspekt der Argumentationsmuster von Rückgabeforderungen erzählen. Kalliopi Fouseki, Professorin für Sustainable Heritage Management am University College London, führte 2010 eine qualitative Studie unter der Bevölkerung Athens durch, um die öffentliche Meinung mit der Argumentationslinie von Restitutionsgesuchen aus Regierungskreisen abzugleichen.[4] In den Antworten der Befragten manifestierte sich zumeist ein diffus moralisches Anrecht auf die Antiken: Griechenland wird als »Heimat« der Objekte angenommen, aus der sie unrechtmäßig entfernt worden seien und in die sie zurückgehören. Neuere Regierungsgesuche hingegen argumentieren vielmehr, dass der Parthenon als eine Stätte unschätzbaren Wertes für das Menschheitserbe nur durch eine Rückführung der Antiken in Gänze erfahrbar gemacht werden könne. In Fousekis Worten fordert die griechische Zivilgesellschaft eine »repatriation«, während die Regierung eine »reunification« anstrebt.[5] Das neu errichtete Museum am Hügel der Akropolis muss folglich als gebautes Argument verstanden werden, erlaubt es doch die sichere Verwahrung der Objekte und ermöglicht ihre Imagination an dem Ort, für den sie erschaffen worden sind.

Im Film, im British Museum, in Magazinen, in Parlamenten, als Museumsbau und – dank der Fans des APOEL F.C. Nikosia – auch im Fußballstadion ist die Rückführung der Parthenonskulpturen nach Athen gefordert und verhandelt worden. Mediale Aufmerksamkeit konnten die sorgsam inszenierten Gesuche durchaus generieren. Erhört wurde bis jetzt jedoch keines von ihnen. Den für das griechische Kulturerbe kämpfenden Sportfans bleibt wohl nur übrig, beim nächsten Auswärtsspiel ihrer Mannschaft in Großbritannien einen Abstecher in das British Museum zu machen, um die Skulpturen dort zu besuchen.

MERTEN LAGATZ

1 Kokkinidis, »»Bring the Marbles Back«« (Ü. aller Zitate: Merten Lagatz). ■ 2 »Elgin Marbles Targeted in Greek Solidarity Protest«. ■ 3 Kaselowksi/Peter, »2014: Neue Vorkämpfer für die Antike«. ■ 4 Fouseki, »Claiming the Parthenon Marbles back«. ■ 5 Fouseki, »Claiming the Parthenon Marbles back«, S. 174 f.

»Elgin Marbles Targeted in Greek Solidarity Protest in British Museum«, in: **Global Justice Now**, 3.7.2015, {www.globaljustice.org.uk/news/2015/jul/3/elgin-marbles-targeted-greek-solidarity-protest-british-museum}, letzter Zugriff 18.11.2020.
KALLIOPI FOUSEKI, »Claiming the Parthenon Marbles Back: Whose Claim and on Behalf of Whom?«, in: Louise Tythacott, Kostas Arvanitis (Hg.), **Museums and Restitution. New Practices, New Approaches**, London, New York 2017, S. 163–178.
ADINA KASELOWKSI, ANTONIA PETER, »2014: Neue Vorkämpfer für die Antike«, in: **Translocations. Ikonographie: Eine Sammlung kommentierter Bildquellen zu Kulturgutverlagerungen seit der Antike**, {https://transliconog.hypotheses.org/kommentierte-bilder-2/2014-neue-vorkaempfer-fuer-die-antike}, letzter Zugriff 18.11.2020.
TASOS KOKKINIDIS, »»Bring the Marbles Back««, in: **Greek Reporter**, 27.9.2017, {greece.greekreporter.com/2017/09/27/bring-the-marbles-back-apoel-supporters-send-message-to-london/}, letzter Zugriff 18.11.2020.

ANTHOLOGIE ZU KUNSTRAUB UND KULTURERBE
A Memorandum der griechischen Regierung (2000): **Vom nationalen Eigentum zum Weltkulturerbe – Eine postnationale Wende in der Restitutionspolitik?**

Im Tierkreis der Macht
2009

Die skizzenhafte Zeichnung zeigt Skulpturen zweier Tierköpfe auf abgestuften Sockeln. Ratte und Hase wechseln Blicke und teilen sich einen Gedanken, der in der
Sprechblase über ihren Köpfen steht: »我想回家« (Ich möchte heimkehren). Aus jedem
der vier Augen rinnt eine Träne, und ihre Augenbrauen geben ihnen einen trauri-
gen und einen wütenden Gemütsausdruck. Mit emotionaler Dringlichkeit wirft die
Szene die Frage auf, wo die »Heimat« dieser beiden beseelten Objekte ist. Unmissverständlich spielt die Darstellung der Nachrichtenagentur Xinhua auf China als
Bestimmungsort der Tierköpfe an, von wo sie im Zweiten Opiumkrieg (1856–1860)
durch britische und französische Truppen entfernt worden waren.

In Paris versteigerte das Auktionshaus Christie's im Februar 2009 die beiden
Objekte aus der Sammlung von Yves Saint-Laurent und Pierre Bergé. Bereits im
Vorfeld hatte die chinesische Regierung die Restitution gefordert und vergeblich
versucht, die Auktion auf dem Rechtsweg zu unterbinden. Schließlich durchkreuzte
Cai Mingchao, Kunstsammler und Berater eines Fonds, der sich für die Rückgabe
von geraubten Kunstschätzen nach China einsetzt, die Versteigerung: Er erhielt den
Zuschlag, verweigerte jedoch die Zahlung, die internationale Presse berichtete aus-
führlich. Die Kommunistische Partei Chinas machte die Objekte zu Symbolfiguren
ihres Geschichtsnarrativs: Die Opiumkriege Mitte des 19. Jahrhunderts, die auch
zum Verlust der Tierköpfe führten, sind demnach ein schrecklicher Wendepunkt
in der chinesischen Erinnerung. Heute wirke die Kommunistische Partei auf eine
Wiederherstellung nationaler Größe und Einheit hin. Von der historischen Demütigung und dem Kampf um Souveränität können auch die Bronzeköpfe auf der Pariser
Versteigerung erzählen.[1]

Das offizielle Gedenken beginnt mit der chinesischen Blockade des britischen
Opiumhandels im Jahr 1839. Großbritannien brach diesen Widerstand im Ersten
Opiumkrieg, worauf der Zweite folgte. Dieser endete 1860 mit der Plünderung und
Zerstörung des damaligen Zentrums der Macht und der Hochkultur, des Yuanmingyuan, dem Alten Sommerpalast in Beijing. Zur Parkanlage des Palasts gehörte auch
eine Wasseruhr mit den zwölf Tierfiguren des chinesischen Kalenders. Diesem Tierkreis entstammen der Ratten- und der Hasenkopf. An die Opiumkriege schloss sich
eine Reihe militärischer Niederlagen und harten Konzessionen an fremde Mächte

64

Die digitale Zeichnung wurde im Februar 2009 von Feng Yincheng (冯印澄) erstellt und von der staatlichen chinesischen Nachrichtenagentur Xinhua veröffentlicht. In der Bildunterschrift wird von **starkem Heimweh** (魂牵梦绕) gesprochen.

wie Großbritannien, Frankreich, Russland und Japan an, die als »Jahrhundert der Demütigung« in das kollektive Gedächtnis eingingen.[A] Während dieser Zeit wurden die
»ungleichen Verträge« abgeschlossen und China unter anderem zu Reparationszah-
lungen und Hafenöffnungen gezwungen. Mit der Kapitulation Japans 1945 und der
Gründung der Volksrepublik China 1949 bot sich die Chance auf einen Neuanfang.
Die Staatsführung stellte allerdings die Ruine des Yuanmingyuan nicht wieder her,
sondern beließ sie als Monument der imperialen Aggression aus Europa. Seit 1994
wird der Ort als Einrichtung zur nationalen patriotischen Bildung und für offizielle
Zeremonien und Jubiläumsfeiern genutzt.[2]

In einer Abkehr von den streng kommunistischen Idealen der frühen Volksrepublik prägte der Staatspräsident Jiang Zemin (*1926) in den 1990er-Jahren das politische Motto einer nationalen »Wiederbelebung« (复兴). Diese Wortwahl lenkte die
Aufmerksamkeit auf die chinesische Geschichte, und nun wurde die Erinnerung an
das »Jahrhundert der Demütigung« und dessen schrittweise Überwindung als Legitimation für die Einheitspartei angeführt. Gegen die Auktionen, die seit dem Jahr
2000 durch westliche Auktionshäuser organisiert wurden, protestierte die chinesische Führung mit Nachdruck.[3] Schon 1861, im Jahr nach der Plünderung des Yuanmingyuan, hatte es Auktionen in Paris gegeben. Auch diese Vertriebsweise der ge- → BILD 48
raubten Kulturgüter hat sich also seither nicht verändert. Der kapitalstarken China
Poly Group Corporation, die Rüstungsindustrie und Kunsthandel unter einem Dach
vereint, gelang im Jahr 2000 der Ankauf von drei Tierköpfen (Ochse, Tiger und Affe).
In der Folge ersteigerte der milliardenschwere Unternehmer Stanley Ho (1921–2020)
Schwein und Pferd. Diese fünf der insgesamt zwölf Tierköpfe sind heute im Chine-
sichen Nationalmuseum am Tian'anmen-Platz in Beijing zugänglich.

Über die vereitelte Versteigerung 2009 veröffentlichte die Nachrichtenagentur
Xinhua einen Bericht unter der Überschrift »China Says Christie's Auction of Looted
Relics a Lesson to World« (China sagt, Christie's Auktion erbeuteter Relikte ist eine
Lektion für die Welt). Darin werden die Schritte genannt, die die Kommunistische
Partei zum Abbruch der Auktion im Vorfeld unternommen hatte. Zhao Qizheng
(*1940) wird zitiert, der den Wert der französischen Kultur infrage gestellt sieht.
Zhao verwies unter anderem auf die Klage des französischen Schriftstellers Victor
Hugo (1802–1885) über den barbarischen Angriff der Franzosen und Engländer auf
den Yuanmingyuan.[4,B]

Das Motiv des Heimwehs fügt sich in das propagierte Narrativ einer nationalen
»Wiederbelebung«.[C] Denn die reale Entfernung der Bronzen von ihrem Herkunfts-

ort lässt sich mit der erlebten Distanz zu einer Wiederherstellung der historischen Größe Chinas verbinden. In dieser Verdichtung werden die Skulpturen zu Objekten eines nationalen Verlangens.[D]

Gerade als zwölfköpfiges Ensemble eignet sich der Tierkreis des Yuanmingyuan besonders gut als spannungsreiches Symbol einer Wiederaneignung. Denn wenngleich der Hase und die Ratte mittlerweile auch nach Beijing gingen, stehen die restlichen fünf Bronzeköpfe aus. Ähnlich wie die Ruine des Yuanmingyuan erinnert der unvollständige Tierkreis also an die Verletzung der chinesischen Würde durch die Europäer. Gleichzeitig aber hält er die Aussicht auf eine abschließende Vervollständigung und damit das Projekt der nationalen »Wiederbelebung« offen. Diese Vision einer vollendeten Aneignung des Tierkreises schlug sich in verschiedenen chinesischen Kulturproduktionen nieder. Der Künstler Ai Weiwei (*1957) überzeichnete die glanzvolle Utopie, indem er eine Nachbildung des Tierkreises vergoldete, anstatt die Bronze nachzuahmen. Eine andere Richtung schlug der Blockbuster *CZ12* (*Chinese Zodiac*) ein, der im Jahr 2012 von den zwölf Köpfen erzählte: Jackie Chan (*1952) versammelt die vermissten Bronzen unter Anwendung seiner Kampfkünste. Die Produktion gewann den Guinness-Buch-Weltrekord für die meisten Stunts durch einen lebenden Schauspieler.

MIRA HERRARTE

1 Wang, **Never Forget National Humiliation**, hier S. 53. ■ 2 Wang, **Never Forget National Humiliation**, S. 52. ■ 3 Eckholm/Landler, »State Bidder Buys Relics from China«. ■ 4 »China Says Christie's Auction of Looted Relics a Lesson to World«.

»China Says Christie's Auction of Looted Relics a Lesson to World«, in: **Xinhua**, 2. 3. 2009, {english.sina.com/life/p/2009/0302/222416.html}, letzter Zugriff 18. 11. 2020.
ERICK ECKHOLM, MARK LANDLER, »State Bidder Buys Relics from China«, in: **The New York Times**, 3. 3. 2000, {www.nytimes.com/2000/05/03/arts/state-bidder-buys-relics-for-china.html}, letzter Zugriff 18. 11. 2020.
ZHENG WANG, **Never Forget National Humiliation. Historical Memory in Chinese Politics and Foreign Relations**, New York 2012.

ANTHOLOGIE ZU KUNSTRAUB UND KULTURERBE
A Hooker (1910): »Plünderung ist ausdrücklich untersagt«. ■ B Hugo (1861): Wie die Zivilisation der Barbarei verfällt. ■ C Traoré (2005): Ein Appell für neue Beziehungen und ein Aufruf zum Umdenken. ■ D Memorandum der griechischen Regierung (2002): Vom nationalen Eigentum zum Weltkulturerbe – Eine postnationale Wende in der Restitutionspolitik?

Plakatguerilla
2013

Auf tiefschwarzem Grund ist im linken unteren Viertel des Plakates der Thron *Mandù-yénù* abgebildet, während in der oberen rechten Ecke in weißer serifenloser Schrift die Worte »Preussischer Kulturbesitz?« prangen. Die Plakatgestaltung erinnert an ein typisches Museumsplakat, das als Werbung für eine neue Sonderausstellung in der Stadt verteilt hängen könnte. »Mandù-yénù«, der Name des Throns aus Bamum, einem Königreich im heutigen Kamerun, bedeutet »reich an Perlen«. Er besteht aus einem Holzkern, welcher mit Stoff überspannt und anschließend in mühevoller Handarbeit auf ganzer Fläche mit Glasperlen und Kaurischnecken bestickt wurde. Trotz seiner imposanten Maße mit einer Höhe von 175 Zentimetern und einer Breite von 110 Zentimetern wirkt er im unteren Viertel des Plakats wie eine Miniatur seiner selbst. Gezeigt wird er in Vorderansicht mit beidseitiger Beleuchtung, so tritt er leuchtend aus dem Dunkel des Hintergrundes hervor. Das zuunterst eingefügte Fragezeichen stellt den »preußischen« Besitzanspruch – zusätzlich bekräftigt durch die fett gesetzte Typografie – infrage: Wie kommt der offenkundig nicht europäische Kunstgegenstand in »preußischen Kulturbesitz«?

Als Hauptmann Hans von Ramsay (1862–1938) und Leutnant Martin Sandrock (1870–1905) als erste Vertreter des Deutschen Kaiserreichs 1902 in Foumban, der damaligen Hauptstadt des Königreiches Bamum, eintrafen, regierte dort Ibrahim Njoya (†1933). Sein Thron, *Mandù-yénù*, stellte in der kamerunischen Kultur ein be- → BILD 43 deutendes Hoheitsobjekt dar, das von Herrscher zu Herrscher vererbt wurde und als Emblem der Macht unveräußerlich sein sollte. Wenige Jahre später zirkulierten in Deutschland Fotografien des Thrones, woraufhin die Völkerkundemuseen in Leipzig, Stuttgart und Berlin ihre Emissäre auf dessen Erwerbung ansetzten. Die Kulturanthropologin Christraud M. Geary beschrieb diese Geschichte in ihrer Studie zu deutschen Fotografien im Königreich Bamum.[1] Zunächst vermochte keine der genannten Parteien den Thron in ihren Besitz zu bringen. Doch stimmte Njoya 1907 dem Vorschlag zu, eine Kopie des *Mandù-yénù* für Kaiser Wilhelm II. (1859–1941) anfertigen zu lassen. Als besagte Kopie jedoch nicht rechtzeitig zum Geburtstag des Kaisers fertiggestellt werden konnte – so das europäische Narrrativ –, übergab Njoya seinen eigenen Thron als Geschenk. Im Gegenzug erhielt er eine preußische Uniform und ein Porträt von Wilhelm II. Gearys Arbeit behandelt seither unter anderem die

65

Das Plakat »Preußischer Kulturbesitz?« gehört zur Reihe **Dekoloniale Einwände gegen das Humboldt-Forum** und wurde 2013 von AfricAvenir in Zusammenarbeit mit No Humboldt 21! gestaltet. Dieses zivilgesellschaftliche Bündnis eignet sich das Design eines Musemsplakats an und wendet es kritisch gegen die Institution.

Frage, wie die Schenkung zwischen diplomatischer Geste und kolonialer Erpressung zu verorten ist.

Nach seiner Ankunft in Deutschland wurde der Thron zunächst im Königlichen Museum für Völkerkunde und später im Ethnologischen Museum Berlin ausgestellt. 1957 wurde die Stiftung Preußischer Kulturbesitz gegründet, ihr wurden nach der Auflösung des Freistaates Preußen im Jahr 1947 dessen Kulturgüter übereignet. Der im Namen deklarierte »Besitz« definiert sich juristisch darüber, in wessen Gewalt sich ein Gegenstand befindet. Im Gegensatz dazu formuliert der Begriff »Eigentum« das Recht am Gegenstand. Für den Namen »Kulturbesitz« entschied man sich, da nicht alle Kulturgüter, die sich in der Obhut der Stiftung befinden, auch deren Eigentum sind. In den Sammlungen finden sich sowohl Dauerleihgaben als auch sogenannter Fremdbesitz. »Als Fremdbesitz werden Objekte bezeichnet, die nicht Eigentum der Stiftung sind und deren Herkunft ungeklärt ist. Die Stiftung bemüht sich, die rechtmäßigen Eigentümer solcher Objekte zu finden und diese zurückzuerstatten.«[2]

Bald soll der Thron im Humboldt Forum als eines der prominentesten Ausstellungsstücke der Afrika-Sammlung zu sehen sein. Dieses Vorhaben wird von der zivilgesellschaftlichen Bündniskampagne No Humboldt 21! scharf kritisiert. Gemeinsam mit der Organisation AfricAvenir setzt sie sich dafür ein, koloniale Ungerechtigkeiten sichtbar zu machen und eine öffentliche Diskussion anzufachen.[3] Die Plakatkampagne ist Teil des aktivistischen Protests gegen das entstehende Humboldt Forum (in Teilen eröffnet am 17. Dezember 2020), dem vorgeworfen wird, ein eurozentristisches und restauratives Konzept zu verfolgen und somit dem Anspruch eines gleichberechtigten Zusammenlebens aller Kulturen entgegenzustehen.[4]

No Humboldt 21! setzt in der Gestaltung der Protestplakatserie verschiedene subversive Strategien ein, mit denen das Werbemittel der Stiftung Preußischer Kulturbesitz gekapert und vereinnahmt wird. Die verwendete Fotografie von *Mandù-yénù* wird von der Stiftung in einer Onlinedatenbank zur Verfügung gestellt. Das Plakatdesign, die Kombination aus freigestelltem Objektbild und großem Schriftzug auf neutralem Grund, imitiert die Struktur eines geläufigen Museumsplakats. Die serifenlose Schrift sieht der Haustypografie der Stiftungswebseite sehr ähnlich. Die Aneignungen und Umdeutungen setzen sich noch in den kleinsten Gestaltungselementen fort: Dort, wo auf Museumskatalogen oder -plakaten normalerweise die Logos der Stiftung und der Museen zu finden sind, erscheinen hier zwei neue: die Bildmarken der Initiativen No Humboldt 21! und AfricAvenir. Innerhalb des Logos von No Humboldt 21! findet sich abermals eine Referenz: Der Adler aus dem Logo der Stiftung Preußischer Kulturbesitz hat sich im damals genutzten Emblem des Humboldt Forums eingenistet – dort vergießt er nun aber drei Tränen.

Diese kreative Subversion und Umdeutung etablierter Kommunikationsmittel bekam 1997 durch die autonome a.f.r.i.k.a. gruppe den Namen »Kommunikations-guerilla«. Öffentliche Museumswerbung behauptet implizit immer den Besitz des gezeigten Gegenstands, das Plakat greift genau diesen Machtmechanismus auf und kehrt ihn um: Die Selbstverständlichkeit des »preußischen« Besitzanspruchs wird offensiv infrage gestellt. Potenzielles Museumspublikum und andere Menschen, die aus Gewohnheit für die Werbung der Stiftung Preußischer Kulturbesitz offen sind, werden zum Nachdenken gebracht: Wie kommt der Besitz von Kulturgütern, also »Kulturbesitz«, zustande? Wie kam der Bamumer Thron nach Berlin? Und repro-duziert das Humboldt Forum die kolonialen Machtansprüche der Kaiserzeit? Ant-worten auf diese Fragen gibt das Plakat nicht. Durch die Unterwanderung musealer Werbestrategien und die Aneignung des Formats des Ausstellungsplakats stört No Humboldt 21! jedoch die kommunikative Autorität der Stiftung – und irritiert und aktiviert dessen Publikum.

DOMINIQUE FALENTIN UND MARLENE MILITZ

1 Geary, »Images from Bamum«. ▪ 2 Stiftung Preußischer Kulturbesitz, Fremdbesitz. ▪
3 AfricAvenir International e.V., No Humboldt 21!, S. 6–13.

AFRICAVENIR INTERNATIONAL E.V. (HG.), No Humboldt 21! Dekoloniale Einwände gegen das
    Humboldt-Forum, Berlin 2017.
LUTHER BLISSETT, SONJA BRÜNZELS, AUTONOME A.F.R.I.K.A. GRUPPE, Handbuch der Kommuni-
    kationsguerilla, Hamburg 1997.
CHRISTRAUD M. GEARY, Images from Bamum. German Colonial Photography at the Court
    of King Njoya, Cameroon, West Africa, 1902–1915, Washington, London 1988.
BÉNÉDICTE SAVOY, »Eigentum und Besitz. Ein paar ideengeschichtliche Gedanken zu einem
    juristischen Begriffspaar«, in: Völkerrechtsblog, 17. 9. 2018, {voelkerrechtsblog.org/
    articles/eigentum-und-besitz/}, letzter Zugriff 18. 11. 2020.
STIFTUNG PREUSSISCHER KULTURBESITZ, Schwerpunkt Provenienzforschung und
    Eigentumsfragen, Fremdbesitz, {www.preussischer-kulturbesitz.de/schwerpunkte/
    provenienzforschung-und-eigentumsfragen/eigentumsfragen/fremdbesitz.html},
    letzter Zugriff 18. 11. 2020

ANTHOLOGIE ZU KUNSTRAUB UND KULTURERBE
A Erklärung zu Universalmuseen (2002): Das universelle Weltkulturerbe unter westlichen
Museumsdächern.

Blinder Passagier auf dem Weg nach Hause
1974

Inmitten des Kabinenraums eines Passagierflugzeuges stehend, blicken wir auf etwa zwanzig leere Reihen von je drei Plätzen zu unserer Linken und unserer Rechten. Das Muster der gepolsterten Sitze atmet den Geist der 1970er-Jahre. Auf einer Kopfstütze können wir das Logo von *Air Afrique* – einer in den frühen 1960ern gegründeten gemeinschaftlichen Fluggesellschaft einiger frankofoner Länder im Westen Afrikas – ausmachen. Tageslicht dringt durch die Fenster in den Kabinenwänden und lenkt unseren Blick in die Tiefe des hellen Raumes. Die streng fluchtenden Linien des sich in der Bildtiefe verjüngenden Ganges finden ihr jähes Ende an einem dunklen Vorhang. Eine aus Holz geschnitzte, vielleicht farbig gefasste Statue steht mitten im Gang, den Kopf nach rechts gewandt. Blickt sie wehmütig in Richtung des Fensters? Mit dem gängigen Ablauf von Flugreisen vertraut, assoziieren wir, dass der Fotograf bei der Inszenierung des Bildes wohl an den Moment des Boardings gedacht hat. Die Statue und wir sind auf der Suche nach unseren zugewiesenen Plätzen, der Abflug steht kurz bevor. »Wird afrikanische Kunst jemals wieder nach Hause zurückkehren?« steht in nüchternem weißen Font direkt oberhalb des Kopfes der Figur und füllt die gesamte Breite des Ganges aus. Ist die Statue im Begriff, den Weg zurück nach Hause anzutreten? Die aufgeworfene Frage ist nicht die einzige Schrift im Bild: An der Kabinendecke, das Foto nach oben beschließend, prangt in sattem Schwarz der Schriftzug »Africa Report. Magazine for the New Africa«. Der Blick in das Flugzeuginnere ist das Titelblatt der Januar/Februar-Ausgabe des Magazins aus dem Jahr 1974.

1956 als *Africa Special Report* gegründet, wurde die Zeitschrift 1960 in *Africa Report* umbenannt. Zur Mitte der 1970er-Jahre erschien sie im zweimonatlichen Rhythmus. Bis zu seiner Einstellung im Jahr 1995 gab das Africa-America Institute das Magazin heraus. Die Organisation wurde 1953 als African-American Institute von Horace Mann Bond (1904–1972), dem ersten afroamerikanischen Präsidenten der Lincoln University in Pennsylvania, und William Leo Hansberry (1894–1965), Professor für afrikanische Geschichte an der Howard University in Washington, D.C., ebendort gegründet. Noch heute konzentriert sich die Arbeit des vornehmlich aus staatlichen Geldern finanzierten und nunmehr in New York City angesiedelten Instituts auf die Vergabe von Stipendien, um begabten jungen Menschen aus afrikanischen Ländern

66

Das Titelblatt der Januar/Februar-Ausgabe der Zeitschrift **Africa Report. Magazine for the New Africa** wurde 1974 mit einer blattfüllenden Schwarz-Weiß-Fotografie von Nate Silverstein gestaltet, die eine drängende Frage aufwirft.

ein Studium in den USA zu ermöglichen.[1] In der Fachzeitschrift wurden für den zwischenstaatlichen Handel wichtige Wirtschafts- und Politiknachrichten aus allen Regionen des afrikanischen Kontinents knapp aufbereitet und von ausführlichen Reportagen aus dem und über den Kontinent flankiert.

Das Titelblatt verweist auf den Artikel »The World's Best Traveled Art« von Susan Blumenthal (1946–1985). Sie publizierte 1974 einen noch heute rezipierten Reiseführer für afrikanische Länder südlich der Sahara.[2] Sie schrieb in den 1970er-Jahren mehrfach für *Africa Report*. Ihre Reportage aus dem Winter 1974 ist zu weiten Teilen Marktanalyse, gibt einen Einblick in den boomenden weltweiten Handel mit Kulturgut aus dem afrikanischen Kontinent. Sie hängt ihre Argumentation an dem prominenten Restitutionsfall um die Kom-Statue *Afo-A-Kom* auf – das den Kom heilige Objekt wurde 1966 in Kamerun gestohlen, nach New York City veräußert und 1973 auf Gesuch der kamerunischen Regierung von der Furman Gallery über einen Mittelsmann an die Kom restituiert[3] – die das Titelblatt zierende Frage spielt in dem Text nur eine untergeordnete Rolle.

Die Autorin zeichnet vielmehr den weltweiten Hunger nach traditionellen afrikanischen Kunstobjekten nach und erläutert die gängigsten Wege der Kulturgüter in westliche Privat- und Museumssammlungen. Sie argumentiert zwar für Marktstandards, die den illegalen Handel und Objektschmuggel unterbinden helfen könnten, ihre detaillierten Beschreibungen der Handelswege über Mittelsmänner und Ländergrenzen innerhalb des afrikanischen Kontinents lesen sich streckenweise jedoch eher wie eine Gebrauchsanleitung für das Umgehen der jungen Kulturschutzgesetze einiger afrikanischer Länder.[4] Der Text oszilliert zwischen der Reproduktion von Stereotypen und – aus heutiger Sicht – überraschend progressiven Äußerungen. So schreibt sie zum Beispiel in Bezug auf die Konservierung der Objekte, dass sie, zumeist aus Holz gefertigt, nur schlecht im tropischen Klima bewahrt werden können[5] – ein Argument des Rettungsnarrativs, mit dem westliche Akteure die Verbringung afrikanischer Kulturgüter in den Globalen Norden als sie schützend   → BILD 43
rechtfertigen.[A] Blumenthals deutlich geäußerte Haltung zu den kolonial-imperialistischen Sammelpraktiken des 19. und frühen 20. Jahrhunderts hingegen überrascht in ihrer kritischen Schärfe. Sie scheut nicht davor zurück, die zu Zeiten des Kolonialismus in westliche Museumssammlungen verbrachten Objekte als zumeist gestohlen oder geplündert zu bezeichnen.[6] Der Text muss als Teil der Restitutionsdebatten der 1970er- und 1980er-Jahre verstanden werden.[7] Aus den antikolonialen Bewegungen der 1950er-Jahre erwachsen,[B] kristallisiert sich die breite politische Diskus-

sion unter anderem in den UNESCO-Kulturgutschutzdebatten zu Kulturgütern aus vormals kolonisierten Gebieten.[c]

Ihren Text schließt Blumenthal mit Ausführungen zur Museumslandschaft des subsaharischen Afrika. Im Duktus einer Reisereportage berichtet sie über Sammlungen in Ghana, Kamerun, Niger, Nigeria und der Republik Côte d'Ivoire. Schließlich fragt sie sich, ob es den Museen Afrikas gelingen wird, die Verlagerung afrikanischen Kulturerbes in den Globalen Norden zu verlangsamen.[8] Den Text bebildert auch eine weitere Schwarz-Weiß-Fotografie, in der abermals die Statue des Titelbilds zu sehen ist. Beide Aufnahmen präsentieren uns das Objekt als Flugreisenden. Eine solche, stark subjektivierende Bildstrategie hilft uns, zu abgebildeten oder referenzierten Objekten eine emotionale Bindung aufzubauen. Tatsächlich identifiziert wird das Objekt jedoch im Bericht nicht. So bleibt es imaginierter blinder Passagier eines transkontinentalen Fluges.

→ BILD 52, 62, 64, 72, 74

MERTEN LAGATZ

1 Asman »The African-American Institute« unter {www.aaionline.org/who-we-are/}, letzter Zugriff 18.11.2020. ■ 2 Blumenthal, **Bright Continent**. ■ 3 Chechi u. a. »Case Afo-A-Kom«. ■ 4 Blumenthal, »The World's Best Traveled Art«, S. 6. ■ 5 Blumenthal, »The World's Best Traveled Art«, S. 5 f. ■ 6 Blumenthal, »The World's Best Traveled Art«, S. 6 u. 8. ■ 7 Savoy, **Museen**, S. 56–58. ■ 8 Blumenthal, »The World's Best Traveled Art«, S. 10.

DAVID ASMAN, »The African-American Institute«, in: **The Heritage Foundation Institution Analysis**, 18.3.1983, {www.heritage.org/report/the-african-american-institute}, letzter Zugriff 18.11.2020.
SUSAN BLUMENTHAL, **Bright Continent. A shoestring Guide to Sub-Saharan Africa**, Garden City (NY) 1974.
SUSAN BLUMENTHAL, »The World's Best Traveled Art«, in: **Africa Report** 19 (1974), S. 4–10, {www.aaionline.org/wp-content/uploads/2018/06/1974AfricaReport_Vol19_Nos_1_6.pdf}, letzter Zugriff 18.11.2020.
ALESSANDRO CHECHI, ANNE LAURE BANDLE, MARC-ANDRÉ RENOLD, »Case Afo-A-Kom. Furman Gallery and Kom people«, in: **ArThemis. Art-Law** Centre, Februar 2012, {plone.unige.ch/art-adr/cases-affaires/afo-a-kom-2013-furman-gallery-and-kom-people}, letzter Zugriff 18.11.2020.
BÉNÉDICTE SAVOY, **Museen. Eine Kindheitserinnerung und die Folgen**, Köln 2019.

ANTHOLOGIE ZU KUNSTRAUB UND KULTURERBE
A Roberts (1976): Die Diplomatie der Zurückweisung – Die Verhandlungen um die *FESTAC*-Maske. ■ B Césaire (1955): Kolonialismus und Bewusstseinsbildung. ■ C M'Bow (1978): Solidarität für das Glück der Menschheit.

Ein Cartoon über Dinge im Museum und ihren Weg dorthin

2018

In jeder Ausgabe des US-amerikanischen Kultmagazins *The New Yorker* finden sich neben Kurzgeschichten, Essays und Kritiken zwischen fünfzehn und zwanzig Cartoons. Sie beschäftigen sich augenzwinkernd mit Typen, Institutionen, Verhaltensweisen, misslichen Lagen und Verlegenheiten des Alltags. Sie sind politisch, ohne politische Karikaturen zu sein. Sie kommen bescheiden daher, aber entfalten eine große Wirkung: Sie werden Woche für Woche erwartet und gesammelt, in Social Media geteilt und kommentiert, weltweit in Ausstellungen gezeigt oder in Bildbänden reproduziert. Die Cartoons sind das Markenzeichen des seit 1925 bestehenden Magazins geworden. Wem es gelingt, hier eine Zeichnung zu platzieren, hat es im Beruf geschafft.

Genau das ist im August 2018 der Zeichnerin Caitlin Cass (*1986) gelungen. Die hier abgedruckte, in der Ausgabe des *New Yorker* vom 27. August 2018 erschienene Szene ist die erste Zeichnung von ihr, die in der Zeitschrift publiziert worden ist. Cass lebt und arbeitet in Buffalo, New York. Ihre Zeichnungen fokussieren, laut Eigenaussage, auf die Auseinandersetzung mit »versagende[n] Systeme[n]«, in ihnen »baut sie ihren eigenen Kanon auf, um zu versuchen, den trostlosen Zustand der Welt zu verstehen«.[1] Direkt nach der Veröffentlichung des Cartoons schrieb der Anthropologe Chip Colwell-Chanthaphonh auf Twitter: »Als Museumskurator kann ich bestätigen, dass dieser Cartoon lustig ist, weil er wahr ist.«[2]

Was aber ist daran so wahr? Zu sehen ist eine Reihe verdutzt schauender und brav zuhörender Schulkinder während einer Museumsführung. Sie sind im Begriff, von einem Ausstellungsraum in den nächsten zu wechseln. Eine mit Namensschild und Notizen ausgestattete junge Frau schreitet ihnen voran. Mit geöffnetem Mund wendet sie sich den Kindern zu, das den Cartoon betitelnde Zitat scheint ihr just über die Lippen zu gehen. Ihre Aussage erwähnt die Institution in Wir-Form, es muss sich um eine Vermittlerin des Museums handeln. In dem Raum, wo die Gruppe eben noch war, deuten Masken an der Wand, ein großes, mit Hunden und anderem Getier bebildertes Textilstück und ein zoomorpher Kopf in einer Vitrine auf eine Sammlung ethnologischer Objekte hin. In dem Raum, den die Kinder gleich betreten werden, hängen aufwendig gerahmte Gemälde europäischer Faktur. Die junge Frau erklärt den Kindern, wie die Räume zusammenhängen. Doch statt – wie sonst in

67

"Now we're leaving the hall of stuff we stole from other cultures and entering the hall of stuff we paid too much for."

Der Cartoon von Caitlin Cass wurde am 27. August 2018 in dem wöchentlich erscheinenden Magazin **The New Yorker** publiziert. Den dargestellten Moment eines Vermittlungsangebots für Kinder nutzt die Zeichnerin für eine ausgewachsene Kritik am institutionellen Selbstverständnis einiger Museen.

Museen üblich – historisch, stilistisch oder geografisch zu argumentieren, geht sie mit fröhlicher Selbstverständlichkeit auf die von der Institution sonst tabuisierte Erwerbsgeschichte der Exponate ein. »Wir verlassen jetzt den Raum der Sachen, die wir anderen Kulturen gestohlen haben, um den Raum zu betreten, in dem die Sachen sind, für die wir zu viel bezahlt haben«, lautet die unter der Zeichnung angebrachte Textzeile.

Mit diesem Satz greift Cass die seit Mitte der 2010er-Jahre (erneut) geführte Diskussion über kolonial-imperialistische Sammlungs- und Erwerbspraktiken westlicher Museen und an die Institution gekoppelte Mechanismen der Wertschöpfung auf. Der Besuch im Museum wird, spätestens seit den kunstsoziologischen Forschungen Pierre Bourdieus, gemeinhin als ein historisch aus dem (Bildungs-)Bürgertum erwachsenes soziales Ritual begriffen. So gehört es zum guten Ton, bereits Heranwachsende mit der Institution in Berührung zu bringen. Museen wiederum mühen sich aktiv um breit aufgestellte Schnittflächen der Teilhabe für möglichst viele Schichten der Zivilgesellschaft, wollen sich dem (bildungs-)bürgerlichen Dünkel ihrer Geschichte entledigen. Im Rahmen eines selbstverantworteten Bildungsangebots auch institutionskritische Gedanken zu vermitteln, sollte eine Selbstverständlichkeit sein, ist jedoch eher die Ausnahme von der Regel. Zwar haben Sonderausstellungsprojekte zu kolonialen Erwerbskontexten vermehrt Konjunktur, zum Beispiel *Gesammelt Gekauft Geraubt? Fallbeispiele aus kolonialem und nationalsozialistischem Kontext* (2018/19) im Frankfurter Weltkulturenmuseum oder *Raubkunst? Die Bronzen aus Benin* (seit 2018) im Hamburger Museum für Kunst und Gewerbe. Oftmals spielen die Provenienzen ausgestellter Objekte jedoch nur eine untergeordnete Rolle in den Museumssälen – sie werden buchstäblich im Kleingedruckten der Objektbeschilderungen begraben. Kritische Vermittlungsangebote zur Sammlungsgeschichte öffentlicher Museen fußen häufiger auf zivilgesellschaftlicher Initiative: Berlin Postkolonial e.V. – ein Bündnis, das sich der Aufarbeitung und Vermittlung von Berlins Kolonialgeschichte verschrieben hat – initiierte regelmäßig Führungen zur Erwerbsgeschichte von Exponaten der Ausstellung *Unvergleichlich: Kunst aus Afrika im Bode-Museum* (2017–2019).[3] Und die Kunsthistorikerin Alice Procter lädt seit 2017 zu ihren *Uncomfortable Art Tours* durch Londons Museumslandschaft ein.[4]

So wird die im Vorübergehen geäußerte Aussage der Vermittlerin im Cass-Cartoon zu einem bemerkenswerten Aufhorcher. Sie bereitet die Gruppe auf eine neue Art von ausgestellten Objekten oder, in ihren Worten, »Sachen« vor. Sachen, die von der Institution zu unterschiedlichen Zeiten, in verschiedenen Kontexten und

mit anderer Intention gesammelt worden sind. Als sie Teil des Museums wurden, haben sie sich verändert, sind angeeignet und überschrieben worden.[A] Es hat sie → BILD 52
zu ausstellungswürdigen materiellen Zeugnissen einer (anderen) Kultur gemacht. Stammten sie aus kolonisierten Gebieten, sind sie nach kolonialem Recht akquiriert worden.[B] Der Markt für Kunstwerke europäischer Faktur wurde, ja wird von gänzlich anderen Regeln bestimmt. Das eine glaubte man sich einfach nehmen zu dürfen, während man bereit war, für das andere sehr viel zu zahlen. Spuren dieser Umstände sind in vielen Ausstellungsräumen auch ohne Vergrößerungsglas für die Objektbeschilderungen erfahrbar, im Bild werden sie durch die räumliche Trennung der Sammlungsteile manifest.

Caitlin Cass hält mit ihrer Zeichnung dem »versagenden System« Museum einen Spiegel vor, indem sie ein zukünftiges Museum imaginiert. Eines, in dem es vollkommen selbstverständlich ist, bereits Kindern zu vermitteln, die eigene Geschichte auch kritisch zu befragen. Sie tut das, indem sie einer erdachten Museumsangestellten das in den Mund legt, was kaum ein Museum öffentlich von sich aus zugeben würde. Raub und Markt, die brutale Aneignung fremder Kulturen und die teure Fetischisierung der eigenen Kunst: Das sind Themen, die Museen bisher lieber kaschiert oder gar verleugnet haben. Was für ein Cartoon!

MERTEN LAGATZ

Der Kommentar basiert in Teilen auf bereits publiziertem Material von Bénédicte Savoy. ■
1 Caitlin Cass (Ü. aller Zitate: Merten Lagatz). ■ 2 Colwell-Chanthaphonh. ■ 3 {https://contemporaryand.com/exhibition/critical-tour-through-the-africa-exhibition-in-the-bode-museum/}, letzter Zugriff 3.1.2021. ■ 4 Procter, »Museums Are Hiding their Imperial Past«.

Caitlin Cass, {www.caitlincass.com/about-1}, letzter Zugriff 18.11.2020.
CHIP COLWELL-CHANTHAPHONH, Tweet vom 24.8.2018, {twitter.com/drchipcolwell/status/1033080748113387522}, letzter Zugriff 18.11.2020.
ROBERT MANKOFF (HG.), Complete Cartoons of the New Yorker, New York 2004.
ALICE PROCTER, »Museums Are Hiding Their Imperial Past. Which Is Why My Tours Are Needed«, in: The Guardian, 23.4.2018, {www.theguardian.com/commentisfree/2018/apr/23/museums-imperialist-pasts-uncomfortable-art-tours-slavery-colonialism?CMP=share_btn_tw}, letzter Zugriff 18.11.2020.

ANTHOLOGIE ZU KUNSTRAUB UND KULTURERBE
A Traoré (2005): Ein Appell für neue Beziehungen und ein Aufruf zum Umdenken. ■
B Kuki (1894): Ein antizivilisatorischer Leitfaden für eine zivilisierte Nation.

Black Panther bringt die Restitutionsdebatte auf die große Leinwand
2018

Das Superhelden-Epos *Black Panther* führte 2018 in einer Szene die Debatte über die Restitution afrikanischer Kulturgüter, die aus kolonialen Kontexten in europäische Sammlungen verbracht worden sind, einem breiten Publikum vor Augen. Die im Film formulierte Kritik am Umgang westlicher Museen mit Objekten afrikanischer Provenienz führte zu lebhaften Diskussionen in Social Media wie auch in Fachkreisen.

Direkt im Anschluss an die im Königreich Wakanda spielende Einführung von *Black Panther* sehen wir den Antagonisten des Films Erik Killmonger in dem fiktiven Museum of Great Britain vor einer Vitrine mit afrikanischen Kulturgütern. Durch seine Hautfarbe, er ist die einzige Person of Color im Raum, und die lässige Kleidung hebt er sich deutlich von der Umgebung ab, die omnipräsenten Aufsichtspersonen beobachten jede seiner Bewegungen. Eine Frau im Businesskostüm tritt mit einem Kaffeebecher in der Hand zielstrebig auf ihn zu, um ihn zu begrüßen. Er erwidert: »Man sagte mir, dass Sie die Expertin sind« – was sie in herablassendem Tonfall bestätigt. Gemeinsam schreiten sie durch den Ausstellungsraum, und Killmonger fragt die Kuratorin nach der Herkunft einiger der ausgestellten Objekte. Prompt antwortet sie mit den immer gleichen Eckdaten: Ursprungsland und -kultur sowie einer zeitlichen Einordnung der Artefakte – Informationen, die üblicherweise auf musealen Objektbeschilderungen zu finden sind.

Die beiden kommen vor einer Vitrine zu stehen, in der eine metallene Streitaxt präsentiert wird. Als sie das Objekt als aus Benin stammend beschreibt, korrigiert er sie plötzlich: »Es wurde von britischen Soldaten aus Benin mitgenommen, aber es ist aus Wakanda. Und es ist aus Vibranium gemacht.« Er lenkt das Gespräch auf den Erwerbungskontext des Objekts und entblößt die Wissenslücke der Kuratorin. Als Killmonger ankündigt, das Objekt mitnehmen zu wollen, ist sie verwirrt und erklärt ihm, dass es nicht zum Verkauf stünde. »Was glauben Sie, woher Ihre Vorfahren sie [die Objekte] haben?«, fragt er sie. »Glauben Sie, sie haben einen fairen Preis dafür bezahlt? Oder haben sie es einfach genommen, wie alles andere auch?« Kurz darauf bricht die Museumsmitarbeiterin zusammen – ihr Kaffee war vergiftet. Die herbeieilenden Sanitäter geben sich als Killmongers Verbündete zu erkennen, töten das Aufsichtspersonal und helfen ihm dabei, mit der Axt zu entkommen.

Das Autorenteam von *Black Panther*, Ryan K. Coogler (*1986) und Joe Robert Cole

68

Im Februar 2018 feierte Marvels **Black Panther** in der Regie von Ryan Coogler seinen weltweiten Kinostart. Das Filmstill zeigt Michael B. Jordan als Killmonger und Francesca Faridany als Museums-kuratorin im Gespräch über ein im fiktiven Museum of Great Britain ausgestelltes Objekt aus dem fiktiven afrikanischen Königreich Wakanda.

(*1980), greift mit der beschriebenen Szene einen seit Jahrzehnten schwelenden Diskurs auf: Dürfen (oftmals westliche) Museen sich als rechtmäßige Verwahrer von Objekten verstehen, die unter asymmetrischen Machtverhältnissen in ihre Sammlungen gelangten? Zuletzt rückten vor allem kolonial-imperialistische Sammelpraktiken in den Fokus einer internationalen Debatte um Besitzansprüche an und Deutungshoheiten über ethnologische Sammlungen. Nicht weit ist der gedankliche Sprung vom frei erfundenen Museum of Great Britain zum British Museum, und auch die Provenienz aus dem Königreich Benin ist mit vielen in der Diskussion stehenden Objekten verknüpft. Ein Großteil der sogenannten Benin-Bronzen gelangten infolge der britischen »Strafexpedition« nach Benin City im Jahr 1897 in musealen Besitz. Killmongers Nachfragen machen die ausgestellten Objekte als unrechtmäßig → BILD 37 in den Besitz des Museums gelangt ersichtlich, und er raubt sie kurzerhand zurück. Eine Strategie, die nicht neu ist: Bereits 2014 erzählte Lancelot Oduwa Imasuen (*1971) in seinem Film *Invasion 1897* von einem Studenten, der sich vor einem britischen Gericht für den vergleichbar motivierten Diebstahl einer aus dem Königreich Benin stammenden Elfenbeinmaske verteidigen muss. Auch vor der Deutungshoheit der Museen über die durch sie bewahrten Objekte macht *Black Panther* keinen Halt, wenn der einfache Museumsbesucher Killmonger die ausgewiesene Expertin in ihrer Objektbestimmung korrigiert.

Ryan Coogler gelingt es in *Black Panther* immer wieder, geltende Machtstrukturen zu hinterfragen und zu dekonstruieren. Das imaginäre afrikanische Königreich Wakanda wird als fortschrittlichstes Land der Erde dargestellt, seine Vormachtstellung ist dank der magischen Potenziale des Rohstoffes Vibranium kaum gefährdet. Killmongers Vision ist es, mittels der militärischen Macht Wakandas die Unterdrückung schwarzer Menschen weltweit zu beenden. Diese Umkehrung hegemonialer Machtstrukturen koppelt der Plot an die Wiederaneignung kultureller Traditionen. Restitution ist, dem Film nach, keine Frage, die nur für Museen relevant ist, sondern grundlegend für schwarze Selbstermächtigung und die Dekonstruktion rassistischer Strukturen.[A] Die Rückgewinnung und Aktivierung von Zeugnissen der eigenen materiellen Kultur wird so zum ersten Schritt eines antirassistischen Kampfes für Black Empowerment.

Black Panther wurde mit einem Einspielergebnis von über einer Milliarde US-Dollar zu einem der kommerziell erfolgreichsten Filme des Jahres 2018 und verhalf der Debatte um die Restitution afrikanischer Kulturgüter zu einem viel beachteten Auftritt auf der ganz großen Leinwand. Die Museumsszene wurde zum Aufhänger zahlreicher Artikel, die Provenienzfragen einem breiten Publikum vermitteln wollten, und auch in Social Media entfachte der Film eine breite Diskussion über den Umgang mit afrikanischer Kunst in westlichen Museen.[1] Als das Brooklyn Museum in New York City im Frühjahr 2018 eine weiße Kuratorin einstellte, um die hauseigene Sammlung afrikanischer Kunst zu betreuen, gab es einen öffentlichen Aufschrei – viele der veröffentlichten Meinungsartikel verwiesen in ihrer Argumentation auf die Museumsszene aus *Black Panther*.[2] Auch Aruna D'Souza liest die Szene nicht nur als einen Zwischenruf in der Debatte um die Restitution afrikanischer Kulturgüter, sondern vor allem als eine Aufforderung zur umfassenden Dekolonisierung musealer Strukturen. Nicht die Debatte gefährdet die Institution Museum, sondern sich schamlos in *racial profiling* übendes Aufsichtspersonal und eine Kuratorin, die um die Grenzen ihrer eigenen Expertise nicht weiß und den Ausstellungsraum mit dem Coffeeshop an der Ecke verwechselt.[3]

TIM B. BOROEWITSCH UND NIKLAS OBERMANN

1 Siehe etwa Cascone, »The Museum Heist Scene in Black Panther«; D'Souza, »Where Do We Go from Here?«; Mclean, »Bronzes to Benin, Gold to Ghana«. ■ 2 Siehe etwa »Brooklyn Museum Defends its Hiring of a White Curator of African Art«. ■ 3 D'Souza, »Where Do We Go from Here?«.

SARAH CASCONE, »The Museum Heist Scene in Black Panther Adds Fuel to the Debate about the Restitution of African Art«, in: **artnetnews**, 5. 5. 2018, {news.artnet.com/art- world/ black-panther-museum-heist-restitution-1233278}, letzter Zugriff 18. 11. 2020.

ARUNA D'SOUZA, »Where Do We Go from Here?«, in: **Frieze**, 30. 10. 2018, Bd. 199, {frieze.com/ article/where-do-we-go-here-coffee-care-and-black-panther}, letzter Zugriff 18. 11. 2019.

RUTH MCLEAN, »Bronzes to Benin, Gold to Ghana ... Museums under Fire on Looted Art«, in: **The Guardian**, 2. 12. 2018, {www.theguardian.com/culture/2018/dec/02/british- museums-pressure-give-back--looted-african-art-treasures}, letzter Zugriff 18. 11. 2020.

MAYA SALAM, »Brooklyn Museum Defends its Hiring of a White Curator of African Art«, in: **New York Times**, 6. 4. 2018, {www.nytimes.com/2018/04/06/arts/brooklyn-museum-african-arts.html}, letzter Zugriff 18. 11. 2020.

BÉNÉDICTE SAVOY, **Museen. Eine Kindheitserinnerung und die Folgen**, Köln 2019.

ANTHOLOGIE ZU KUNSTRAUB UND KULTURERBE
A M'Bow (1978): **Solidarität für das Glück der Menschheit**; Traoré (2005): **Ein Appell für neue Beziehungen und ein Aufruf zum Umdenken.**

Does This Belong to Iraq?

2013

Mächtig erhebt sich das aus lasierten Ziegeln errichtete Ischtar-Tor hinter Zeidoun Alkinani. Er hat sich für die Aufnahme in schlichter, dunkler Kleidung auf den Museumsboden gekniet und blickt mit ernstem Gesichtsausdruck direkt in die Kamera. Vor sich hält er ein handgeschriebenes Plakat, auf dem »This Belongs to Iraq« (Dies gehört dem Irak) steht. Die Fotografie muss während der Öffnungszeiten des Berliner Pergamonmuseums entstanden sein – Alkinani ist von Museumsbesucher*innen mit Audioguides umgeben.

Die Fotografie zirkuliert seit Dezember 2013 im Internet. Erstmals ist sie von den Macher*innen des Blogs *plus.shakomako.net* am 2. Dezember 2013 ebendort und auf ihrer Facebookseite geteilt worden. Dem Post war die Textzeile »Eine Nachricht an das Pergamonmuseum in Berlin« auf Englisch und Arabisch beigefügt. In den folgenden Tagen wurde das Foto unter anderem von @AjamMediaCollective auf Facebook und @SubMedina auf Twitter weiterverbreitet. Der Abgebildete wird meist namentlich benannt. Zeidoun Alkinani studierte 2013 an der Londoner University of Westminster Politikwissenschaft, einer Veranstaltungseinladung seiner Alma Mater zufolge ist er Teil des journalistischen Kollektivs, das *shakomako.ne*t verantwortet.[1] Er selbst positioniert sich auf seinen Social-Media-Accounts als Analyst für den Mittleren Osten mit einem Fokus auf den Irak.

Mit 196 Reaktionen und 151 Reposts hatte die Zirkulation durch das Ajam Media Collective – einer 2011 gegründeten Nachrichten- und Meinungsplattform, die sich der multiperspektivischen Aufarbeitung und Vermittlung von Debatten um den sogenannten Nahen und Mittleren Osten verschreibt – die größte Reichweite. Der am 11. Dezember 2013 auf *mic.com* – einer journalistischen Onlineplattform, die sich an Millennials und die Generation Z wendet – veröffentlichte Artikel »9 Priceless Artifacts Museums Should Return to Their Home Countries« bezeichnet das Foto als viral verbreitet. Der Artikel präsentiert es in einer Reihe mit den *Elgin Marbles*, dem *Stein von Rosetta* und der *Büste der Nofretete*, als Teil einer »Hitliste« von häufig zurückgeforderten Museumsobjekten.[A] Auch in den folgenden Jahren ist das Foto → BILD 63 wiederholt von Onlineartikeln, die um Restitutionsforderungen kreisen, als Aufhänger verwendet worden. Das Framing der Posts lenkt die Aufmerksamkeit auf kolonial-imperialistische Erwerbspraktiken westlicher Museen. Unabhängig von in-

69

Die Farbfotografie zeigt den Londoner Studenten Zeidoun Alkinani vor dem Ischtar-Tor im Berliner Pergamonmuseum kniend. Die Aufnahme wurde am 2. Dezember 2013 von dem Facebook-Account @shakomakodotnet geteilt. Weder die Urheberschaft noch der Aufnahmezeitpunkt sind bekannt, was jedoch an der unmissverständlichen Botschaft nichts ändert.

stitutionalisierten Medienunternehmen und ohne die Unterstützung einer größeren Organisation ist der Schnappschuss zu relativer Internetberühmtheit gelangt. Trotz fehlender Kopplung an eine konkrete Rückgabeforderung kann die Zirkulation des Fotos als eine Form von Onlineaktivismus gelesen werden.

Bei näherer Betrachtung springen gängige Qualitäten von in Social Media veröffentlichten Fotografien ins Auge: Durch den warmen Farbfilter ist die Aufnahme zeitlich schwer einer Tageszeit zuzuordnen, es entsteht eine Form von Zeitlosigkeit; der angeschnittene Blickwinkel aus Untersicht lässt das Tor im Hintergrund noch imposanter wirken, die kniende Haltung hebt Alkinani deutlich aus seiner Umgebung heraus und lenkt die Aufmerksamkeit auf die Botschaft in seinen Händen. Der von ihm performte Gestus des Kniefalls weckt einige Assoziationen: In politischer Bildsprache gilt das Auf-die-Knie-Gehen als ein Anzeigen von Unterwerfung. Bittet er um Anhörung seiner Botschaft oder drückt er so seine ehrfurchtsvolle Haltung gegenüber dem Tor und seiner Geschichte aus? Auch pragmatische Gründe kommen in den Sinn: War es vielleicht nur so möglich, neben dem Protagonisten auch das gewaltige Tor ins Bild zu rücken? Die leichte Untersicht lässt ihn weder demütig noch ehrerbietig wirken. Das Knien unterstreicht vielmehr, gleich einer Widerstandsgeste, die Botschaft seines Plakats. Warum aber sollte eines der wichtigsten Sammlungsstücke des Vorderasiatischen Museums der Staatlichen Museen zu Berlin eigentlich in den Irak gehören?

Um 600 vor Christus errichtet, gehörte das Ischtar-Tor zur Stadtbefestigung von Babili, der Hauptstadt Babyloniens, gelegen im Zweistromtal nahe dem heutigen Bagdad. Die Prozessionsstraße und das Stadttor wurden während der Regentschaft von Nebukadnezar II. (Nabū-kudurrī-uṣur II., 605–562 v. Chr.) errichtet. Eine von den Königlichen Museen zu Berlin und der Deutschen Orient-Gesellschaft organisierte und von dem Archäologen Robert Koldewey (1855–1925) geleitete Grabungskampagne förderte zwischen 1899 und 1917 die Überreste der Torbauten wieder zutage. In Berlin wurde zur gleichen Zeit die Vorderasiatische Abteilung der Königlichen Museen gegründet, welche es mit Sammlungsstücken zu füllen galt. Das damals geltende Antikengesetz des Osmanischen Reiches verbot die Ausfuhr derartiger → BILD 9 Funde, über eine Sondergenehmigung verhandelte Theodor Wiegand (1864–1936) für die Berliner Museen mit Osman Hamdi Bey (1842–1910), dem Antikendirektor des Osmanischen Reiches. Ab 1903 gelangten mit einer Sonderausfuhrerlaubnis erste Ziegelbruchstücke nach Berlin. Unterbrochen durch den Ersten Weltkrieg, sollte die Verschiffung der Funde bis Mitte der 1920er-Jahre dauern. In Berlin avancierte die museale Rekonstruktion des Vortores sowie von Teilen der Prozessionsstraße im 1930 eröffneten Pergamonmuseum zu einem Besuchermagneten.[2] Über offizielle Restitutionsgesuche seitens des Irak wurde zuletzt im Jahr 2002 berichtet. In der britischen Presse erklärte der Archäologe Mohammed Aziz Selman al-Ibrahim, dass Rückforderungen seitens des Irak der deutschen Regierung zwar bekannt seien, jedoch aufgrund der politischen Lage im Irak ignoriert würden. Die Abteilung für Altertums- und Kulturerbe des irakischen Kultusministeriums möchte das Ischtar-Tor an seinem ursprünglichen Standort rekonstruieren.[3]

Öffentliche Aufmerksamkeit auf die kolonial-imperialistischen Erwerbspraktiken westlicher Museen zu lenken, ist eine Strategie zivilgesellschaftlicher Akteure. Häufig werden die Museen selbst zum Schauplatz ihrer Aktionen. Die panafrikanische Bewegung *Yanka Nku* zum Beispiel streamte 2020 mehrfach live aus ethnologischen Museen in Frankreich und den Niederlanden und ließ ihre Follower daran teilhaben, wie sie kurzerhand (in ihrem Verständnis) zu kolonialen Zeiten geraubte Ausstellungsstücke afrikanischer Provenienz zurückraubten.[4]

JOSEFINE DREESEN, MERTEN LAGATZ UND JULIA MEYER-BREHM

1 »A Different Iraq Is Possible« ■ **2** Zur Grabungsgeschichte vgl. Crüsemann, »Das große Puzzle«. ■ **3** MacAskill, »Iraq appeals to Berlin for return of Babylon gate«. ■ **4** Willsher, »We want our riches back«.

»A Different Iraq Is Possible«, {www.westminster.ac.uk/events/a-different-iraq-is-possible-film-discussion-poetry}, letzter Zugriff 18. 11. 2020.

NICOLA CRÜSEMANN, »Das große Puzzle. Von Ziegelbruchstücken aus Babylon zum Berliner Ischtar-Tor«, in: Charlotte Trümpler (Hg.), **Das große Spiel. Archäologie und Politik zur Zeit des Kolonialismus (1860–1940)**, Essen, Köln 2008, S. 337–345.

EWEN MACASKILL, »Iraq Appeals to Berlin for Return of Babylon Gate«, in: **The Guardian**, 4. 5. 2002, {www.theguardian.com/world/2002/may/04/iraq.babylon}, letzter Zugriff 18. 11. 2020.

HYACINTH MASCARENHAS, »9 Priceless Artifacts Museums Should Return to Their Home Country«, {www.mic.com/articles/76321/9-priceless-artifacts-museums-should-return-to-their-home-countries}, letzter Zugriff 18. 11. 2020.

KIM WILLSHER, »We want our riches back«, in: **The Guardian**, 7. 2. 2021, {https://www.the guardian.com/artanddesign/2021/feb/07/mwariches-african-activist-stealing-europes-museums}, letzter Zugriff 10. 2. 2021.

ANTHOLOGIE ZU KUNSTRAUB UND KULTURERBE
A Turner (1810): **Transnationale Forschung und nationales Prestigedenken.**

Postkoloniales Tauziehen
2002

Auf den Stufen zum historischen Hauptportal des Königlichen Museums für Zentral-Afrika (KMZA) im belgischen Tervuren, einer Kleinstadt nahe Brüssel, ringen
zwei Personengruppen um ein Skulpturenensemble. Das Tauziehen wird von einem
Mann in dunklem Anzug beäugt, der vor den mächtigen, den Eingang flankierenden
Säulen mit verschränkten Armen ausharrt und das Geschehen in klassischer Pose
überwacht – deutlich ist in ihm der Direktor des Museums Guido Gryseels (*1952)
zu erkennen. Eines der Teams, bestehend aus weißen Personen, scheint die Ober-
hand im Wettstreit zu erlangen, ist es doch im Begriff, das Portal zu passieren und
die umkämpfte Skulpturengruppe zurück in das Museum zu ziehen. Unter Aufwen-
dung ihres gesamten Körpergewichts versucht das gegnerische Team, bestehend aus
schwarzen Personen, genau das zu verhindern. In der Darstellung der Kontrahenten
schwingen Stereotype mit – ein dicker, weißer, glatzköpfiger Mann auf der einen
spiegelt sich in einem athletischen Schwarzen mit im Schritt ausgebeulter Hose auf
der gegenüberliegenden Seite. Scheinbar wohnen wir dem Kampf der saturierten
weißen Mehrheitsgesellschaft mit der afrikanischen Diaspora bei. Der Blick auf letztere ist deutlich von den objektifizierenden Klischees ersterer geprägt.

    Chéri Sambas (*1956) *Réorganisation* verbildlicht die seit der Jahrtausendwende
geführte Debatte über den Umgang des KMZA mit seinen Ausstellungsobjekten, dem
Museum wird vorgeworfen, koloniale Perspektiven zu (re-)produzieren.[1] Der kongo-
lesische Künstler schuf das Gemälde 2002 während eines Stipendienaufenthalts in
der belgischen Hauptstadt. Seine Stereotypisierung der beiden Gruppen scheint das
Dargestellte der KMZA-Debatte entheben zu wollen, um auf die Stellvertreterfunk-
tion der Diskussion um das KMZA im Lichte kritischer Diskurse zur Museografie
von Kolonialmuseen und ethnologischen Sammlungen hinzuweisen. Stellvertretend
für diese streitwürdigen Objekte wird in *Réorganisation* um die Skulpturengruppe
Aniota gerungen, die 1913, nur wenige Jahre nach der Eröffnung des Gebäudes, von
Paul Wissaert (1885–1972) im Auftrag des KMZA geschaffen wurde und seitdem
Teil der Sammlungspräsentation war. Das Exponat hat im Zuge der Debatten um die
Neuausrichtung des Ausstellungsnarrativs im KMZA starke Diskussionen entfacht,
denn es »untermauert das Bild des angsteinflößenden, mordenden Kongolesen«[2] und
diente den belgischen Kolonialbehörden zur Legitimierung ihrer vermeintlich zivi-

70

Réorganisation, in Öl auf Leinwand ausgeführtes Gemälde des kongolesischen Künstlers Chéri Samba. Das mittelgroße Querformat entstand 2002 und ist seitdem Teil der Sammlung des Königlichen Museums für Zentral-Afrika im belgischen Tervuren.

lisatorischen Mission im Kongo. Die Skulpturengruppe zeigt einen in ein Leopardenfell gehüllten athletischen Schwarzen, der im Begriff ist, die zu seinen Füßen liegende Person mit in seinen Fäusten gehaltenen Krallen – einem Raubtier gleich – zu reißen. Die Plastik ästhetisiert die sogenannten Leopardenmorde: Diese führten neue Mitglieder afrikanischer Geheimbünde während der Kolonialzeit angeblich aus, um in den Kreis der »Leopardenmänner« aufgenommen zu werden.[3] Die sehr gewaltsamen Tötungsdelikte wurden durch den kolonialen Apparat als kolonialrassistisches Narrativ positioniert, um die These von der Rückschrittlichkeit afrikanischer Kulturen zu untermauern.

Das KMZA durchlief zwischen 2002 und 2018 einen mehrstufigen Neugestaltungs- und Restaurierungsprozess, im Zuge dessen das Ausstellungsnarrativ aktualisiert und dekolonisiert werden sollte. In einem ersten Schritt wurde die Dauerausstellung des Museums 2002 mit einer Reihe von Interventionen angereichert und das frisch angekaufte Gemälde Sambas hinter *Aniota* platziert, vermutlich um kritische Distanz zum Exponat zu suggerieren. Den museumsinternen Diskurs der hitzigen Debatte verewigte Samba in seinem Werk direkt mit: In der oberen der zwei im Grau des Portals platzierten Sprechblasen formuliert das weiße Team in Lingála, der Verkehrs- und Handelssprache der Kongostaaten: »Tokoki kotika ekeko oyo te ekende. Yango nde ekomisa biso ndeng'oyo tozali.« (Wir können nicht akzeptieren, dass dieses Werk entfernt wird. Es hat uns zu denen gemacht, die wir sind.)[4] Weit weniger starr, wenn auch nicht unbedingt einen tatsächlichen Bewusstseinswandel ausdrückend, gibt sich der in den Amtssprachen Belgiens, Französisch und Niederländisch, sprechende Museumsdirektor: »Es ist wahr, dass es traurig ist, aber ...« (im Bild auf Französisch). Und weiter: »Eigentlich soll das Museum vollkommen reorganisiert werden« (im Bild auf Niederländisch). Institutionellen Sprechgewohnheiten folgend, windet sich Gryseels hier aus einer offiziellen Entschuldigung heraus und verweist auf den »heilsbringenden« Umgestaltungsprozess. Zehn Jahre hing *Réorganisation* im kritisch gebrochenen Narrativ der alten Dauerausstellung, bevor das gesamte KMZA von 2013 bis 2018 für die Instandsetzung und Neugestaltung geschlossen wurde.

Das (vermeintlich) reorganisierte Museum feierte am 9. Dezember 2018 seine Wiedereröffnung, und Chéri Samba sollte recht behalten, *Aniota* ist zwar in den Keller verbannt worden, aber dennoch Teil der neuen Sammlungspräsentation. Das Publikum wird im nun als Africa Museum vermarkteten KMZA in der futuristischen Architektur eines Eingangspavillons empfangen und unterirdisch in einen Erweiterungsbau des historischen Ausstellungsgebäudes geleitet. Dort entfaltet sich eine kontextualisierende Einstimmung auf den Ausstellungsrundgang. Neben Informationen zu den Forschungs- und Sammlungsschwerpunkten der Institution – das Haus ist eine Mischung aus ethnologischem, naturkundlichem und kulturhistorischem Museum – und einer Präsentation des internationalen Forschungsnetzwerkes des KMZA befindet sich hier auch der Ausstellungsraum *Dépôt*. In ihm brachte das kuratorische Team Objekte unter, die »dort [in der Dauerausstellung] nicht mehr am richtigen Platz« sind.[5] Neben *Aniota* werden hier weitere im Auftrag des Museums um die Wende zum 20. Jahrhundert entstandene Skulpturen und eine Vielzahl von Kolonialbeamte repräsentierenden Büsten in der Raummitte zusammengedrängt ausgestellt. Kontextualisiert werden sie nur durch den knappen Wandtext, der sie als die koloniale Vergangenheit Belgiens glorifizierend und daher für nicht zeitgemäß erklärt. Ausgestellt bleiben sie dennoch. Auch Chéri Sambas Gemälde hat im *Dépôt* ein neues Zuhause gefunden. Dem Text an der Rückwand des Ausstellungsraums zur Seite gestellt, soll es Zeuge stehen für die erfolgreiche Reorganisation des Africa Museum in Tervuren.

LUCA FAUST UND ASJA WOLF

1 Dittmar, »Koloniale Vergangenheit, kritische Gegenwart«. ■ 2 Objektbeschilderung im KMZA. ■ 3 Pratten, »Die ›Leopardenmorde‹ im kolonialen Nigeria«. ■ 4 Ü. der Zitate im Bild: Luca Faust, Bienvenu Sene Mongaba und Asja Wolf. ■ 5 Wandtext für **Außer Gefecht gesetzt.**

CHRISTINE BLUARD, »Chéri Samba«, in: Christine Bluard, **Die zeitgenössische Kunst im Africa Museum. Informationen über die Künstler, die im Rahmen der Renovierungsarbeiten im Museum gearbeitet haben,** S. 16 f., {press.africamuseum.be/sites/default/files/media/Dossier-HK-DU.pdf}, letzter Zugriff 18. 11. 2020.
PETER DITTMAR, »Koloniale Vergangenheit, kritische Gegenwart. Ist dem belgischen Africa Museum die Auseinandersetzung mit dem eigenen Kolonialerbe geglückt?«, in: **Weltkunst,** 8. 2. 2019, {www.weltkunst.de/ausstellungen/2019/02/koloniale-vergangenheit-kritische-gegenwart}, letzter Zugriff 18. 11. 2020.
DAVID PRATTEN, »Die ›Leopardenmorde‹ im kolonialen Nigeria«, in: Philipp Batelka, Michael Weise, Stephanie Zehnle (Hg.), **Zwischen Tätern und Opfern. Gewaltbeziehungen und Gewaltgemeinschaften,** Göttingen 2017, S. 233–258.

All of This Belongs to Whom?
2015

Serifenlose Neonbuchstaben überfangen einen Rundbogen im Galeriegeschoss der Eingangshalle des Londoner Victoria and Albert Museum (V&A) und formulieren den Satz »All dies gehört euch«. Im dahinter liegenden Ausstellungsraum können wir die 1862 von George Gilbert Scott (1811–1878) gefertigte Chorschranke *The Hereford Screen* ausmachen. Chorschranken markieren in christlichen Kirchen die Schwelle vom Kirchenschiff, in dem die Gemeinde Platz findet, zum Chor, der nur Geweihten offensteht. Das Bild kann als emblematisch für die vom 1. April bis zum 19. Juli 2015 veranstaltete Ausstellung *All of This Belongs to You* des V&A gelesen werden.

Den Ausstellungstitel aufgreifend, lud der Neonschriftzug dazu ein, den im gesamten Gebäude verteilten Parcours aus Interventionen zu verfolgen. Das kuratorische Team der Schau – Corinna Gardner, Rory Hyde und Kieran Long – wollte mit ihr die Möglichkeiten der Interaktion zwischen Zivilgesellschaft und Museum im 21. Jahrhundert ausloten. Einem früheren Entwurf nach sollte der Schriftzug nicht in der Eingangshalle montiert werden, sondern über dem Hauptportal in den Londoner Stadtraum hineinstrahlen.[1] Dort hätte er die Funktion einer Widmungsinschrift erfüllt, vergleichbar mit der heute im Gartenhof des Museums zu besichtigenden historischen Giebelinschrift aus dem Jahr 1865 des damaligen South Kensington Museum, die Königin Victoria und ihre Verdienste um die erste Weltausstellung 1851 ehrt. Englische Museumsgründungen der zweiten Hälfte des 19. Jahrhunderts, so auch die 1852 unter anderem aus Beständen der Weltausstellung gegründete Keimzelle des heutigen V&A, fußten auf dem Grundsatz, frei zugängliche, volksbildende Einrichtungen zu sein.[2] Die nach historischem Vorbild bis in die späten Abendstunden geöffnete Ausstellung *All of This Belongs to You* rief das Publikum dazu auf, über seine Mitgestaltungsmöglichkeiten an der Institution Museum zu reflektieren, und sollte nicht zuletzt auch zur Beteiligung an der im Mai 2015 stattfindenden britischen Parlamentswahl motivieren.

Design- und Architekturteams wurden vom Museum stellvertretend für die Zivilgesellschaft beauftragt, sich mit Exponaten des V&A auseinanderzusetzen, darunter auch das in London ansässige Architekturbüro muf architecture/art. Sie folgten dem selbst gesetzten Ansatz einer *reverse restitution* und machten mit ihrer Arbeit *More Than One (Fragile) Thing at a Time* (Mehr als nur ein (zerbrechliches) Ding auf einmal)

71

Ein Blick in das Galeriegeschoss der Eingangshalle des Londoner Victoria and Albert Museum im Frühjahr 2015. Das 20 Meter breite, halbkreisförmige Neonschild **All of This Belongs to You** war Teil der grafischen Identität der gleichnamigen Ausstellung und wurde von der Designerin Clara Sancho entworfen.

Orte erfahrbar, für die im V&A ausgestellte Renaissance-Skulpturen ursprünglich geschaffen worden waren.[3] Besucher*innen der Medieval and Renaissance Galleries konnten für die Dauer der Ausstellung auf eigens gefertigten Sitzgelegenheiten wie im Garten einer italienischen Villa verweilen und trafen auf singende, tanzende und Karten spielende alte Menschen. Das Architekturbüro brachte im Zuge der Recherchen zu dem Projekt in Erfahrung, dass die Villa Bracci in Florenz, aus deren Garten zwei imposante Marmorskulpturen im V&A stammen, heute als Seniorenzentrum genutzt wird. Im Ausstellungsraum schufen sie eine Umgebung, in der sich der räumlich getrennte Herkunftsort mit dem Aufenthaltsort der Exponate für eine Weile überlagert. Vermutlich verweist die Objektbeschilderung der marmornen Götterbilder jederzeit auf ihre Herkunft aus der italienischen Renaissance-Hochburg, muf architecture/art aber wollten sie mit den Geräuschen, der Stimmung und den Aktivitäten, die die Umgebung der leeren Nischen im Garten der Villa Bracci prägen, umgeben wissen. Ihre Arbeit knüpft so an die alte Frage an, wie integral der Entstehungskontext eines Artefakts für dessen Verständnis und ästhetische Erfahrung ist.

Objekte gelangen auf den unterschiedlichsten Wegen in historisch gewachsene Sammlungen. Nicht selten befinden sich unter ihnen auch solche mit streitbaren beziehungsweise noch ungeklärten Provenienzen, was Restitutionsgesuche zu einem Teil des musealen Arbeitsalltags macht. Auch das V&A sieht sich immer wieder mit solchen Forderungen konfrontiert, öffentlichkeitswirksam zuletzt im Zuge der 2018/19 in den Silver Galleries präsentierten Ausstellung *Maqdala 1868*.[4] Die dort ausgestellten und seit mehr als 140 Jahren im V&A verwahrten liturgischen Geräte und Herrscherinsignien des äthiopischen Kaiserhofs gelangten als Folge einer britischen »Strafexpedition« nach Europa.[A] Bis heute gilt die Zerstörung der kaiserlichen Residenz in Mäqdäla (heutiges Äthiopien) und die Plünderung ihrer Schätze, darunter auch eine Manuskriptsammlung von Weltrang, als schmerzhafter Moment in der nationalen Historiografie des ostafrikanischen Landes. Erste Rückforderungen für die verlagerten Schätze wurden schon vor Ende des 19. Jahrhunderts laut. Sie erreichen das V&A seitdem immer wieder, sowohl vonseiten zivilgesellschaftlicher Bündnisse als auch aus offiziellen äthiopischen Regierungskreisen.

→ BILD 86

Die Nationalmuseen Großbritanniens, unter ihnen auch das V&A, garantieren einen kostenfreien Zugang zu ihren ständigen Sammlungspräsentationen. In diesem Sinne ist der Ausstellungsclaim von *All of This Belongs to You* durchaus nachvollziehbar. Das Museum ermöglicht Besucher*innen zu den regulären Öffnungszeiten freien Zutritt zu den ausgestellten Stücken seiner Sammlung und fordert sie dazu auf, den gewährten Zugang zur selbstbestimmten Auseinandersetzung mit den Objekten zu nutzen.[B] Mit dem Projekt von muf architecture/art im Hinterkopf ist die Frage, ob musealer Raum der Ganzheit eines Objektes gerecht werden kann, durchaus auch legitim. Mehr noch, das Museum hat die Frage qua Ermöglichung von *More Than One (Fragile) Thing at a Time* sogar selbst aufgeworfen. Viele Sammlungsstücke des V&A aber stammen nicht aus der unmittelbaren geografischen Nähe der Institution. So muss es doch ebenso legitim sein zu fragen, wen das »You« des Ausstellungstitels eigentlich ein- und wen es ausschließt. *Maqdala 1868* und *All of This Belongs to You* wurden im selben Haus präsentiert. Für viele der täglich im Centro Anziani Villa Bracci ein und aus gehenden Senior*innen ist ein Besuch des Londoner Museums – ebenso wie für den Großteil der äthiopischen Bevölkerung – mit einigen, oftmals kaum zu überwindenden Hindernissen verbunden. Sie schauen weiterhin tagein, tagaus auf überwucherte aber leere Gartennischen oder fühlen sich um wichtige Zeugnisse ihres nationalen Erbes beraubt.

MERTEN LAGATZ, NIKLAS OBERMANN UND MATHIS RUFFING

1 Hyde, »All of This Belongs to You«. ■ 2 Plessen / Bryant, **Art and Design for All**; Waterfield, **The People's Galleries**. ■ 3 Zu der Arbeit von muf architecture/art vgl. die Webseite {muf.co.uk/portfolio/more-than-one-fragile-thing-at-a-time/}, letzter Zugriff 18.11.2020. ■ 4 Embury-Dennis, »Ethiopia Demands Britain Return All Country's Artefacts«.

RORY HYDE, »All of This Belongs to You«, Rede am 11. August 2015, Melbourne School of Design, {www.youtube.com/watch?v=Oqwo_7wXmpk}, letzter Zugriff 18.11.2020.
CLARA SANCHO, »All of This Belongs to You, 2015«, {clarasancho.com/All-of-This-Belongs-to-You}, letzter Zugriff 18.11.2020.
TOM EMBURY-DENNIS, »Ethiopia Demands Britain Return All Country's Artefacts Held by Victoria and Albert Museum«, in: **Independent**, 24.8.2018, {www.independent.co.uk/news/uk/home-news/ethiopia-artefacts-uk-victoria-albert-museum-tristram-hunt-battle-of-maqdala-a8320121.html}, letzter Zugriff 18.11.2020.
GILES WATERFIELD, **The People's Galleries. Art Museums and Exhibitions in Britain, 1800-1914**, New Haven, London 2015.
MARIE-LOUISE VON PLESSEN, JULIUS BRYANT (HG.), **Art and Design for All. The Victoria and Albert Museum. Die Entstehungsgeschichte des weltweit führenden Museums für Kunst und Design** (Ausst.-Kat. Bundeskunsthalle Bonn), München 2011.

ANTHOLOGIE ZU KUNSTRAUB UND KULTURERBE
A Stanley (1874): **Die Plünderung von Mäqdäla.** ■ B Erklärung zu Universalmuseen (2002): **Das universelle Weltkulturerbe unter westlichen Museumsdächern.**

VI.
zurückgeben
wiederankommen

Abschied einer Ikone
2006

Als die Restitution des Klimt-Gemäldes *Adele Bloch-Bauer I* (1907) bevorsteht, leuchtet mit einem Mal eine mysteriöse Plakatierung an Bushaltestellen, Bahnhöfen und Verkehrsachsen in ganz Wien auf. Der dafür gewählte Bildausschnitt reduziert die Figur auf ein Brustbildnis. Vor einem facettenreichen Goldgrund steht das empfindsame Gesicht der Bankierstochter; ihre Hände ähnlich verschlungen wie die Ornamente, die sie einfassen. »Ciao Adele« steht darüber – eine Stadt verabschiedet sich.

Nach jahrelangem Rechtsstreit übergab die Österreichische Galerie Belvedere das Gemälde Anfang 2006 an die in den USA lebende Erbin der Familie Bloch-Bauer, Maria Altmann (1916–2011). Altmanns Onkel war der Zuckerindustrielle Ferdinand Bloch-Bauer (1864–1945). Er rettete sich am Vorabend des »Anschlusses« Österreichs an das nationalsozialistische Deutschland im März 1938 in die Schweiz. Sein gesamtes zurückgelassenes Eigentum wurde im April 1938 beschlagnahmt, um eine NS-Strafsteuer abzugelten. Für das Verfahren setzten die NS-Behörden einen → BILD 7 Rechtsanwalt als kommissarischen Verwalter ein, der 1941 unter anderem auch *Adele Bloch-Bauer I* an die Österreichische Staatsgalerie im Schloss Belvedere verkaufte. Nach Kriegsende bemühte sich der Anwalt der Familie um eine Restitution des Eigentums Bloch-Bauers. Er hatte nur in Teilen Erfolg. Nach geltendem Recht wurde die Rückgabe von Vermögen, das während der NS-Herrschaft »verwaltet« beziehungsweise veruntreut wurde, an eine Schenkung von Teilen des Vermögens an den österreichischen Staat gekoppelt. Mit Verweis auf das nationale Kulturerbe verblieben die Klimt-Gemälde aus der Sammlung Bloch-Bauer im Belvedere.

Erst die Washingtoner Erklärung brachte 1998 eine historische Wende. Denn die multilaterale Vereinbarung gab neuen Anstoß zum Umgang mit Kulturgut, das während der NS-Zeit verfolgungsbedingt entzogen wurde.[A] Im selben Jahr traf Österreich gesetzliche Regelungen, die die Provenienzforschung fördern und Restitutionen ermöglichen sollten. Unverzüglich vertiefte sich der Wiener Journalist Hubertus Czernin (1956–2006) in die geöffneten Archive und legte ein Jahr später ein Buch vor, das die nationalsozialistische Vertreibung und Entrechtung der Familie Bloch-Bauer sowie den latenten Antisemitismus der österreichischen Nachkriegszeit einer breiten Öffentlichkeit darlegte. Daraufhin versuchte Maria Altmann eine Restitution zu erreichen. Ihr Antrag wurde jedoch von der österreichischen Regie-

72

Durch die Omnipräsenz der Leuchtplakate des Wiener Außenwerbeunternehmens Gewista wurde im März 2006 der Abschied von einem Gemälde von Gustav Klimt gefeiert: Die Wienerin **Adele** wurde der Familie ihrer jüdischen Besitzer in den USA zurückgegeben.

rung abgelehnt. Um die in Österreich drohenden Gerichtskosten in Millionenhöhe zu umgehen, wandte sich Altmann an die US-Gerichtshöfe. Aufsehen erregte 2004 die Entscheidung des Obersten Gerichts der Vereinigten Staaten, in dem Fall eine Klage gegen den österreichischen Staat trotz der gemeinhin geltenden Staatenimmunität zuzulassen. Damit war der internationale öffentliche Druck hergestellt und ein österreichisches Schiedsgericht wurde einberufen. Es befand im Januar 2006 die Vereinbarkeit des Falls mit dem österreichischen Kunstrückgabegesetz von 1998 und bestimmte die Restitution von fünf Klimt-Gemälden aus dem Belvedere an Maria Altmann. Anlässlich des Ankaufs von *Adele Bloch-Bauer I* für die Neue Galerie New York publizierten die Wiener Historiker*innen Sophie Lillie und Georg Gaugusch ein Büchlein, das die wechselvolle Geschichte des Bildnisses rekapituliert.

Der angekündigte Weggang der Werke treibt Anfang Februar 2006 Tausende Interessierte ins Belvedere – darunter viele, die dem Museum zuvor ferngeblieben waren. Wie *Der Standard* berichtet, befürwortet das Publikum die Restitution. Schade sei es trotzdem. Das sei für viele der Grund, das Museum »festlich gestimmt zu betreten«.[1]

Als eine moderne Ikone hatte Gustav Klimt (1862–1918) das Gemälde entworfen. So orientiert sich beispielsweise die kleinteilige Dekoration des Grundes an den goldgeschmückten Mosaiken byzantinischer Herrscher- und Heiligenbildnisse. Außerdem hat das großformatige Porträt mit den Maßen 140 mal 140 Zentimeter die geometrische Grundform des Quadrats, die zusammen mit der fulminanten flächigen Vergoldung einige Bedeutungsschwere erzeugt. Mit dieser Gestaltung kam Klimt dem herrschaftlichen Anspruch des großbürgerlichen Ehepaars Bloch-Bauer nach. Das Paar gehörte zur neuen industriellen Elite, die um die Jahrhundertwende aufstieg und die alte Aristokratie ablöste. Es sammelte Kunst, pflegte Beziehungen zur kulturellen Avantgarde. Adele Bloch-Bauer (1881–1925) verkörpert beispielhaft die soziale Haltung des Wiener Großbürgertums: Sie war einerseits fest in die Privilegien ihrer Klasse eingelassen, andererseits befürwortete und förderte sie soziale Reformen, Arbeiterbildung, Frauenrechte sowie Schulen und Waisenhäuser.[2] Klimt erhielt den Auftrag für das Gemälde von Ferdinand Bloch-Bauer und erhob die damals 26-jährige Adele kurzum zum Kunstwerk. Die aus dem religiösen Kontext entlehnte Bildform führt ein Heilsversprechen, für das Bloch-Bauer nun stellvertretend stehen sollte. Ging es um die kulturelle und soziale Erneuerung der Wiener Gesellschaft, um eine Zukunftsperspektive für das neue Jahrhundert? Wie wir heute wissen, nahm das 20. Jahrhundert nicht den glanzvollen Verlauf, von dem man im Wiener Jugendstil geträumt hatte.

Mit dem Streit um ihre Restitution entfaltet die »Goldene Adele« noch einmal ihre ikonische Kraft. Abermals wird sie mit ethischen und gesellschaftlichen Fragen und Hoffnungen aufgeladen. Ihr Fall manifestiert ein neues Versprechen: Die Folgen der nationalsozialistischen Herrschaft und die Ansprüche der Opfer und ihrer Nach-fahren werden heute auch entgegen der Interessen großer Museen ernst genommen. Als Ikone der Restitution findet *Adele Bloch-Bauer I* massenmedialen Widerhall – bis hin zur Plakatkampagne »Ciao Adele«. Dieser öffentliche Abschiedsgruß stellt sich der Rückgabe nicht in den Weg, sondern ehrt die transnational sichtbare Geste.

→ BILD 83

→ BILD 74, 80, 82

Knapp zehn Jahre später wird die »Goldene Adele« für den Wiener *Life Ball* wie-der aufgegriffen.[3] Die Werbeplakate zeigen im Jahr 2015 eine Reinszenierung des Werkes mit der Dragqueen Conchita Wurst (*1988) in der Rolle von Adele. Die Auf-schrift »Heimat großer Töchtersöhne« bezieht sich auf eine Wortlautänderung der österreichischen Bundeshymne: Statt »Heimat bist du großer Söhne« heißt es seit 2012 »Heimat großer Töchter und Söhne«. Mit der Verzahnung der beiden Medien-ikonen Conchita Wurst und Adele feiern die Stadt und das Land ihren fortgesetzten kulturellen Erneuerungswillen.

SIMON LINDNER

1 »Abschiednehmen voller Bedauern«. ■ 2 Zur sozialen Stellung der Bloch-Bauers siehe Lillie/Gaugusch, **Portrait of Adele Bloch-Bauer**, S. 19–39. ■ 3 »Adele mit Bart wirbt für Life Ball«.

HUBERTUS CZERNIN, **Die Fälschung. Der Fall Bloch-Bauer und das Werk Gustav Klimts**, Wien 1999.
CHRISTOPH GRUNENBERG, EVA FISCHER-HAUSDORF (HG.), **Ikonen. Was wir Menschen anbeten** (Ausst.-Kat. Kunsthalle Bremen), München 2019.
SOPHIE LILLIE, GEORG GAUGUSCH, **Portrait of Adele Bloch-Bauer**, New York 2007.
»Abschiednehmen voller Bedauern«, in: **Der Standard**, 6. 2. 2006, {derstandard.at/2331397}, letzter Zugriff 8. 9. 2020.
»Adele mit Bart wirbt für Life Ball«, in: **Der Standard**, 23. 3. 2015, {derstandard.at/200001333 7839}, letzter Zugriff 8. 9. 2020.

ANTHOLOGIE ZU KUNSTRAUB UND KULTURERBE
A Eizenstat u. a. (1998): **Das Bemühen um eine »gerechte und faire Lösung«.**

Trophäentränen
1815

Da sitzt einer breitbeinig und weint im Vordergrund. Am Boden vor seinen Füßen liegen brach: eine Palette, ein Mallappen, sechs Pinsel, so etwas wie eine Staffelei und ein langer Malstock, auf dem Malerinnen und Maler ihre pinselführende Hand abstützen. Doch der arme Mann malt nicht. Er hält mit beiden Händen ein großes Taschentuch vor seinem Gesicht fest und trauert theatralisch, fast hört man ihn schluchzen. Dabei sieht er gut aus mit seinem Zylinder und dem schicken Frack, dem hochgestellten Kragen und den feinen Schühchen. Vor Kurzem noch, so will das Blatt erzählen, ging es dem jungen Eleganten gut.

Jetzt sitzt er draußen auf einem ungemütlichen Steinquader und stützt sich verzweifelt mit dem linken Ellenbogen auf den gelb hervorgehobenen Rahmen eines auf dem Boden aufgestellten Gemäldes. Seine Körperhaltung ist bizarr, als hätte der nicht bekannte Zeichner des Blattes nicht so recht gewusst, wie man Sitzende darzustellen hat. Doch halt! Ein Blick in den Hintergrund hilft: Der Mann sitzt analog, nur spiegelverkehrt, zum antiken Helden Laokoon im Todeskampf mit Riesenschlangen, diese um 1800 allseits bekannte und besprochene Personifikation des Leides und des Elends. Das passt: Schon 1755 hatte Johann Joachim Winckelmann (1717–1768) in Rom angesichts der monumentalen Figurengruppe in der Sammlung des Papstes befunden: »Laokoon leidet [...]. Sein Elend geht uns bis an die Seele«.

Ob die Leiden des jungen Malers uns erschüttern, sei dahingestellt. Sicher ist: *Laokoon* ist nicht mehr in Rom. Er steht gerade in Paris vor der angedeuteten Architektur des Musée Napoléon im Louvre, der Himmel ist blau. Besser gesagt: *Laokoon* → BILD 28 rollt schon, zum linken Bildrand nämlich, zusammen mit anderen Highlights der europäischen Kunstgeschichte. Der *Apoll vom Belvedere* – auch er kam aus Rom – steht auf einer schlichten Palette mit Rädern, zudem lugt ein großformatiges Gemälde aus einem hohen Fuhrwerk hervor. Sechs bewaffnete Soldaten begleiten den Zug. → BILD 75 Zwei elegante Damen mit Zeichenmappen unter dem Arm wiederholen die Geste des Malers und halten sich Taschentücher vor das Gesicht. Der Abschied schmerzt offensichtlich.

Wir schreiben das Jahr 1815. Napoleon ist gerade zum zweiten Mal von den Koalitionsmächten Österreich, England, Preußen und Russland besiegt worden, er hat abgedankt und ist auf dem Weg ins Exil nach Sankt Helena, einer kleinen Insel mitten

l'Artiste français

Pleurant les chances de la Guerre.

Dass die Restitution von Kunstobjekten nicht nur gefeiert wurde, macht diese Druckgrafik deutlich: Der junge Künstler weint um die Kunstwerke, die 1815 aus dem Pariser Museum wieder entfernt und in ihre Herkunftsländer zurückgebracht wurden.

im Atlantik, auf der Höhe des heutigen Angola. Die alliierten Mächte besetzen Paris.
Hohe Offiziere und Diplomaten erreichen nach zähen Auseinandersetzungen mit
dem politischen Personal Frankreichs die Restitution an ihre legitimen Eigentümer
all der Schätze, die sich das Land seit 1794 in den von ihm besetzten Gebieten Europas angeeignet hat.[A] *Laokoon*, der *Apoll*, Hunderte weitere Antiken und Tausende von
Gemälden, Handschriften, Kunstkammerobjekten, Zeichnungen und seltenen Drucken treten im Herbst 1815 den Weg von Paris zurück nach Rom, Florenz, Venedig,
Berlin, Wien, Kassel, Braunschweig oder Antwerpen an, um nur einige der Städte zu
nennen, die von der aggressiven Aneignungspraxis der Französischen Revolution
und des Empire getroffen worden waren.[1]

Um diese aggressive Form kultureller Aneignungen zu legitimieren, hatte die
französische politische Klasse sich zunächst folgende Doktrin ausgedacht: Kunst ist
ein Produkt der Freiheit und muss im Land der Freiheit ihre Heimstätte finden, also
in Frankreich.[B] Ein weiteres, pädagogisches Argument kam später hinzu: Die Prä-   → BILD 21
senz von Meisterwerken in Paris sollte zur Belebung und Erneuerung der zeitgenössischen Kunstproduktion dienen. Man erhoffte sich vom Kontakt junger Künstlerinnen und Künstler mit exquisiten Werken der Vergangenheit eine positive Wirkung,
eine Art Übertragung des Genies von den alten auf die neuen Künstlergenerationen.[C]
Das Studieren und Kopieren der Alten Meister im Pariser Museum wurde um 1800
zum A und O der Ausbildung in künstlerischen Berufen.

Zusätzlich boomte im Paris der Jahre um 1800 das Geschäft mit Ölkopien nach
originalen Gemälden. Für besonders begabte Künstlerinnen und Künstler, tasächlich
waren darunter viele Frauen, entwickelte sich die konzentrierte Präsenz europäischer Meisterwerke in der französischen Hauptstadt nämlich zu einer regelrechten
finanziellen Opportunität. Die virtuose Erstellung farbgetreuer Ölduplikate stellte
die traditionellen, farblosen Reproduktionsmedien des 18. Jahrhunderts wie Umriss-
radierungen und Kupferstiche in den Schatten. Plötzlich konnten sich wohlhabende
Sammlerinnen und Sammler in allen Fürstenhäusern Europas ihren farbigen Raffael
oder Correggio in Paris malen lassen und in ihren Gemächern aufhängen. Viele junge Kopistinnen und Kopisten in Frankreichs Hauptstadt, nicht nur Franzosen, lebten
um 1800 von diesem Geschäft – manche sogar sehr gut.[2]

Womöglich auch der junge traurige Künstler im Frack. Das Gemälde, auf das er
sich stützt, ist eine Kopie in »verjüngtem Format«, wie es damals hieß, der *Transfiguration* von Raffael – daran hatte der römische Maler bis zu seinem frühen Tod
1520 gearbeitet. 1523 war das Bild in der Klosterkirche San Pietro in Montorio in

Rom aufgestellt worden, dort hatte es über Jahrhunderte hinweg Gelehrte und Reisende aus ganz Europa angezogen, bis französische Kommissare es im Laufe des Italienfeldzuges von Bonaparte 1797 hatten abhängen und nach Paris verbringen lassen. Im Musée Napoléon war die *Transfiguration* neben der *Laokoon*-Gruppe das *Must see,* es hing in der Grande Galerie, man schätzte seinen monetären Wert auf die atemberaubende Summe von 1 Million Francs und Napoleon paradierte mit seinen Gästen davor, als er 1810 Marie-Louise heiratete. Nach seiner Rückkehr nach Rom 1815 kam das Bild nicht mehr in die kleine Kirche, in der es fast 300 Jahre zu Hause gewesen war, sondern in die neu gegründete Pinakothek des Papstes im Vatikan. In Paris hinterließ es – wie alle anderen restituierten Werke – eine schmerzhafte Lücke.

→ BILD 85

»Der französische Künstler weint um die Chancen des Krieges« lautet die in Kupfer gestochene Unterschrift unter dem weinenden Künstler im Frack. Mit dem *Laokoon* und dem *Apoll* – stellvertretend für alle mit Gewalt zusammengetragenen Schätze im Louvre – verliert der Mann eine Möglichkeit der ästhetischen und praktischen Ausbildung. Er verliert möglicherweise auch eine Unterhaltsgrundlage, mit der er als Kopist vielleicht über Jahre hinweg sein Künstlerdasein hätte finanzieren können. Kunst und Krieg, sagt das Blatt, gehen nur so lange gut zusammen, wie man auf der Siegerseite steht. Kleiner Trost: Unter des Malers Ellenbogen scheint seine Kopie der *Transfiguration* schon weit gediehen zu sein, vielleicht war sie sogar fertig, als das Original abgehängt wurde?

BÉNÉDICTE SAVOY

1 Savoy, Kunstraub. ■ 2 Strittmatter, Das ›Gemäldekopieren‹ in der deutschen Malerei zwischen 1780 und 1860.

ANETTE STRITTMATTER, Das Gemäldekopieren‹ in der deutschen Malerei zwischen 1780 und 1860, Münster 1996.
JEAN-PIERRE CUZIN (HG.), Copier créer. De Turner à Picasso. 300 Œuvres inspirées par les maîtres du Louvre (Ausst.-Kat., Musée du Louvre), Paris 1993.
BÉNÉDICTE SAVOY, Kunstraub. Napoleons Konfiszierungen in Deutschland und die europäischen Folgen, Wien u. a. 2011.

ANTHOLOGIE ZU KUNSTRAUB UND KULTURERBE
A Castlereagh (1815): Kunstwerke als Vertreter der Macht. ■ B Barbier (1794): Die Entführung von Kunstschätzen als zivilisatorischer Akt. ■ C Heydenreich (1798): Kulturgutraub als Entwicklungshemmnis für Kunst und Wissenschaft.

Berliner Chic für Kairo
1930

Mit erhobenem Haupt, schnellem Schritt und kurzem Kleid läuft Nofretete zwischen altägyptischen Statuen entlang. Weiß hebt sich die eigentlich »bunte Königin« von einer monochrom gezeichneten Umgebung ab. Verstohlen folgen die umstehenden Figuren ihr mit ihren Blicken: Taweret, »die Große«, in Nilpferdgestalt, sowie eine Paviangottheit und die Figur eines Hundes. Die am unteren Bildrand auf allen vieren kniende Figur wendet der vorbeieilenden Büste sogar den Kopf zu. Ein Raunen geht um: »Wie geschminkt die Nefretete aussieht! Man merkt, daß sie solange in Berlin gewesen ist!« So imaginierte Olaf Gulbransson (1873–1958) im Jahr 1930 die Restitution und »Heimkehr« der Ägypterin ins Kairoer Museum.

Durch eine Fundteilung zwischen einer deutschen Grabungskampagne und der Antikenverwaltung Ägyptens (die in französischer Hand war) gelangte die *Büste der Nofretete* 1913 zusammen mit vielen anderen Objekten nach Berlin. Die erste Ausstellung der Funde von Tall al-ʿAmārna im Winter 1913/14 – noch ohne Nofretete – war ein enormer Publikumserfolg. Zahlreiche Zeitungsberichte befeuerten die öffentliche Bewunderung; ganze Schulklassen schoben sich durch die fiktiven Tempelarchitekturen, die das Museum ausmachte. Auch in der künstlerischen Szene, die nach ästhetischer Erneuerung gierte, schlugen die sensationellen Skulpturenfunde ein. Und vielfach stellte die Presse eine Verwandtschaft zwischen den modernen Großstadtmenschen und den Gesichtern aus Amārna fest. So zum Beispiel die sozialistisch engagierte Kunstkritikerin Lisbeth Stern (1870–1963): »Die Abgüsse könnten genauso gut von heute sein. Die Gesichtsformen sind nur wie zufällig zusammengewürfelt und auch im Ausdruck so zufällig beeindruckt wie jedes Gesicht heute auf der Straße. Dagegen sind die Porträtköpfe von unglaublicher Stilsauberkeit und Strenge. Es ist fast wie eine letzte aristokratische Ausfiltrierung des Menschen. Nun ist ja wohl möglich, dass die Gipsabgüsse von Proletariern abgenommen sind«.[1] Von dieser raffiniert-dekadenten Ästhetik ließ sich auch Thomas Mann (1875–1955) inspirieren; er erkannte in den jahrtausendealten Königsbüsten die Charakterköpfe des Fin de Siècle wieder – nervös, hochmütig und müde. Die Amārna-Funde beflügelten die Imagination in Berlin, im Gegenzug wurden sie eingebürgert.[2, A]

Vor dem Ersten Weltkrieg wurde die *Büste der Nofretete* allerdings noch geheim gehalten. Denn der Ausgrabungsleiter Ludwig Borchardt (1863–1938) fürchtete, die

74

Heimkehr der verlorenen Tochter

(Olaf Gulbransson)

„Wie geschminkt die Nefretete aussieht! Man merkt, daß sie solange in Berlin gewesen ist!"

In der Satirezeitschrift **Simplicissimus** erschien am 5. Mai 1930 eine ganzseitige Lithografie des Zeichners Olaf Gulbransson. Sie trägt die Überschrift »Heimkehr der verlorenen Tochter« – um wen es sich bei der Tochter handelt, ist unschwer zu erkennen.

politisch angespannte Grabungssituation könnte sich durch eine Zurschaustellung in Berlin noch verschärfen. Er sollte recht behalten. 1922 brach der Direktor des Ägyptischen Museums in Berlin, Heinrich Schäfer (1868–1957), schließlich die Zurückhaltung und publizierte Fotografien sowie Zeichnungen der Büste. Wie nach den Erfolgen von 1913 zu erwarten war, überschlug sich die Begeisterung. 1925 folgte die erstmalige Museumsausstellung des Starobjekts. Im selben Jahr versuchte Borchardt, bei Pierre Lacau (1873–1963), dem französischen Direktor des ägyptischen Antikendienstes, die seit dem Krieg entzogene Grabungserlaubnis wiederzuerhalten. Doch Lacau lehnte ab und machte die Rückgabe der *Nofretete* zur Bedingung für eine Genehmigung. Hieran zeigt sich beispielhaft, wie sich nach dem Ersten Weltkrieg die Grabenkämpfe und Feindseligkeiten auf wissenschaftlichem Gebiet, speziell in der Ägyptologie fortsetzten. Im Jahr 1930 stand der deutsch-französische Konflikt schließlich kurz vor einer Lösung. Die *Büste der Nofretete* sollte gegen zwei Statuen aus dem Kairoer Museum getauscht werden. Doch der Handel scheiterte am öffentlichen Druck.[3]

Die Nachrichten über die Verhandlungen versetzten Berlin in Aufregung. Die Besuchszahlen stiegen rasant an; in der Presse wurde lebhaft gestritten.[4] Wie schon 1913 sprachen sich viele über die besondere Affinität des Fundobjekts zum modernen Großstadtleben aus – nur diesmal mit Fokus auf die »bunte Königin«. Am 1. Juli 1930 warnte die *Magdeburger Zeitung* davor, »ein Kunstwerk geringer zu schätzen, weil es für das Publikum auf den ersten Blick ansprechend und verständlich ist. Wir brauchen dabei nicht zu betonen, daß es auch uns leid tut, das außerordentliche Bildwerk, diesen bemalten Frauenkopf, in dem sich gerade die Gegenwart mit ihrer ganzen Neigung zum Verbindlichen, Glatten, Zivilisierten und – sagen wir es ruhig – Überzüchteten, vergafft hat, aus dem Land geben zu müssen.« In der Reihe der gefühlvollen Abschiede steht auch die Karikatur von Olaf Gulbransson: Die Heimkehrerin flaniert an ihren »Angehörigen« vorbei, die wilden Jahren in Berlin sieht man ihr an. Sie ist nicht mehr dieselbe: Der Zeichner animiert, ja beseelt sie als modern-blasierte Berlinerin und imaginiert eine wechselseitige Intimität zwischen der Ikone und ihren Fans.

→ BILD 60, 7

Nicht nur zum Star, sondern auch zum Puzzlestück in einem neuen großstädtischen Frauenbild war Nofretete in den Zwanzigerjahren geworden. Selbstbestimmt und lebenshungrig wollte die *Neue Frau* sein und sich von den alten Weiblichkeitsidealen der Hausfrau und Mutter emanzipieren. Nach dem Ersten Weltkrieg bekamen Frauen das Wahlrecht, und neue Berufsfelder und Erwerbstätigkeiten standen ihnen offen. Es gab neue freizügige Mode, neue Frisuren, neue Musik und neuen Tanz. Schauplatz der weiblichen Mobilität war die Großstadt. Allen voran lieferten die Illustrierten und die Kinos zahlreiche Idealbilder und Identifikationsangebote, Stars und Sternchen – doch darf die sozialhistorische Realisierung dieses Mythos mit seiner massenmedialen Verbreitung nicht gleichgesetzt werden.[5] Auch die »geschminkte« Nofretete mit dem langen Hals und den strengen Gesichtszügen wurde zur Imagination dieses neuen Frauenbilds herangezogen. Der in Berlin lebende Schriftsteller Franz Hessel (1880–1941) schrieb 1926 in seiner Kurzgeschichte »Die vernünftige Nephertete« über »eine selbständige kleine Berlinerin«. Und auf Bällen oder Theaterbühnen kostümierten sich zahlreiche *city girls* als Nofretete.

Beim bevorstehenden Weggang der Bewunderten 1930 bekommt das Publikum des *Simplicissimus* durch die Karikatur anschaulich zu verstehen, dass *eine von ihnen* fortgeht; die »verlorene Tochter« kehrt heim, aber geht Berlin verloren. Im Moment ihrer bevorstehenden Restitution wird das umkämpfte Objekt zum Leben erweckt. → BILD 62, 64 Ihr aufreizendes Kleid und fast hochnäsiges Auftreten scheint so wenig zu den plumpen Schemen zu passen, die sie in Empfang nehmen.

SIMON LINDNER

---

1 Stern, »Ägyptische Funde«, S. 1720. ▪ **2** Savoy, Nofretete, S. 54–64. ▪ **3** Jung, »100 Jahre Fund der Nofretete«; Savoy, **Nofretete**. ▪ **4** Kischkewitz, »Die Dreißiger Jahre«, S. 474 f. (auch das folgende Zitat). ▪ **5** Jatho, »City Girls«.

GABRIELE JATHO, »City Girls«, in: Gabriele Jatho, Rainer Rother (Hg.), **City Girls. Frauenbilder im Stummfilm**, Berlin 2007, S. 11–13.
MARIANA JUNG, »100 Jahre Fund der Nofretete«, in: Friederike Seyfried (Hg.), **Im Licht von Amarna. 100 Jahre Fund der Nofretete**, Petersberg 2012, S. 421–426.
HANNELORE KISCHKEWITZ, »Die Dreißiger Jahre. Trubel um Nofretete«, in: Friederike Seyfried (Hg.), **Im Licht von Amarna. 100 Jahre Fund der Nofretete**, Petersberg 2012, S. 474–479.
BÉNÉDICTE SAVOY, **Nofretete. Eine deutsch-französische Affäre 1912–1931**, Köln u. a. 2011.
LISBETH STERN, »Ägyptische Funde«, in: **Sozialistische Monatshefte** 19 (1913), Nr. 26, S. 1720 f.

ANTHOLOGIE ZU KUNSTRAUB UND KULTURERBE
A Al-ʿAdl (1887): Ägypten in Berlin – ein Museumsbesuch.

Apollos Abreise oder: Leb wohl, Paris!
1815

Diese anspielungsreiche Karikatur ist eine tagesaktuelle Polit-Satire voll beißender Ironie – die Spezialität des Londoner Karikaturisten George Cruikshank (1792–1878), → BILD 45 dessen einzeln vertriebene, gedruckte und kolorierte Blätter nicht nur in England viel Beachtung und vor allem reißenden Absatz fanden. Sie erfuhren über die Insel hinaus große Aufmerksamkeit – beim bürgerlichen Publikum ebenso wie bei den meist aufs Korn genommenen Regierenden.[1] Cruikshank, ein obrigkeitskritischer Beobachter der kriegs- und krisengebeutelten europäischen Welt, kommentierte in seinem bevorzugten Ausdrucksmedium auch kulturpolitische Ereignisse. Neben zeitgenössischen britischen Debatten um die Verlagerung der Parthenonskulpturen von der Athener Akropolis nach London rückte er auch den französischen Kunstraub und seine Rückabwicklung in den Blick.[2] Das undatierte, wohl im Herbst 1815 entstandene Blatt *The Departure of Apollo & the Muses, or: Farewell to Paris* persifliert die Rückführung der Kunstwerke aus dem Louvre in die verschiedenen europäischen Herkunftsländer nach dem endgültigen Sieg über Napoleon I. (Bonaparte, 1769–1821) – durchgesetzt durch das Militär der Alliierten gegen die machtlose französische Regierung und lautstark beklagt vom Museumsdirektor.

Namensgebend und bildbeherrschend sehen wir *Apoll* mit den Musen auf dem → BILD 28 Sonnenwagen – sie repräsentieren einerseits allegorisch die Künste, worauf Zeichenmappe und Malerpalette hinweisen, vor allem aber die Kunstwerke des Louvre, die aus den eroberten Ländern kamen und nun heimkehren. Oder eben heimkehren müssen: So hat *Apoll* zwar Zügel und Peitsche in der Hand, doch sitzt der preußische General Blücher (1742–1819) als eigentlicher Reiter auf einem der Pferde des Gespanns, angetrieben vom Herzog von Wellington (1769–1852), der auf dem venezianischen *Löwen von San Marco* vorneweg reitet: »Vorwärts, Blücher, laß uns rasch das Diebesgut zurückbringen.« Beide Heerführer waren die für den Sieg über Napoleon verantwortlichen Generäle.

Herkules mit dem Höllenhund Kerberos, der sich zu sträuben scheint, blickt zurück auf das Museumsgebäude, ebenso wie der auf dem Kopf seiner spröden Venus sitzende, drollig schauende Amor. Vom Fenster ruft der weinende Museumsdirektor den »Damen und Herren« Kunstwerken hinterher, doch noch etwas auszuharren: »Wir könnten euch für immer behalten und werden es immer bedauern, zur Tren-

75

George Cruikshanks handkolorierte Radierung **The Departure of Apollo & the Muses, or: Farewell to Paris** misst 25 × 35,5 Zentimeter und wurde in Dublin bei J. Sidebotham verlegt. Sie wird auf Oktober 1815 datiert und im British Museum verwahrt. Es passiert viel auf dieser schrillen Karikatur, die in ihrer Zeit ein Verkaufsschlager gewesen sein muss.

nung von euch gezwungen worden zu sein.« Im Eingang des Museums steht Ludwig XVIII. (1755–1824) und bittet seinen »lieben Talley«, Charles-Maurice de Talleyrand-Périgord (1754–1838), den Außenminister, die Alliierten doch zu überreden, ein paar wenige von diesen »hübschen Dingen« für seine Gemächer dazulassen – sie würden die Abgeordneten beruhigen und das Volk belustigen. Der Angesprochene hebt bedauernd die Schultern: Er hätte jedes »scheme«, also Ränke und Intrigen, versucht, doch es schiene, am Ende hätten die Gegner sie durchschaut und würden sich nicht länger übers Ohr hauen lassen. Im Hintergrund werden mit Spitzhacken die imperialen Monumente beseitigt, und ein Wagenkonvoi bringt Gemälde, Kirchengerät, gefüllte Zeichenmappen und Skulpturen in die einzelnen Länder zurück. Die Auflösung des Museums wird als Zerstreuung seiner Werke vor Augen geführt – durch die begleitenden Offiziere, die jeweils »Every man his own« (Jedem Mann, was ihm gehört) rufen.

Auch wenn weder der Louvre und sein Direktor, Dominique-Vivant Denon (1747–1825), noch die Kunstwerke realitätsgetreu wiedergegeben sind: Die Karikatur → BILD 4, 30 gibt präzise die Verhältnisse nach dem finalen Sieg über Napoleon wieder. Gestützt auf militärischen Druck erzwangen die Alliierten die Herausgabe der rückgeforderten Kunstschätze oder nahmen sie eigenhändig vor.[A] Die Versuche der französischen Diplomatie und der Museumsleitung, diese Gewalt des Augenblicks aufzuhalten, um das Museum – wie 1814 zunächst beschlossen – doch als Universalsammlung zu erhalten, blieben erfolglos.[3] Das Blatt führt also in verblüffender Weise vor Augen, wie gut das Publikum – zumindest in England – über die Geschehnisse informiert war, was für das Verständnis des Bildes und damit als Kaufanreiz Voraussetzung war.

So sehr Cruikshank Napoleon als gewalttätigen Tyrannen ablehnte, so sehr verachtete er auch die reaktionären Kriegsgewinnler der alten Ordnung: Sein beißender Spott traf die wiedereingesetzten Monarchen und ihr Gefolge, was hier anklingt und auf zwei weiteren Karikaturen noch deutlicher wird. Schon im Mai 1815 findet sich das geleerte Museum auf einer ebenfalls im British Museum verwahrten Karikatur, deren Thema die Misshandlung Frankreichs durch die Alliierten ist: *The Afterpiece to the Tragedy of Waterloo -or- Madame Françoise and Her managers!!!*

Die Auflösung des Musée Napoléon hatte Cruikshank dort noch drastischer dargestellt: Der Louvre steht kopfüber auf dem Dach, wie eine geleerte Sparbüchse. Entzaubert und seines Sinns beraubt, wird er von ratlosem Volk begafft. Ein Schild verkündet seine zukünftige Nutzung als »Bastille«, also als Gefängnis in der Hand der Reaktion, wofür die Spanische Inquisition freundlicherweise die Instrumente angeboten hätte. Künstler und Künstlerinnen werden aufgefordert, Pläne zu »alteration, improvement &c« einzureichen. Offensichtlich ist zunächst die beißende Kritik an den Kräften der Restauration. Doch hinzu kommt: Wie schon Apoll und seine Musen das Geschehen im *Farewell to Paris* teilnahmslos über sich ergehen lassen, spricht Cruikshank hier die Machtlosigkeit der Kunst offen aus. Kunstschaffende können nur auf die politische Wetterlage reagieren, Kunstwerke werden hin und her geschleppt.[B] Reduziert auf ihren Trophäen- oder Dekorationswert, sind sie bei Cruikshank weniger Kulturgüter als puppenhafte Objekte und Attribute der Machtrepräsentation.

In dieser Weise nimmt Cruikshank im Dezember 1815 noch einmal auf die Restitutionen Bezug: Im Hintergrund seiner handkolorierten Radierung *State of Politicks at the close of the year 1815* erkennen wir die mit Kunstwerken gefüllten Kisten an der Aufschrift »Gestohlenes Gut, an seine rechtmäßigen Besitzer zu restituieren« (Stolen good to be restor'd to the right owners). Dass diese rechtmäßigen Besitzer niemand → BILD 73 anderes als die bösen Fratzen sind, die Cruikshank dort im Vordergrund zeichnet und für die sich die Generäle im *Farewell to Paris* als Handlanger einspannen lassen, entlarvt diese scheinbare Gerechtigkeit als makabre Gewinnschacherei.

ROBERT SKWIRBLIES

1 Gerkens, Arena des Spotts; Clayton, »Commerz und Propaganda«. ■ 2 Savoy, »Kunstraub«, S. 74. ■ 3 Pommier, »Réflexions sur le problème des restitutions«; Savoy, »Kunstraub«, S. 174–189.

TIMOTHY CLAYTON, »Commerz und Propaganda. Der Markt für englische Karikaturen auf dem Kontinent«, in: Wolfgang Cilleßen, Rolf Reichardt, Christian Deuling (Hg.), **Napoleons neue Kleider. Pariser und Londoner Karikaturen im klassischen Weimar** (Ausst.-Kat. Berlin, Kunstbibliothek), Berlin 2006, S. 37–54.

DOROTHEE GERKENS, **Arena des Spotts. Englische Karikaturen 1780–1830** (Ausst.-Kat. Hamburger Kunsthalle), Hamburg 2009.

ÉDOUARD POMMIER, »Réflexions sur le problème des restitutions d'œuvres d'art en 1814–1815«, in: Marie-Anne Dupuy (Hg.), **Dominique-Vivant Denon. L'œil de Napoléon** (Ausst.-Kat. Paris, Musée du Louvre), Paris 1999, S. 254–257.

BÉNÉDICTE SAVOY, **Kunstraub. Napoleons Konfiszierungen in Deutschland und die europäischen Folgen**, Wien u. a. 2011.

BÉNÉDICTE SAVOY, »Kunstraub«, in: Uwe Fleckner, Martin Warnke und Hendrik Ziegler (Hg.), **Handbuch der politischen Ikonographie**, Bd. 2, München 2011, S. 73–78.

ANTHOLOGIE ZU KUNSTRAUB UND KULTURERBE
A Castlereagh (1815): Kunstwerke als Vertreter der Macht. ■ B Goethe (1816): Verloren – Erworben – Verdorben?

Bewölkte Heimkehr
1821

Durch das Kaisertor von Antwerpen fährt ein Wagen mit Gemäldekästen in die Stadt ein. Im Vordergrund links überbringt eine Personifikation der Stadt die gute Nachricht an die Personifikation der (flämischen) Kunst, die trauernd in einem Zelt sitzt. Während die Stadt den Vorhang aufreißt, reißt die Kunst die Augen auf: Oh welch ein Glück! Im Himmel auf einer Wolke schwebt die alliierte Dreieinigkeit heran: Die Helden von Waterloo – Gebhard Leberecht von Blücher (1742–1819), Arthur Wellesley, 1. Duke of Wellington (1769–1852), und der Prinz von Oranje-Nassau (1792–1849) – bilden mit Lorbeerzweigen einen eigenen kleinen Triumphbogen. Ihnen fliegt der Ruhm voraus, die Fama mit Flügeln und Trompete. Eine Taube beschließt den Himmelszug, im Schnabel ein Ölzweig als Zeichen des Friedens. Unten, auf dem Pflaster der Stadt, bejubeln kleine Bürgerinnen und Bürger den Einzug der Gemälde. Soldaten stehen in Reih und Glied, einer schlägt die Trommel. Rechts im Vordergrund des Bildes hält ein Zeichner die Szene fest. Ein korpulenter Herr schaut ihm prüfend über die Schulter.

Wir schreiben das Jahr 1821. Der Zeichner heißt Jean Joseph Verellen (1788–1856), er ist 33 Jahre alt und hat von dem Verleger hinter ihm, Jan Groenewoud aus Amsterdam, den Auftrag zu diesem Blatt erhalten. Es soll von einem Stecher auf Kupfer übertragen und als großformatiges Gedenkblatt auf den Markt gebracht werden, 55 mal 67 Zentimeter soll es werden, fast so groß wie eine Tischplatte. Im Amsterdamer Rijksmuseum wird heute der von Adriaan Gerrit van Prooijen (1796–1854) angefertigte Kupferstich aufbewahrt, den wir hier sehen.

Verellen ist ein Kind der Stadt: Er wurde in Antwerpen geboren, als die Gegend noch zu den Österreichischen Niederlanden gehörte, erlebte als Kind den Einzug der französischen Revolutionsarmee und daraufhin, zwanzig Jahre lang, die sogenannte Franzosenzeit, bis zu Napoleons Niederlage bei Waterloo 1815. Als auf Befehl der Französischen Republik die großen Altargemälde von Peter Paul Rubens (1577–1640) neben weiteren Meisterwerken der flämischen Schulen 1794 aus Antwerpener Kirchen und der Liebfrauenkathedrale (Onze-Lieve-Vrouwekathedraal) abgehängt und nach Paris geschafft wurden, war Verellen sechs Jahre alt.[A] Bis die Werke 1815 zurückkamen, war er erwachsen und ein Künstler geworden. Von seinem Lehrer Willem Jacob Herreyns (1743–1824) wird behauptet, er sei der letzte Anhänger der von

76

ZEGEPRAAL der WAPENEN.

TRIOMPHE des ARMES.

Zur Feier der nach Antwerpen zurückkehrenden Kunstwerke reaktiviert der Zeichner hinter diesem Kupferstich eine jahrhundertealte triumphale Bildrhetorik. Gleichzeitig schließt er die Kirche aus diesem Fest aus, obwohl die wichtigsten der restituierten Werke aus Kirchenhäusern stammen. Bei allem Triumph streitet die Inszenierung also auch für eine Neuverteilung des Kunstbesitzes.

Peter Paul Rubens begründeten flämischen Barocktradition gewesen. Und tatsächlich beherrscht der Schüler das – gerade in Antwerpen seit Jahrhunderten besonders gepflegte – Vokabular barocker Bildsprache offenbar gut, gekonnt spielt er damit.

Er führt in dieser Szene alles vor, was zur Bildrhetorik des Triumphes gehört: Das Stadttor mit dem römischen Schriftzug »S. P. Q. A.«, für »Senatus Populusque Antwerpiae« (Senat und Volk von Antwerpen), lässt an einen römischen Triumphbogen denken; der von sechs Pferden gezogene Holzwagen ist ein moderner Siegeswagen. → BILD 19, 20, 21, 38 Aus dem runden spitzen Zelt der Kunst könnte in der Tradition Antwerpener Bildsemantik auch die *politeia*, der Staat, hervorlugen; historische Persönlichkeiten teilen sich die Bühne mit Göttern und Personifikationen, das weist auf ihre überzeitliche Bedeutung hin. Die auf Niederländisch und Französisch formulierte Bildlegende lässt auch keinen Zweifel daran: Gewürdigt wird hier der »Triumph der Waffen« als Voraussetzung für die Rückkehr der Kunst; das Blatt ist dem siegreichen König der Niederlande gewidmet. Gleichzeitig aber distanziert sich der verschmitzte Zeichner von der kodifizierten Bildsprache. Er holt das Motiv in die unmittelbare Gegenwart, sein augenzwinkerndes Selbstporträt auf einem Küchenstuhl und das seines wohlgenährten Verlegers erinnern daran, dass die Rückkehr der Kunst 1815 auch und vielleicht vor allem ein bürgerliches Ereignis war.

Denn eines fehlt hier auffällig: die Kirche. In ihren Kisten sind die aus Paris zurückkehrenden Gemälde noch gut verpackt und unsichtbar. Aus der 1817 abgerissenen Sint Walburgiskerk in Antwerpen hatten die französischen Kommissare 1794 die Mitteltafel von Rubens' Triptychon mit der *Kreuzaufrichtung* (1609/10) mitgenommen; aus der Minderbroeders-Recolettenkerk das Gemälde vom Hochaltar mit Rubens' *Kreuzigung Christi* (1620) entfernt; aus der Liebfrauenkathedrale die Mitteltafel seiner *Kreuzabnahme* (1611–1614), um nur die bekanntesten unter den aus Antwerpen nach Paris translozierten Werken zu nennen.[1] Als sie nun zurückkamen, entfachte sich im neu gegründeten Königreich der Niederlande eine weitreichende Debatte: Wem gehörten sie jetzt? Der Stadt? Den Künstlern? Den Kirchen?

»Antwerpen, 6. Dezember. Nach zweiundzwanzig Jahren Abwesenheit sehen wir endlich wieder jene Meisterwerke, denen unsere Stadt ihren Ruhm verdankt. Gestern wurde dieses wertvolle Erbe in unsere Mauern gebracht. Schon am Vortag kündigten der Klang der Glocken und der Lärm der Artillerie auf den Stadtmauern dieses glückliche Ereignis an. Der Konvoi fuhr gegen Mittag ein. Er bestand aus vier Wagen mit 46 Gemälden. Der Bürgermeister empfing sie am Eingang in Begleitung aller städtischen Behörden, der Königlichen Akademie, der Gesellschaft zur Förderung der Schönen Künste, der Pfarrwächter und der Gesellschaft für Poesie und Literatur. Der Bürgermeister gratulierte den Delegierten, die den Konvoi aus Paris nicht aus den Augen gelassen hatten, zu ihrer glücklichen Ankunft. [...] [Man lobte] die Gerechtigkeit Seiner Majestät bei der Wiederherstellung der bestehenden Kirchen und Einrichtungen, in denen die Werke einst ihren Platz hatten. [...] Diesem denkwürdigen Tag werden lange Erinnerungen folgen. Das Antwerpener Volk wird sie an seine Kinder weitergeben, mit Gefühlen der Liebe und Dankbarkeit gegenüber unserem guten König, dessen Gerechtigkeit nicht nur sein Volk ehrt, sondern der durch eine wahrhaft väterliche Gesinnung Meinungsverschiedenheiten vorbeugen und Eifersüchteleien auslöschen wird«.[2]

Das schrieb die Brüsseler Zeitung *L'Oracle* zu dem im Bild dargestellten Einzug der Gemälde. Vergleicht man es mit dem Bild, so wird deutlich, wie unterschiedliche Wirklichkeiten konstruiert werden: Die eine kommt gänzlich ohne Geistliche aus, bei der anderen werden zumindest die »Pfarrwächter« genannt. Der Moment der Rückkehr ist also nicht nur ein Moment des Triumphs, sondern auch ein Moment der Neuordnung der Besitzverhältnisse. Am Ende kamen die Rubens-Gemälde aus Antwerpen – und viele der aus Paris in die Niederlande zurückgekehrten Werke – teils in Museen, teils aber auch an ihre ursprünglichen Standorte zurück, in Kirchen also, wo sie heute noch zu sehen sind.

BÉNÉDICTE SAVOY

1 Piot, **Rapport à M. le Ministre de l'Intérieur**, S. 18–28. ■ 2 L'Oracle, Nr. 342, 6. Dezember 1815, zit. n. Piot, **Rapport à M. le Ministre de l'Intérieur**, S. 361–363 (Ü: Bénédicte Savoy).

SANDRA JANSEN, EVA TOHEN, CARINE VAN BRUWANE, »L'époque mouvementée de l'occupation française«, in: Till-Holger Borchert, Dorine Cardyn-Oomen, Bruno Fornari (Hg.), **Ensor à Bosch. Les Prémices de la vlaasekunstcollectie** (Ausst.-Kat. Brüssel, Palais des Beaux-Arts), Antwerpen 2005, S. 55–65.
KEES SCHULTEN, **Kunstroof 1795–1815. Nederlands bezit in Franse handen**, Zutphen 2018.
CHARLES PIOT, **Rapport à M. le Ministre de l'Intérieur sur les tableaux enlevés à la Belgique en 1794 et restitués en 1815**, Brüssel 1883, {catalogue.bnf.fr/ark:/12148/cb31116314v}, letzter Zugriff 14. 1. 2020.
GILBERTE EMILE-MÂLE, »Le séjour à Paris de 1794 à 1815 de célèbres tableaux de Rubens. Quelques documents inédits«, in: **Bulletin de l'Institut royal du Patrimoine artistique** 7 (1964), S. 153–171.

ANTHOLOGIE ZU KUNSTRAUB UND KULTURERBE
A Barbier (1794): **Die Entführung von Kunstschätzen als zivilisatorischer Akt.**

Ein Dokument als Monument
um 1839

Das kleine Aquarell gibt Rätsel auf. Es hat die Größe einer Hand und die Wucht eines barocken Landschaftsgemäldes, es ist zugleich intim und repräsentativ, ein Dokument und ein Monument. Zu sehen sind Pferde, Soldaten, Wagen mit Kisten darauf, die Nordseite des Buitenhofs in Den Haag, blaugrauer Boden und der niederländische Himmel. Alles steht still, es scheint Winter zu sein und kalt. Kein Prunk, keine Trompeten, kein Volk auf der Straße und keine Apotheose von Herrschern – es → BILD 76, 8 wirkt, als würde man aus nur zehn Metern Entfernung selbst der Szene beiwohnen: das Warten vor dem Entladen eines großen Transports mit Militäreskorte. Das Bild, könnte man meinen, protokolliert ähnlich wie ein Tagebucheintrag schlicht ein Geschehen.

Doch zwei ionische Pilaster und oben ein Zinnenfries machen das Bildchen zu etwas anderem: Sie lassen an ein Galeriegemälde denken mit prunkvollem Rahmen. Oben trägt er das bekrönte Wappen von Den Haag. Dieser Storch mit der Schlange im Schnabel dient als winziges farbiges Relief dem Werk wohl als Besitzermarke. Außerhalb des Rahmens geht das Bild weiter. Die Stadtszene wird auf der linken Seite durch einen schmalen Streifen Landschaft mit einer Windmühle weitergeführt; rechts sieht man den Turm der Grote of Sint-Jacobskerk von Den Haag. Am unteren Bildrand hat eine unbekannte Hand mit Bleistift vermerkt: »D. L. M. van Valkenburg fecit ... 1839«.

1839? Seltsam. Bei dem dargestellten Ereignis handelt es sich um die am 20. November 1815 erfolgte Rückkehr von etwa 120 Gemälden in die niederländische Stadt. Sie waren zwanzig Jahre zuvor, 1795, im Zuge des Ersten Koalitionskrieges zwischen England und Preußen auf der einen und der Französischen Republik auf der anderen Seite in den Sammlungen des holländischen Statthalters und Prinzen von Oranien Wilhelm V. (1748–1806) beschlagnahmt und zusammen mit Zeichnungen und Stichen, kostbaren Handschriften, Büchern und sogar lebenden Tieren aus der königlichen Menagerie – darunter einem berühmt gewordenen, heute im Muséum d'histoire naturelle von Bourges (Frankreich) ausgestopft ausgestellten Elefanten – als »fruits de la victoire« (Früchte des Sieges) nach Paris gebracht worden.

Als Sohn einer englischen und Ehemann einer preußischen Prinzessin hatte Wilhelm V. gleich nach dem Einmarsch der französischen Armee im Januar 1795

77

Dieses kleine Blatt dokumentiert ein Ereignis im Jahr 1815: die Rückkehr der Kunstsammlung des niederländischen Königs aus Paris nach Den Haag. Allerdings kann entweder die Zuschreibung auf den Historienmaler Danker van Valkenburg oder die Datierung auf das Jahr 1839 nicht stimmen. Dafür gibt der gemalte Rahmen des Bildes einen Hinweis auf den musealen Aufbewahrungsort der restituierten Werke.

die Flucht nach England ergriffen. Eine neu eingesetzte provisorische Regierung hatte ihn daraufhin aller seiner Güter verlustig erklärt. Seine Kunst-, Naturalien-, Münz- und wissenschaftlichen Sammlungen, die »oranischen Sammlungen«, waren in die Hand französischer Kommissare gefallen, darunter auch eine der bemerkenswertesten fürstlichen Bildergalerien des 18. Jahrhunderts mit Gemälden von Rembrandt, Rubens, Van Dyck. Am 7. Juni 1795 verließen etwa 190 Gemälde die Stadt. Sie wurden erst nach der endgültigen Niederlage Napoleons 1815 zum Teil restituiert. Siebzig Gemälde verblieben in Paris, wo sie bis heute konserviert werden.[1, A] Glaubt man zeitgenössischen Pressemeldungen, so wurde die Rückkehr der Gemälde in Den Haag mit viel Pathos und Siegesrhetorik gefeiert. Davon lässt unser stilles Bildchen nichts verspüren. Es wirkt wie eine Momentaufnahme – und soll tatsächlich 1839, also fast ein Vierteljahrhundert nach dem Ereignis, entstanden sein? Das befriedigt nicht, was wiederum erklärt, warum manche lieber von 1819 schreiben, wenn sie das Bild erwähnen. Das wiederum passt nicht zum vermerkten Künstlernamen: Denn der Künstler, dem dieses kleine Werk zugeschrieben wird, Danker Lodewijk Marie van Valkenburg (1827–1854), soll erst 1827 geboren worden sein. Hält man sich also lieber an das vermerkte Datum von 1839, so ist dieses Bildchen das Werk eines Zwölfjährigen. Warum sollte ein Kind nach 25 Jahren eine solche dokumentarische Szene malen? Auch das befriedigt nicht …

Doch auch ohne die Zeichnerin oder den Zeichner zu identifizieren, kann die Inszenierung des Bildes den ästhetischen Kontext etwas erhellen. Der monumentale Rahmen der kleinen Szene spricht nämlich dieselbe Formensprache wie die Fassade des Mauritshuis von Den Haag, in dem seit 1822 ein öffentliches Museum untergebracht ist. Dieses Palais wurde zwischen 1633 und 1644 für den Gouverneur der niederländischen Kolonie in Brasilien, Johan Maurits van Nassau-Siegen (1604–1679), errichtet und trägt dessen Namen. Seine bis heute bewahrte Fassade schmücken sandsteinfarbene Pilaster mit ionischen Kapitellen, die vom Gebäudesockel hinauf zum ausladenden Kranzgesims unterm Dach reichen. Häufig ragen solche dekorativen Pfeiler nicht durchgehend über die ganze Höhe der Fassade empor, sondern sind durch horizontale Stockwerkgesimse untergliedert. Für das Mauritshuis aber monumentalisierte der Architekt Jacob van Campen (1598–1657) die antikischen Pilaster – streng und eindrucksvoll stehen sie vor der rötlichen Backsteinfassade. Neben den Pilastern findet sich an der Fassade – am abschließenden Kranzgesims – außerdem ein Zinnenfries, wie es auch das Bildchen trägt. Für einen dreieckigen Ziergiebel war auf dem Aquarell wohl kein Platz. Aber über dem Portal des Mauritshuis gibt es selbstverständlich eines, mitsamt Relief und dem gekrönten Wappen von Johan Maurits.

Besonders die Portalsituation des Museums kann noch enger mit dem Rahmen der scheinbar dokumentarischen Zeichnung in Beziehung gesetzt werden. Denn ein sogenannter Tabernakelrahmen imitiert selbst ein Portal: als könnte man zwischen den zwei Pilastern hindurchgehen, auf den Platz mit den Pferdekarren. Eine kleine Schwelle erinnert daran, dass der Bildraum von uns abgeschnitten ist und wir die historische Szene nur betrachten können. Das Museumsportal andererseits lädt wahrhaftig zum Hineingehen ein. In den ersten Jahren nach der Museumsgründung 1822 warteten im Inneren neben der aus Paris zurückgekehrten Sammlung von Wilhelm V. noch weitere 154 Gemälde auf das Publikum – angekaufte Werke von zeitgenössischen sowie alten niederländischen Meistern. Der Museumsraum war also ein Ort, an dem Vergangenheit, historische Darstellung und Gegenwart aufeinandertrafen. Er war allerdings nur für die bürgerliche Stadtbevölkerung zugänglich, denn mittwochs bis samstags zwischen 10 und 13 Uhr erhielt nur Einlass, wer »gut« gekleidet und ohne Kinder kam.[2]

Das schwer zuschreibbare Bilddokument lässt bei näherem Hinsehen einen Bezug zum Mauritshuis erkennen, das die restituierten Werke präsentiert. Es nimmt die monumentale Formensprache des alten Bauwerks auf – und setzt der Restitution als Vorbedingung für das Museum und für die zukünftige Kunstgeschichte der Stadt ein intimes Denkmal.

SIMON LINDNER UND BÉNÉDICTE SAVOY

---

1 Sluijter-Seijffert, **Mauritshuis**, S. 53; Broos / Buvelot, **The amateur's cabinet**, S. 10 u. 18 f. ∎
2 Poeg / Buvelot, **Royal Picture Gallery Mauritshuis**, S. 34 f.

BEN BROOS, QUENTIN BUVELOT (HG.), **The Amateur's Cabinet. Seventeenth-Century Dutch Masterpieces from Dutch Private Collection** (Ausst.-Kat. Den Haag, Mauritshuis), Naarden 1995.
PETER VAN DER PLOEG, QUENTIN BUVELOT (HG.), **Royal Picture Gallery Mauritshuis. A Princely Collection**, Den Haag 2006.
KEES SCHULTEN, **Kunstroof 1795–1815. Nederlands bezit in Franse handen**, Zutphen 2018.
NICOLETTE SLUIJTER-SEIJFFERT (HG.), **Mauritshuis. Illustrated General Catalogue**, Amsterdam 1993.

ANTHOLOGIE ZU KUNSTRAUB UND KULTURERBE
A Goethe (1816): Verloren – Erworben – Verdorben?

Hwansu bedeutet Rückgabe
2011

Südkorea feiert am 6. Dezember 2011 mit einer großen Zeremonie die Rückkehr von fast 1200 königlichen Büchern der Chosŏn-Dynastie (1392–1910) – ein Höhepunkt in der Restitutionsgeschichte koreanischer Kulturgüter. Bereits am Flughafen Incheon, etwa 30 Kilometer westlich von Seoul, werden die wertvollen Bücher, die die Geschichte der monarchischen Dynastie festhalten, von einer Ehrengarde und einem Orchester erwartet, das die aus dem 7. Jahrhundert überlieferte Hofkomposition *Sujech'ŏn* (수제천) spielt.

Der Hauptteil der koreanischen Bücher befand sich etwa hundert Jahre lang in Tokio. Während der japanischen Besatzung (1910–1945) wurden sie aus den Beständen der koreanischen Bibliotheken offiziell »ausgeliehen« oder als Geschenke an das japanische Kaiserliche Hofamt übergeben. Beispielsweise lieh Itō Hirobumi (伊藤博文, 1841–1909), der erste japanische Premierminister und Generalgouverneur von Korea, zwischen 1906 und 1909 insgesamt 1028 Bücher unter anderem aus der königlichen Kyujanggak-Bibliothek (규장각) aus. Allein im Jahr 1922 schenkte das Büro des japanischen Generalgouverneurs darüber hinaus dem japanischen Hofamt 263 Bücher, darunter auch königliche Protokollbücher der Sammlung Ŭigwe (의궤): Sie umfasste ursprünglich 3895 Bände, die zum Beispiel offizielle Aufzeichnungen und die Überlieferung von höfischen und rituellen Zeremonien enthalten. Die Gründe für die Leihgaben und Schenkungen an japanische Repräsentanten wurden erst in jüngster Zeit rekonstruiert. Die 1922 verlagerten Werke der Ŭigwe zum Beispiel dienten in Japan als historische Referenz, um eine offizielle Geschichte der letzten Chosŏn-Könige zu schreiben oder auch um etwa königliche Zeremonien im kolonialen Korea, zum Beispiel die Beerdigung des letzten Chosŏn-Königs Sunjong (1874–1926, Regierungszeit 1907–1910) im Jahr 1926, entsprechend der Tradition auszurichten.[1]

Die zurückgekehrten Bücher wurden dann zuerst am königlichen Ahnenschrein Chongmyo (종묘) präsentiert, danach in den Odaesan National History Archives, einer der fünf königlichen Bibliotheken (gelegen in Pyeongchang), und zuletzt brachte man sie in das National Palace Museum auf dem Gelände des königlichen Kyŏngbokkung-Palastes in Seoul, wo sie seitdem ausgestellt werden.[2] Die zu diesem Anlass durchgeführte *Hwansugoyuje*-Zeremonie – *hwansu* bedeutet Rückgabe – wurde als eine in ritueller Anwesenheit der Ahnen begangene Feier inszeniert, um die

78

Dieses Pressefoto zeigt die zeremonielle Ankunft der königlichen Bücher am Flughafen Incheon, zum Zeitpunkt der Rückgabe von Japan an Korea im Jahr 2011. Es erschien im **The Korea Herald** am 6. Dezember 2011 zum Artikel »Looted Korean Royal Texts Return Home« (Geraubte königliche koreanische Texte kehren heim) und zeigt sehr deutlich, dass auch die Rückkehr von Kulturgütern als Triumphzug organisiert werden kann.

Rückkehr des koreanischen Kulturerbes aus dem Ausland zu feiern. Ein breites Publikum begleitete die Rückgabezeremonie: Vor Ort nahmen Mitglieder der Verwaltung für Kulturerbe, des Außen- und Handelsministeriums, der Zivilgesellschaft und der Forschung aus Korea sowie der japanische Botschafter in Korea teil. Über den auf Englisch publizierten *Korea Herald* wurden die Ereignisse auch über Südkorea hinaus sichtbar gemacht. Die die traditionalistische und die königliche Geschichte aufnehmende Inszenierung belebt einerseits die eigene Kultur wieder, funktioniert durch die verschiedenen Medien jedoch auch als Außenrepräsentation eines Landes, das in Form seiner Bücher die eigene Geschichte wiedererlangt.

Der Verlust dieser Sammlungen wurde von der koreanischen Öffentlichkeit erst nach fünfzig Jahren als Leerstelle empfunden. Es dauerte weitere fünfzig Jahre, um sie in Seoul wieder zu vereinen. Ihre Überführung von Korea nach Japan war nach japanischem Kolonialrecht (1910–1945) legal – die Erbeutung von Kulturgütern sogar empfohlen, wie Ryūichi Kuki 1894 bezüglich chinesischer Objekte ausführte.[A] Diese Sicht änderte sich in Korea erst ab 1965, als eine erste Gruppe von 852 Büchern im Rahmen von Rückgaben anderer koreanischer Kulturgüter restituiert wurden. Diese Rückkehr war Teil von Verhandlungen, in denen die seit der Befreiung Koreas 1945 abgebrochenen diplomatischen Beziehungen zu Japan wieder aufgenommen werden sollten. Innerhalb der Normalisierung dieser Beziehungen spielten die koreanischen Kulturgüter immer wieder eine kontroverse Rolle. Die wissenschaftliche Beschäftigung mit koreanischem Buchkulturerbe in Japan zwischen 1998 und 2000 rückte weitere Sammlungsteile ins öffentliche Bewusstsein und führte zum Entstehen einer Restitutionsbewegung, die die Rückgabe der Chosŏn-Bücher verlangte.[B] Seit 2006 bemühte sich eine Nichtregierungsorganisation konkret um die Sammlung der Chosŏn wangsil ŭigwe und wurde dabei von der koreanischen Nationalversammlung unterstützt, vor allem auch, da die Bände nicht nur historisch interessant sind, sondern durch zahlreiche visuelle und textuelle Zeugnisse zur Rekonstruktion und Neubelebung koreanischer Traditionen dienen. Im August 2010, dem Jahr des hundertjährigen Jubiläums der Annexion Koreas durch Japan, kündigte der japanische Premierminister Kan Naoto (菅直人, *1946) die Rückgabe wertvoller Bücher von der koreanischen Halbinsel an, darunter auch weitere Ŭigwe-Bücher. Die japanische Regierung wollte diese dem koreanischen Volk als Entschuldigung für die enormen Schäden und das Leid während der Kolonialherrschaft zurückgeben, wie sie öffentlichkeitswirksam kommunizierte. Im Oktober 2010 überreichte der japanische Premierminister Noda Yoshihiko (野田佳彦, *1957) während seines Besuchs in Seoul fünf Exemplare von Ŭigwe als vorausgehendes Versprechen der Rückkehr der gesamten Sammlung.

Die Rückkehr dieser Quellen der Geschichte der 500 Jahre dauernden königlichen Dynastie Koreas werden zum Anlass, alte Traditionen neu zu beleben. Das *Hwansugoyuje* begrüßt die aus dem Ausland zurückkehrenden Kulturgüter wie Mitglieder einer Familie oder Gemeinschaft. Die königlichen Nachkommen Chosŏns führten die offizielle Zeremonie unter dem Motto »Unsere Seele kehrte nach 100 Jahren zurück« an. Sie verpflichteten sich, dafür zu sorgen, dass sich dieser Verlust nie wieder ereignen würde, und dazu, bald weitere Kulturgüter zurückzuholen. Im National Palace Museum werden sie Teil der ungefähr 45 000 Objekte umfassenden Sammlung, die die Geschichte der Dynastie dokumentiert und illustriert. Das alte Format der *Hwansugoyuje*-Zeremonie für ein nationales Ereignis zu instrumentalisieren, knüpft an seinen geschichtsträchtigen Inhalt, die Rückgabe der königlichen Bücher von Chosŏn, an. Gleichzeitig spiegelt es aber auch in einer modernen Art und Weise nationalen Ruhm und nationale Würde, die es in einem »Spektakel der Antiquitäten« zum Ausdruck bringt.[3] Mit dieser Zeremonie feiert die koreanische Regierung die Rückgabe ihrer alten Bücher, ihrer Souveränität und ihrer Vergangenheit.

JI YOUNG PARK

Aus dem Englischen von Philippa Sissis. ■ 1 Kang, **Zustand der Ŭigwe**. ■ 2 »Rückkehr von 1200 Büchern, die vor 100 Jahren nach Japan verbracht wurden«. ■ 3 Takashi, **Splendid Monarchy**, S. 149.

KANG MOON-SIK, »Ilbon gungnaecheong sojang uigweui hyeonhwang-gwa teugjing 日本 宮 內廳 소장 儀軌의 현황과 특징 (Zustand der Ŭigwe im Besitz des Kaiserlichen Hofamts, Japan)«, in: **Kyujanggak** 규장각 39 (2011), S. 151–187.
LEE SANG CHAN, 이상찬, »Ideungbagmun-i yagtalhae gan godoseo josa 伊藤博文이 약탈해 간 고도서 조사 (Vom Generalresident Ito Hirobumi illegal verbrachte Chosŏn-Bücher)«, in: **Hankuksaron** 한국사론 48 (2002), S. 231–282.
TAKAHASHI FUJITANI, **Splendid Monarchy. Power and Pageantry in Modern Japan**, Berkeley 1998.
»Ilbon-e gan doseo 1200, baegnyeonman-ui gwihwan 일본에 간 도서 1천200책, 백년만의 귀환 (Rückkehr von 1200 Büchern, die vor 100 Jahren nach Japan verbracht wurden)«, in: **Yonhap news**, 6. 12. 2011, {www.yna.co.kr/view/AKR20111206191600005}, letzter Zugriff 23. 11. 2020.

Könnt Ihr die Fanfaren hören?
1945

Unter feierlichen Trompetenstößen fahren die Lkws der US-Armee auf der berühmten Piazza della Signoria in Florenz vor. Sie sind mit großen Holzkisten beladen, in denen sich Kunstwerke befinden, die einige Monate zuvor vom Kunstschutz der deutschen Wehrmacht aus der Toskana nach Südtirol abtransportiert worden waren. Eine italienische und eine US-amerikanische Flagge schmücken das erste Fahrzeug. Die Fotografie wurde aus der Loggia dei Lanzi heraus aufgenommen. Ehrengäste sowie US-amerikanische und italienische Offizielle sitzen auf einem blumengeschmückten Podest vor den Stufen der Loggia. Ein Rednerpult mit Mikrofon steht bereit. Links ragt übergroß die Florentiner Lilie, das Wappenzeichen der Stadt, ins Bild. Hunderte Menschen bilden das Publikum der Rückkehrzeremonie.

Mit der Rückführung der Kunstwerke nach Florenz können die US-amerikanischen Kunstschutzoffiziere der Monuments, Fine Arts, and Archives Section ihren → BILD 58
Auftrag öffentlichkeitswirksam vollenden. Sie waren von der Regierung der Vereinigten Staaten entsandt worden, um das europäische Kulturerbe vor Verlusten zu bewahren. Zunächst stand die Gefährdung von Bauwerken und Kunstgütern durch das eigene Militär im Vordergrund. Denn ohne Kenntnis ihrer Lage und Bedeutung fielen Klöster und Kirchen, aber auch Sammlungen und Archive allzu leicht den alliierten Luftangriffen zum Opfer. Besonders schwer wurden etwa die Bestände Mailands und Neapels getroffen. Rom dagegen wurde weitgehend verschont – von deutscher wie von alliierter Seite –, denn für Zerstörungen in der Heiligen Stadt wollte keine der beiden Kriegsparteien verantwortlich sein. Da Italien aber im ganzen Staatsgebiet nur so von kunsthistorisch relevanten Denkmälern übersät ist, hatte der US-Kunstschutz ab 1943 reichlich Arbeit. Doch selbst wenn die Lage schützenswerter Güter dem Militär bekannt war, konnten auch teils schwere Schäden nicht immer vermieden werden.[1]

Diese Kriegsschäden griffen die deutschen Propagandastellen auf, um die Alliierten als »barbarische« Feinde der italienischen Kultur zu denunzieren. Von zerstörten Monumenten fertigten Fotografen der deutschen Kunstschutzeinheit eindrucksvolle Aufnahmen an. So legten die Nationalsozialisten ein umfangreiches Fotoarchiv an, das die »anglo-amerikanische Zerstörungswut« bezeugen sollte. Sogar ein Bildband über die »Kunstschäden« in Italien wurde vorbereitet. Mit diesen und anderen Pro-

79

Diese Fotografie wurde im Auftrag der US-Armee am 21. Juli 1945 in Florenz aufgenommen und wird heute im Nationalarchiv der Vereinigten Staaten in Washington, D.C., verwahrt. So triumphierend der Einzug der Kunstbestände hier inszeniert wurde, so nüchtern lautet doch die Botschaft auf dem Lkw: »Die Florentiner Kunstwerke kehren aus Südtirol zurück in ihre Heimat«.

pagandamitteln versuchten die Deutschen und ihre italienischen Kollaborateure nicht nur, das Ansehen der Alliierten in der Bevölkerung zu beschädigen, sondern auch von den Kunstrauben und den Kulturgutzerstörungen auf der eigenen Seite abzulenken. Beispielsweise gelang es dem Deutschen Militärischen Kunstschutz beim Rückzug aus der Toskana nicht, einen planvollen Abtransport der Florentiner Kunstschätze durchzuführen. Einige Depots wurden eigenmächtig von Soldaten und unter schlechten Bedingungen Richtung Norden transportiert – dabei verschwand manches. Hinzu kamen die organisierten NS-Kunsträuber aus dem »Einsatzstab Reichsleiter Rosenberg« oder der SS, die das Machtgefälle der Besatzungssituation ausnutzten.[2·A]

Nach der Kapitulation fand die US-Armee die Depots mit den ausgelagerten Florentiner Kunstwerken bei Bozen in Südtirol. Die Nazis übergaben sie dem regionalen Leiter der Monuments, Fine Arts, and Archives Section, Frederick Hartt (1914–1991), samt ihren gewissenhaft geführten Akten. Hartt kommentierte in seinem 1949 erschienenen Buch *Florentine Art under Fire* den in seinen Augen überraschend guten Erhaltungszustand der Werke in deutscher Obhut. Weiter berichtet er, die Sammlungen seien zum einen Teil auf der Schiene, zum anderen mit einem gut bewachten Lkw-Konvoi zurück nach Florenz befördert worden. Hartt selber fuhr in einem Auto voraus, um die Übergabe an die italienischen Behörden und die Ankunftszeremonie vorzubereiten.

Für die US-Amerikaner war die Rückgabe der Florentiner Sammlungen an die Stadt eine Gelegenheit, endgültig aus dem Schatten der deutschen Kulturpropaganda zu treten und als wahre Schutzmacht der Museumsbestände zu triumphieren. Hartt musste sich allerdings mit Giovanni Poggi (1880–1961), dem leitenden Denkmalschützer der Region und Direktor der Uffizien, abstimmen. Die Wahl des Schriftzugs für den ersten Wagen, der auch im Foto zu sehen ist, lag bei dem Florentiner. Er entschied sich gegen so offensichtliche Propagandasprüche wie: »Die Florentiner Schätze, gestohlen durch die Deutschen, werden durch die Amerikaner zurückgebracht«. Stattdessen steht dort für die ganze Stadt sichtbar: »Le opere d'arte Fiorentine tornano dall'Alto Adige alla loro sede« (Die Florentiner Kunstwerke kehren aus Südtirol zurück in ihre Heimat). Abgesehen von diesen nüchternen Worten hält sich das Zeremoniell aber verlässlich an eine jahrhundertealte Triumphikonografie, die bis auf die römische Antike zurückgeht.[1] Nach einem siegreichen Krieg wurde der Feldherr im Ritual des Triumphes gefeiert. In seinem Gefolge befanden sich neben den Gefangenen und der Beute auch Staatsdiener, Soldaten und Sänger. Seit → BILD 19

der italienischen Renaissance greifen europäische Herrscherinnen und Herrscher zur Selbstinszenierung auf dieses antike Vorbild zurück. Eine Variation erfährt die Bildform zur Zeit Napoleons: Die Triumphierenden verschwinden aus dem Festzug, die Hauptrolle nehmen jetzt die Kunstwerke ein. So ist es auch noch auf unserer Fo- → BILD 75
tografie von 1945. Anstatt eines prachtvollen Streitwagens fährt jetzt ein Truck der US-Armee im Herzen der Stadt vor. Ein Soldat mit Gewehr und Stahlhelm steht auf der Trittstufe des Lkws, sein rechtes Bein stabil auf den Kotflügel hochgestellt. Seine Erscheinung ist den zwei anmontierten Nationalflaggen der USA und Italiens klar untergeordnet. Die Fahnen antworten im Bildaufbau der Fotografie auf das monumentale Florentiner Wappenzeichen links und markieren weithin sichtbar, wessen politischer Auftritt sich hier abspielt. Dazu verkünden Fanfaren nicht nur die Rück- → BILD 78, 81
kehr der Kulturgüter, sondern auch die Überwindung des Feindes. Es ist Mittag, die → BILD 76, 80
Schatten könnten kaum kürzer sein. Gleich wird einer der Würdenträger aufstehen, an das Rednerpult treten und vom blumengeschmückten Podest herab zur Bevölkerung sprechen. Ein neuer Frieden bricht an, so die Botschaft der Szene.

SIMON LINDNER

1 Coccoli, »Die Denkmäler Italiens und der Krieg«. ■ 2 Fuhrmeister, »Der ›Deutsche Militärische Kunstschutz‹ in Italien«.. ■ 3 Rickert, »Triumph«.

CARLOTTA COCCOLI, »Die Denkmäler Italiens und der Krieg. Die Rolle der ›Monuments, Fine Arts and Archives Subcommission‹ in Italien während des Zweiten Weltkriegs«, in: Christian Fuhrmeister, Johannes Griebel, Stephan Klingen, Ralf Peters (Hg.), Kunsthistoriker im Krieg. Deutscher Militärischer Kunstschutz in Italien 1943–1945. Köln u. a. 2012, S. 75–92.
FREDERICK HARTT, Florentine Art under Fire, Princeton 1949.
LUTZ KLINKHAMMER, »Die Abteilung ›Kunstschutz‹ der deutschen Militärverwaltung in Italien 1943–1945«, in: Quellen und Forschungen aus italienischen Archiven und Bibliotheken 72 (1992), S. 483–549.
YVONNE RICKERT, »Triumph«, in: Uwe Fleckner, Martin Warnke, Hendrik Ziegler (Hg.), Handbuch der politischen Ikonographie, Bd. 2, München 2011, S. 454–462.

ANTHOLOGIE ZU KUNSTRAUB UND KULTURERBE
A Rosenberg (1940/41): Ideologie und Exzess – Die Kulturgut-Raubzüge der National-sozialisten.

Die himmlische Heldentat Franz' I.

1816

Auf einer Muschel tragen die Wellen einen jungen geflügelten Mann auf die Piazza San Marco in Venedig zu. Begleitet wird er von Posaune blasenden Wasserwesen. Auf seinem Muschelschiff sind die vier *Pferde von San Marco* und der *Markuslöwe* zu sehen. Ihm vorauseilend kündigt Victoria, die Göttin des Sieges, seine Ankunft an. Diese allegorische Darstellung der Rückkehr zweier prominenter Kunstwerke nach Venedig setzt vor allem Franz I. (1768–1835), Kaiser von Österreich, in Szene. Seine sogenannte Apotheose (Gottwerdung) zeigt sich als Feier seiner Herrschaft über die Lagunenstadt Venedig. Der strahlende Sonnenaufgang über dem Markusplatz kündigt diese neue Zeit an, die mit der Ankunft der Kunstwerke beginnt, ihrer Rückkehr nach den stürmischen Zeiten der Napoleonischen Kriege und politischen Umwälzungen.

Die Veränderungen für Venedig begannen bereits 1797, als es von Napoleon und seinen Truppen eingenommen wurde: Die Stadtrepublik Venedig verlor ihre Unabhängigkeit. Noch im selben Jahr wurde es im Vertrag von Campoformio von Frankreich mitsamt Venetien, Friaul, Istrien und Dalmatien im Tausch gegen die Lombardei an die österreichische Krone übertragen. Etwa acht Jahre dauerte diese erste Phase der österreichischen Herrschaft. Sie wurde durch die erneute Eroberung durch Napoleon 1805 beendet. Der Vertrag von Campoformio war jedoch ausschlaggebend dafür, dass Venedig 1815, nach dem Sieg über Napoleon, im Wiener Kongress Österreich zugesprochen wurde. Für den Kaiser aus Wien galt es nun, seine Autorität über die einstige Stadtrepublik zu behaupten.

In diesem Kontext entstand die *Apotheose Franz' I.* und wird so klar als Bildpropaganda lesbar, in der die Rückkehr der Stadtikonen Venedigs als politische Geste der Versöhnung der neuen Machthaber mit der Stadt und ihrer Bevölkerung instrumentalisiert wird. Denn diese erwartete von den österreichischen »Befreiern«, dass mit dem seit zehn Jahren herrschenden napoleonischen Regime auch das autoritäre, hohe Steuern fordernde und sich ständig im Krieg befindende System hinter den Truppen abgelöst würde.[1]

Dabei konnte Franz I. sich als Förderer der Stadt inszenieren, denn es waren die französischen Truppen, die 1797 nicht nur Manuskripte und andere Kunstwerke nach Paris mitgenommen, sondern gerade auch die *Pferde* und den *Markuslöwen*

80

Der undatierte Aquatinta-Druck, der die **Apotheose Franz I. von Österreich** zeigt, entstand anlässlich der Rückkehr der **Pferde** und des **Löwen von San Marco** nach Venedig, wahrscheinlich im Jahr 1816. Die allegorische Inszenierung macht den österreichischen Herrscher zum Retter der venezianischen Identität.

abtransportiert hatten. In Paris ließ Napoleon I. (Bonaparte, 1769–1821) im Park der
Tuilerien, in Sichtnähe seiner eigenen Residenz, den Arc du Carrousel erbauen und
bekrönte diesen mit den wieder zu einer Quadriga vervollständigten antiken *Pferden*.
Er stellte sich damit in eine lange Linie von Translokationen der *Pferde*, die der Le-
gende nach zuerst einen Triumphbogen Neros in Rom geschmückt hatten. Von Rom
wurden sie – wahrscheinlich von Konstantin dem Großen im 4. Jahrhundert – nach
Konstantinopel gebracht, um von dort als Beute des Vierten Kreuzzugs im Jahr 1204
nach Venedig zu kommen.[A] Sie sind als antike Plastiken nicht nur ein künstlerisches
Meisterwerk, sondern gleichzeitig ein historisches Artefakt, das die Stadtrepublik
Venedig mit ihrer römischen Vergangenheit verband. Ganz ähnlich ist auch der *Mar-*   → BILD 81
kuslöwe sehr eng mit dem Schicksal der Stadt verknüpft: Hier ist es weniger die
Skulptur als das Motiv, das Träger der langen Historie ist. Im Jahr 828 wurden die
Reliquien des Heiligen Markus von venezianischen Seefahrern aus Alexandria ge-
raubt und in den Dom Venedigs gebracht. Die Translokation von Heiligen, die in ihrer Aneignung zu Schutzherren der neuen Besitzer werden, waren keine Seltenheit.[B]
In der Folge wurde der Löwe, das Attribut des Heiligen Markus, zum Wappentier Venedigs und repräsentierte die Stadt auf Münzen und Siegeln. Napoleon I. ließ bei der
Eroberung Venedigs alle Löwen entfernen, die die Unabhängigkeit der Stadtrepublik
versinnbildlichten. Der *Markuslöwe*, der auf einer Säule auf der Piazzetta gestanden
hatte, wurde in Paris Teil eines Brunnens vor dem Hôtel des Invalides.[2] Mit der Wegnahme dieser beiden Wahrzeichen Venedigs wurde die Stadt also in gewisser Weise
sowohl ihrer römischen als auch ihrer christlichen Geschichte beraubt.

Die Rückführung der *Pferde von San Marco* und des *Löwen* stellt in diesem Zusammenhang eine strategische Geste dar, die nicht nur den österreichischen Herrscher
als Retter des venezianischen Kulturerbes inszenierte. Durch die Rückkehr dieser
eng mit der venezianischen Identität verwachsenen Objekte sollte auch der Stolz und
der Glanz dieser Stadt wiederhergestellt werden, der sich auch über die triumphale
Ausstellung und Aneignung der Bildwerke definierte.

So wünschte es sich zumindest Franz I., der sich hier als der Gönner der Stadt
zeigen wollte. Dafür nutzte er in der Druckgrafik die Mittel der Allegorie – allein
die Rückkehr auf dem Wasserweg scheint dem wirklichen Ablauf der Restitution zu
entsprechen. Bereits die Darstellung des vergöttlichten Franz I. mit der Fahne des
Kaiserreichs Österreich in der Hand scheint eher eine Personifikation der jungen Regierung Österreichs zu sein, ist der Kaiser doch zu diesem Zeitpunkt bereits 48 Jahre
alt. Die Muschel dient ihm als Schiff, welches er durch den dunklen Sturm lenkt,

eine Metapher für die gute Regierung, die das Volk durch die bewegten Wasser der Geschichte steuert. Der Sonnenaufgang, der sich über der Piazzetta Venedigs erhebt, sollte die neue Zeit ankündigen. Doch die politische Vision Franz I. scheint sich nicht zu realisieren. In einem Gedicht August von Platens (1796–1835) von 1825 wird deutlich, dass der alte Ruhm der Stadtrepublik auch durch die Rückkehr der *Pferde* und des *Löwen* nicht wiedererweckt werden konnte: »Venedig liegt nur noch im Land der Träume / Und wirft nur Schatten her aus alten Tagen, / Es liegt der Leu der Republik erschlagen, / Und öde feiern seines Kerkers Räume. // Die ehrnen Hengste, die durch salz'ge Schäume / Dahergeschleppt, auf jener Kirche ragen, / Nicht mehr dieselben sind sie, ach! sie tragen / Des korsikan'schen Überwinders Zäume.«[3]

Durch die Rückkehr der Kunstwerke werden die Umwälzungen nicht ausgelöscht. Es ist nicht die venezianische Republik, die hier die Symbole ihrer langen und stolzen Geschichte, die Zeugnisse ihrer eigenen Eroberungen, zurückerobert. Die Rückgabe durch den neuen fremden Herrscher kann das Ende der Selbstherrschaft und das Trauma der napoleonischen Eroberung und Plünderung nicht auslöschen. Die allegorische Bildpropaganda Franz I. läuft hier ins Leere. Obwohl *Löwe* und *Pferde* wieder an ihrem venezianischen Platz stehen, liegt Venedig »nur noch im Land der Träume«.

PHILIPPA SISSIS

1 Laven, **Venice and Venetia under the Habsburgs**, S. 55. ■ 2 Namer, »Spolia a Venezia nell'Ottocento«. ■ 3 Platen, »Venedig liegt nur noch im Land der Träume«.

CHARLES FREEMAN, **The Horses of St. Mark's. A Story of Triumph in Byzantium, Paris and Venice**, London 2004.

DAVID LAVEN, **Venice and Venetia under the Habsburgs 1815–1835**, Oxford 2002.

AUGUST VON PLATEN, »Venedig liegt nur noch im Land der Träume (1825)«, kommentiert von Simon Lindner, in: **Translocations. Anthologie: Eine Sammlung kommentierter Quellentexte zu Kulturgutverlagerungen seit der Antike**, {translanth.hypotheses.org/ ueber/platen}, letzter Zugriff 23. 11. 2020.

MYRIAM PILUTTI NAMER, »Spolia a Venezia nell'Ottocento. Appunti sui Cavalli e il Leone di San Marco«, in: **Engramma** 111 (2013), S. 10–16.

ANNA GUIDI TONIATO, »Die Pferde von San Marco vom Fall der Republik bis heute«, in: **Die Pferde von San Marco** (Ausst.-Kat. Berlin, Martin-Gropius-Bau), Berlin 1982, S. 77–82.

ANTHOLOGIE ZU KUNSTRAUB UND KULTURERBE

A Choniates (1206): **Die Kreuzfahrer erobern Konstantinopel.** ■ B Halberstädter Bischofschronik (um 1209): **Wie Heiligenreliquien aus Byzanz nach Halberstadt kamen.**

Legitimation der neuen Schutzmacht
1815

Ganz anders als die allegorische Inszenierung der Rückkehr der *Pferde von San Marco* in der *Apotheose Franz' I.* (Bild 80) funktioniert dieses Gemälde Vincenzo Chilones (1758–1839). Erst der konzentrierte Blick erschließt das kleinteilige Bild: Von der Fassade des Markusdoms beherrscht, zeigt der Maler hier die offizielle Zeremonie anlässlich der Rückkehr der bronzenen *Pferde von San Marco* im Jahr 1815. Die Pferde sind gerahmt von den geordneten österreichischen Truppen dargestellt, auf einer hölzernen Plattform vor dem Hauptportal des Markusdoms. Acht Soldaten ziehen diese Plattform an Seilen. Über dem zentralen Torbogen wurden zwei Seilzüge angebracht, um die Pferde wieder auf das Dach der Loggia zu heben. Rechts im Bild wird das Publikum dieser Szene gezeigt: Auf einer erhöhten kleineren Loggia für die eingeladenen Offiziellen oder in der bewegten und winkenden Menge, die in einem geordneten Abschnitt steht. Die im Bild vorherrschenden Fahnen weisen noch einmal auf die österreichische Herrschaft hin, unter der diese Rückkehr gefeiert wird.

Das Bild wurde höchstwahrscheinlich kurz nach 1815 ausgeführt und gehörte Giacomo Treves dei Bonfili, einem jüdischen Finanzier aus Padua. Das Familiengeschäft profitierte von den wirtschaftlichen Privilegien, die Kaiser Franz I. von Österreich erlassen hatte. 1827 kaufte Treves einen Palazzo am Canal Grande und füllte ihn mit seiner reichen Kunstsammlung. In dieser befand sich auch ein weiteres Gemälde desselben Künstlers, das eine *Regatta auf dem Canal Grande* zeigte, die von Treves 1825 als Hommage an das österreichische kaiserliche Paar mit finanziert wurde.[1] Beide Gemälde teilen nicht nur die Größe der Leinwand, sondern vor allem auch die politische Dimension der Motive. Aus diesem Grund wäre anzunehmen, dass Treves sie um 1827 gleichzeitig erwarb und als Pendants in seinem venezianischen Palast ausstellte.

Die bronzenen *Pferde von San Marco* werden hier ein weiteres Mal in ihrer langen Geschichte angeeignet und machtpolitisch umgedeutet. Als nach dem Herkunftsmythos griechisches Kunstwerk waren die Pferde zunächst im antiken Rom und später in Konstantinopel aufgestellt – von dort raubten sie die Venezianer im Vierten Kreuzzug im Jahr 1204. Einige Jahrzehnte nach ihrer Ankunft in Venedig wurden die Pferde auf der oberen Loggia der Fassade des Markusdoms angebracht, über dem zentralen Bogengang, der den Haupteingang der Kirche überragt.

81

Dieses Gemälde des venezianischen Malers Vincenzo Chilone zeigt die Rückkehr der **Pferde**
und des **Löwen von San Marco** in Venedig in den Jahren 1815/16. Die bronzenen Pferde, die auf der
Fassade des Markusdoms aufgestellt waren, wurden 1797, nach dem Einzug der französischen
Armee, nach Paris gebracht. Nach Napoleons Niederlage 1815 kehrten die Pferde an ihren Standort
zurück.

Eine solch prominente Inszenierung auf der Piazza, die als wichtigste Bühne für öffentliche Zeremonien diente, machte die *Pferde* zu einem Symbol des Triumphes, des Ruhms und der Machtlegitimation der Republik Venedig. Ihre Herkunft bezeugte einen Prozess der *translatio imperii*, das heißt eine symbolische Übertragung der Macht von der Antike (Griechenland, Rom und Konstantinopel) hin zum neuzeitlichen Ruhm Venedigs. Die Bekanntheit der *Pferde* wuchs im Laufe der Jahrhunderte dank der Drucke, Gemälde und Berichte von ausländischen Reisenden, die die Stadt und ihre prächtigen Kunstwerke beschrieben.

Nach der Eroberung von Venedig 1797 beschlagnahmten die Truppen Bonapartes die *Pferde* und brachten sie nach Paris. Wieder einmal hatte ihre Wegnahme einen großen symbolischen Wert: Die revolutionäre Ideologie legitimierte die Plünderung Napoleons, indem sie sie mit einem Prozess der politischen Befreiung und der Demokratisierung des kulturellen Erbes verband. Die Ankunft der *Pferde* in Frankreich, → BILD 21 das nun als republikanischer Hort der unangefochtenen Freiheit und damit als geeignetere Heimat für diese Meisterwerke dargestellt wurde, markierte ein neues Kapitel ihrer ruhmreichen Geschichte.

Nach Napoleons Niederlage im Jahr 1815 wurde der Prozess der politischen Restauration von den Ansprüchen der enteigneten Länder auf Rückgabe von Kunstwerken begleitet.[A] Da Venedig nach den politischen Veränderungen während der Napo- → BILD 76 leonischen Kriege nun Provinz des Kaiserreichs Österreich war, handelte dieses die Rückgabe der venezianischen Meisterwerke aus – und inszenierte deren Rückkehr als Zeichen ihrer wohlwollenden Herrschaft für die Bevölkerung. Nach achtzehn Jahren Abwesenheit konnte Venedig am 13. Dezember 1815 endlich die Rückkehr seiner geliebten *Pferde* feiern.

Doch der dokumentarische Anschein der Szene täuscht. Bei genauerem Hinsehen erkennen wir, dass die *Pferde* nicht die einzigen Protagonisten des Bildes sind. Den diagonalen Linien folgend, die von den Soldaten in ihrer steifen perspektivischen Darstellung gebildet werden, führt der Maler unseren Blick auf eine Ansicht der Lagune im Hintergrund. Dort bemerken wir eine zweite Bronzestatue, den geflügelten Löwen, der den Heiligen Markus symbolisiert und auf einer Plattform steht, umgeben von Soldaten. Neben den *Pferden* wartet auch der *Löwe* darauf, wieder an seinen ursprünglichen Standort gehoben zu werden, der sich auf der Säule befand, die auf der Piazza zu sehen ist. Der *Löwe*, ein weiteres bekanntes Wahrzeichen der venezianischen Herrschaft, war 1797 ebenso von der französischen Armee beschlagnahmt worden, aber seine Rückkehr erfolgte erst ein paar Monate später, im April 1816.

Trotz seiner scheinbar neutralen und präzisen Wiedergabe ist das Gemälde in Wirklichkeit eine fiktive Rekonstruktion, die zwei verschiedene Momente in der Zeit miteinander verschmilzt, indem sie diese im selben Raum darstellt: Der Maler hat nicht die Absicht, ein historisches Ereignis zu beschreiben, sondern vielmehr die politische Macht zu feiern, die die Restitutionen ermöglichte. Indem die österreichische Regierung die Zeichen ihrer politischen Herrschaft nach Venedig zurückbringt, will sie das historische Trauma heilen, das der Verlust der Freiheit im kollektiven Gedächtnis der venezianischen Bevölkerung geschaffen hat. Der *Löwe* und die *Pferde* als Bilder wiederhergestellter Würde und wiedererlangter Größe versöhnten die Stadt mit ihrer eigenen Geschichte und unterstrichen eine rhetorische Kontinuität zwischen der Republik und der österreichischen Herrschaft. Das Bild bringt den großzügigen Schutz der neuen Herrscher zum Ausdruck und ermöglicht es Venedig, endlich wieder seine wertvollsten Symbole zu vereinen.

Indem es eine öffentliche Feier in ein Bild von Hierarchie, Autorität und friedlicher Ordnung verwandelt, ist Chilones Gemälde ein bemerkenswertes Beispiel dafür, wie die Verlagerung von Kulturgütern und ihre rhetorische Darstellung als Instrumente der politischen Legitimation dienen können.

MATILDE CARTOLARI

Aus dem Englischen von Philippa Sissis. ■ Die Autorin dankt Martina Massaro für den ergebnisreichen Austausch über die Provenienz des Gemäldes im Zusammenhang mit Treves Sammlungstätigkeit. ■ 1 Pavanello, **Venezia nell'età di Canova**; Massaro, **Giacomo Treves dei Bonfili collezionista e mecenate**, S. 352 u. Abbildung 7.

ELENA CATRA, »Il glorioso e polemico ritorno delle opere d'arte requisite da Napoleone. I Cavalli di San Marco e il Giove Egioco«, in: Paola Marini, Fernando Mazzocca, Roberto De Feo (Hg.), **Canova, Hayez, Cicognara. L'ultima gloria di Venezia**, Venedig 2017, S. 156–159.

SERGIO MARINELLI, GIUSEPPE MAZZARIOL, FERNANDO MAZZOCCA, **Il Veneto e l'Austria. Vita e cultura artistica nelle città venete (1814–1866)**, Mailand 1989.

MASSIMILIANO PAVAN, »Canova e il problema dei cavalli di San Marco«, in: ders., **Scritti su Canova e il Neoclassicismo**, Possagno 2004, S. 319–342.

GIUSEPPE PAVANELLO, Kat.-Nr. 241 u. 242, in: Elena Bassi u. a. (Hg.), **Venezia nell'età di Canova, 1780–1830** (Ausst.-Kat. Venedig, Museo Correr), Venedig 1978, S. 167.

MARTINA MASSARO, **Giacomo Treves dei Bonfili collezionista e mecenate (1788–1885). La raccolta di un filantropo patriota**, Diss., Università Venedig, 2013/14.

ANTHOLOGIE ZU KUNSTRAUB UND KULTURERBE

A Castlereagh (1815): **Kunstwerke als Vertreter der Macht.**

Die Rückkehr auf der Marke
1998

Eine in Teile zerlegte beschriftete Stele, die an Seilen bewegt wird, im Hintergrund die italienische Halbinsel mit Rom; ein hoher Obelisk inmitten einer römischen Straßenszene mit Autos, erkennbar durch die Kuppel des Petersdoms; zuletzt derselbe Obelisk mit zwei kleinen Details – der Karte Äthiopiens mit der Stadt Axum und eine Ansicht dieser Stadt mit dem Stelenfeld im Vordergrund, von welchem der Obelisk 1937 weggenommen wurde. Die Serie von drei Briefmarken entstand in der Folge eines Beschlusses der italienischen Regierung am 3. März 1997. In diesem kündigte sie die Rückgabe des Obelisken für das folgende Jahr an. Die Briefmarkenserie, vom äthiopischen Grafiker Bogale Belachew entworfen, erschien am 3. September 1998 in einer Auflage von 100 000 Exemplaren.[1] Doch der Obelisk befand sich weiterhin in Rom: Er stand seit 1937 auf der Piazza di Porta Capena vor dem Gebäude, das unter der Diktatur Benito Mussolinis (1883–1945) das »Ministerium des italienischen Afrika« beherbergte. Er gehörte zu einer ganzen Reihe von Beutestücken, die die Truppen des faschistischen Italien nach ihrer Eroberung Äthiopiens 1935/36 nach Italien brachten. Dabei ging es nicht nur um die Aneignung dieser Objekte – es sollten auch alle Monumente der äthiopischen Unabhängigkeit entfernt werden.

Gerade durch ihre Symbolkraft erweckte die 24 Meter hohe Granitstele, die zwischen 100 und 300 nach Christus in Axum, der früheren Hauptstadt des spätantiken Königreichs von Axum, aufgestellt worden war, das Interesse Mussolinis. Dieser wollte in die kultursymbolischen Fußstapfen antiker römischer Invasoren treten und selbst das öffentliche Stadtbild Roms mit Trophäen seiner Siege schmücken. → BILD 11, 23, 41 Darunter zum Beispiel auch der *Löwe von Juda*, eine Skulptur des biblischen Löwen als Zeichen der familiären Linie Judas, auf die sich auch die Wurzel der äthiopischen Königslinie zurückführt. Die Plünderungen und Verlagerungen insbesondere dieser symbolischen Kulturgüter nach Italien lösten in Äthiopien von Beginn an deutliche Proteste aus.

Nach dem Ende des Zweiten Weltkriegs wurde die Frage der äthiopischen Objekte im Rahmen der Friedensverträge mitverhandelt. Die italienische Regierung verpflichtete sich 1947, dass »innerhalb von 18 Monaten [...] alle Kunstwerke, liturgischen Objekte, Archivmaterialien und Objekte von historischem Wert, die Äthiopien oder seinen Staatsangehörigen gehörten und seit dem 3. Oktober 1935 aus Äthiopien

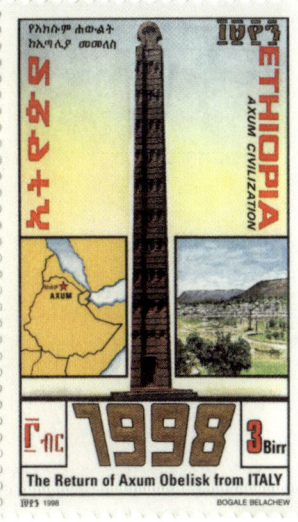

82

Diese Briefmarkenserie des äthiopischen Grafikkünstlers Bogale Belachew entstand 1998 vor der tatsächlichen Rückkehr des Obelisken nach Axum. Die Beschriftung zeigt neben englischen Bezeichnungen dieselben Worte in Ge'ez, altäthiopischen Schriftzeichen. Der Wert der Marken steigt von der Wegnahme bis zur Rückkehr des Obelisken von 45 Cent auf 3 Birr an.

weggebracht wurden, zurückgegeben würden«.[2] Nachdem diese Frist erfolglos verstrichen war, nahm man die Verhandlungen wieder auf. Während Archivmaterialien, verschiedene Kunstobjekte und sogar der *Löwe von Juda* im Jahr 1969 nach Äthiopien zurückkehrten, verblieb der Obelisk in Rom. Gerade die Dauer des Rückforderungsprozesses reaktiviert jedoch in Äthiopien die Referenz auf das Königreich Axum als Fundament der nationalen Identität.[3]

1992 wurde das Aksum Obelisk Return Committee gegründet, welches nun die Verhandlungen im Namen der äthiopischen Regierung übernahm und den Druck auch durch internationale Unterstützer und Wissenschaftler, wie zum Beispiel Richard Pankhurst (1927–2017), erhöhte.

Auch nach dem erneuten Abkommen im Jahr 1997 schien es, als würde die italienische Regierung die Rückgabe wieder verschleppen. Trotzdem ließ die äthiopische Regierung in Erwartung dieses Ereignisses die Briefmarkenserie realisieren. Die Briefmarke als postalisches Zahlungsmittel war von den britischen Autoritäten eingeführt worden, die sich im Rahmen der sogenannten Mäqdäla-Expedition 1868 in Äthiopien aufhielten.[A] Die erste äthiopische Briefmarke erschien 1894 unter der Herrschaft des Kaisers Menelik II. (reg. 1889–1913). Sie zeigte das Porträt des Kaisers und den *Löwen von Juda*.[4] Ganz allgemein stellt die Briefmarke ein Medium dar, das staatlich gewählte Motive im ganzen Land und auf internationalen Briefen über die Grenzen hinaus zirkulieren und durch die Hände einer breiten Masse von Publikum gehen ließ. Sie eignen sich besonders gut, um Propaganda und Bildpolitik an Massen zu kommunizieren.

→ BILD 35

Die Briemarken Belachews inszenieren den Obelisken zwischen europäischer und äthiopischer Kultur: Neben den Schriftzeichen in Ge'ez sind alle Beschriftungen auch auf Englisch zu lesen. Er nutzt die ikonische Bekanntheit der Kuppel des Petersdoms, um den Obelisken in Italien zu verorten. Gleichzeitig verweist er mit der Beschriftung ኢትዮጵያ (Axum-Zivilisation), die auf allen drei Marken unter Äthiopien angebracht ist, auf die alte Geschichte, die Äthiopiens Kultur geprägt hat, ein spätantikes Königreich, das das Christentum adoptierte, als dieses auch in Rom zur Religion des Herrschers wurde. Der bedeutenden kulturhistorischen Vergangenheit steht in diesem Nebeneinander also die äthiopische Vergangenheit auf Augenhöhe gegenüber. Gleichzeitig verweist die kleine Ansicht des Stelenfeldes auf der letzten Marke auf den Platz, an welchem sich der Obelisk ursprünglich befand und wo er in weiteren Stelen sein Gegenüber hat. Die Serie der drei Briefmarken wird so zu einem Mittel, um das Gefühl der nationalen Identität unter Verweis auf die durch

→ BILD 42, 4:

den Obelisken repräsentierte Geschichte Äthiopiens zu festigen. Ganz ähnlich ist eine weitere Briefmarkenserie desselben Grafikers zu sehen: 2002 schuf Belachew Darstellungen von Waakka-Plastiken der Konso, die im Süden Äthiopiens leben. Die aus Baumstämmen herausgeschlagenen monumentalen Menschenfiguren, die im Freien in Gruppen aufgestellt wurden, waren lange wenig beachtet. Dieser Umstand ließ auch sie zu Objekten werden, die außer Landes geschmuggelt wurden und sich nun in verschiedenen europäischen Sammlungen befinden.[5] Durch die Briefmarken, die seit 2002 im Umlauf waren und weiterhin sind, wurde jedoch ein öffentliches Bewusstsein für diese Kulturgüter geschaffen, die als Zeugen der eigenen facettenreichen Kultur zu bewahren sind.

Die Briefmarken, die die Rückkehr des Obelisken von Axum abbilden, bevor dieser die römische Piazza verlassen hatte, zeigten nicht nur der äthiopischen Bevölkerung, dass der Platz desselben in Axum sei. Sie vermittelten dies über das Medium der Briefmarke in die ganze Welt. Sie halten außerdem fest, dass die spätantike Stele für 65 Jahre Teil des Stadtbildes Roms war. 2005 endlich wurde der Obelisk nach Äthiopien transportiert und 2008 wieder in Axum aufgestellt.

→ BILD 86

GIDENA MESFIN KEBEDE UND PHILIPPA SISSIS

1 Ficquet, »La stèle éthiopienne de Rome«, S. 369. ■ 2 Zit. n. Pankhurst, »Ethiopia, the Aksum Obelisk, and the Return of Africa's Cultural Heritage«, S. 236 (Ü: Philippa Sissis). ■ 3 Ficquet, »La stèle éthiopienne de Rome«, S. 379. ■ 4 Sciaky, Ethiopia 1867–1936, S. 108. ■ 5 Gellebo, »Waakka«, S. 56.

ÉLOI FICQUET, »La stèle éthiopienne de Rome. Objet d'un conflit de mémoires«, in: Cahiers d'Études Africaines 44 (2004), S. 369–385.

KANSITE GELLEBO, »Waakka. Contemporary Contexts of Memorial Emblems for Konso Heroes«, in: ITYOPIS. Northeast African Journal of Social Sciences and Humanities, Extra Issue 3 (2018), S. 51–62.

RICHARD PANKHURST, »Ethiopia and the Loot of the Italian Invasion 1935–1936«, in: Présence Africaine Editions 72 (1969), S. 86–95.

RICHARD PANKHURST, »Ethiopia, the Aksum Obelisk, and the Return of Africa's Cultural Heritage«, in: African Affairs 98 (1999), S. 229–239.

ROBERTO SCIAKY, Ethiopia 1867–1936. History, Stamps and Postal History, Modena 2001.

ANTHOLOGIE ZU KUNSTRAUB UND KULTURERBE
A Stanley (1874): Die Plünderung von Mäqdäla.

Lieber Helmut, lass uns schweigen!
1994

Auf France 2, dem zweiten öffentlichen Kanal, berichtet Daniel Bilalian über den 63. deutsch-französischen Gipfel:

> »Guten Tag, meine Damen und Herren. Der deutsche Bundeskanzler Helmut Kohl hat heute anlässlich des deutsch-französischen Gipfeltreffens in Mulhouse dem Präsidenten der Republik offiziell ein Gemälde von Claude Monet zurückgegeben, das im letzten Weltkrieg geraubt wurde und in einem ostdeutschen Museum ausgestellt war. Weitere 27 Gemälde werden in den kommenden Wochen restituiert, entweder an französische Museen oder an die Familien der Besitzer, wenn sie noch leben.«[1]

Es folgt eine Reportage aus Mulhouse: Helmut Kohl (1930–2017) und François Mitterrand (1916–1996) sitzen an einem weiß gedeckten Tisch. Vor ihnen liegt ein imposantes Blumenarrangement. Hinter ihnen ist das Gemälde von Claude Monet (1840–1926) auf einer Staffelei zu sehen, noch weiter hinten schmücken Tapisserien mit bukolischen Szenen die Wände des Festsaals. Ein Oldtimer lugt hinter einer Säule hervor. Die Szene spielt im Automobilmuseum. Gleich werden die Politiker essen und vorher Reden halten: Jetzt stehen Kohl und Mitterrand auf, sie stoßen an. In einem kurzen Interview erläutert Kulturminister Jacques Toubon (*1941) die historischen Hintergründe der gerade erfolgten Restitution. Er erwähnt Göring und die Wehrmacht, die »während des Kriegs viele Werke aus ganz Europa, besonders aus Frankreich, mitgenommen haben«, sowie den Mauerfall, der es ermöglicht hat, »Verhandlungen wiederaufzunehmen«. Ein zugeschalteter Reporter bringt am Ende die Botschaft auf den Punkt: »Dieses symbolische Ereignis hier in Mulhouse hatte vor allem einen Zweck: nämlich zu beweisen, dass es der deutsch-französischen Freundschaft gut geht.« Zurück ins Studio. Und »die Familien der Besitzer, wenn sie noch leben«? – Auf sie wird nicht näher eingegangen.

Wir schreiben das Jahr 1994. Über den NS-Kunstraub in Europa, die Einverleibung Hunderter von Kunstwerken aus ehemaligem jüdischem Besitz in staatliche Museen wird damals weder in Frankreich noch in Deutschland offen gesprochen, erst recht nicht im Fernsehen. Zwar wissen beiderseits des Rheins hochrangige Museumsleute und auch die Politik über diese Angelegenheit offensichtlich gut Be-

83

Der Pressefotograf Jean-Philippe Ksiazek machte diese Aufnahme für die Agence France-Presse am 30. Mai 1994 im elsässischen Mulhouse (Mülhausen). Sie hält nicht nur einen Moment deutsch-französischer Freundschaft fest, sondern ist ein Dokument des einvernehmlichen Schweigens im Moment der Restitution.

scheid. Doch ihr Wissen bleibt Insiderwissen, und die breite Öffentlichkeit darf im historischen Nebel tappen. Davon zeugt nicht nur die fröhlich-blindfleckige Bericht-erstattung aus Mulhouse. Auch die Dankesrede, die Mitterrand damals hielt, ist ein Monument verweigerter historischer Aufklärung.[A] Sie ist überliefert und beginnt in deutscher Übersetzung folgendermaßen:

> »Sehr geehrter Herr Kanzler, ich werde in dem Stil weitermachen, den Sie selbst gewählt haben, lieber Helmut. Die Rückkehr von Kunstwerken nach Frankreich, die bekanntermaßen ein außergewöhnliches Element unseres Kulturerbes dar-stellen, verdankt sich einer wirklich außergewöhnlichen Geste des Bundeskanz-lers Kohl und der Regierung der Bundesrepublik Deutschland. Jeder hier wird die Wichtigkeit und die Merkwürdigkeit [*étrangeté*] dieser Geste ermessen können. Bislang sind alle Museen Europas – ich will nicht von anderen Weltteilen spre-chen, das wäre zu allgemein – voller Werke, die unter Bedingungen erworben oder erobert wurden, auf denen man gar nicht länger herumzureiten braucht. Ich kenne nur wenige Fälle, in denen ein Land, das in den Besitz solch wertvol-ler Kunstwerke gelangt ist, ihre Restitution an ein befreundetes Land erwägen würde.«[2]

Wir hören richtig: »Bislang sind alle Museen Europas [...] voller Werke, die unter Be-dingungen *erworben* oder *erobert* wurden, auf denen man gar nicht länger herumzu-reiten braucht.« ... Das sagt Mitterrand mit all der Autorität seines Amtes und seines Alters. Er ist Jahrgang 1916, 78 Jahre alt, Kohl 64, sie wissen Bescheid. Historische Transparenz würde an dieser Stelle möglicherweise Unruhe bringen, vielleicht sogar sichtbar machen, dass viele Museen in Europa von der Verfolgung und Vernichtung jüdischer Menschen in Europa profitiert haben. Oder man müsste über die Kolla-boration der Franzosen mit den Deutschen auf dem Kunstmarkt sprechen. Oder es könnte deutlich werden, dass die Museen, diese Säulen der europäischen Kultur, Ar-chive nicht nur des Schönen und des Erhabenen, sondern auch des Schreckens sind.

Von einer Restitution im heutigen Sinne kann man daher nicht sprechen; viel-mehr handelt es sich um eine Übergabe in direkter Tradition der in der Nachkriegs-zeit üblichen Handhabung von sogenannter »herrenloser« Kunst. Nach 1945 wurden Kunstwerke, die nicht zugeordnet werden konnten, oft summarisch an ein ange-nommenes Herkunftsland zurückgeschickt. So kamen zahlreiche europäische Mu-seen zu umfangreichen Beständen in kommissarischer Verwahrung. Die Institution Museum galt als über jeden Zweifel erhabenes Repositorium für solche Gegenstände, schließlich war es der Ort, an dem das kulturelle Erbe einer Nation gesammelt, bewahrt und erforscht wurde.

Erbberechtigte der ursprünglichen Eigentümer und Eigentümerinnen trafen dagegen auf ihrer oft Jahrzehnte dauernden Suche nach verschwundenen Kunstgegenständen ihrer Familien auch in Frankreich auf schweigende Ansprechpersonen, langwierige Bürokratie und juristische Komplexitäten. Durch Buch- und Artikelveröffentlichungen, die die genaue Herkunft von Sammlungsbeständen in den Blick der Öffentlichkeit rückten,[3] und schließlich mit der Washingtoner Erklärung von 1998[B] gerieten europäische Museen in eine ungewohnte Situation: Sie mussten sich für ihre Arbeit rechtfertigen, ihre Archive und Akquisitionsverfahren offenlegen und als selbstverständlich angesehene Objekte abgeben oder neu erwerben. Der im Foto gezeigte Monet befindet sich übrigens – wie auch viele andere Kunstwerke mit bis heute ungeklärten Provenienzen – weiterhin in der Obhut eines staatlichen französischen Museums, in diesem Fall des Musée des Beaux-Arts in Rouen.[4]

SUSANNE MEYER-ABICH

Der Kommentar basiert in Teilen auf bereits publiziertem Material von Bénédicte Savoy. ■ 1 Bilalian, **Journal de 13 heures** (Ü. aller Zitate: Bénédicte Savoy). ■ 2 Mitterrand, »Allocution sur la restitution«. ■ 3 Nicholas, **Rape of Europa**; Feliciano, **Lost Museum**. ■ 4 »Route, effet de neige, soleil couchant«.

DANIEL BILALIAN, »Journal de 13 heures«, in: France 2, 31. 5. 1994, Archiv des Institut national de l'audiovisuel (INA).
HECTOR FELICIANO, **The Lost Museum. The Nazi Conspiracy to Steal the World's Greatest Works of Art**, New York 1997.
FRANÇOIS MITTERRAND, »Allocution sur la restitution à la France d'une collection de tableaux, notamment du peintre Claude Monet, l'amitié et la coopération franco-allemandes«, Rede am 30. Mai 1994, {www.vie-publique.fr/discours/130508-allocution-de-m-francois-mitterrand-president-de-la-republique-sur-l}, letzter Zugriff 23. 11. 2020.
»Route, effet de neige, soleil couchant«, {mbarouen.fr/en/oeuvres/route-effet-de-neige-soleil-couchant-road-snow-effect-sunset}, letzter Zugriff 23. 11. 2020.
LYNN NICHOLAS, **The Rape of Europa. The Fate of Europe's Treasures in the Third Reich and the Second World War**, New York 1994.

ANTHOLOGIE ZU KUNSTRAUB UND KULTURERBE
A Mitterrand (1994): **Das Gastgeschenk: Restitution nach Versöhnung und Wiedervereinigung.** ■ B Eizenstat u. a. (1998): **Das Bemühen um eine »gerechte und faire Lösung«.**

Eine protokollarische Herausforderung
2019

Dakar, den 17. November 2019. Der französische Premierminister Édouard Philippe (*1970) und der senegalesische Staatspräsident Macky Sall (*1961) halten gemeinsam ein flaches rotes Samtkissen mit goldener Borte und großen Quasten, ein sogenanntes Ordens- oder Präsentationskissen. Darauf liegt ein Säbel, der El Hadj ʿUmar Tall (1797–1864) gehört haben soll. Wie gespiegelt scheint die Kleidung der Staatsmänner, blauer Anzug, weißes Hemd, Manschettenknöpfe, und beide tragen Senegals höchste Auszeichnung, den Nationalen Löwenorden, am linken Revers. Sall hat ihn Philippe soeben verliehen, auch davon gibt es Fotos. Die Krawatten unterscheiden sich in ihrer Bläue um eine knappe Lichtnuance. Ansonsten sind sie gleich: Zwei Staatsmänner der 2010er-Jahre, wie sie im Buche stehen. Elegant, angepasst, männlich, zwischen fünfzig und sechzig. Doch nur einer schaut uns an.

Das ist Macky Sall, geboren in Fatick, einer kleinen Stadt südöstlich von Dakar. Er wurde erst Ingenieur und Bürgermeister, 2012 dann Präsident der Republik Senegal. Als solcher residiert er und empfängt seine Gäste im Palais de la République, einem prächtigen weißen Haus aus kolonialen Zeiten im Herzen der Hauptstadt Dakar. Früher war der legendäre Léopold Sédar Senghor (1906–2001) hier zu Hause, der erste Präsident des 1960 unabhängig gewordenen Senegal, einer der Urväter des Panafrikanismus, Dichter und Förderer der Künste. Auf ihn gehen die schwindelerregend schönen Tapisserien an den Wänden der Empfangsräume von Salls Residenz zurück, großflächige Kompositionen aus der 1965 gegründeten Manufaktur von Thiès unweit der senegalesischen Hauptstadt. Diese monumentalen Textilarbeiten gelten als Meisterwerke der sogenannten *École de Dakar*, jener staatlich geförderten Kunstrichtung, mit der Senghor Modernität und Afrikanität zu paaren suchte.[1]

Hinter Sall und Philippe explodieren die Farben und Linien einer fast 20 Quadratmeter großen Tapisserie von Ibou Diouf (1941–2017), *Les Nuits de Thierno*, ein Werk der frühen 1970er-Jahre.[2] Ein schwarzes Herz, wie ein Gesicht, schwebt über Salls Kopf. Hinter dem Kissen ragt gelb auf schwarz so etwas wie eine Säule hervor.

Das Schwert liegt auf dem Kissen und daneben dessen Scheide. Das Dispositiv sagt: Achtung! Besondere Waffe, besonderer Anlass! Sonst ist dem Bild nicht zu entnehmen, was sich hier abspielt. Nur ein Hauch von Verlegenheit auf den Gesichtern der Protagonisten lässt erahnen, dass das Kissen in ihrer Mitte eine protokollarische

84

Das Foto, das die feierliche Übergabe des Säbels El Hadj 'Umar Talls dokumentiert, ist eine Inszenierung von politischer Restitutionsrhetorik. Als Schaubild postkolonialer Versöhnung dokumentiert es jedoch vor allem politisches Theater.

Herausforderung ist. Denn tatsächlich gehört das, was die beiden vor laufenden Kameras zu performen haben, nicht zum Standard eingeübter Staatsgesten, jedenfalls nicht im 21. Jahrhundert und auch nicht im afrikanisch-französischen Kontext. Es geht um eine Restitution.

Der Fall ist vielschichtig. Frankreich gibt ein Schwert nach Senegal zurück, das sich bereits seit Monaten in Senegal befindet, prominent sichtbar in einer Vitrine des Ende 2018 eröffneten, riesigen Musée des Civilisations Noires unweit des Präsidentenpalastes. Das Musée de l'Armée in Paris hatte das Schwert und seine Scheide dorthin ausgeliehen. Sie gehören eigentlich zu einem umfangreichen Konvolut von persönlichen Gegenständen, Kleidungs- und Schmuckstücken, über 500 kostbaren Handschriften und vielem mehr. Diese wurden 1890 im Zuge der Plünderung des Königspalastes von Ségou, der Hauptstadt des Tukulor-Reichs, sowie der blutigen Einnahme von Ouossebougou (ebenfalls Mali) von einem Oberst der französischen Armee namens Louis Archinard (1850–1932) erbeutet. Später überließ er die Objekte diversen Einrichtungen in Frankreich als Geschenk oder sie wurden zugunsten der Staatskasse versteigert. Vor ihrer Wegnahme gehörten die Objekte dem spirituellen Führer und Feldherrn 'Umar Tall und seinem Sohn Ahmadu Schechu Tall (1836–1897), zwei antikolonialen Helden der westafrikanischen Historiografie. Beide kostete der Kampf gegen den französischen Eindringling das Leben.[3]

Als Édouard Philippe Macky Sall die Waffe übergibt, sind die Nachkommen von 'Umar Tall anwesend. Sie sitzen in den ersten Reihen. Die »famille oumarienne«, wie sie genannt wird, bildet bis heute eine große einflussreiche Gemeinschaft, die über den Senegal, Mali, Mauretanien und Guinea – wo das historische Reich der Tukulor sich erstreckte – verteilt ist. Jedes Jahr organisieren sie eine Zusammenkunft, in deren Zentrum das spirituelle Erbe 'Umar Talls steht. Seit Mitte der Neunzigerjahre fordert sie von den französischen Behörden die Rückgabe der Reliquien ihres Gründers und die Digitalisierung seiner Manuskripte, die sich bis heute in der Bibliothèque nationale in Paris befinden.[4] Die feierliche Restitution des Schwertes ist eine erste, symbolische Antwort.

Doch eine wirkliche Restitution ist es noch nicht, was Sall und Philippe da inszenieren. Denn der »Code du Patrimoine« erklärt alle Güter aus öffentlichen Einrichtungen in Frankreich, und mithin aus den Sammlungen der nationalen Museen, für »inalienable«, das heißt für immer unveräußerlich. Um sie zurückzugeben, muss ein Sondergesetz her. Und dieses existierte Ende 2019 noch nicht. Also erklärte der Premierminister in Dakar, es handele sich um »den ersten Schritt« in einem Prozess.[5]

Wir fassen zusammen: Édouard Philippe kommt im November 2019 nach Dakar, um die Ende des 19. Jahrhunderts im Rahmen der aggressiven Kolonialpolitik Frankreichs erbeutete Waffe eines heute weit über die Grenzen Senegals hinaus $\rightarrow$ BILD 3, 31 hochverehrten spirituellen Führers an den Präsidenten von Senegal zurückzugeben. Diese Waffe bringt er nicht aus Paris mit, denn sie ist schon längst im Senegal. Auch eine Urkunde zur Rückübertragung des Besitztitels, wie man sie vielleicht als offizielles Dokument bei einem Restitutionsakt hätte erwarten können, bringt Philippe offenbar nicht mit. Denn dafür fehlt die gesetzliche Grundlage. Diese wurde erst ein Jahr später, am 17. Dezember 2020, in der französischen Nationalversammlung verabschiedet. Was also geht hier ab? Eine rein symbolische Handlung? Eine Demonstration staatlicher Bild- und Objektpolitik? Ein Spektakel der Macht? Berührend und eindrucksvoll sei nach der Mitteilung einer Anwesenden dabei vor allem das gewesen, was außerhalb des Bildes geschah: »Und danach war es ein chaotisches und freudvolles Gefecht, weil jeder das Schwert anfassen wollte (und es auch tat), wobei der Museumsdirektor Hamady Bocoum heldenhaft versuchte, die Reliquie zu schützen, ohne dabei die Emotionen der Menschen allzu sehr zu verhindern.«

FELWINE SARR UND BÉNÉDICTE SAVOY

Dank an Nora Philippe (Paris) für ihre wertvollen Beobachtungen. ■ 1 Belting / Buddensieg, **Ein Afrikaner in Paris**, S. 211–229. ■ 2 Diouf / Mbaye, »Senghor?«, S. 29. ■ 3 Foliard, »Les vies du ›trésor de Ségou‹«. ■ 4 Sarr / Savoy, **Zurückgeben**, S. 72, 107, 130. ■ 5 Philippe, »Déclaration à l'occasion de la remise du sabre d'El Hadj Oumar Tall au Sénégal«.

IBOU DIOUF, MASSAMBA MBAYE, »Senghor? L'impossible témoignage …«, in: **Afrik'Art** 3 (2006), S. 28 f.

HANS BELTING, ANDREA BUDDENSIEG, **Ein Afrikaner in Paris. Léopold Sédar Senghor und die Zukunft der Moderne**, München 2018.

DANIEL FOLIARD, »Les vies du ›trésor de Ségou‹«, in: **Revue historique**, Nr. 688 (2018), S. 869–898.

EDOUARD PHILIPPE, »Déclaration à l'occasion de la remise du sabre d'El Hadj Oumar Tall au Sénégal«, Rede am 18. November 2019 in Dakar, {www.gouvernement.fr/partage/11256-declaration-suite-a-l-engagement-du-processus-de-restitution-au-senegal-du-sabre-d-el-hadj-oumar}, letzter Zugriff 15. 1. 2020.

FELWINE SARR, BÉNÉDICTE SAVOY, **Zurückgeben. Über die Restitution afrikanischer Kulturgüter**, Berlin 2019.

Eine erträumte Papstaudienz

um 1830

Ein Kistendeckel im rechten Bildvordergrund zeigt an, woher die Kunstwerke gerade zurückkehren. Gut lesbar steht dort die Aufschrift des Pariser Zolls: »Douane de Paris«. Ringsherum sind berühmte Schätze aus den päpstlichen Sammlungen wiederzuerkennen: der *Torso* und dahinter der *Apoll vom Belvedere*, der halb versteckte *Zeus von Otricoli* sowie – auf ein Podest gehoben – die gewaltige Gruppe des *Laokoon*. Daneben vervollständigt die riesige Tafel der *Transfiguration*, Raffaels (1483–1520) letztes Werk, diese beeindruckende Ansammlung europäischer Meisterwerke. Weitere Gemälde werden gerade aus Kisten genommen und direkt durch das Tor auf der linken Seite, das die Aufschrift »Ingresso al Museo« (Eingang zum Museum) trägt, ins Museum gebracht.

Tatsächlich gab es bei der Rückkehr der Kunstwerke nach Rom aus diplomatischen Gründen keine offizielle Zeremonie. Auch war der Zeichner dieses Blattes, Pietro Paoletti (1801–1847), nicht in der Stadt, als die Kunstwerke 1816 eintrafen. Dennoch gibt es für die Gestaltung des Bildes gute Gründe.

Die Szene spielt sich im Damasus-Hof ab, der zwischen der Residenz des Papstes und den vatikanischen Museen liegt. Seit 1811 befindet sich in diesem Hof der neue Eingang zu den vatikanischen Museen, den die Zeichnung zeigt. In das darin enthaltene Museo Pio Clementino gehörten auch die abgebildeten antiken Statuen. Dieses Museum war am Ende des 18. Jahrhunderts gegründet worden, noch bevor der Louvre eröffnete. Außerdem ist es der Ort, an dem Raffael im 16. Jahrhundert arbeitete und einige seiner bedeutendsten Fresken schuf (in den Loggien und den angrenzenden Räumen). Daher konnte der Hof als doppelte – historische und museale – Wiege gelten, wohin die Kunstwerke natürlicherweise gehörten und schließlich zurückkehrten.

Nachdem sich der Vatikan 1797 den Truppen Bonapartes ergeben hatte, nahmen die Franzosen ausgewählte Werke der Sammlungen mit nach Paris. Entsprechend der Revolutionsideologie sollte ihre Ausstellung in den neu entstandenen französischen öffentlichen Museen die vorhergehende aristokratische und kirchliche Kultur demokratisieren. Napoleons Niederlage im Jahr 1815 zog jedoch die Forderung nach Rückgaben durch die wiedereingesetzten Herrscher nach sich.[A] In dieser schwierigen politischen Situation wandte sich Papst Pius VII. (1742–1823) an Antonio Canova (1757–1822), der europaweit als einer der größten Künstler seiner Zeit anerkannt

→ BILD 21, 22
→ BILD 73, 75

Canova presenta a Pio VII in Vaticano li Monumenti della Gloria Italiana ricuperati in Parigi l'anno MDCCCXIV

Die Zeichnung des venezianischen Malers Pietro Paoletti trägt eine italienische Bildunterschift: »Canova präsentiert Pius VII. im Vatikan die Monumente des Ruhms Italiens, aus Paris zurück- gewonnen im Jahr 1814«. Der Graf Leopoldo Cicognara erhielt die Zeichnung 1830 von Paoletti und integrierte sie in ein Sammelalbum, das sich heute in der Zeichnungs- und Kupferstichsammlung der Musei Civici in Venedig befindet.

war und deshalb eine unangreifbare Autorität darstellte. Nur dank dessen internationaler Bekanntheit und diplomatischen Fähigkeiten erhielt der Papst die Unterstützung der europäischen Königreiche und konnte die vatikanischen Sammlungen größtenteils zurückgewinnen. Dementsprechend ist Canova in der Zeichnung von Paoletti der Protagonist. Feierlich präsentiert er dem Papst die herausragenden Ergebnisse seiner Mission.

Der erste Besitzer der Zeichnung war Leopoldo Cicognara (1767–1834), ein enger Freund Canovas. Während dessen Aufenthalt in Paris stand Cicognara in regelmäßigem Briefkontakt mit dem venezianischen Bildhauer. Später wurde Cicognara Leiter der Kunstakademie von Venedig, der auch Canova angehörte. In seiner *Storia della scultura* (1813–18) schrieb Cicognara – ebenso wie viele seiner Zeitgenossen –, dass Canovas künstlerische Leistungen die italienische Bildhauerei zu einem Grad der Perfektion gebracht habe, der nur mit der klassischen Antike zu vergleichen sei. Canovas Ruf als »Nachfolger von Phidias und Praxiteles« veranlasste den Papst, ihn 1802 zum Generalinspektor der Schönen Künste zu ernennen. Ähnliche Berühmtheit und ein vergleichbares Amt hatte auch schon Raffael inne. Diese Parallelen werden im Bild angedeutet, wo Canova zentral vor dem überragenden Raffael-Gemälde und neben den Antiken steht.

Der in die Jahre gekommene Papst Pius VII. thront auf einem tragbaren Sessel, der *Sedia gestatoria*. Dessen erhobene Situation wird noch einmal von zwei großen zeremoniellen Fächern akzentuiert, sogenannten *Flabella*. Die Ankunft des Papstes löst die ehrfürchtigen Gesten des überraschten Kunsttransporteurs rechts und der beiden Mönche in der Mitte aus, die auch einen kompositorischen Kontrapunkt zum stehenden Canova bilden. Auch Figuren der einfachen Bevölkerung empfangen den wiederhergestellten Herrscher mit bewundernder Hingabe und Begeisterung, während eine Schar anonymer, geisterhafter Gestalten von der darüberliegenden Loggia aus dem Geschehen zuschaut. Im Gegensatz zur Geschäftigkeit der Szene strahlt → BILD 76 der ruhige Dialog zwischen Canova und dem Papst heiligenhaften Ernst und edle Zurückhaltung aus.

Wir wissen nicht, ob die Wahl dieser besonderen Ikonografie aufgrund einer Bitte Cicognaras entstand, um seine »Erinnerungen an seine Freunde«[1] zu erweitern, wie er sein Sammelalbum nannte, oder ob es eine Hommage des Zeichners Paoletti an seinen idealen Meister war. Denn Paoletti gehörte zu einer Gruppe venezianischer Künstler, die während ihrer Lehrzeit in Rom von Cicognara unterstützt wurden. Dort konnten sie Antiken studieren und Mäzene kennenlernen.

Die Bildunterschrift bietet einen Einblick in die Entstehung eines Mythos: Die Rolle Canovas wird hier explizit durch eine patriotische Rhetorik in Bezug auf die Rückgabe der Kunstwerke als »Monumenti della Gloria Italiana« (Denkmäler des italienischen Ruhmes) gerahmt.[B] Diese Aussage spiegelt das Bemühen der Zeitgenossen – und Canovas selbst – wider, diesen als protonationalen Helden zu etablieren. Zu einer Zeit, als Italien noch durch verschiedene Souveräne und Fremdherrschaften regiert war, führte Canovas Person die Existenz einer künstlerischen und kulturellen Vormachtstellung vor, die nicht nur Rom mit Venedig verband, sondern darüber hinaus das moderne Italien mit der klassischen Antike. Offenbar förderten auch Cicognara und Paoletti dieses kulturelle Projekt. Cicognara formuliert diese nationale Perspektive auch in seiner Canova-Biografie, die eine Beschreibung der Pariser Mission enthält: »Es ist schwierig, die Mühen und Ängste zu beschreiben, denen dieser verdiente Sohn Italiens ausgesetzt war [...], um die Rückgabe der unversehrten Schätze zu erreichen. [...] Seine Rückkehr nach Rom war ein Triumph, und [...] das Gemälde der Verklärung [Raffaels *Transfiguration*] konnte wieder die Hymnen hören, die das Andenken Raffaels feierten, und Apollon und Laokoon erinnerten das moderne, wehrlose Rom an die triumphalen Auftritte, die während der pompösen Veranstaltungen von Emilio und Tito aufgeführt wurden, um der Welt die Monumente vorzuführen, die sie einst beherrschten.«[2]

MATILDE CARTOLARI

Aus dem Englischen von Philippa Sissis. ■ 1 Rizzioli, L'Officina di Leopoldo Cicognara, S. 877. ■ 2 Cicognara, Biografia di Antonio Canova, S. 32 f. (Ü: Matilde Cartolari).

LEOPOLDO CICOGNARA, **Biografia di Antonio Canova**, Venedig 1823.
GIULIANO DAL MAS, **Pietro Paoletti (1801–1847)**, Belluno 1999.
PAOLA MARINI, FERNANDO MAZZOCCA, ROBERTO DE FEO (HG.), **Canova, Hayez, Cicognara. L'ultima gloria di Venezia**, Venedig 2017.
GIUSEPPE PAVANELLO, »Canova a Parigi, 1815. Il recupero delle opere d'arte sottratte agli Stati d'Italia«, in: Giuseppe Pavanello (Hg.), **Canova. Eterna bellezza**, Cinisello Balsamo 2019, S. 126–131.
ELISABETTA G. RIZZIOLI, **L'Officina di Leopoldo Cicognara. La creazione delle immagini per la Storia della scultura**, Rovereto 2016.

ANTHOLOGIE ZU KUNSTRAUB UND KULTURERBE
A Castlereagh (1815): Kunstwerke als Vertreter der Macht. ■ B M'Bow (1978): Solidarität für das Glück der Menschheit.

Wiedersehensfreude in Axum
2009

Zwischen dem 2. und 4. Jahrhundert wohl als Grabstele eines axumitischen Monarchen errichtet, wurde der 24 Meter hohe, aus vulkanischem Gestein gefertigte Axum-Obelisk in den 1930er-Jahren auf Geheiß von Benito Mussolini (1883–1945) als Kriegsbeute nach Rom verlagert und vor dem »Ministerium des italienischen Afrika«, dem italienischen Kolonialministerium, aufgestellt. Obwohl bereits 1947 → BILD 82 vertraglich zugesichert, begann der aktive Restitutionsprozess erst mit dem Rückbau der Stele auf der römischen Piazza di Porta Capena im Jahr 2003. Fünf Jahre später, im September 2008, wurde die Rekonstruktion auf dem Stelenfeld von Axum schließlich nahe ihrem ursprünglichen Aufstellungsort feierlich der äthiopischen Öffentlichkeit rückübergeben.

In vielen Stunden selbst gefilmten Videomaterials dokumentierte Theo Eshetu (*1958) die Rückreise des 160 Tonnen schweren, steinernen Kolosses: Vom Abbau in der italienischen Hauptstadt über den Transport in einem einstmals für das sowjetische Militär entwickelten Frachtflugzeug bis zu den vielgestaltigen Feierlichkeiten, die den komplexen Prozess der Wiedererrichtung begleiteten. In der 15-Kanal-Videoinstallation *The Return of the Axum Obelisk* verarbeitet Eshetu sein Videomaterial zu einem 26-minütigen Filmmosaik. Er verwebt die eigenen Aufnahmen mit äthiopischer Bildtradition und historischem Filmmaterial in einem sich ständig ändernden Rhythmus zu einer ergreifenden Meditation über die Transformation des Objektes. Der in Rom und Berlin lebende Künstler mit äthiopischen Wurzeln drückt sich seit den späten 1980er-Jahren vornehmlich im Medium Video aus. Im Raum wird die hier vorgestellte Arbeit auf drei übereinanderlagernden Reihen von je fünf Monitoren präsentiert, zu sehen war sie unter anderem 2014 in der Berliner DAAD-Galerie. Die Installation kann als exemplarisch für einen Großteil des Œuvres von Theo Eshetu gelesen werden. Ein reges Interesse für die formal-ästhetischen Wurzeln der Videokunst vermischen sich darin mit der Neugier eines wachen Forschergeists, der postkolonialen und diasporischen Identitätskonstruktionen nachspürt.[1] Strategien künstlerischen Forschens aus anthropologischer Perspektive haben sich in den letzten Jahrzehnten vermehrt in die aktuelle Kunstproduktion eingeschrieben.[2] Unter dem sogenannten Ethnographic Turn werden Positionen in der Kunst seit den späten 1990er-Jahren subsummiert, die oftmals dokumentarisch forschender Natur sind

Dieses Videostill aus der 24. Minute der Ein-Kanal-Version von Theo Eshetus **The Return of the Axum Obelisk** zeigt eine Vielzahl jubelnder und feiernder Menschen. Die Videoarbeit entstand 2009 als 15-Kanal-Videoinstallation, ist 26 Minuten und 45 Sekunden lang und meditiert über den Prozess einer Rückgabe.

und sich kolonialen Narrativen aus postkolonialer Perspektive nähern. Die seit vielen Jahren andauernden intermedialen Überlegungen Kader Attias (*1970) zu den verschiedenen Ausformungen der Idee/des Konzeptes *repair* können ebenso zu dieser Strömung aktueller Kunst gezählt werden wie die Reaktivierung indigenen Wissens in den ökologischen Projekten von Maria Thereza Alves (*1961).[3] Aus kolonisierten Gebieten in westliche Sammlungen verbrachte Objekte spielen in solchen Arbeiten oftmals eine zentrale Rolle. Der aus dem Libanon stammende Rayyane Tabet (*1983) zum Beispiel tauchte für seine 2017/18 im Hamburger Kunstverein präsentierte Ausstellung *Bruchstücke/Fragments* tief in die eigene Familiengeschichte ab, um die Bezugspunkte seiner Vorfahren zu der von dem deutschen Archäologen Max von Oppenheim (1860–1946) geleiteten Grabung im syrischen Tell Halaf zu Beginn des 20. Jahrhunderts nachzuzeichnen.[4] Von Oppenheim verlagerte eine Vielzahl von Objekten nach Berlin, wo er sie in seinem Tell-Halaf-Museum bis zu dessen Zerstörung im Jahr 1943 präsentierte. Die steinerne Stele aus Axum hingegen überdauerte ihre 70 Jahre andauernde Verlagerung auf den europäischen Kontinent.

Die Narration von *The Return of the Axum Obelisk* entwickelt sich aus einer Bilderzählung in äthiopischer Maltradition. Sie repräsentiert den biblischen Mythos der Königin von Saba, in äthiopischer Überlieferung ein Gründungsmythos des Landes. Stück für Stück verlebendigen sich die Bildfelder vor unseren Augen, werden durch nachgestellte Szenen ersetzt. Der Wandlungsprozess beginnt auf dem unteren rechten Bildschirm: Die Bildtafel zeigt zwei Männer mit Schwertern, sie stehen neben zwei dem Obelisken ähnelnden Stelen. Ersetzt wird es durch Aufnahmen des Stelenfelds in Axum vor der Restitution des Obelisken. Nur eine Stele reckt sich in den tiefblauen Himmel – bereits nach 30 Sekunden werden wir der Lücke gewahr, die die Verlagerung des Monuments nach Italien hinterlassen hat. Historisches Bildmaterial aus dem äthiopischen Hochland vermischt sich kurz darauf mit Aufnahmen der Rückbauarbeiten in Rom, die russische Antonow-Maschine hebt ab, um den zerteilten Obelisken zurück nach Äthiopien zu transportieren und uns in den Hauptteil der Videoarbeit zu geleiten. Nach einem Empfang mit militärischen Ehren beginnt der komplexe Wiederaufbau des Denkmals. Eshetu studiert den noch leeren Gerüstaufbau und folgt wenig später dem italienisch-äthiopischen Team, das mit den Arbeiten betraut ist, bei jedem Schritt. Er interessiert sich aber ebenso für soziale Interaktionen im näheren Umfeld des Aufstellungsortes, filmt Ziegen beim Grasen, spielende und staunende Kinder, Zaungäste und eine Weihe der Baustelle. Meditative Bilder nächtlichen Arbeitens fließen über in die ausführliche Beobachtung eines

Gottesdienstes. Ein epischer Regenguss leitet schließlich in das Finale der Videoinstallation über. Die 15 Einzelaufnahmen vereinen sich zu einem Bild, unterlegt von einem *Kyrie eleison* wird das Kopfstück auf die Stele gesetzt.

Jubel bricht los, Bauarbeiter und Schaulustige liegen sich in den Armen, Fanfarenspieler und Militärs sind ebenso zu sehen wie ein den Obelisken segnender Priester. Das hier abgedruckte Videostill fängt die sich in dem Moment vereinenden Emotionen ein. Da ist Freude über die getane Arbeit und Freude des Wiedersehens.

Aber ebenso sind da Formen nationaler und religiöser Repräsentation. Eshetu beschließt seine Erzählung, die er aus einer historischen Bildtradition entwickelt hat, mit einem Nebeneinander historischer Momente. Bei den offiziellen Übergabefeierlichkeiten wird der Blick auf den Obelisken von einer ebenso hohen, in das Gerüst gespannten äthiopischen Flagge versperrt. Diesen Bildern stellt Eshetu schwarz-weiße Aufnahmen der beflaggten Stele – vermutlich bei der Präsentation des Obelisken in Rom entstanden – zur Seite. Die historischen Aufnahmen werden ausgeblendet, als die äthiopische Flagge fällt. Ein neues Kapitel wird aufgeschlagen, doch der Künstler erinnert uns zugleich daran, dass das letzte Kapitel in der Geschichte des Monuments mit vergleichbaren Bildern begonnen hat. Der Blick auf den restituierten Obelisken ist frei, die Feier der Wiederankunft endet in einem nächtlichen Konzert.

MERTEN LAGATZ

1 Herzogenrath, »TV Eye«. ■ **2** Foster, »The Artist as Ethnographer?«. ■ **3** Deliss, »Kader Attia« sowie die Webseite {www.mariatherezaalves.org}, letzter Zugriff 23. 11. 2020. ■ **4** Tabet, **Fragments / Bruchstücke**.

CLÉMENTINE DELISS, »Kader Attia. The Phantom Limbs in Art, 2016«, {kaderattia.de/kader-attia-the-phantom-limbs-in-art-by-clementine-deliss-in-kader-attia-sacrifice-and-harmony-mmk-frankfurt-kerber-2016/}, letzter Zugriff 23. 11. 2020.
HAL FOSTER, »The Artist as Ethnographer?«, in: George E. Marcus, Fred R. Myers (Hg.), **The Traffic in Culture. Refiguring Art and Anthropology**, Berkeley u. a. 1995, S. 302–309.
WULF HERZOGENRATH, »TV Eye. Remarks on Theo Eshetu's Video Works in the Context of 1980's Video Art«, in: Ariane Beyn, Theo Eshetu (Hg.), **Theo Eshetu. The Body Electric**, Berlin 2017, S. 25–46.
RAYYANE TABET, **Fragments/Bruchstücke**, Beirut 2018.

Autor*innen

SOPHIE ANGELOV, AYLIN BIRDEM, TIM BOROE-WITSCH, ANGELICA DE CHADAREVIAN, KATHARINA DEPPISCH, JOSEFINE DREESEN, DOMINIQUE FALENTIN, LUCA FAUST, LEONA FERNKORN, TABEA HARTIG, MIRA HERRARTE, HUI-JU HSU, MIRIAM JESSKE, HOA JIN, MARLENE MILITZ, CAROLINE KÜHNE, JULIA MEYER-BREHM, NIKLAS OBERMANN, VERÓNICA ORSI, ALEXANDER OSTOJSKI, REBEKKA REICHERT, MATHIS RUFFING, TANJA-BIANCA SCHMIDT, JANINA VUJIC und ASJA WOLF nahmen im Wintersemester 2018/19 an dem Projekt-seminar »Kulturgutverlagerungen seit der Antike: Ein kommentierter Bildatlas« am Fach-gebiet Kunstgeschichte der Moderne der Technischen Universität Berlin teil.

FELICITY BODENSTEIN lehrt seit 2019 Sammlungs- und Museumsgeschichte an der Universität Sorbonne in Paris. Sie war zuvor wissenschaft-liche Mitarbeiterin (PostDoc) im Forschungs-cluster **translocations**.

MATILDE CARTOLARI ist Doktorandin an der Technischen Universität Berlin und der Univer-sität Udine. Sie forscht zu Ausstellungen italienischer Alter Meister, die zu Propaganda-zwecken vom faschistischen Mussolini-Regime in den 1930er-Jahren organisiert wurden.

ISABELLE DOLEZALEK ist Kunsthistorikerin mit einem Schwerpunkt in der Kunst des Mittel-alters und seit 2019 Juniorprofessorin an der Universität Greifswald. Sie ist assoziiertes Mitglied des Forschungsclusters **translocations**.

LUCA FREPOLI studiert Kunstgeschichte an der Technischen Universität Berlin und ist studen-tischer Mitarbeiter im Forschungscluster **translocations**. Seine Sammlung historischer Gesetze zur Reglementierung der Bewegung von Kulturgütern ist online abrufbar unter {transllegisl.hypotheses.org}.

CHRISTINE HOWALD ist als Provenienzforscherin des Zentralarchivs der Staatlichen Museen zu Berlin am Museum für Asiatische Kunst tätig und leitet den Forschungsschwerpunkt **Tracing East Asian Art** an der Technischen Universität Berlin. In ihren Projekten untersucht sie kolonia-le Entzugskontexte in Asien und den europäi-schen Markt für ostasiatische Kunst im 19. und 20. Jahrhundert.

MARIANA JUNG arbeitet im Projekt **Perzeptio-nen Ägyptens. Die Zeichnungen der Preußi-schen Ägypten-Expedition (1842–1845)** an der Technischen Universität Berlin und ist assoziier-tes Mitglied des Forschungsclusters **transloca-tions**. Ihre Forschungsschwerpunkte liegen im Bereich der Museumsgeschichte und Prove-nienzforschung im 19. und 20. Jahrhundert.

GIDENA MESFIN KEBEDE war von 2017 bis 2020 wissenschaftlicher Mitarbeiter (PostDoc) im Forschungscluster **translocations**. Seine For-schungsinteressen umfassen vor allem äthiopi-sche Philologie, Manuskriptstudien, Geschichte und Sprache beziehungsweise Literatur Äthiopiens sowie englische Sprachdidaktik.

ANTONIA KÖLBL studiert Kunstgeschichte an
der Humboldt-Universität zu Berlin. Neben
ihrer Tätigkeit als freiberufliche Autorin ist sie
studentische Mitarbeiterin am Institut für
Kunstwissenschaft und Ästhetik der Universität
der Künste Berlin. Zu ihren fachlichen
Schwerpunkten gehören die Geschichte und
Theorie der Fotografie sowie intersektionale
Feminismen.

MERTEN LAGATZ studierte Kunstwissenschaft,
Theaterwissenschaften und Neuere deutsche
Literatur. Er koordiniert den Forschungscluster
translocations und arbeitet an der Technischen Universität Berlin zu Cultural Activism,
queeren Kollektiven und den Künsten im Jetzt.

MATTES LAMMERT ist wissenschaftlicher
Mitarbeiter am Fachgebiet Kunstgeschichte
der Moderne der Technischen Universität
Berlin und assoziierter Gastwissenschaftler am
Deutschen Forum für Kunstgeschichte Paris.
Er forscht über die Erwerbungen der Staat-
lichen Museen zu Berlin auf dem Pariser Kunst-
markt während der Besatzung 1940–1944.

SIMON LINDNER ist studentischer Mitarbeiter
im Forschungscluster translocations. Zu seinen
fachlichen Schwerpunkten gehören die politische Ikonographie, die Geschichte der Kunst-
geschichtsschreibung und die französische
Kunst der Moderne.

ANDREA MEYER ist wissenschaftliche Mitarbeiterin am Fachgebiet Kunstgeschichte der Moderne der Technischen Universität Berlin und
assoziiertes Mitglied des Forschungsclusters
translocations. Ihre Forschungsfelder umfassen die transnationale Museumsgeschichte
und die Bildkünste der Moderne.

SUSANNE MEYER-ABICH ist Kunsthistorikerin,
freie Übersetzerin und Lektorin. Sie leitet am
Deutschen Zentrum Kulturgutverluste die
Anlaufstelle für NS-Raubkunst und ist seit 2017
leitende Redakteurin des vom Forum Kunst
und Markt der TU Berlin herausgegebenen
Open Access Journal for Art Market Studies
(JAMS). Sie promovierte zur Malerei von
Vilhelm Hammershøi.

NATHALIE OKPU studiert Kunstgeschichte,
Kulturwissenschaften und Museum Studies an
der Technischen Universität Berlin und hat
ein Diplom in Kommunikationsdesign. Sie war
studentische Mitarbeiterin im Forschungscluster translocations und erforscht Identität,
Dekolonialität und Queerness in zeitgenössischer Kunst und im digitalen/virtuellen Raum.

CINZIA PAPPI ist Assyriologin und Vorderasiatische Archäologin an der Universität Innsbruck
mit Forschungsschwerpunkten auf den religiösen Landschaften und der sozialpolitischen
Geschichte Syriens und Nordmesopotamiens.
Mit einem White-Levy-Grant arbeitet sie
in der Forschungsgruppe Rethinking Oriental
Despotism an der Freien Universität Berlin.

JI YOUNG PARK war von 2017 bis 2020 wissenschaftliche Mitarbeiterin (PostDoc) im Forschungscluster translocations. Ihr Forschungs-
interesse liegt in der Musealisierung »fremder«
Kulturen sowie auf Translokationen und
deren gesellschaftlicher Rezeption. Sie arbeitet
an einem Buchprojekt zur Ausstellung der
Ōtani-Sammlung im Koreanischen Nationalmuseum in Seoul.

LÉA SAINT-RAYMOND ist Kunsthistorikerin und
Koordinatorin für Digital Humanities an der
École normale supérieure und für den Studien-
gang Kunstmarkt an der École du Louvre in
Paris. Ihre Dissertation zur Entstehung neuer
Kunstmärkte auf Pariser Auktionen zwischen
1830 und 1939 wurde 2019 mit dem Musée-
d'Orsay-Preis ausgezeichnet.

FELWINE SARR ist Schriftsteller, Ökonom, Musiker und seit 2020 Professor für Frankreich- und Frankofoniestudien an der Duke University in North Carolina, USA. Zuvor lehrte er an der Gaston Berger University in Saint-Louis, Senegal, und war Dekan der Fakultät für Wirtschaftswissenschaft. Er forscht zu Wirtschaftspolitik und -entwicklung, Epistemologie und Religionsgeschichte.

BÉNÉDICTE SAVOY lehrt Kunstgeschichte an der Technischen Universität Berlin und am Collège de France in Paris und leitet den Forschungscluster translocations. Ihre Forschungsinteressen sind Kunst und Kulturtransfer in Europa, Museumsgeschichte sowie Kunstraub und Beutekunst. 2016 erhielt sie den Gottfried Wilhelm Leibniz-Preis der Deutschen Forschungsgemeinschaft.

PHILIPPA SISSIS studierte Geschichte und Kunstgeschichte in Berlin und Paris. Sie promovierte über das SchriftBild von Renaissance-Manuskripten. Seit 2019 ist sie wissenschaftliche Mitarbeiterin im Forschungscluster translocations.

ROBERT SKWIRBLIES ist wissenschaftlicher Mitarbeiter am Fachgebiet Kunstgeschichte der Moderne der Technischen Universität Berlin und PostDoc im Forschungscluster translocations und forscht unter anderem zu Kunsthandel, Sammlungs- und Museumsgeschichte im 18. und 19. Jahrhundert.

SEBASTIAN-MANÈS SPRUTE hat in Göttingen Ethnologie studiert und an der Humboldt-Universität zu Berlin in Afrikawissenschaften promoviert. Seine Forschungsschwerpunkte sind Kolonialgeschichte, Provenienzforschung und kulturwissenschaftliche Zeittheorie. Er ist assoziiertes Mitglied des Forschungsclusters translocations und arbeitet als wissenschaftlicher Mitarbeiter des Fachgebiets Kunstgeschichte der Moderne an der Technischen Universität Berlin in einem binationalen Projekt zur Erforschung der deutsch-kamerunischen Kolonialvergangenheit.

MAREIKE VENNEN ist wissenschaftliche Mitarbeiterin (PostDoc) am Institut für Kulturwissenschaft der Humboldt-Universität zu Berlin im Verbundprojekt Tiere als Objekte. Zoologische Gärten und Naturkundemuseum in Berlin, 1810 bis 2020. Sie forscht zur Medien- und Wissensgeschichte der Naturkunde, zu Ökologiegeschichte sowie Sammlungs- und Museumskulturen im 19. und 20. Jahrhundert.

ELEONORA VRATSKIDOU ist Gastprofessorin am Fachgebiet Kunstgeschichte der Moderne der Technischen Universität Berlin und assoziiertes Mitglied des Forschungsclusters translocations. Sie arbeitet zu moderner griechischer Kunst- und Kulturgeschichte.

SEBASTIAN WILLERT war Stipendiat des Exzellenzclusters Topoi und Doktorand der Berlin Graduate School of Ancient Studies. Er promoviert an der Technischen Universität Berlin und ist assoziiertes Mitglied im Forschungscluster translocations. Außerdem ist er am Historischen Seminar der Boğaziçi-Universität assoziiert und Promotionsstipendiat des Orient-Instituts Istanbul.

Bildkatalog

BILD 1
1849 ■ George Scharf, »Discovery of the Gigantic Head«, Druckgrafik. ■ in: Austen Henry Layard, **Nineveh and Its Remains. With an Account of a Visit to the Chaldæan Christians of Kurdistan, and the Yezidis, or Devil-worshippers; and an Enquiry Into the Manners and Arts of the Ancient Assyrians,** Bd. 1, London 1849, Frontispiz. ■ Public Domain. Foto: **translocations.**

BILD 2
um 1900 ■ **Le père Camille Laagel aux côtés d'un »féticheur« en Angola,** Schwarz-Weiß-Fotografie, Postkartenformat. ■ Archives de la Congrégation du Saint-Esprit, Chevilly-Larue, Inv. Nr. E 999. ■ © Archives de la Congrégation du Saint-Esprit (CSSP Archives), Chevilly-Larue.

BILD 3
1892 ■ Henri Meyer, »Au Dahomey. Les fétiches de Kana – Le dieu de la guerre«, Druckgrafik. ■ in: **Le Petit Journal. Supplément illustré** 3/105 (26. 11. 1892), Titelblatt. ■ Public Domain. Foto: Bibliothèque nationale de France, Paris.

BILD 4
1807 ■ Benjamin Zix, **Mr Denon visitant le cabinet des Antiques à Berlin,** Federzeichnung mit brauner Tinte auf Papier, laviert, 22 × 29 cm. ■ The British Museum, Registration No. 2001, 0519.32. ■ © The Trustees of the British Museum, The British Museum, London.

BILD 5
1478–80 ■ Maître François (François Le Barbier), »Die Plünderung Roms durch Alarich: heilige Gefäße werden zur Sicherheit in eine Kirche gebracht«. ■ in: Augustinus, **Cité de Dieu,** Buch 1, Abschn. 4, Fol. 9v, Tempera auf Pergament, 12 × 8 cm. ■ Museum Meermanno – Huis van het boek, Den Haag, Ms 010A011. ■ © Museum Meermanno, Den Haag.

BILD 6
1859 ■ George Francklin Atkinson, »Prize Agents extracting Treasure«, mehrfarbige Lithografie. ■ in: George Francklin Atkinson, **The Campaign in India 1857–58. From Drawings Made During the Eventful Period of the Great Mutiny, by G. F. Atkinson, Illustrating the Military Operations before Delhi, and Its Neighbourhood,** London 1859. ■ National Army Museum, Accession No. NAM. 1971-02-33-495-23. ■ © National Army Museum, London.

BILD 7
2009 ■ Emmanuel Cerisier, »Un homme prends la direction des opérations ...«, Zeichnung, 28,5 × 45,2 cm. ■ in: Emmanuelle Polack, **Rose Valland. L'espionne du musée du Jeu de Paume,** Lyon 2009, S. 36 f. ■ © Emmanuel Cerisier / Gulf Stream Éditeur, Nantes.

BILD 8
um 1813 ■ **Der Pferdedieb von Berlin,** Radierung, 18 × 15 cm. ■ Kunstbibliothek der Staatlichen Museen zu Berlin, Inv. Nr. 1005,58. ■ © bpk / Kunstbibliothek, SMB / Dietmar Katz.

BILD 9

1892 ■ Jules Devillard, »Extraction du Grand Sarcophage (no. 7)«, Druckgrafik nach einer Fotografie. ■ in: Osman Hamdi Bey, Théodore Reinach, **Une nécropole royale à Sidon. Fouilles de Hamdy Bey**, Paris 1892. ■ Public Domain. Foto: **translocations**.

BILD 10

1880 ■ F. Moller und Miranda (nach einer Zeichnung von Louis Delaporte), **Embarquement des sculptures sur les radeaux à Préa-Khan**, Lithografie. ■ in: Louis Delaporte, **Voyage au Cambodge. L'Architecture khmer**, Paris 1880, S. 13. ■ Public Domain. Foto: Bibliothèque nationale de France, Paris.

BILD 11

1877 ■ J. P. Ellis, »Proposed Method for the Removal of Cleopatra's Needle from Alexandria«, Druckgrafik. ■ in: **The Illustrated London News** 70/1965 (10.03.1877). ■ © Illustrated London News Ltd / Mary Evans.

BILD 12

1903 ■ Gottlieb Schumacher, **Mschetta Quaderplan**, Fotografie der technischen Zeichnung, 14 × 21 cm. ■ Zentralarchiv der Staatlichen Museen zu Berlin, SMB-SPK ZA I/IM 7, fol. 66. ■ © bpk / Zentralarchiv, SMB.

BILD 13

um 1801 ■ Edward Dodwell und/oder Simone Pomardi, **Descending the marbles at the south-east corner of the Parthenon**, Aquarell auf Papier, 54 × 71 cm. ■ Packard Humanities Institute, Los Altos, Inv. Nr. PHI 269. ■ zit. nach: John McKesson Camp II (Hg.), **In Search of Greece**, Los Altos 2013.

BILD 14

1789 ■ Jean-Baptiste Hilaire, **Vue de la Mosquée Validée sur le Port de Constantinople**, Aquarell auf Papier, 40 × 57 cm, Pera Museum, Istanbul. ■ Suna and Kıraç Collection. ■ © Suna and İnan Kıraç Foundation, Foto: Uğur Ataç, İstanbul.

BILD 15

1822 ■ Giovanni Battista Belzoni (lithografiert von A. Aglio und N. Chater), »Mode in Which the Young Memnon's Head (Now in the British Museum) Was Removed by G. Belzoni«, Farblithografie, 48 × 68 cm. ■ in: Giovanni Battista Belzoni, **Narrative of the operations and recent discoveries within the pyramids, temples, tombs, and excavations in Egypt and Nubia, and of a journey to the coast of the Red Sea in search of the ancient Berenice, and another to the oasis of Jupiter Ammon, Bd. 2 (Plates): Six new Plates illustrative of the Researches and operations of G. Belzoni in Egypt and Nubia**, London 1822. ■ © General Collection, Beinecke Rare Book & Manuscript Library, Yale University, New Haven.

BILD 16

um 1909/10 ■ **Trägerkolonne auf dem Marsch zur Küste**, koloriertes Diapositiv, hergestellt vermutlich 1911, nach einer Fotografie von Werner Janensch, 8 × 12 cm. ■ Historische Bild- und Schriftgutsammlung, Museum für Naturkunde Berlin, Signatur MfN, HBSB, Pal. Mus. B V 168. ■ © Museum für Naturkunde, Berlin.

BILD 17

1928–31 ■ Nose Ushizō, **Korean workers at the Wonwonsa Temple excavation site**, Schwarz-Weiß-Fotografie. ■ © Askaen.inc, Nara.

BILD 18

745–737 v. Chr. ■ Kalksteinrelief aus dem Königspalast Tiglat-Pileser III., 272 × 254 cm. ■ The British Museum, BM/Big No. 118931. ■ © The British Museum Collection, The British Museum, London.

BILD 19

81 n. Chr. ■ **Die Beute aus Jerusalem**, Relief aus der Passage des Titusbogens, ca. 200 × 400 cm. ■ Fotografiert von Fratelli Alinari, ca. 1890. ■ © Alinari Archives, Florenz.

BILD 20

um 1486–1506 ▪ Andrea Mantegna, Der Triumphzug Caesars II: Triumphwagen mit Belagerungswaffen und erbeuteten Statuen, Tempera auf Leinwand, 270 × 281 cm. ▪ The Royal Collection Trust / HM Queen Elizabeth II, RCIN 403959. ▪ Public Domain. Foto: The Royal Collection Trust {www.rct.uk/collection/403959}.

BILD 21

1813 ▪ Antoine Béranger (nach einer Zeichnung von Achille Joseph Etienne Valois), L'entrée à Paris des œuvres destinées au musée, Hartporzellanvase, zum Teil vergoldet, 120 cm hoch. ▪ Sèvres, Manufacture et musée nationaux, Inv. Nr. MNC1823. ▪ © bpk / RMN-Grand Palais / Tony Querrec.

BILD 22

1799 ▪ Charles Norry, Vue de L'intérieur du Louvre d'après nature l'an 4eme, Bleistift, Tusche und Aquarell auf Papier, 36 cm Durchmesser. ▪ Bibliothèque nationale de France, département des Estampes et de la photographie, RESERVE FOL-VE-53 (G). ▪ Public Domain. Foto: Bibliothèque nationale de France, Paris.

BILD 23

1586 ▪ Natale Bonifacio (nach einer Vorzeichnung von Giovanni Guerra), Plan, Elevation, and Perspective of the Castello Used in the Transportation of the Vatican Obelisk; and Views of the Original and Final Location of the Obelisk, Kupferstich auf Büttenpapier, 52 × 120 cm. ▪ Canadian Centre for Architecture, Montréal, Ref. No. DR1987:0026. ▪ © Canadian Centre for Architecture, Montréal.

BILD 24

1852 ▪ »Reception of Niniveh Sculptures at the British Museum«, Druckgrafik. ▪ in: The Illustrated London News 20/547 (28. 2. 1852). ▪ © Illustrated London News Ltd / Mary Evans.

BILD 25

um 1824 ▪ John Thomas Smith, Installation of the colossal bust of Amenhotep III in the Townley Gallery, Zeichnung auf Papier, 25 × 20 cm. ▪ British Museum, Central Archives, CE 115/1/200. ▪ © The British Museum Collection, The British Museum, London.

BILD 26

1897–1900 ▪ Portrait of William Downing Webster, Schwarz-Weiß-Fotografie, 24 × 19 cm. ▪ The British Museum, Museum No. Af,A154.1. ▪ © The British Museum Collection, The British Museum, London.

BILD 27

um 1910 ▪ Der Präparator Gustav Borchert im Museum für Naturkunde Berlin neben einem Knochen des Brachiosaurus brancai, Schwarz-Weiß-Fotografie. ▪ Historische Bild- und Schriftgutsammlung, Museum für Naturkunde Berlin, Signatur MfN, HBSB, Pal. Mus. B III 65. ▪ © Museum für Naturkunde, Berlin.

BILD 28

nach 1797 ▪ Eh bien, Messieurs! Deux millions!, Aquatinta-Druck auf Papier, 16 × 20 cm. ▪ Library of Congress Prints and Photographs Division, Washington, D.C., Call No. PC 5 – 1797, no. 4. ▪ Public Domain. Foto: Library of Congress Prints and Photographs Division, Washington, D.C.

BILD 29

1867 ▪ Charles Kreutzberger, »Les Idoles au Champ de Mars«, Druckgrafik. ▪ in: Émile Mignot de Lyden, »Les Idoles au Champ de Mars«, in: L'Exposition universelle de 1867 illustrée, Heft 44 (1867), S. 217. ▪ Public Domain. Foto: bpk / Kunstbibliothek, SMB / Dietmar Katz.

BILD 30

1811 ■ Benjamin Zix, Vivant Denon travaillant dans la salle de Diane au Louvre, Federzeichnung mit brauner Tinte und brauner Tusche auf Papier, 49×40 cm. ■ Musée du Louvre, Cabinet des dessins, Fonds des dessins et miniatures, INV 33405, Recto. ■ © bpk/RMN-Grand Palais/Thierry Le Mage.

BILD 31

1894 ■ George Massias, »Guézo, Guélélé et Béhanzin, Rois de Dahomé. Statues en bois prises à Abomé. Don du général Dodds aux Musée ethnographique du Trocadéro à Paris«, Druckgrafik. ■ in: Maurice Delafosse, »Statues des rois de Dahomé au Musée Ethnographique du Trocadéro«, in: La Nature. Revue des sciences et de leurs applications aux arts et à l'industrie 22/1086 (1894), S. 265. ■ Public Domain. Foto: Cnum – Conservatoire numérique des Arts et Métiers, Paris {cnum.cnam.fr}.

BILD 32

1908/09 ■ Charles-Édouard Jeanneret-Gris, Sculptures africaines, Gouache auf Bleistiftvorzeichnung, 37×24 cm. ■ Fondation Le Corbusier, FLC 6338. ■ © bpk/FLC-ADAGP/F.L.C. VG Bild-Kunst, Bonn 2021.

BILD 33

1984/85 ■ Michail Wladimirowitsch Kornezkij, Die Rettung der Sixtinischen Madonna, Öl auf Leinwand, 180×156 cm. ■ Latvijas Nacionālais mākslas muzejs Riga, Inv. Nr. AG-1439. ■ © The Latvian National Museum of Art, Riga.

BILD 34

1964 ■ Edmund Götz, Im Völkerkundemuseum Dresden, Öl auf Leinwand, 190×160 cm. ■ Bildsammlung Museum für Völkerkunde Dresden. ■ © Museum für Völkerkunde Dresden, SKD.

BILD 35

1959 ■ Klaus Wittkugel, Zeusaltar (Pergamon) zw. 185 u. 160 v. u. Z., Sonderbriefmarke aus der Serie Von der Sowjetunion zurückgeführte antike Kunstschätze, Offset-Druck, 3,2×5,4 cm. ■ Michel-Katalog Nr. 745. ■ © VG Bild-Kunst, Bonn 2021/Akademie der Künste/Steffen Tschesno.

BILD 36

um 1917 ■ Nachträglicher Aufnäher auf der Rückseite eines bestickten chinesischen Seidenkissenbezugs, Farbfotografie aus der V&A Sammlungsdatenbank. ■ Victoria & Albert Museum, Inv. Nr. T.134-1917. ■ © Victoria and Albert Museum, London.

BILD 37

1961 ■ In eine bronzene Kopfplastik gesteckter, geschnitzter Elefantenstoßzahn, auf der Plakette ist zu lesen: »Taken at the capture of Benin City, Febuary 18th 1897/presented to Rear-Admiral H. Rawson CB/the officers and men of the/Benin Expedition«, 2 Schwarz-Weiß-Fotografien. ■ Archives of the British Admiralty at the Kew National Archives, Signatur ADM 1/27823. ■ © Archives of the British Admiralty at the Kew National Archives, London.

BILD 38

1813 ■ Projet d'un arc de triomphe élevé à Napoléon et à Marie-Louise par le Sénat et la Ville de Paris, Zeichnung in Stift mit brauner Lavierung auf Papier, 38×26 cm. ■ Bibliothèque nationale de France, Destailleur Paris, t. 4, 578. ■ Public Domain. Foto: Bibliothèque nationale de France, Paris.

BILD 39

1884 ■ Theophil von Hansen, Ohne Motto (perspektivische Ansicht vom Kupfergraben), Bleistift, Aquarell, Gold auf Papier, montiert auf Karton, 43×87 cm. ■ Kupferstichkabinett der Akademie der bildenden Künste Wien, Inv. Nr. HZ 26078. ■ © Kupferstichkabinett der Akademie der bildenden Künste, Wien.

BILD 50

1911 ■ Udo J. Keppler, »The Magnet«, farbiger Offsetdruck, 40×61cm. ■ in: **Puck** 69/1790 (21.6.1911). ■ Library of Congress Prints and Photographs Division Washington, D.C., 20540 USA, Reproduction Number: LC-DIG-ppmsca-27747. ■ Public Domain. Foto: Library of Congress Prints and Photographs Division, Washington, D.C.

BILD 51

1952 ■ Studio Giacomelli, **The Palladian refectory of San Giorgio maggiore in Venice after the restauration**, Schwarz-Weiß-Fotografie, Silbergelantine-Druck, 19×25cm. ■ Fondazione Giorgio Cini, Photo Library of the Istituto di Storia dell'Arte, Inv. No. 6181. ■ © Fondazione Giorgio Cini / Fototeca dell'Istituto di Storia dell'Arte, Venezia.

BILD 52

1910 ■ Leo Frobenius, »(D) Bronze Sacred Head, Olokun (profile), With its Guardian Priest. Ifé«, Schwarz-Weiß-Fotografie. ■ in: C.H.Read, »Plato's ›Atlantis‹ Re-discovered«, in: **The Burlington Magazine for Connoisseurs** 18/96 (1911). ■ Public Domain. Foto: Burlington Magazine.

BILD 53

1914 ■ Gertrude Bell, **Meshatta [Palast – Aufwendig geschnitzte Fassade. Mann im Vordergrund]**, Schwarz-Weiß-Fotografie, 11×17cm. ■ Gertrude Bell Archive, Photographs, Album Y 1913–1914 – Syria, Jordan, Saudi Arabia, Iraq, Y_134. ■ © Gertrude Bell Archive, Newcastle University, Newcastle upon Tyne.

BILD 54

2015 ■ Raphaël Denis, **Vernichtet** aus der Werkgruppe **La loi normale des erreurs & développements**, alte verkohlte Bilderrahmen und Graphit auf Holz, Installationsansicht aus der Galerie Sator, Paris. ■ © Raphaël Denis.

BILD 55

um 2015 ■ Glasvitrine mit einem Modell des Pergamonaltars in Bergama, Farbfotografie. ■ Veröffentlicht auf der Internetplattform **Flickr**. ■ Archiv **translocations**.

BILD 56

2019 ■ La Galerie L & Z Arts d'art tribal africain, **Projet Dundo – Identification et rapatriement des objets du Regional Museum of Dundo**, Farbfotografie. ■ © Galerie Loiseau & Zajega Arts, Brüssel.

BILD 57

1953–55 ■ **Räume der Gemäldegalerie im Bruno-Paul-Bau in Berlin-Dahlem mit dem Verweis »Diese Räume sind für die in Wiesbaden deponierten italienischen Gemälde und Skulpturen vorgesehen«**, Schwarz-Weiß-Fotografie, 24×18cm. ■ Fotosammlung des Zentralarchivs der Staatlichen Museen zu Berlin, Ident.-Nr. ZA 2.4/03499. ■ © bpk / Zentralarchiv, SMB / Walter Steinkopf.

BILD 58

2015 ■ **Monuments Men Congressional Gold Medal**, 7,6cm Durchmesser, United States Mint, Avers: Joel Iskowitz (Design), Phebe Hemphill (Gravur), Revers: Donna Weaver (Design), Joseph Mennaie (Gravur). ■ Public Domain. Foto: U.S. Mint.

BILD 59

1961 ■ Sergeant Koslow in einer Höhle mit Kunstwerken, Screenshot aus: **Fünf Tage – Fünf Nächte**, Regie: Lew Arnschtam, Heinz Thiel und Anatolij Golowanow, DEFA / Mosfilm. ■ © DEFA-Stiftung / Karin Blasig.

BILD 60

2001 ■ TBWA\Athens, **ELGINISM**, Posterdruck. ■ Medienkampagne von TBWA\Athens, Beteiligte: Anastasia Georgopoulou (Werbetexterin), Nikos Kotoulas (künstlerischer Leiter), Tasos Vretto (Fotograf), Tasos Petrakopoulos (Typograf), Michalis Kloukinas (Illustrator), Nikos Kotoulas (Art Director). ■ © TBWA\Athens.

BILD 61
1977 ■ Poster für **Festac '77. Deuxième festival mondial des arts négro-africains**, gedruckt durch Supercolour Productions (Nigeria) Ltd, Offset-Lithografie, 51×37 cm. ■ Musée du quai Branly – Jacques Chirac, Inv. Nr. PP0184663. ■ © bpk / RMN-Grand Palais.

BILD 62
2010 ■ Ganiyu »Jimga« Jimoh, **Double Standard**, Zeichnung, 12×17 cm. ■ © Ganiyu Jimoh, Lagos.

BILD 63
2017 ■ Jack Guez, CYPRUS-BRITAIN-GREECE-HERITAGE-FBL, Farbfotografie. ■ © Jack Guez/AFP via Getty Images, London.

BILD 64
2009 ■ Feng Yincheng (冯印澄), »魂牵梦绕«, Zeichnung. ■ zit. nach: Xinhua, »专家称佳士得非法拍卖鼠兔首违背国际公约«, {news.sina.com.cn/c/2009-02-27/072217299340.shtml}, letzter Zugriff 22.1.2021.

BILD 65
2013 ■ AfricAvenir e.V. in Zusammenarbeit mit No Humboldt 21!, »Preußischer Kulturbesitz?«, 59×42 cm, Teil der Plakatkampagne **Dekoloniale Einwände gegen das Humboldt-Forum**. ■ © AFRICAVENIR/No Humboldt 21. Objektfoto: bpk / Ethnologisches Museum, SMB / Erik Hesmerg.

BILD 66
1974 ■ Nate Silverstein, Titelbild der Zeitschrift **Africa Report. Magazine for the New Africa**, Art director: Francis X. Smith, Schwarz-Weiß-Fotografie. ■ in: **Africa Report. Magazine for the New Africa**, Januar/Februar 1974. ■ Archiv translocations.

BILD 67
2018 ■ Caitlin Cass, **Now we're leaving the hall of stuff we stole from other cultures and entering the hall of stuff we paid too much for**, Zeichnung. ■ in: **The New Yorker**, 27.8.2018. ■ © The New Yorker Collection / The Cartoon Bank, New York.

BILD 68
2018 ■ Screenshot aus **Black Panther**, Regie: Ryan Coogler, Marvel Studios. ■ zit. nach: Bénédicte Savoy, **Museen. Eine Kindheitserinnerung und die Folgen**, Köln 2019, S. 38f.

BILD 69
2013 ■ **This Belongs To Iraq**, Farbfotografie. ■ © Zeidon Alkinani.

BILD 70
2002 ■ Chéri Samba, **Réorganisation**, Öl auf Leinwand, 104×134 cm. ■ Königliches Museum für Zentral-Afrika, Inv. Nr. HO.0.1.3865. ■ © Chéri Samba / Galerie Magnin-a, Paris. Foto: Collection RMCA, Tervuren.

BILD 71
2015 ■ Neon Circus, **ALL OF THIS BELONGS TO YOU**, Neoninstallation im Galeriegeschoss der Eingangshalle des Victoria and Albert Museum. ■ © Neon Circus / Victoria and Albert Museum, London.

BILD 72
2006 ■ Gewista, **Ciao Adele**, Leuchtplakat, 350×233 cm. ■ © Gewista Werbegesellschaft mbH, Wien.

BILD 73
1815 ■ **Pièce satyrique relative à la reprise des objets d'art conquis dans les pays étrangers. L'Artiste français pleurant les chances de la guerre**, handkolorierte Radierung auf Papier, 19×13 cm. ■ Bibliothèque nationale de France, Collection Michel Hennin. Estampes relatives à l'Histoire de France. t. 158, 13832. ■ Public Domain. Foto: Bibliothèque nationale de France, Paris.

BILD 74
1930 ▪ ▪ Olaf Gulbransson, »Heimkehr der verlorenen Tochter«, Lithografie. ▪ in: **Simplicissimus**, 35/6 (5. 5. 1930). ▪ © Olaf Gulbransson / VG Bild-Kunst, Bonn 2021 / Simplicissimus, Weimar.

BILD 75
1815 ▪ George Cruikshank, **The Departure of Apollo and the Muses or: Farewell to Paris**, handkolorierte Radierung auf Papier, 25 × 35 cm. ▪ The British Museum, Museum No. 1868, 0808.12785. ▪ © Trustees of the British Museum, The British Museum, London.

BILD 76
1821 ▪ Adriaan Gerrit van Prooijen (nach Jean Joseph Verellen), **Allegorie op de terugkeer van de ontvoerde voorwerpen van kunst en wetenschap te Antwerpen 1815**, Kupferstich auf Papier, 56 × 67 cm. ▪ Rijksmuseum, Inv. Nr. RP-P-OB-87.343. ▪ Public Domain. Foto: Rijksmuseum, Amsterdam.

BILD 77
um 1839 ▪ Danker van Valkenburg (?), **The Procession with the Stadholder's Paintings on the Buitenhof**, Aquarell auf Papier, 9 × 15 cm. ▪ Haags Gemeentearchief, Inv. Nr. kl. A 113. ▪ Public Domain. Foto: The Hague Municipal Archives, Den Haag.

BILD 78
2011 ▪ Kim Myung-sub, »The honor guard drill team of the Ministry of National Defense of Korea welcomes the return of 1,200 volumes of royal documents looted by the Japanese during the 1910–1945 colonial rule, at Incheon International Airport on Tuesday«, Farbfotografie. ▪ in: »Looted Korean royal texts return home«, in: **The Korea Herald**, 6. 12. 2011, {www.korea herald.com/view.php?ud=20111206000810}, letzter Zugriff 22. 1. 2021. ▪ © The Korea Herald, Seoul.

BILD 79
1945 ▪ U.S. Army, »Florentine Art Treasures Returned« (Sechs Lastwagen mit einem Teil des florentinischen Kunstschatzes im Wert von einer halben Milliarde Dollar, der von den sich zurückziehenden Deutschen nach Bolsano gebracht wurde, kommen auf dem Piazza della Signoria in Florenz, Italien, an und passieren eine Tribüne mit amerikanischen, englischen und italienischen Beamten), 21. 7. 1945, Schwarz-Weiß-Fotografie. ▪ The U.S. National Archives, Maryland, Signatur RG 111-SC-210319. ▪ Public Domain. Foto: The U.S. National Archives, Maryland.

BILD 80
1816 ▪ **Apoteosi di Francesco I in occasione della restituzione dei Cavalli a Venezia**, Aquatinta-Druck auf Papier, 27 cm × 36 cm. ▪ Museo Correr, Inv. Nr. P.D. 1428 bis. ▪ © Photo Archives - Fondazione Musei Civi di Venezia, 2021.

BILD 81
1815 ▪ Vincenzo Chilone, **Il ritorno dei cavalli marciani in Piazza San Marco**, Öl auf Leinwand, 59 × 84 cm, Privatsammlung, Venedig. ▪ zit. nach: Lina Urban, »Vincenzo Chilone (Venezia 10 luglio 1758 – 12 gennaio 1839). L'autobiografia, documenti, notizie«, in: Giuseppe Maria Pilo (Hg.), **Pittura veneziana. Dal Quattrocento al Settocento**, Venedig 1999, S. 295–299, hier: S. 296.

BILD 82
1998 ▪ Bogale Belachew, **The Return of Axum Obelisk from Italy**, Briefmarkenserie, je 4,8 × 3 cm, The Ethiopian Postal Service Enterprise. ▪ Scott-Katalog Nr. 1490–1492. ▪ Archiv **translocations**.

Ortsregister

Personenregister

ISABELLE DOLEZALEK, BÉNÉDICTE SAVOY,

ROBERT SKWIRBLIES (HG.)

Beute

Eine Anthologie
zu Kunstraub und
Kulturerbe

ca. 500 Seiten, gebunden
ISBN 978-3-7518-0312-0

Das Pendant zum großen Bildatlas: Stimmen zu Entwendungen, Translokationen und Rück-
gaben in berühmten und unbekannten Texten von der Antike bis in die Gegenwart.

Die Frage der Restitution geraubter und enteigneter Kulturgüter ist nicht neu, es handelt sich vielmehr um eine Herausforderung, die unweigerlich mit allen Kriegen in der Menschheitsgeschichte und den damit einhergehenden wechselnden Herrschafts- und Besitzverhältnissen verknüpft ist – und über die sich Intellektuelle und Autoren aller Zeiten und Kulturen den Kopf zerbrochen haben. Schon der antike Geschichtsschreiber Polybios tritt vehement gegen die Zurschaustellung erbeuteter griechischer Kunst in Rom auf, Cicero stellt die Frage, ob die Ankäufe eines sizilianischen Statthalters ohne Zwang vonstattengegangen seien. Auch Petrarca und Goethe beziehen Stellung, ebenso wie Victor Hugo und Emil Nolde. Bis hinein in die Gegenwart, über Aimé Césaire und François Mitterrand zu Aminata Traoré reichen die rund sechzig Quellen, die in diesem Band zum Teil erstmals abgedruckt, kontextualisiert und analysiert werden. Sie machen deutlich: Europas Kunstsammlungen müssen sich der Frage der Provenienz stellen, wenn sie weiterhin als Stätten des Kulturtransfers und der Wissensvermittlung gelten wollen – und nicht als Orte der hegemonialen Machtdemonstration.

DANKSAGUNG
Dieser Bildatlas wäre nicht ohne den Einsatz unserer Kolleg*innen,
den wachen Geist unserer Autor*innen und den Rückhalt unserer
Freund*innen und Familien möglich gewesen. Wir danken
allen bildgebenden Personen und Institutionen, der Deutschen
Forschungsgemeinschaft, Pauline Altmann, Nathalie Okpu,
Judith Schalansky, unserer Lektorin Magdalena Schrefel und dem
Team von Matthes & Seitz Berlin.

Erste Auflage Berlin 2021
Copyright © 2021
MSB Matthes & Seitz Berlin Verlagsgesellschaft mbH
Göhrener Straße 7, 10437 Berlin
info@matthes-seitz-berlin.de

GEFÖRDERT DURCH
die Deutsche Forschungsgemeinschaft (DFG) – SA 1829/8-1.

COVERGESTALTUNG, SATZ UND LAYOUT: Pauline Altmann, Berlin
nach einem Entwurf von Judith Schalansky
LITHOGRAFIE: Raimundas Austinskas, Kaunas
HERSTELLUNG: Hermann Zanier, Berlin
DRUCK UND BINDUNG: Pustet, Regensburg

ISBN 978-3-7518-0311-3
www.matthes-seitz-berlin.de